노동시장의 지리학
공간적 맥락에서 본 취업과 실업

하인츠 파스만 · 페터 모이스부르거 지음 | 박영한 · 이정록 · 안영진 옮김

Arbeitsmarktgeographie
Erwerbstätigkeit und Arbeitslosigkeit im räumlichen Kontext

Von Dr. Heinz Fassmann
Professor an der Technischen Universität München

und Dr. Peter Meusburger
Professor an der Universität Heidelberg

B. G. Teubner Stuttgart 1997

Arbeitsmarktgeographie
H. Fassmann/P. Meusburger

Copyright ⓒ B. G. Teubner Stuttgart 1997
Korean Translation Copyright ⓒ 2002 by Hanul Publishing Company

Translation arranged with the approval of the publisher B. G. Teubner from the original German edition into Korean.

이 책의 한국어판 저작권은 B. G. Teubner와의 독점계약으로 도서출판 한울에 있습니다. 저작권법에 의해 한국 내에서 보호를 받는 저작물이므로 무단전재와 무단복제를 금합니다.

서문

　이 책은 지리학에서 부족하다고 분명히 인식할 수 있는 연구분야를 메워보려는 생각에서 쓰여진 것이다. '노동'은 거주나 교통참여 또는 여가의 충족 등과 같이 지리학에서 말하는 존재기본기능(存在基本機能) 가운데 하나이다. 교통지리학은 여가의 지리학과 마찬가지로 오래 전부터 정립되어왔으나, 노동시장의 지리학은 그렇지 못하다. 노동시장이라는 주제의 사회적 중요성에 비추어볼 때, 우리는 이 점을 지리학의 커다란 결손으로 생각한다.
　책제목을 정하는 데 있어 우리에게 그다지 확실하지 않았던 점은, 노동시장의 지리학이라는 개념이 그와 함께 설명되어야 할 여러 논점들을 진딜하는 데 얼마나 석설한가 하는 것이었다. 신고전적 정의에서는 노동시장을 노동력의 공급, 다시 말해 노동력을 제공하는 사람들이 수요, 즉 노동력을 단기적으로나 장기적으로 채용하려는 '기업주들'과 만나는 사유상의 장소 또는 때때로 현실적으로도 존재하는 장소로 이해되고 있다. 따라서 이렇게 정의된 노동시장의 개념은 독특하고도 한정된 문제설정을 함축하고 있다고 볼 수 있다. 수요와 공급, 임금의 형성, 그리고 뒤이은 수요와 공급 간의 불균형과 직접적으로 관련성이 없는 사상(事像)들은 이러한 노동시장의 좁은 개념정의로부터 벗어나 있는 듯하다. 기업 내부에서 발생하는 이동, 고용체계 안에 있는 사람들의 구조적 특성, 그리고 또한 신고전적 모델을 갖고서 파악하기가 쉽지 않은 구사회주의 계획경제하의 노동시장 현실 등은 '노동시장의 지리학'에서 하나의 논제로 자리잡을 수 있을 것 같지 않다. 우리는 노동시장에 대한 이러한 정의가 다만 몇 가지 목표에 도달하기 위해 개념적으로 응축시켜 놓은 것에 다름 아니라고 생각하고, 보다 포괄적인 개념 구상에서 출발하려고 했다. 우리는 노동시장의 지리학에서 노동력과 일자리의 공급, 실업, 그리고 직업적 이동 등이 보여주는 공간적 분화에 관해 기술하고 설명하려고 하는데, 이것이 항상 신고전적 시장모델에 부합하는지 그렇지 않은지에 대해서는 크게 구애받지 않으려고 한다.

'노동시장의 지리학'이라는 개념은 여타 대안적인 용어들과 비교해볼 때, '최소의 악'(惡)이라고 할 수 있다. '노동의 지리학'은 노동시장의 지리학과 마찬가지로 너무 일반론적이며 이론적으로 연결시키기가 쉽지 않은 매우 많은 개별적인 현상들을 환기시켜주는 것으로 생각된다. '노동의 지리학'은 훌륭한 서명이기는 하지만, 지리학의 한 분과에 대한 명료한 개념은 아니다. 이에 반해 '고용체계의 지리학'은 그 논의의 범위가 너무나도 현저히 제한되는 듯하다. 취업자의 공간적 변이에 관한 분석들은 그 안에서 자리잡을 수 있겠지만, 실업은 그렇지 못할 것이다. 이런 저런 숙고 끝에 우리는 '노동시장의 지리학'이라는 제목에 만족하지 않을 수 없었으며, 이와 동시에 일상 용어에서처럼 시장을 수요와 공급, 그리고 그와 결부된 균형과정 이상으로 파악하였다.

이 책은 전체적으로 일곱 개의 장으로 묶어지는 스무 개의 절로 나누어진다. 처음 세 개의 장은 무엇보다도 이론과 관련된 장들이라면, 뒤이은 네 개의 장은 이와 반대로 경험적인 연구 사례들을 다루고 있다. 이 책에는 또한 포괄적인 참고문헌이 첨부되어 있다. 이렇게 한 것은 지리학을 강의하는 사람들이나 배우는 사람들이 종종 지리학 분야로부터 벗어나 있는 자료를 접하는 데서 겪는 어려움을 덜어주고, 그와 더불어 사회적으로 중요한 논제를 지리학에 되가져 오고자 한 생각 때문이었다. 따라서 우리는 학제적인 관점에서 노동시장에 관한 이론적인 기초를 개관하고, 그것을 지리학에 '도입'하는 것을 이 책의 가장 중요한 목표로 삼았다.

준비하는 동안 오이겐 비르트(Eugen Wirth) 교수로부터 큰 자극을 받았을 뿐만 아니라, 지적으로도 큰 도움을 받았다. 그는 이해하기 쉽지 않거나 전체 주제에 크게 부합되지 않는 본문의 여러 부분들에 관해 비평해주었으며, 새로운 통찰과 해석에 대한 편달과 시사점도 제시해주었다. 이와 관련해서 그는 이 책이 목표로 하는 고유의 독자들(지리학도나 지리학 연구자들 - 역자)을 염두에 둘 것과 독자의 관심사를 일깨워주어야 하지만 학술성을 지나치게 강조함으로써 독자들이 결단코 뒷전으로 밀려나서는 안된다는 제안을 해주었다.

이 책을 저술하면서 우리는 여러 사람들로부터 수많은 도움을 받았다. 오스트리아 빈 소재 도시 및 지역연구소의 요셉 콜바허(Josep Kohlbacher), 우어줄라 레거(Ursula Reeger), 클라우스 크라스(Klaus Krass)와 모니카 골너리츠(Monika Gollneritsch), 뮌헨공대 지리학과의 바바라 그랜존(Barbara Grandjean), 그리고 하이델베르크대학 지리학과의 우베 베르거(Uwe Berger), 톰 홈릭하우젠(Tom Homrighausen), 마틴 오에스터러(Martin Oesterer), 슈테판 쉐러(Stephan Scherer) 등이 그들이다. 그리고 필자들은 내용과 관련해서 프란치스카 히르센아우어(Franziska Hirschenauer, 뉘른베르크 노동시장 및 직업연구소) 및 졸탄 케팔파이(Zoltán Cséfalvay, 하이델베르크; 부다페스트) 박사와 토론하는 가운데 귀중한 시사점을 얻었다. 이들 모두에게 진심으로 감사를 드리는 바이다.

1997년 5월, 뮌헨/하이델베르크
하인츠 파스만/페터 모이스부르거

차례

서문 / 5
서장 / 17

1장 지역노동시장 논의의 기초 ——————————— 25

1. 사회경제적 변동 / 25
   1) 농경사회, 산업사회, 탈산업사회 27
   2) 분업원리의 변화 33
   3) 능력주의화, 전문화, 그리고 관료화 40
2. 지역노동시장의 개념과 정의 / 43
   1) 노동시장의 개념 43
   2) 노동시장의 구성요소 46
   3) 지역노동시장의 개념정의 49

2장 노동시장이론 ——————————————————— 56

1. 신고전적 노동시장모델 / 57
2. 신고전적 기본모델의 확장 / 61
   1) 인적자본론 61
   2) 신호론적 테제 64
   3) 직업탐색론 65
   4) 계약론 67
3. 노동시장의 분단화 / 68
   1) 커의 모델 71
   2) 이에스에프(ISF)의 삼분노동시장모델 73
   3) 이중모델 77

3장 공간발전이론 ────────────────── 86

1. 신고전적 균형모델 / 86
2. 불균형모델 / 90
   1) 분극론의 공간모델 90
   2) 노동시장의 공간적 분단 92
   3) 조직론적 접근법 96
   4) 주기론적 공간접근법 107

4장 고용체계의 공간적 전개양상 ────────── 112

1. 취업참가 / 112
   1) 취업참가의 계측 113
   2) 연령 특유의 취업참가 117
   3) 취업참가에 있어 개인과 연관된 요인들 124
   4) 지역적 영향요인 133
   5) 국가의 공급규제 136
   6) 사회적 규범과 가치관 137
2. 취업인구의 자질 / 142
   1) 인적자원의 실증적 파악 143
   2) 교육수준의 중심-주변간의 차이 145
   3) 교육, 고용, 그리고 소득간의 접점 152
3. 산업부문별, 직업별 구조의 차이 / 156
   1) 방법론적 기초 156
   2) 발전동향과 공간적 격차 163

4. 노동시장상의 이동 / 169
      1) 계측개념과 자료원 170
      2) 사회학적 직업경로연구 175
      3) 지리학적 직업경로연구 179

5장 노동시장상의 불균형 ─────────────── 185

   1. 실업 / 185
      1) 실업의 계측 185
      2) 실업에 관한 자료원 194
      3) 특유의 이론적 설명방법 197
      4) 실업의 유형화 204
      5) 실업의 경과와 구조화 206
      6) 실업의 지역간 수렴과 분기 214
   2. 공간적 이동: 이주와 통근이동 / 221
      1) 개념과 계측문제 222
      2) 이론적 설명패턴 229
      3) 국내이동의 구조적 표징 235
      4) 국제적 노동력이동 245
   3. 공간적 소득격차 / 249
      1) 방법론적 고찰 250
      2) 임금함수 252
      3) 중심-주변간의 소득격차 255

6장 부분노동시장 ——————————————————— 259

1. 계측개념 / 260
2. 성별 특유의 노동시장 / 263
   1) 여성노동시장의 특징 263
   2) 직업의 여성화 268
   3) 성별 특유의 차별화에 관한 설명방법 273
3. 민족적 분단화 / 277
   1) 유입이주와 직업적 위상 277
   2) 혼잡, 네트워크, 통계적 차별화 281
4. '도시적' 노동시장 / 284
   1) 도시적 입지조건 285
   2) 일자리의 과잉과 실업 289
   3) 두시적 업종 292
   4) 도시에 있어 숙련의 분극화 294
5. 농촌공간의 노동시장 / 296
   1) 농촌공간의 입지조건 296
   2) 일자리의 결핍과 실업 298
   3) 일자리의 산업부문별 제약 300
   4) 질적 수요결핍과 직업경로 302

7장 노동시장정책과 연구관점 ─────────────────────────────── 304

1. 노동시장정책의 접근방법 / 304
   1) 협의의 노동시장정책적 접근방법 305
   2) 지역정책과 노동시장정책 309
2. 유럽의 노동시장정책적 문제상황 / 310

참고문헌 / 317
찾아보기 / 356
역자후기 / 365

그림 차례

<그림 1> 타 지리학 분과와의 관계에서 본 노동시장 지리학의 위치/ 20
<그림 2> 이 책의 구성과 내용분류/ 22
<그림 3> 장기적인 사회경제적 변동/ 28
<그림 4> 정보부문 및 '두뇌노동자' 비중의 발달/ 31
<그림 5> 포드주의적 그리고 포스트포드주의적 분업/ 37
<그림 6> 노동시장의 구성요소/ 47
<그림 7> 독일 하이델베르크대학 교수들을 사례로 한 지역노동시장과 통근세력권/ 53
<그림 8> 노동시장이론의 개관/ 58
<그림 9> 노동력의 수요-공급 곡선/ 59
<그림 10> 커(1988)의 노동시장모델/ 71
<그림 11> 이에스에프(ISF)의 노동시장모델/ 75
<그림 12> 세 노동시장분단체의 특징적 속성/ 81
<그림 13> 임금의 공간적 격차와 균등메커니즘/ 87
<그림 14> 노동시장 분단화의 이론 결합/ 94
<그림 15> 조직형대와 기업의 환경조건/ 102
<그림 16> 제품주기단계와 입지요구/ 109
<그림 17> 취업인구개념/ 113
<그림 18> 1990년 헝가리에 있어 연령과 성에 따른 취업활동률/ 118
<그림 19> 1990년 헝가리에 있어 대졸여성의 가족단계/ 119
<그림 20> 1990년 헝가리에 있어 1년, 5년, 그리고 10년 단위의 연령집단에 따른 연령 특유의 취업활동률/ 121
<그림 21> 1992년 독일 연방공화국 동-서독에 있어 연령 특유의 여성취업률/ 122
<그림 22> 취업참가의 규정요인/ 124
<그림 23> 1990년 헝가리에 있어 가족상황에 따른 여성의 취업활동률/ 126
<그림 24> 1980년 헝가리에 있어 교육수준별 여성의 취업활동률/ 129
<그림 25> 1980년 헝가리에 있어 자녀수에 따른 여성의 취업활동률/ 131
<그림 26> 1990년 헝가리에 거주하는 집시의 취업활동률/ 132

<그림 27> 1980년 헝가리에 있어 노동관구별 여성취업활동의 지역차/ 134
<그림 28> 1990년 헝가리에 있어 거주취락규모별 여성의 유자녀단계/ 135
<그림 29> 1980년 거주취락규모별 여성의 취업활동률/ 135
<그림 30> 1990년 헝가리에 있어 대졸노동인구의 중심-주변간의 격차/ 150
<그림 31> 1976년 독일에 있어 전일제 취업자의 연령프로필/ 154
<그림 32> 국제표준 직업분류에 관한 예(ISCO 88)/ 160
<그림 33> 국제표준 경제부문 분류에 관한 예(NACE)/ 162
<그림 34> 일자리의 산업부문별 구조와 중심-주변간의 분화/ 165
<그림 35> 일자리의 사회법적 구조와 중심-주변간의 분화/ 168
<그림 36> 1951~1993년간 바덴-뷔르템베르크주(州) 소속 교수들의 초빙주기/ 178
<그림 37> 직업적 이동성의 중심-주변간의 경사/ 184
<그림 38> 실업의 유형/ 204
<그림 39> 몇몇 유럽국가에 있어 실업률의 추이/ 207
<그림 40> 1990년 헝가리에 있어 연령과 성에 따른 실업률/ 211
<그림 41> 1990년 헝가리에 있어 교육수준에 따른 연령 특유의 실업률/ 213
<그림 42> 1996년 독일에 있어 실업의 계절성/ 215
<그림 43> 1996년 구서독지역의 실업/ 216
<그림 44> 실업률의 중심-주변간의 격차/ 218
<그림 45> 1991~1996년 독일에 있어 실업의 확산/ 219
<그림 46> 1961~1993년 오스트리아에 있어 실업률과 변이계수/ 220
<그림 47> 노동시장과 유관한 공간이동의 유형/ 225
<그림 48> 1991년 오스트리아의 국내 순이동 / 237
<그림 49> 이주자의 전형적인 연령분포/ 240
<그림 50> 1993년 유럽에 있어 외국출신 거주자의 비율/ 248
<그림 51> 임금함수와 노동시장의 분단화/ 254
<그림 52> 보조노동자와 숙련 사무직에 관한 중심-주변간의 임금경사/ 257
<그림 53> 오스트리아에 있어 성에 따른 취업활동자의 부문별 구조/ 264
<그림 54> 오스트리아에 있어 직업상의 위치와 성에 따른 취업활동자/ 265
<그림 55> 바덴지방 내지 바덴-뷔르템베르크주 초·중등학교의 여성화 단계에 대한 유형화/ 271
<그림 56> 도시에 있어 숙련의 분극화/ 295
<그림 57> 노동시장정책적 제반 조치에 대한 개관/ 306
<그림 58> 유럽에 있어 노동시장정책적 문제상황의 유형/ 311

표 차례

<표 1> 미국의 자녀수에 따른 미혼여성과 기혼여성의 취업률 추이/ 126
<표 2> 1882~1992년 독일(구서독)에 있어 여성의 취업률/ 127
<표 3> 1980년 노동인구의 교육수준에 따른 다양한 경제계층의 일자리와 직업의 공간적 집중양상/ 149
<표 4> 오스트리아에 있어 소득과 교육수준/ 153
<표 5> 직업적 이동의 상호작용행렬에 관한 예/ 174
<표 6> 1991년 오스트리아에 있어 실업과 교육수준/ 213
<표 7> 1977년 오스트리아에 있어 15세 이상 거주인구의 거주지 교체와 교육수준/ 241
<표 8> 1977년 오스트리아에 있어 15세 이상 거주인구의 가족주기, 거주, 그리고 직업을 지향한 거주지 교체/ 242
<표 9> 오스트리아에 있어 15세 이상 거주인구의 이주거리와 교육수준/ 242
<표 10> 퍼센트로 본 오스트리아 초등학교 교원 중 여성이 차지하는 비중/ 269
<표 11> 퍼센트로 본 학교소재지의 주민수에 따른 오스트리아 초등학교 교원 중 여성이 차지하는 비율/ 272
<표 12> 독일과 오스트리아에 있어 국적에 따른 노동력의 직위/ 279
<표 13> 독일과 오스트리아에 있어 국적에 따른 노동력의 업종별 분포/ 280
<표 14> 1994년 독일에 있어 다양한 국적의 취업자 중 자영업자, 사무직, 그리고 노동자의 비중/ 281

서장

　노동시장에 관한 연구가 지리학 밖에서는 오래 전부터 확립되어왔다. 고전 경제학자들은 이미 노동시장의 논제들과 노동력의 공급 및 수요의 전개, 그리고 임금과 가격의 형성 등을 꾸준히 다루어왔다. 물론 그것 이상이었다. 즉 애덤 스미스(『국부의 본질과 원인에 관한 고찰』), 데이비드 리카도(『정치경제학과 조세의 원리』), 스튜어트 밀(『사회철학에의 응용과 관련한 정치경제학 원리』), 그리고 칼 마르크스(『자본론』)와 같은 경제학자들도 노동과 관련된 사회적 생활상에 관한 미시적인 분석과 기술에 큰 관심을 보여왔다.[1] 이와 같은 사회분석은 경제학적 이론구성과 정치적 강령에 토대가 되었다.

　학문 분야에서도 걸고 밈추지 않고 꾸순히 확대되어온 분업과 한정된 문제 영역으로의 전문화로 말미암아, 신고전 경제학 역시 노동시장에 관한 탐색의 범위를 확실히 좁혀왔다. 신고전 경제학은 사회 및 정치와 관련된 분석을 사회학이나 정치학과 같은 새로 형성된 학문들에 물려주고, 그 인식의 관심사를 경제학의 핵심논제로 축소시켰다. 그와 동시에 비록 현실과의 연관성이 부족하다고 해서 많은 사람들로부터 적잖은 비판을

---

[1] 역사적 개관은 게하르트 브링크만(Gerhard Brinkmann, 1981)이 제시하고 있다. 『노동경제학』 제1권: 기초; 제2권: 노동의 배분; 제3권: 노동의 임금, 슈투트가르트, 28쪽 이하.

받고 있을지언정, 정책적 논의에서 비상한 중요성을 지니고 있는 정연한 모델을 개발하는 데 성공하였다. 신고전학(新古典學)은 이론구성적 성격을 띠어왔을 뿐만 아니라 오늘날에도 이론구성적 성격을 띠고 있으므로, 경제학적 논저들은 항상 그에 상응하는 주목을 받고 있다.

 지리학에서 보이는 노동시장에 관한 연구상황은 이와는 근본적으로 다르다. 노동시장의 논제가 지리학에서는 거의 정착되어 있지 않으며, 지리학에서 나온 출판물의 학술적 스펙트럼에서도 큰 전통이 형성되어 있지 않다는 점은 두말할 나위 없다. 뿐만 아니라 그것이 확고한 위상을 갖고 있는 것도 아니다. 그럼에도 불구하고 '노동'은 놀랍게도 인문 및 사회지리학의 과제 목록에서 기본기능의 하나로 분류되고 있다. 학문적 논의에서 지리학의 이러한 부재의 귀결이 무엇인가는 명약관화하다. 이론적 기초와 더불어 경험적 연구기반이 크게 결하고 있음을 알 수 있다. 우리는 인접 학문에서 축적된 제반 인식을 '도입하는 것'을 통하여 새로운 분석 토대를 확립하고, 그것을 공간적인 제 개념과 연결시킴으로써 지리학 연구의 하나로 전환시켜 나가야 한다. 그런데 제반 결여를 둘러싼 논의 가운데서도 다음과 같은 세 가지 특이성이 지리학에 존재한다는 점을 언급하지 않을 수 없다.

 ① 실업에 대한 사회적 민감성으로 말미암아 지역적으로 균등한 수요와 공급의 전개, 실업의 규모와 분포, 그리고 그 구조에 관한 논제들이 지리학적 연구나 정책적 논의에서도 당연히 수용되어온 것으로 인식되어왔다는 점이다. 하지만 이와 동시에 우리가 주목할 점은 실업률이 지역적으로 차별적인 것임을 증명하고, 한 국가 내에서도 결정적인 차이가 나타난다는 점을 결코 간과해서는 안된다는 것이 이 문제에 관심을 둔 일반 사람들에게는 상식에 속한다는 사실이다.

 ② 이미 1970년대부터 인적 자질과 인구이동에 관한 지역적 연구에서는 국지적으로 존재하는 일자리의 공급이 교육행동에 미치는 영향을 비롯하여, 고숙련자들의 전출입이 출발지와 목적지에 주는 의미와 국제적 두뇌유출이 개발도상국에 초래하는 부정적인 결과, 고숙련자들을 위한

일자리의 공간적 집중, 그리고 취락체계의 계층이 공급 일자리의 숙련구조에 따라 표출되는 방식 등과 같은 노동시장의 지리학과 관련된 논제들이 점점 중요하게 부각되고 있다는 점이다.

③ 일련의 지리학적 논저에서는 비록 상이한 지리학적 표제(表題)를 달고 있긴 하지만, 노동시장의 문제들이 더불어 연구되어왔다는 점이다(공업지리학, 경제지리학, 도시지리학, 오피스산업, 본사입지, 중심지연구, 공간적 분업, 중심-주변에 관한 연구 등). 이때 대부분의 연구가 수요측면을 중시하고 있다는 점은 대단히 흥미로운 사실이다. 어쨌든 기업체와 일자리의 공간적 분포를 기술하고, 이를 입지요인을 통해 설명하고 있다. 노동시장의 지리학과 관련된 중요한 논제들이 명시적으로나 묵시적으로나 분석의 핵심에 자리잡는 경우는 드물지라도 늘 함께 다루어지고 있다.

『노동시장의 지리학』이라는 이 책의 출간은 기본적으로 지역적 노동시장 문제를 둘러싼 이론적 그리고 실증적 논의들을 한층 발전시키고, 노동시장의 사회적 중요성과 지리학적 논의의 부재 사이에 더욱더 분명해지고 있는 틈새를 메워보려는 의도와 연결되어 있다. 따라서 노동시장의 지리학에서 일반적으로 관건이 되는 것은 공간적 범주를 노동시장의 구조적 표징(標徵)과 여하히 체계적으로 연결시키느냐에 있다. 노동시장의 지리학은 이러한 분석에서 등질공간, 보편적으로 활용 가능한 정보, 모든 거래의 무거리성(無距離性)을 제시하고 있는 신고전학의 여러 전제를 명시적으로 거부하고, 공간이 지닌 다양한 '특질'(特質)을 수용한다. 노동시장의 지리학은 결국 노동시장과 유관한 표징들(실업, 취업참가, 숙련, 일자리의 구조와 같은)을 다루면서, 이를 기술하고 설명할 수 있는 접근방법을 모색하고자 한다.

이처럼 노동시장의 지리학은 지리학의 새로운 분과이다. 이는 독자적인 연구논제를 갖고 있지만, 다른 분과들과 공통적인 연구논제들도 취급하고 있다. 노동시장의 지리학은 다른 학문에서 유래한 연구개념과 인식

<그림 1> 타 지리학 분과와의 관계에서 본 노동시장 지리학의 위치

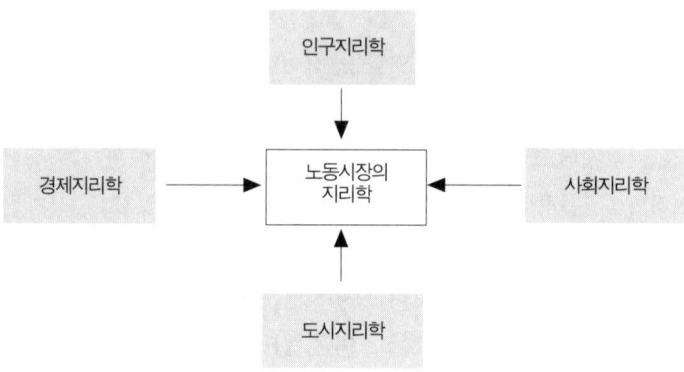

출처: 필자

을 통합하여, 이를 지역적 노동시장 연구라는 관점에서 새롭게 재구성하는 동시에 **노동**의 기능을 공간적 차원에서 분석하려고 한다. 노동시장의 지리학은 우선 **경제지리학**과 많은 공통점을 지니고 있다. 기업활동의 공간적 분포와 따라서 노동력의 수요와 관련이 있는 모든 측면에 관해서 경제지리학은 물론이고 노동시장의 지리학도 관심을 갖고 있다.

다음으로 노동시장의 지리학은 **사회지리학**적 문제설정과 유사성을 갖고 있다. 이 점은 동질적인 사회경제적 지위로 표현되는 인구집단을 주목하는 데서 도출된다. 실업자의 생활상황과 전망에 관한 연구들은 노동시장의 지리학이라는 표제는 물론이고 사회지리학이라는 표제도 달 수 있다. 이런 점에서 현대 인문지리학은 여러 분과들 사이에 자의적으로 설정된 경계를 다시 허물지 않으면 안될 것이다.

마지막으로 우리는 노동시장 지리학의 **도시 및 인구지리학**과의 교차점을 찾아볼 수 있다. 도시 내 또는 도시간 경제구조를 다루는 도시지리학적 분석은 동시에 노동시장 지리학적 설명을 제시하고 있다. 인구지리학적 연구도 역시 아주 빈번히 노동시장 지리학적 인식에 의존하고 있다. 인구지리학에서는 공간적으로 분화된 노동시장의 구조가 국내외의 인구이동에 상당히 큰 영향을 미친다는 점을 일반적으로 확인된 사실로 받아들이고 있다. 노동시장의 여러 표징들은 인구이동에 대한 연구와 관련한 그 어떤 유형의 **배출-흡입모델**에서도 중심적인 요소가 되고 있다.

이 책의 내용 분류는 일곱 개의 주요 **문제설정**을 중심으로 하여 구성되어 있다. 오늘날의 노동시장이 역사적으로 아주 일천한 현상임을 분명히 보여주는 장기적인 사회경제적 변동과 관련된 상위의 제반 원리를 제시한 뒤(제1장), 우리는 노동시장을 어떻게 정의하고 구성할 수 있으며, 그 기능을 설명하기 위해서 어떠한 이론적 모델을 동원할 수 있는가를 논의하고자 한다. 이러한 서술에 출발점이 되는 것은 경제학 문헌에서 중시되고 있으며 정책적 논의에서도 비상한 위상을 차지하고 있는 신고전적 노동시장모델이다(제2장).

노동시장에 관한 경제학적 이론은 일반적으로 점상(點狀)의, 차원 없는 국민경제에 초점을 맞추어 정식화되고 있다. 공간분화를 이론에 통합시키는 일이 지금까지는 전혀 또는 거의 부차적으로밖에 행해지지 않았다. '노동시장의 지리학'을 다루는 이 책은 당연히 이러한 부족한 점을 노동시장과 고용체계라는 부문에서 공간적으로 서로 달리 부각되는 구조와 과정에 관한 이론적 논거를 정립하는 계기로 삼지 않으면 안된다. 공간발전에 관한 이론은 공간적 맥락에서 일자리의 양적, 질적 불균등 분포에 중요한 시사점을 제공해줄 것이다(제3장).

이러한 이론적 배경을 바탕으로 제4장에서는 취업활동자의 공간적 구조화에 관한 계통적인 제반 양상을 살펴보려고 한다. 우리는 취업노동을 좇는 사람들의 수 하나만 하더라도 그것이 벌써 공간적 맥락에 의해 크게 좌우된다는 사실을 제시하고자 한다. 취업률에 대한 논의는 노동시장 지리학의 존재이유에 관한 논제를 다루는 데 매우 유용한 출발점이 아닐 수 없다. 이것은 공간적으로 분화된 노동시장을 어떤 방식으로 파악할 수 있으며, 개별 인구집단들이 고용체계에 어느 정도 통합되어 있느냐를 잘 보여줄 것이다.

취업률을 둘러싼 논의를 비롯하여 근로자의 자질과 그들의 직업별, 산업부문별 구분, 그리고 그들의 직업경로에 관한 개개의 절은 노동시장의

<그림 2> 이 책의 구성과 내용분류

	주요 문제설정
제1장	논의의 기초
	─ 사회경제적 변동 ─ 개념정의
제2장	노동시장론
	─ 신고전 모델 ─ 분단모델
제3장	공간발전론
	─ 균형모델 ─ 불균형모델
제4장	고용체계의 공간적 전개양상
	─ 취업참가 ─ 숙련도 ─ 산업부문별, 직업별 위치 ─ 직업적 이동
제5장	노동시장상의 불균형
	─ 실업 ─ 공간적 이동 ─ 소득차
제6장	부분노동시장
	─ 표징과 관련한 부분노동시장 ─ 공간적 부분노동시장
제7장	노동시장정책

공간적 구조화의 또 다른 계통적인 양상들을 설명해줄 것이다. 이때 공간적 상이성은 결코 우연한 과정의 산물이 아니라, 이론적으로 그 내용을 풍부히 해석할 수 있는 법칙성의 표현으로 상정된다.

제5장은 공간적으로 분화된 노동시장에서 나타나는 불균형 문제를 다루고자 한다. 따라서 실업현상이 분석의 중심 대상이 된다. 실업이 어떻게 발생하는지, 어떤 종류로 나누어질 수 있는지, 그리고 실업을 해소하기 위해서 어떠한 정책적 조치들이 이를 둘러싼 공개적 토론에서 설득력을 얻고 있는지 등이 이 단원의 예시적 논제가 된다.

제6장은 부분노동시장을 논술하는 데 전력하고자 한다. 부분노동시장은 표징과 관련된 또는 공간적으로 구조화된 노동시장의 일부로 이해될 수 있다. 성별에 따라 독특하게 차별화된 노동시장, 내·외국인의 부분노동시장, 도시나 농촌의 노동시장 등을 서술하고자 한다.

우리는 노동시장정책에 대한 고찰과 국제적 개관으로 이 책을 끝맺고자 한다. 이때 이론적으로 논증할 수 있는 여러 사고 모델들은 몇 개의 군집으로 묶어지는 일정한 정책적 조치들에 귀착됨을 명확히 하고자 한다. 누군가가 신고전적으로 사고한다면, 그는 노동시장정책과 관련하여 시장지향적이고 자유주의적인 조치들을 그것이 지닌 모든 의미와 더불어 권고할 것이다. 제7장에서 보여주고자 하는 것은 일상의 정책적 사안들이 여러 부문에 걸쳐 설명한 이론적 패러다임들과 어떻게 연결되고 있는가 하는 점이다.

1 지역노동시장 논의의 기초

1. 사회경제적 변동

노동자들이 노동력을 제공하고 기업주들이 그것을 수요하는, 이른바 교환과정이 발생하고 있는 현대적인 노동시장이 확립된 것은 역사적으로 매우 일천하다. 봉건적 농경사회에서는 현대의 노동시장과 같은 것이 예외적인 경우에만 존재하였다. 취업활동인구의 대다수는 하나의 직업적 신분이 이미 주어진 상황에서 '태어났다'. **농부**와 **수공업자**, 그리고 **귀족**들은 가문의 기업과 생산처소, 그리고 소유토지를 유산으로 넘겨받았다. 그러므로 어떤 사람이 **동업조합**에 가입하거나 마을 합창대의 지휘지직을 물려받았다고 한다면, 그는 전직(轉職)을 행하였을 뿐만 아니라 그와 동시에 한 공동체, 한 가문 또는 한 가족의 성원이 된 것이었다.[1] 직업상의 이유에서 이주를 행하는 일은 드물었다. 어떤 사람이 제화공이나 양복사였다면, 그는 그와 같은 신분을 자신의 전 생애 동안 거의 틀림없이 견지하였을 것이다. 물론 그것 이상이었다. 즉, **직업상의 위치**와

---

[1] 새로운 공동체에 입회한다는 것은 이따금 전직을 위한 전제조건이었다. 수많은 도제들에게는 사망한 장인의 미망인과 결혼하는 것이 그의 지위를 물려받을 수 있는 유일한 기회였다. 이 경우 시장에 의한 배분은 논의조차 할 수 없는 것이다.

그에 따른 **사회적 지위**는 여러 세대에 걸쳐 세습되었으며, 현대적인 의미의 노동시장에 관해서는 논의조차 할 수 없었다.

물론 전근대적 시대에서도 시장과 유사한 **교환과정**이 존재하였다. 노예시장은 수요와 공급에 의거한 서로 다른 가격형성이라는 성격을 띠고 있었다. 농업적 보조노동자에 대한 대부분의 계절적인 노동시장도 역시 서로 다른 수요와 공급 그리고 가격의 상관관계를 보여주었다. 무엇보다도 정치 권력자들은 중세이래 자신들의 대저택에 지식인이나 고숙련 수공업자, 그리고 예술인들을 모아 이른바 '**지식센터**'를 만들고자 했다. 그런데 여기서 간과해서는 안될 본질적인 사실은 전근대의 경우 소수의 사람들만이 노동시장을 통하여 일거리를 구할 수 있었다는 점이다. 당시 대다수 주민들에게 행해진 고용노동의 할당이라는 것은 취업자의 자유로운 의사결정 및 선택가능성과는 거의 무관한 것이었다.

이러한 상황이 18세기와 특히 19세기를 거치면서 크게 바뀌었다. 일차적인 취업원으로서 농업의 중요성이 점점 큰 비중을 차지하는 인구집단에게서 감소하였다. 이것은 한편으로 농업 생산성의 향상에 따른 파급효과였으며, 또 한편으로는 인구성장의 결과였다. 농촌의 **프롤레타리아**와 함께 도시의 프롤레타리아도 생겨났는데, 이들은 그 어떤 **생산수단도** 갖지 못하고 자신들의 노동력만을 제공할 수 있을 뿐이었다. 취업가능인구의 일부는 그들의 일거리를 새롭게 형성된 **공장제기업** 내지 제조업체에서, 또 다른 일부는 일반 가구나 상행위(商行爲)를 하는 가구에서 찾았다. 산업부문간 구조변동은 19세기 전반에 농민해방과 **원형공업적** 생산양식, 그리고 그 이후의 **공업적** 생산양식의 승전가도와 함께 가속화되었다.

대부분의 인구가 취업노동을 얻을 수 있었던 근대적 노동시장은 공업화와 더불어 비로소 형성될 수 있었다. 이러한 노동시장의 형성은 또한 제도적 **혁신**을 수반하였다. 구직광고가 처음으로 신문지상에 수없이 실렸으며, 직업 대리점과 일자리 소개업자들이 먼 지역까지 나아가 노동력을 구하였고, 공장의 출입문 앞 공고판은 공석이 된 일자리를 알렸다.[2] 그것은 종종 구직자들이 함께 모여 고용을 기다리는 일정한, 그리고 일반적으로 잘 알려진 장소였다.

노동시장은 일천하지만, 노동이라는 것은 인류만큼이나 오래된 것이다. 노동과 노동시장의 관계는 이처럼 간단하게 특징지을 수 있다. 인류의 역사는 어떤 의미에서 노동의 역사이다. 그렇지만 인구의 대부분을 포섭하고 제도적 장치를 수반한 **공급**과 **수요**의 '자유로운' 교환관계는 근세사의 현상이었다.[3]

노동과 관련하여 상위의 사회경제적 변동과정을 검토할 때, 우리는 노동시장과 고용체계, 그리고 노동 자체를 결정적으로 바꿔놓은 다섯 가지 동향을 들 수 있다. 그것은
● 장기적인 사회경제적 변동
● 분업사회의 형성과 변화
● 사회의 능력주의화
● 노동세계의 전문화
● 노동관계의 관료화 등이다.

1) 농경사회, 산업사회, 탈산업사회

사회경제의 장기적인 변동은 지배적인 생산방식과 국가의 의미 및 그 역할에 의거하여 살펴볼 수 있다. 봉건적 농경사회, 자유주의적 산업사회, 그리고 다소 차이는 있으나 개입주의적 탈산업사회가 이 장기변동의

---

[2] 18세기 말경 ≪빈신문≫(Wiener Zeitung)에 광고가 처음으로 등장했다. 집사, 정원사, 상품거래 보조원, 하녀 그리고 문서기록자를 구하였다. 이따금씩 요구하는 프로필이 얼마나 우스꽝스럽고 익살맞았는지는 다음의 한 예로 입증할 수 있다. 1790년 1월 6일 판에서는 다음과 같은 문서기록자를 찾고 있다. "라틴어는 조금 알아도 되지만 독일어와 보헤미아어는 완전히 숙달하고 있어야 하며, 머리를 보기 좋게 치장하듯 이 세 언어를 미려하게 정서할 수 있는 사람".

[3] 노동의 강제적 할당 내지 지정이라는 비극적인 역사의 장을 언급하지 않고 넘어갈 수 없다. 우리는 구소련의 굴락(Gulag)이라는 강제노동수용소, 독일 제3제국이나 전후 노동수용소를 상기할 수 있을 것이다.

<그림 3> 장기적인 사회경제적 변동

	농경사회	산업사회	탈산업사회
주도부문	농업	공업과 상업	서비스부문
고용의 중심	1차부문	2차부문	3, 4차부문
지배적 생산요소	경지와 토지, 노동	노동과 자본	자본과 지식
부의 일차적 근원	자원	자원, 자본, 에너지	지식, 창조성, 인적자본
정치적 질서체제	봉건주의	자유주의	국가개입주의(회귀하는 탈규제화와 함께)
노동분업	미약함	수직적, 수평적	부분적으로 후퇴함
사회적 지위부여	세습, 관헌국가에 의한 보호(귀속원칙)	업적과 자질 (능력주의원칙)	업적과 자질 (능력주의원칙)

출처: 필자

세 가지 주요 단계에 해당한다. 이때 노동시장을 이해하는 데 본질적인 논점은 고용체계와 지배적인 노동관계가 생산구조와 조직구조, 그리고 국가역할의 장기적인 변동에 의해 결정적인 특성을 부여받아왔다는 사실이다.

봉건적 농경사회는 수백 년에 걸쳐 사회의 지배적인 정형이었다. 그것은 주로 농산물을 육체적으로 생산하는 것으로 특징지어졌다. 취업가능 연령에 있던 거의 모든 인구들은 1차부문에 종사한 것으로 추정할 수 있다. 그밖에 광업, 상업, 그리고 분업의 진전에 따라 나타난 영리적 수공업체에서도 취업활동자들이 존재하게 되었다. 하지만 전체적으로 농업이 인구의 우세한 취업원이었다.

봉건적 농경사회는 독특한 사회구성체와 밀접히 결합되어 있었다. 그것은 종속적인 하층민과 함께, 보호와 안전, 권리, 그리고 내부질서를 염려하며, 이들 하층민에게 경작지와 토지를 이용할 수 있도록 한 관헌국가(官憲國家)의 복합적 체제로부터 성립한 것이었다. 이에 대한 반대급부로 예속적인 농부들은 수확의 일부를 현물 급부의 형태로, 나중에는 금전적인 지불의 형태로 관헌국가에 되돌려주었다.

오늘날 우리가 말하는 **영토국가**가 그 당시에는 존재하지 않았다. 관헌국가에 의한 지배는 공간적으로 매우 한정된 것이었을 뿐만 아니라 상당히 인신화(人身化)되어 있었으며, 또한 여러 사회부문과 결속되어 있었다. 따라서 일정한 직업을 수행하거나 결혼을 하는 경우, 그리고 또한 이주를 하는 경우에도 각기 동업조합이나 지주, 그리고 지배자의 동의를 얻어야만 했다.

봉건적 농경사회는 기술혁신과 정치적 변동으로 중세와 근세를 거쳐 다양한 중간형태를 보이면서 해체되었다. 오랜 과정을 거친 끝에 19세기에 들어서서 근대적이고 자유주의적인 영토국가가 성립하게 되었다. 농업은 더 이상 인구집단의 지배적인 취업원이 될 수 없었으며, 공업과 상업이 그 자리를 대신하게 되었다. 공업화가 사회발전의 동력이 되었고, 대부분의 취업자들은 2차부문에 종사하였다. 봉건시대의 좁고 제한된 일자리의 선택 가능성이 해소되고, 농민해방과 동업조합의 해체와 대규모 제조업체의 설립, 그리고 전출입 이주권의 확립 등으로 공업화와 더불어 광범한 노동자계급이 형성될 수 있는 전제조건이 마련되었다.

19세기 자유주의하에서 국가는 영토확장을 추구하고 중앙집권적 경향을 띠게 되었다. 그럼에도 불구하고 그 역할은 시장경제적 질서, 국내외의 안전과 안보, 학교교육, 그리고 재판 임무에 한정되었다. 사회정책을 세운다거나 하부구조와 관련된 제반 급부를 정비하고 적극적인 기업가적 역할을 수행한다는 것이 이러한 자유주의적 국가에서는 두말할 필요도 없이 생경한 것이었다.

20세기에 들어서면서 경제의 지배적 주도부문과 경제와 국가 사이의 관계에 있어 근본적인 변화가 다시 한번 발생하였다. 경제발전의 추동력으로서 **공업**이 그 중요성을 서서히 상실하고 서비스부문의 성장에 의해 대체되었다. 국가는 전래의 자유주의적 이해의 토대를 바꾸고 여러 가지 적극적인 역할을 떠맡게 되었다. 이제 국가가 전체 경제순환을 조절하고 입지를 창출하며, 보조금을 마련하고 하부구조를 건설하며 노동력의 재생산을 보장하게 되었다. 물론 그것 이상이었다. 즉, 국가 자체가 생산과정을 주도적으로 매개해나갔으며, 따라서 자유자본주의하에서 국가의 통제로부터 벗어나 자유를 향유할 수 있었던 경제부문이 정치에 예속

당하게 되었다.

이러한 사회정치적 변동이 고용체계에 초래한, 경험적으로 파악할 수 있는 결과가 무엇인가는 자명하다. 말하자면 공공부문이 팽창하였으며, 그에 따라 행정을 비롯하여 기획하고 실행하는 관청, 학교체계와 교육참여, 공공서비스 종사자의 비중 등이 크게 확대되거나 증가하였다. 국가는 이것을 자유로운 부분영역이라고 해서가 아니라, 시장의 기능적 결함을 균등화하고 조절하며 많은 것을 '교정'할 필요성에서 행하였다. 하버마스(Habermas, 1973)와 오페(Offe, 1972)의 관점이 대변하듯이 국가가 이런 일을 수행하지 않았다면, **자본주의체제**는 커다란 위협을 받게 되고 정당성의 문제는 더욱더 가중되었을 것이다. 마르크스주의자의 견해에 따르면, 결국 사회의 기본적인 **계급대결**이 **후기자본주의**에서도 전혀 변하지 않고 존재하기 때문에 그러하다고 지적한다. 계급구조는 잠재적으로 존재하며, 계급투쟁은 계급타협을 통해 다만 일시적으로 해소되었을 뿐이라는 것이다.

이와 관련하여 비마르크스주의적이며 동시에 거시이론적 분석으로서는 하버마스(1973)나 오페(1972)의 분석과 거의 비슷한 시기에 발표된 다니엘 벨(Daniel Bell)의 탈산업사회 또는 후기산업사회에 관한 분석을 들 수 있다. 벨에 따르면, 경제적 그리고 기술적 질서의 변화가 후기산업사회의 형성에 작동하는 '모터'라고 한다. 일차적으로 국가에 중요한 것은 시장경제적 질서를 유지하는 것이 아니라는 것이다. 오히려 기술진보가 장기적인 발전의 추동력이라고 주장한다. 농업 및 직접적인 상품생산부문에서 기술과 조직의 진보에 따라 합리성이 증대하고, 이와 결부하여 타 산업부문으로 고용이동이 발생한다는 것이다. 이러한 이유에서 현대의 탈산업사회를 지배하는 것은 서비스와 행정관리 직업이라고 한다.[4]

사회경제의 장기적인 변동, 즉 농경적 봉건사회의 자유주의적 산업사

---

[4] 3차 산업부문의 업종들은 일자리의 수, 입지 요구, 자동화의 가능성, 그리고 노동분업과 관련하여 서로 달리 발전하고 있으므로, 이미 벨은 전통적인 3차 부문을 3차, 4차, 그리고 5차 부문으로 더욱 세분화할 것을 제안하였다.

<그림 4> 정보부문 및 '두뇌노동자' 비중의 발달

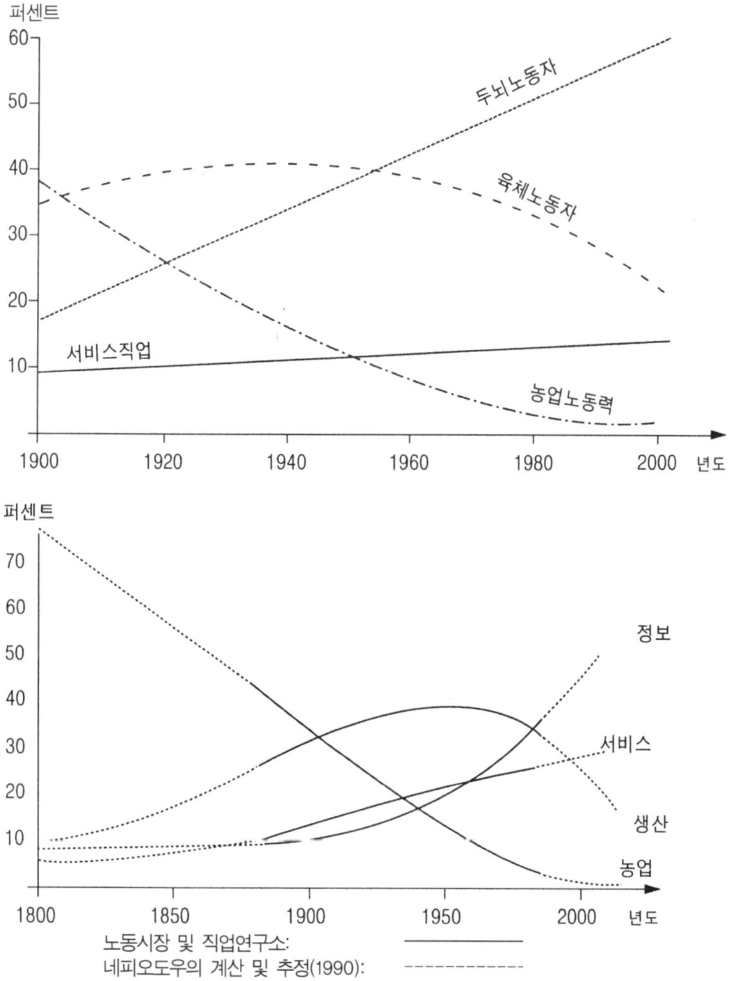

출처: Nefiodow 1990, 60/129

회를 거쳐 개입주의적 탈산업국가로의 이행은 고용체계에 엄청나고도 분명한 영향을 미쳤다. 즉, 육체적으로 종사하는 노동자의 수가 줄어든 반면, 공무원과 사무직은 오히려 늘어났다. 학자, 기술자, 행정전문가, 그리고 문화창출자 등 새로운 엘리트들이 형성되었으며, '두뇌노동'(화이트

칼라 노동자)이 취업노동에 있어 지배적인 형태가 되었다(<그림 4> 참조).[5] 취업자수의 무게중심이 1차부문에서 2차부문으로, 그리고 마침내 3, 4차부문으로 옮겨가게 되었다.

장기적으로 산업부문의 변동, 곧 농경사회의 산업사회에 의한 그리고 그후의 산업사회의 서비스사회에 의한 해체를 많은 학자들은 매우 낙관적으로 평가하였다. 푸라스티(Fourastié)와 클라크(Clark), 그리고 벨은 이러한 **전환**이 사회의 진보라는 견해를 피력하였다. 이러한 전환은 일정 시점으로부터 힘든 육체적 산업노동이 기계에 의해 수행됨으로써 그로부터 근로자들을 해방시켰을 뿐만 아니라, 전반적인 고숙련화도 가능하게 하였다.

반면에 마르크스주의 학자들은 이러한 장기변동을 훨씬 부정적으로 보고 있다. 브레이버만(Braverman, 1974)은 장기적인 산업부문간 구조변동이 사회의 **분극화**를 야기할 것이라고 파악하고 있다. 브레이버만에 따르면, 자기 규정적 '총체노동자'(總體勞動者)의 배제와 아주 단순하고도 비숙련적인 직무의 증가, 그리고 고숙련 취업의 부분적 상승 등이 발생할 것이며, 이것은 분업의 진행에 따라 독특하게 조건지어지는 것이라고 한다. 즉, 점점 정교하게 세분화된 노동단계로의 생산과정의 분리와 분할은 한편으로 비숙련 노동의 증가와 다른 한편으로 계획하고 실제로 노동과정을 분할하며, 결국 생산과정을 위해 포기할 수 없게 된, 다시금 종합하는 업무의 증가와 연결된다고 한다.

브레이버만이 제기한 수공업적 직무의 **탈숙련화**에도 불구하고 선진 산업국가들에서는 고도로 숙련된 직무의 비중이 뚜렷이 상승하고 있으며, 저숙련 및 육체적 직무는 계속하여 감소하고 있음을 부인할 수 없다. 따라서 브레이버만의 탈숙련화 테제는 부분적으로만 타당할 뿐, 경제와

---

5) 1950년대 이래 관찰되는 교육수준, 직업적 자질, 정보처리, 그리고 경제적 경쟁력에 관한 탐색 등이 그 중요성을 더해가고 있다는 점에 비추어볼 때, 1980년대와 1990년대에 출간된 경제지리학 교과서들이 지식, 직업적 숙련도, 교육수준 또는 정보처리와 같은 개념들을 전혀 논의하지 않고 있다는 점은 놀라운 일이다.

행정의 전 부문에서 실증적으로 확인할 수 있는 것은 아니다.

2) 분업원리의 변화

고용체계의 재편은 두번째의 상위 동향으로서, 우리가 살고 있는 현대사회를 결정적으로 변화시킨 분업(分業)의 진전과 손에 손을 맞잡고 진행되어왔다. 산업부문간 **구조변동**과 농경적 봉건사회의 탈산업적 복지국가로의 전환은 분업 원리를 고려하지 않고서는 생각조차 할 수 없다.

분업은 하나의 생산경과를 개별 부분과업으로 분할하고 그것을 각기 다른 노동력이나 기업체, 기관, 그리고 입지에 위탁하는 것이다. 한 제품이나 서비스가 더 이상 한 개인이나 한 기업체에 의해 생산되고 처리되는 것이 아니라, 수많은 사람들과 여러 기업체들이 그러한 생산활동에 공동으로 참여하는 방식이다. 전통적인 수공업 장인이 한 제품을 전체로서 생산하는 모습이, 개개의 돌 조각들이 전체 그림을 위해 각각 하나의 기능을 수행하는 이른바 분업사회의 모자이크와 같은 면모와 크게 다르다는 점은 두말할 나위도 없다.

인류의 역사는 분업의 역사이다. 선사시대 사람들이 자신들의 재능이나 입지로 말미암아 생활에 필요한 모든 것을 스스로 다 생산할 수 있었던 것이 아니었다. 오히려 그들이 특화를 행하고 교역을 통하여 다른 물품들도 손에 넣을 수 있었던 무렵에 분업의 프로세스는 발생하고 있었다. 그때가 정확히 언제였느냐는 더 이상 확인할 도리가 없다. 하지만 확실한 점은 신석기 공동체가 **문자**를 발견하기 훨씬 이전부터 물론 공간적으로나 현상적으로 여전히 매우 제한적이었지만, 분업체계가 인지되고 있었다는 사실이다. 문자를 표시할 수 있는 가능성과 훨씬 후의 **현물교역**에서 **화폐경제로**의 이행과 더불어, 분업은 공간적으로나 현상적으로나 크게 확대되었다.

각 사회단계마다 분업은 기술적 전제조건과 **노동조직**의 지배적 패러다임에 의해 큰 영향을 받아왔다. 그 모든 기술적, 노동조직적 혁신은 분업의 현상적, 공간적 차원을 뒤바꿔 놓았다. 인쇄술과 증기기관 그리고 철도의 발명, 전화와 컴퓨터, 그리고 텔레커뮤니케이션의 개발은 분업과 사회체제의 조직구조, 경제활동의 입지요구, 경제의 공간적 조직형태, 그리고 일자리의 지역적 공급에 각각 지대한 영향을 미쳤다.

일반적으로 분업은 수평적 분업과 수직적 분업으로 나누어진다. 수평적 분업은 전체 과업을 정도의 차이가 있으나 참여자로부터 엇비슷한 숙련을 요구하는 동등한 과업부문으로 구분할 때 발생하며, 이때 각 주체들은 같은 의사결정권을 부여받고 있으며 또한 비슷한 임금을 받는다. 수평적 분업에 관한 하나의 예는 어떤 학문분야가 점점 수많은 분과로 세분되는 것이다. 한 종합대학교의 단과대학 내에서 학과간의 위계는 존재하지 않으며, 그리고 또한 단과대학간에―주임교수의 서로 다른 개인적 명망과 분야에 따라 차이가 있는 기술적, 재정적 소요경비를 별도로 하면― 현상적으로 논증할 수 있는 그 어떤 서열도 존재하지 않는다. 수평적 분업에서 특징적인 점은 한 직무의 추가적인 분할(예컨대 한 학문을 하위분과로 분할하는 것)로 새로운 해당 분야에서 전문화와 아울러 주체들(예컨대 과학자)의 지식이 크게 진보하고 증가한다는 사실인데, 이것은 과학자들이 점점 좁은 문제제기에 한층 더 천착할 수 있기 때문이다.

하나의 전체 과업이 그 실행 주체로부터 서로 다른 자질을 요구하며 또한 상이한 의사결정권 및 임금과 결부된 여러 작은 부문단계로 분할될 때, 이는 수직적 분업으로 일컬어진다. 전통적인 장인은 자신의 제품에 대해 처음부터 끝까지 책임을 졌다. 구상과 실행, 두뇌노동과 육체노동은 한 개인에게 여전히 통합되어 있었다. 따라서 제화장인이나 양복장인은 한 켤레의 신발이나 양복을 전체로서 그에 상응하는 품질로 생산하기 위해서 여러 해에 걸친 고된 견습기간을 반드시 거쳐야 했다. 작은 개별 단계로 생산과정이 분할됨에 따라 저숙련 노동자는 이를테면 기계의 도움 아래 아마도 하루 종일 신발의 앞창만을 찍어내어야 할 것인데, 그는 이 일을 단 몇 시간 안에 습득할 수 있었을 것이다.

생산과정의 여러 작은 단계로의 분할, 그리고 그와 결부되어 있는 대량생산은 부가적인 계획과 개발, 그리고 조정을 위한 소요비용과 함께 엄격한 작업원칙을 요구한다. 분업의 개별 단계들은 정확히 계획되고 서로 일치되어야만 한다. 생산을 한 후에는 이처럼 대량으로 생산된 제품들을 판매하지 않으면 안된다. 이것은 마케팅, 광고, 그리고 판매조직을 필요로 한다. 마지막으로 또한 다른 직무의 루틴화와 탈숙련화를 가능하게 하는 기계들이 반드시 개발되고 제작되어야만 한다. 이로부터 생산경과의 분할은 탈숙련화를 의미할 뿐만 아니라, 그와 동시에 '새로운 지식'을 창출하고 새로운 자질을 갖춘 새로운 직업을 요구한다는 결론을 도출할 수 있다.

그래서 수직적 분업은 '두뇌노동'과 '육체노동'의 분리, 혹은 계획 및 행정과업의 실행직무로부터의 분리와 연결되어 있다. 수직적 분업은 숙련도와 의사결정권의 '밑에서부터 위로'의 이전을 조건짓는다. 직무의 한 부분을 대개 기계의 배치 아래 미숙달(저숙련) 노동력들도 가장 단시간 내에 습득하고 실행할 수 있는 아주 간단한 노동단계로 분할함으로써, 이들 직무에 대해서는 당연히 저임금을 지불할 수밖에 없다. 계획, 개발, 조정, 그리고 전략적 의사결정을 담당하는 다른 직무들은 풍부한 지식과 한층 더 고도의 자질을 요구하기 때문에 수직적 분업에서도 숙련의 이반(離反), 즉 숙련의 분기(bifurcation of skills)를 언급할 수 있기는 하지만, 이때 말하는 숙련은 그 총합에 있어서는 일반적으로 상승하며, 따라서 브레이비민적 표상과는 꼭 맞아떨어지지 않는다.

두 가지 유형의 분업은 공간적으로 작용하며 상이한 입지요구를 내포하고 있다. 수평적 분업이 중립적인 공간적 귀결을 초래한다면, 수직적 분업은 한편으로 의사결정과 계획, 그리고 통제와 연관된 활동들의 공간적 집중과 다른 한편으로 일상적 루틴기능의 분산화를 가져온다. 이러한 공간패턴에 대해서는 차후에 다시 한번 자세히 설명할 것이다.

(1) 포드주의적 발전

19세기와 20세기의 공업발달은 수직적 분업의 상승으로 표현되었다.

자본과 기계의 투여로 복잡한 생산경과가 분할되고 더욱더 단순하게 작업할 수 있는 '부분 몫'으로 구획될 수 있었다. 발전의 시발에는 영리적으로 훈련된 수공업자가, 그 종국에는 단기속성의 컨베이어벨트 노동자로부터 최고경영자에 이르는 광범위한 기능대역(帶域)이 성립하게 되었다. 이와 같은 설명은 출판시스템이나 원형 공업화 단계에서 논의할 수 있는 서로 다른 이행경로를 단순화하고 부분적으로 부정하는 것이긴 하지만, '**포드주의적**'이라고 지칭되는 발전의 본질을 잘 부각시켜준다. 바꿔 말해 생산과정이 분할되고 단순화되고 탈숙련화되고 저렴화된다. 이와 결부된 발전양상은 계획과 의사결정과 통제, 전문화, 고도숙련화, 그리고 공간적 집중이다.6)

포드주의의 발전은 헨리 포드(Henry Ford)의 이름과 자동차의 연속적 완성과 밀접히 결부되어 있다. 포드의 티(T)-모델은 사실상 **컨베이어벨트** 위에서 생산된 최초의 자동차였다. 그러나 포드주의적 생산원리는 이보다 훨씬 이전으로 거슬러 올라간다. 수직적 분업은 이미 애덤 스미스(1776)에 의해 경제적 동태의 추동력으로서 인식되었다. 그것은 의심할 여지없이 산업혁명의 제1단계를 위한 본질적인 토대이자 전제였다. 그것은 (다른 조건들과 더불어) 처음으로 산업적 **대량생산**을 가능케 하였다. 분업은 노동과 자본의 활용을 개선하고, 노동비용을 줄이고 정보처리를 가속화하며 거대하고 복잡한 조직을 구성하는 것을 가능케 하였다.

수직적 분업과 포드주의적 과정이 하필이면 19세기에 발생하게 되었느냐는 자본가들의 '물릴 줄 모르는 이윤기대'와 관련이 있을 뿐만 아니라, 사회적 조건과도 결부되어 있었다. 18세기 말 그리고 19세기 전반에 일부의 (잠재적인) 노동자는 전혀 읽지도 쓰지도 못했기 때문에, 생산의 루틴화와 탈숙련화, 그리고 판매의 저렴화가 현저하게 증가한 농업인구

---

6) 이 두 가지 측면은 포드주의를 연구하는 대부분의 학자들이 간과하고 있는 점이었다. 포드주의의 개념이 관련 문헌에서 거의 언제나 컨베이어벨트와만 동일시되고 있을 뿐이었다. 컨베이어벨트 내지 포드주의에는 대기업의 경영행정 기능이 입주하고 있는 고층사무빌딩도 해당한다.

<그림 5> 포드주의적 그리고 포스트포드주의적 분업

	포드주의적-테일러주의적 모델	포스트포드주의적 모델
지배적 생산구조	복잡하고, 경직적인 단일목적기술 부품수가 많은 표준화된 제품(규모의 경제) 긴 제품주기 높은 완성도 많고 다양한 하청공급자 많은 재고 유지 컨베이어벨트	유연한 다목적기술 제품분화의 상승(범위의 경제) 짧은 제품주기 완성도의 후퇴 소수의 직접공급자(적시체계) 적은 재고 유지 컨베이어벨트와 그룹작업
노동분업	분업이 고도로 진전됨 전문기능직 노동자와 속성숙달 노동자간의 업무분할	노동분업의 후퇴 숙련노동력의 그룹작업에 의한 통합
기업구조	대기업의 지배	중소기업의 르네상스

출처: Gaebe, 1993: 493에 의거

를 받아들이는 데 기본적인 전제가 되었다. 포드주의의 발전은 또한 영리를 추구하는 수공업자의 훈련이라는 틀에서 생산을 확대하기 위해 필요 불가결하였던 이들 노동력을 그렇게 많은 수로 단기간 내에 양성할 수 없었기 때문에 요청되었다.

포드주의적 대량생산은 적잖은 **사회적 불균등**을 야기하였으며(또는 심화시켰으며), 일자리 공급의 지역적 편중 내지 취락체계(중심지체계)의 계층화에도 적잖게 기여하였다. **마르크스주의**의 뿌리는 바로 이러한 산업발전에 대한 비판에 있었다. 분업이 사회적 불균등을 발생시키기 때문에, 평등을 목표로 했던 모든 사회적 유토피아는 분업의 폐기 내지 후퇴를 요구하였다. 칼 마르크스도 '두뇌노동'(계획하고 명령하는 직무)과 '육체노동'(실행하는 직무)의 분리를 자본주의에 있어서 인간소외의 표상으로 보았다(Strasser, 1986: 683). 그는 이러한 성격의 분업이 사회주의에서는 이미 줄어들고, 공산주의에서는 더 이상 존재하지 않을 것이라는 논점에서 출발하고 있다(MEW 3: 364). 마르크스와 엥겔스(Engels)는 수직적 분업의 해소, 따라서 '두뇌노동'과 '육체노동'의 분리를 지양하는 것이 계급 없는 공산주의적 사회로의 진입을 위한 기본 전제가 됨을 예시하였다(또한 Bottomore, 1983: 89 참조).

수직적 분업의 발전과 그로부터 결과하는 위계, 계획과 조정과 통제권한의 성립은 종종 일직선상의 단선적으로 진행되어온 과정으로 인식되고 있다. 생산과정의 분할이 더욱더 진전되고 다수의 노동력이 점점 뚜렷이 탈숙련적 직무를 수행하게 됨으로써 사회적 **불균등**은 증가하는 것으로 정식화되었다. 사회에서의 분극화, 즉 양극화는 결국 사회혁명으로 연결되고, 이는 다시 노동의 새로운 조직화를 가능케 한다는 것이었다. 마르크스는 자본주의에서 노동을 탈숙련화시키는 장기적 경향이 존재할 것으로 생각하였다. **경쟁**의 압력 아래 기업들은 비용을 더욱더 크게 줄이도록 강요받는다는 것이다. 기계의 투여로 노동경과는 점점 더 단순한 과업으로 분할되며, 그래서 노동자들이 필요로 하는 숙련은 계속해서 저하될 것으로 보았다(또한 Friedman, 1987 참조).

(2) 포스트포드주의적 발전

하지만 최근 몇몇 고도로 발전한 선진국가에서는 사실 수직적 분업의 후퇴가 관찰되고 있다. 대량생산이 경제적 위상을 상실하거나 운송 가능성의 개선으로 말미암아 다른 지역으로 옮겨가고 있다. 통신기술분야의 발전은 거리를 극복하게 하며, 나아가 시장의 국제화로 이어지고 있다. 유연적 **전문화**가 경직적인 대량생산을 대신하고 있다. 변화된 경쟁관계가 확실히 '평탄'해진 포스트포드주의를 유도한 수직적 분업영역에서 발상의 전환을 초래하였다.

수직적 분업이 뚜렷한 포드주의적 생산에서는 표준화되고 다양하게 분할된 생산공정을 조직화하기 위해 자세한 지침과 사용방식, 이행과 규칙, 그리고 정확히 구획된 과업영역이 반드시 마련되고 제시되어야 한다. 분업은 기능과 숙련도에 따른 노동력의 분화를 필요로 한다. 대량생산이 진행될 경우에는 어떤 문제가 발생하여 그것을 재조정한다는 것은 막대한 비용을 초래할 수 있다. 그러므로 **제품주기**는 길어지고, 대기업들이 경제상황을 지배하게 된다.

더욱더 복잡다단해진 생산공정과 시장의 불확실성, 단기적으로 등장하는 새로운 경쟁상황, 그리고 특정 제품의 질에 대한 보다 높아진 요구들은 몇몇 분야에서 포드주의적 생산을 유지하는 것을 불가능하게 하였다. 크게 단축된 제품주기로 노동조직의 변화와 함께 장기적인 대량생산에서만 '수지'가 맞는 값비싼 수직적 분업은 후퇴하게 되었다. 수직적 분업의 후퇴는 곧 기업경영의 실제에 있어서도 그룹작업의 강조와 무엇을 하라고 지시 받기 전에 스스로 의사결정을 내리고 올바르다고 생각되는 일을 처리하는 '더불어 생각하는', 동기가 부여된 노동력을 의미한다.

수직적 분업의 후퇴가, 우선 취업자들이 최고의 교육수준을 보여주고 많은 경우 그들의 기업체와 정체성을 느끼고 있으며, 또한 때로는 적법하게 때로는 불법적으로 종사하고 있는 소기업들로 구축된 기능적 네트워크가 포드주의를 이겨낸 국가들(일본)에서 시작되었음은 결코 우연이 아니다. 자질과 관련하여 형식적인 정규 학교교육의 수료뿐만 아니라 후천적으로 습득한 지식에 견주어보더라도 저숙련인 노동력을 갖고서는 이러한 수직적 분업을 후퇴시킨다는 것은 거의 불가능하다. 숙련은 여기 저기 어느 곳에서나 존재하는 것이 아니기 때문에, 특정 분야와 지역에서만 수직적 분업의 후퇴와 함께 평탄한 위계의 도입이 나타날 수 있다.

포드주의에서 포스트포드주의로의 발전이라는 변동의 효력이 공업 생신부문에서 상당하기는 하지만 여러 모로 과대 평가되고 있다. 포드주의도 사실 일부 노동력에만 관련되는데, 이 사실은 포스트포드주의에도 매한가지로 적용된다. 공공행정과 상업, 많은 제조업체, 그리고 여러 서비스업에서는 대다수 취업자들이 이러한 변동에 해당되지 않았다. 왜냐하면 그들은 벌써 늘 '포스트포드주의적'으로 조직되어왔거나, 포드주의가 특정 생산부문에서만 최적의 결과를 이끌어내고 있었기 때문이다.

우리의 견해에 비추어볼 때에도 포스트포드주의가 포드주의를 해체하였으며, 점진적으로 모든 국가에 걸쳐 통용될 발전국면이라는 테제는 그릇된 것이라고 판단된다. 만약에 그렇다고 하는 경우에는 포드주의와 포스트포드주의를 하나의 단선적인 근대화과정의 각 단계로서 해석하는 것이다. 하지만 이 단계순서는 반드시 나타나지 않을 수도 있다. 특히 '주변부', 즉 저숙련과 저임금 취업자들이 존재하는 저발전지역에서는 포드주의가 여전히 보다 장기간에 걸쳐 번성하게 될 것인데, 왜냐하면 그곳에서는 포스트포드주의를 위한 전제 조건들이 아직까지 거의 성숙되지 않고 있기 때문이다.

3) 능력주의화, 전문화, 그리고 관료화

분업과 산업부문간의 변동이라는 발전과 상관없이 특수하게는 취업체계, 일반적으로는 사회를 결정적으로 변화시킨 또 다른 발전동향을 소개하려고 한다. 다시 말해 사회의 능력주의화, 직업의 전문화, 그리고 노동관계의 관료화가 그것이다.

(1) 능력주의사회

능력주의사회의 본질적인 표상(Young, 1958)은 지식, 능력, 자질, 그리고 직업적 성취가 사회적 지위획득에 매우 중요하다는 점이다. 따라서 능력주의사회는 귀속사회와 정반대의 다양한 양태를 보여주고 있는 것이다. 귀속사회에서는 **지위와 특권**(프롤레타리아 출신이나 귀족출신)의 세습, 민족적 그리고 종교적 질서, 신분, 정파 또는 혈족에의 귀속성이 결정적인 역할을 한다.

능력주의사회라는 방향으로의 사회의 발전은 계몽과 자유주의적 사고방식과 긴밀히 결부되어 있다. 사회관계에서 합리성의 증대, 과학의 진보에 따른 세계의 '**세속화**'(Weber, 1922), 그리고 마지막으로 산업혁명으로 말미암아 지식, **전문적 능력, 직업적 자질**,그리고 나중에는 **교육수준**이 한층 더 중요하게 되었으며, 또한 경제적 권력과 권위, 그리고 사회적 **층화**의 근원도 변하였다. 능력주의사회라는 방향으로의 사회변동은 창조성, 발명, 개인적 활동, 그리고 사회적-지역적 이동성에 엄청난 잠재력을 발산시켰으며, 사회를 권태와 정체로부터 해방시켰다.

사회의 능력주의화 없이는 공업화와 근대화의 과정도, 그리고 경쟁력도 생각할 수 없다. 따라서 능력주의사회의 준거인 지식, 능력, 자질, 직업적 성취 등은 오늘날보다도 다가올 미래에서 한층 더 큰 의미를 띠게될 것이다. 권력의 근원은 과거처럼 더 이상 소유토지나 원료 또는 자본이 아닌, '유기적 지성'(有機的 知性 organized intelligence)에 있다(Galbraith, 1970: 390). 벨(1973)에 따르면 미래의 탈산업사회에서는 지식이 사회의 주축이 될 것이라고 하는데, 경제성장과 사회적 층화가 이러한 축을 중심으로 하여 조직된다는 말이다.

노동시장의 문제에 대해 능력주의적 사회발전이 갖는 함의는 직업활동이 차지하는 중심적 위치에서 살펴볼 수 있다. 그것은 한편으로 사회적 지위획득에 결정적인 유연함을 의미한다. 취업활동이 능력주의사회의 맥락에서는 소득의 획득뿐만 아니라 사회적 발전기회의 배분을 의미하는 바, 이는 계보적 출신이나 혼인에 의해서가 아니라 실제로 직업에 종사하고 있는 남녀 자신에 의한 것이다. 능력주의사회로의 발전으로 취업활동은 사회의 중심적 범주로 고도로 양식화되고, 그 해방과정도 커다란 발전을 이룩하였다.

(2) 노동세계의 전문화

노동시장에 지속적으로 영향을 미치는 또 하나의 발전 동향은 직업활동의 전문화로 일컬어지는 것이다. 국가는 의무교육을 도입하고 보다 분화된 교육체계를 창안하고 직업과 사회적 기능에 대해 정확한 교육 및 인허가 규칙을 마련함으로써, 그와 같은 발전을 크게 촉진시켰다. 직업단체와 입법기관에 의한 이러한 규칙들은 무자격 응모자들을 책임 있는 자리로부터 멀어지게 하고 고객을 무능과 혹시나 입을지도 모르는 피해로부터 보호하며, 전체적으로 사회체제의 신뢰성과 안녕과 안정을 제고하는 데 이바지하기 위한 것이라고 한다. 특정한 직업상의 지위는 규정된 교육과정을 마쳤을 경우에만 차지할 수 있게 된다. 국가가 교육의 질을 '보장'하고, 따라서 자질을 교환할 수 있고 공간적으로 이전할 수 있는 상품으로 만든 것이다. 따라서 후자는 또한 인구집단의 공간적 이동을 위한 하나의 본질적인 전제가 되고 있다. 수 년에 걸쳐 교육에 투자한 사람이 있어 그의 자질이 현지에서 알려지고 높게 평가될 경우에는, 그는 그곳에 머무르게 된다.

그런데 직업의 전문화는 기능적 이유(효율성의 제고나 고객이나 환자들을 '미숙'으로부터 보호하는 일)뿐만 아니라, 권력 및 신분정치적 이유에서도 도입되었다(Rottenberg, 1968; Bolte, 1979 참조). 직업의 전문화는 또한 특권적 직업으로 많은 사람들이 몰려드는 것을 규제하고, 직업 단체의 신분상의 이해관계를 보호하고 독점을 유지하도록 하며 임금덤핑을 통한 경쟁력의 왜곡을 방지하는 것이라고 한다.

(3) 노동관계의 관료화

마지막으로 언급할 노동시장상의 현상에서 중요한 상위의 지배적인 사회발전 동향은 '직업세계의 관료화'로 지칭되는 것이다. 이는 앞서 언급한 다른 장기적인 시대 조류와 관련되어 있지만, 노동시장이론에 있어서 그 독특한 의미 때문에 특별히 따로 떼어서 지적되어야 할 사안이다.

오늘날 포드주의적 대량생산과 근로자들의 교육과 자격획득이 기능적으로 사업체로부터 국가적 교육시설로 이관되는 일, 그리고 경제활동의 확대로 공공행정과 경제에서 보다 큰 단위 조직체가 발생하는 경향이 나타나고 있다. 큰 기업체는 작은 기업체로부터, 강력한 공공부문은 낮은 차원의 공공행정으로부터 발전하였다.

조직의 규모와 복합성이 커짐에 따라 정형화되고 표준화된 행동경과의 중요성이 높아진다는 점은 이제 조직학을 통해서 잘 알려져 있다. 베버(1922)는 노동관계의 이러한 정형화와 표준화 과정을 관료화로 지칭하고, 이와 동시에 '이상적 관료체제'에 일정한 속성을 부여하였다(Mayntz, 1971: 29-30; 1974: 1062 참조). 관료화의 중요성은 거대한 분업적 조직을 조감할 수 있고 계산할 수 있으며 제어할 수 있도록 만드는 데 있다. 특히 행정과 생산의 **효율성**, **통합성**, 그리고 **획일성**을 보장해야 한다는 것이다. 이상적인 경우는 관료제의 위계가 동시에 지식과 역량의 위계여야 한다는 점이다.

관료화는 시간적으로 보아 가장 먼저 군대에서, 뒤이어 큰 종교공동체에서, 그리고 공공행정에서 출현하였지만, 19세기 후반부터는 점점 큰 경제부문의 기업체들까지 포괄하게 되었다. 그것은 여러 독자적인 직업을 창출하였으며 독특한 기업 내의 노동시장을 만들어냈다. 관료화는 또한 일자리의 공급과 취업기회의 **중심-주변간의** 격차를 심화시키고 중심지체계를 강화하는 데에도 일조하였다.

2. 지역노동시장의 개념과 정의

아래 절은 지역노동시장에 대한 여러 개념정의와 이론적 모델들을 담고 있다. 노동시장이란 과연 무엇이며, 그것을 어떻게 정의할 수 있으며, 그 기능방식에 대한 개념들이 어떻게 논의되고 있는가 등이다. 그에 관한 논의가 주로 경제학과 몇몇 사회학 분야에서 이루어졌기 때문에, 이들 인접 학문의 인식상황을 우선 아주 간략히 소개할 필요가 있다.

1) 노동시장의 개념

'노동시장'의 개념을 일반적으로 받아들일 수 있는 정의로 표현하고자 하는 시도들은 거두절미하고 말해 노동시장이 도대체 무엇이며 그것이 어떤 기능을 수행하며, 그리고 어떻게 '작동하느냐'에 관한 근본적인 견해차를 보여주고 있다. 노동시장이라는 용어는 한편으로 보다 사회과학적으로, 다른 한편으로 보다 경제학적으로 지향하는 고찰방식들의 패러다임적으로 서로 다른 접근방법을 명료하게 반영하고 있다. 이 점은 두 가지 정의에 의거하여 설명할 수 있다.

잘 알려진 메사추세츠공과대학의 『경제학사전』에서는 '노동시장'(labour

market)을 아래와 같이 정의하고 있다.

노동시장은 어떤 직업을 수행하기 위해서 일정한 노동력을 채용하고 공급하는 활동들과 일을 하는 사람에게 얼마나 많은 임금을 지불해야 할 것인가를 결정하는 프로세스에 관한 것이다. 더하여 임금이 움직이는 방식과 서로 다른 직업 및 고용주 사이에 발생하는 노동자들의 이동이 정의에 포함된다. 이때 '시장'이라는 용어를 사용하는 것은 노동력이 다른 상품과 정확히 똑같지 않다는 점을 주목하기 위한 것이다. 노동시장은 오히려 노동의 수요와 공급이 상호작용하는, 경제이론에 있어서의 '장소'로 보아야 할 것이다(Pearce, 1986).

노동시장의 경제학적 정의에서는 시장메커니즘, 특히 가격형성을 통하여 노동력의 배분이 이루어진다는 생각이 지배적으로 투영되어 있다. 그 뒤에 숨어 있는 노동시장모델의 성격에 대해서는 제2장의 1절에서 다시 한번 언급하게 될 것이다. 그러나 한 가지 논점만은 앞서 지적해두어야 할 것 같다. 즉, 이 경우에는 사람들이 노동력을 제공하고 기업주가 그것을 '구매'하는, 이때 가격은 '거래'가 성사되는지 그렇지 않은지의 기준이 되는 노동시장상(像)이 지배하고 있다는 사실이다.

이와 반대되는 것은 보다 넓은 문제이해를 담고 있는 노동시장에 대한 사회과학적 정의이다. 이렇듯 쟁엔베르거(Sengenberger)는 노동시장을 두 가지 기본적인 기능과 과정을 반드시 충족시켜야 하는 하나의 사회적 시설물로 규정하고 있다.

노동력의 공급과 수요의 매개가 그것이다. 이 매개를 적응으로 지칭할 수 있다. ……노동력에 사회적 기회와 위험의 배분으로, 물질적 의미에서 소득(임금과 기타 화폐가치적 보상과 같은)으로서뿐만 아니라 고용안정, 노동구성에 있어 자율성, 사회적 지위와 사회적 신망, 직업적 발전가능성 등 비물질적 또는 간접적 의미에서의 소득으로도 이해된다(Sengenberger, 1987).

사회학적 시각은 공급과 수요의 적응기능을 포함하고 있으며 나아가

이를 배분기능을 중심으로 확장시키고 있는데, 이때 배분은 역시 일반적으로 파악되는 것으로 사회적 범주도 내포하고 있다. 사회적 기회, 그리고 또한 위험, 복지, 건강상의 부담과 당연히 물질적 재화, 말하자면 소득 등에 대한 중심적 배분기구로서 노동시장을 고찰하는 방식에 사회학의 전통적인 문제제기, 이를테면 사회적 층화와 사회적 **불균등**, 그리고 사회적 이동성에 관한 문제제기를 통합시키는 것이 가능하다고 한다.

경제학적 고찰방식과 사회학적 고찰방식 간에 놓여 있는 결정적인 차이점은 기능적 측면의 분리 여부에 있다. 신고전적, 경제학적 모델에서는 **적응과 배분**이 부합하거나 그다지 차별화되어 있지 않다. 중심적 통제도구로서 임금수준은 양자에 공히 영향을 미친다. 다시 말해 **임금수준**의 변화는 배분을 보장하는 동시에 분배효과를 지니고 있다는 것이다. 사회과학적 모델에서는 두 기능이 분화되어 있다. 이것은 노동시장모델을 현실의 경험적 관찰과 대비시켜 볼 때, 반드시 필요한 것으로 생각된다. 왜냐하면 현실적으로 적응과 배분이 확연히 균열되는 여러 많은 현상들을 관찰할 수 있기 때문이다. 쟁엔베르거는 이에 관한 하나의 예를 들고 있다.

> 사실 적응과 배분의 기능은 빈번히 균열을 일으킨다. 그것은 서로 분리된 제반 행동과 조치들의 대상이며, 시간적으로도 무조건 조정되는 것이 아니다. 예를 들어 기업에서는 임금과 무관한 중립적인, 노동력의 단기적인 재배치와 같이 전혀 또는 적어도 직접적인 배분효과를 보여주지 않는 적응과정이 존재한다. ……이와 반대로 여러 배분적으로 작용하는 경과들도 존재하는데, 예를 들어 공공서비스 부문에서 순전히 연령에 따른 봉급인상이 그러하듯이, 이는 그 어떤 직접적인 적응노력이나 적응효력과 전혀 또는 적어도 크게 조응하지 않는다(Sengenberger, 1987).

그리고 또한 노동시장의 기능과 작동의 방식에 관한 견해차의 이면에는 그 기능의 유용성에 대한 점점 거세어지고 있는 비판이 존재한다. 적응문제에 대한 만병통치약으로서 시장에 대해 의구심이 제기되고 있다. 전혀 일리가 없는 것은 아니다. 왜냐하면 적응과정이 서로 다른 방식으로 그리고 결코 신고전적 개념이 지배하는 그러한 형태로만 이루어지지 않고 있기 때문이다. 어떤 기업에서 새로운 업무부분만이 새로운 노동력의 채용과 아울러 다른 사람의 해고를 통해 충족되고 있으며, 적응의 보다 큰 부분은 모르긴 해도 기업내부의 이동(전보, 승진, 좌천 등)을 통해 이루어지고 있는 것이다.

노동시장의 경제학적 정의는 노동력과 일자리의 '채용과 공급'만을 핵심적으로 파악한 것이다. 이는 매우 협소한 개념 인식이라고 할 수 있다. 사회학적 정의는 이를 보다 확대시켜 사회적 기회와 위험의 불균등한 배분에 기초한 노동시장의 사회적 차원을 강조하고 있다. 노동시장의 지리학은 다시 한 걸음 더 나아가고 있는데, 이때 지역노동시장은 선험적으로 그 차원이 설명되지 않고 있으며 경제학적 그리고 사회학적 정의에 따라 세계적, 국가적, 그리고 국지적 시장일 수도 있는 노동시장의 비공간적 모델로부터 구성되는 것이다. 여기서 우리가 주목해야 할 점은 지역노동시장을 다른 노동시장이나 상품시장으로부터 고립시켜 고찰해서는 안된다는 것이다. 따라서 한 지역노동시장에서 수요와 공급의 균형은 가격형성의 문제로만 국한되는 것이 아니라, 저렴한 지역으로의 일자리의 이전가능성과 노동력의 전출입도 포함한다. 시장에 따른 적응과 기업적 적응 이외에도 지역적 균형메커니즘이 존재한다는 것이다. 이러한 공간적 적용과정의 이론적 수용에 노동시장 지리학의 중대한 확장이 있는 것이다.

2) 노동시장의 구성요소

'노동시장'의 개념이 지닌 복합성은 그것을 하나의 도식적 모델로 그려내려고 할 때 분명해진다. 머텐스(Mertens, 1984)는 '노동시장 및 직업 연구의 개념구상'에서 이 점에 대하여 네 가지 하위체계로 나눌 수 있는 다음과 같은 제안을 하였다.

<그림 6> 노동시장의 구성요소

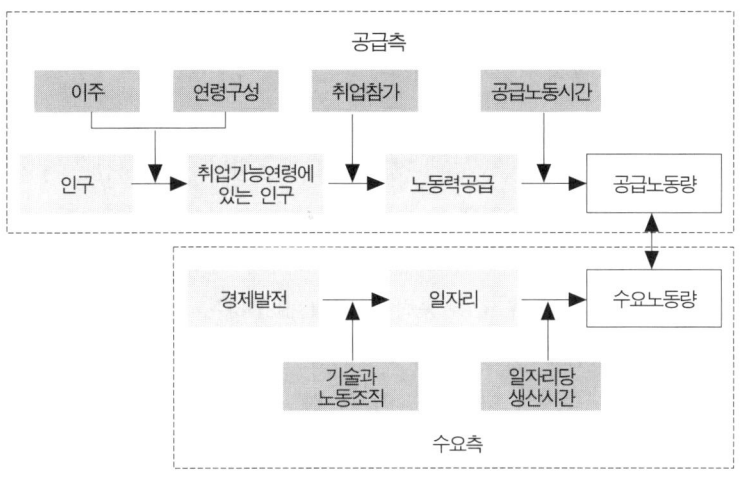

출처: Mertens, 1984에 의거

① 주민의 수와 연령구성이 잠재적 취업활동인구(또한 취업가능인구)를 규정한다. 자연적 인구동태와 이주가 연령구성을 결정하고 변화시킨다. 따라서 정치적 개입의 가능성은 가족정책분야(출생을 제고하기 위한)나 내정의 제반 조치들(이주정책, 망명정책 등)에 있다.

② 기존의 그리고 장차 공급될 노동력에 있어서의 잠재력은 다시 취업률에 달려 있다. 남성의 연령에 따른 특유의 취업률은 일차적으로 교육행농, 병역의무(공익근무), 취업억량, 그리고 퇴직징년에 따라 결정되며, 교육과 병역의무를 마친 후에는 취업률이 보통 90% 이상에 달하게 된다. 이와는 반대로 여성의 취업률은 문화권, 가족 및 사회정책, 출산력 수준, 그리고 여성의 사회적 지위에 따른 여타 많은 요인들에 의해 규정된다. 따라서 여성의 취업률이 10%에서 90% 사이에서 가변적일 수 있음은 전혀 놀랄 일이 아니다(제4장 1절과 제6장 1절 참조). 바로 여성취업률에서 수많은 정치적 개입가능성이 존재한다. 조세정책, 교육정책, 그리고 사회정책을 통하여, 유연한 연령제한과 이중소득자들과 시간제 취업자들에 대한 상이한 과세방식을 통하여, 그리고 또한 제도적인 진입규

제를 통하여 취업참가를 변화시킬 수 있으며, 역시 마찬가지로 가족을 돌보는 시설물의 예비적 공급(유치원, 봉급정지대체금 등)과 같은 가족정책적 조치들을 통해서도 가능하다.

③ 노동력을 가진 사람들은 그들의 노동력을 상이한 양(노동시간)과 질(직업적 숙련, 교육수준, 동기, 생산성)로 제공한다. 노동시간은 국가의 다양한 간섭, 이를테면 최대 노동시간, 초과 노동시간에 대한 서로 다른 조세적 평가, 그리고 다양한 **시간제취업** 모델에 의해 조절될 수 있다.[7] 필요로 하는 숙련과 수요 노동력에 대해 요구하는 교육수준은 직업의 전문화와 (직업)경로규정을 통해서나 사용자의 선별방식에 의거하여 규제된다. 수요 노동량과 수요되는 최저숙련도는 공급 노동량과 공급되는 숙련도와 대응하게 된다. 이 두 가지 중대한 변수 사이의 불균형은 단축된 노동형태(단기노동), 실업, 이주, 통근이동 또는 취업참가로부터의 후퇴 등을 초래한다.

④ 수요 노동량은 가변적인 취업시간을 보여주는 기존 일자리의 수에 따라 결정된다. 또한 그 이면에는 일련의 경영학적·경제학적 변수들이 숨어 있다. 제품수요와 기술적-구조적 변동, 법적으로 허용된 영업시간, 그리고 합리화를 위한 투자 정도 등은 사용자들의 수요행태를 상당 정도 결정한다. 따라서 **수요지향적** 노동시장정책은 조세적·경제정책적 유인책을 통해 운용될 수 있다.

수요되고 공급되는 숙련에 있어서의 불균형은 또한 개별 숙련수준

---

7) 노동시간의 단축이 취업상황에 미치는 영향을 둘러싸고 가끔 고지식할 정도로 전개되고 있는 논쟁과 관련하여 현대 시장경제에서 임금노동은 자동적으로 주어지는 것이 아니라, 배분될 필요성이 있다는 점을 지적하지 않을 수 없다. 일자리는 기업의 경쟁력에 의해 비로소 창출된다. 따라서 현대의, 세계화로 나아가는 시장경제에서는 노동시간의 단축이 특정한 여건하에서는 일자리의 손실을 초래할 수 있다. 다만 공공서비스, 교회, 그리고 몇몇 업종들은 보호받는 노동시장에 해당하는데, 여기서는 이론적으로 노동시간의 단축을 통해서만 일자리가 만들어질 수 있다. 그러나 이 분단체는 재정적으로 지원가능한 범위 내에서 비로소 보호된다. 그뿐만 아니라 이러한 논쟁에서는 숙련근로자들의 대체가능성 문제가 논외로 되고 있다.

사이에 구축(驅逐)과정을 야기할 수도 있다. 숙련된 취업자들이 초과 공급되는 상황에서는 낮은 임금과 저숙련 직무영역이라도 다투어 수용할 수밖에 없으며, 숙련된 노동력이 부족할 경우에는 요구되는 채용기준을 무시하고 사람들을 받아들이게 된다.

<그림 6>의 모델은 노동시장의 구성요소를 크게 단순화하여 도식화한 것이다. 노동시장이 어떻게 기능하는가를 설명하는 데 그 목적이 있는 것이 아니라, 다만 어떤 요소들이 노동시장의 역할을 수행하는가를 살펴보려고 한 것이다. 이들 요소가 어떠한 상호관계를 맺고 있는지를 추적하고 있지 않음은 두말할 나위도 없다. 공급된 노동량이 끊임없이 변하는 요소들(수요의 등락, 노동력공급의 변동)의 맥락에서 어떻게 균형상태에 도달하게 되는가의 방식이 노동시장이론의 내용이 된다. <그림 6>은 또한 수요와 공급의 측면을 특별히 숙련도, 공간적 입지 등과 같은 여타 측면들에 의거하여 분화시키지 않고 있다. 그럼에도 불구하고 노동시장연구는 항상 학제적으로 지향해야 할 연구임을 분명히 보여주고 있다. 인구학적, 사회학적, 그리고 경제학적 문제제기의 여러 측면을 균형 있게 고려할 수 있거나 특별한 문제들을 따로 한 부분으로 떼어내어 살펴볼 수도 있다.

3) 지역노동시장의 개념정의

(1) 기능적 지역노동시장

지역노동시장이 '노동시장의 지리적 하위부분'(Pearce, 1986)이라는 점에 관해서는 합의가 이루어지고 있다. "사실 노동시장은 기업, 산업, 직업유형, 노동자유형, 직종 그리고 공간적 입지에 의해 분단화되어 있다. 다시 말해 노동시장의 분단화가 이루어지는 거시적 과정은 공간적 분단화 과정과 연결되어 있다. ……노동시장이 공간적으로 분단되어 있다는 사실은 중요한 정책적 이슈를 제기한다"(Fisher/Nijkamp, 1987).

그래서 국가의 전체노동시장을 지역노동시장으로 분할하는 것은 필요불가결하며 정책적으로도 적절한데, 통용되고 있는 노동시장이론의 '기본가설'(등질적으로 구비된 지역, 어디에서나 정보에의 균등한 접근기회, 공간적 이동은 어떤 비용도 야기하지 않는다는 가정 등)이 실증적인 분석에서는 유효할 수 없을 뿐만 아니라, 이론적으로도 진정 의심이 가는 것으로 생각된다. 모든 이론은 일정한 일반화와 전제에서 출발하지 않을 수 없다는 점을 이해할지라도, 이론은 바로 기본적인 요소들―공간분화와 같은―을 등한시하거나 이를 모델상의 '잡음'으로 처리해서는 안되는 것이다.

지역노동시장을 어떻게 구획하느냐는 더욱더 어려운 문제이다. 관련 문헌들은 그 어떤 통일적인 진행방식도 제시하지 않고 있다. 물론 한 지역노동시장을 주민들의 취업가능성에 의거하여 구획하는 것은 매우 유용하다. 노동시장권의 구획(기능적 노동시장권의 의미에서)이 지금까지는 대체로 연계 및 도달가능성에 관한 분석(예컨대 통근세력권에 의거하여)에 입각하여 행해졌다(Eckey/Klemmer, 1990). 이러한 진행방식이 문헌에서 종종―우리는 부적절하다고 생각하는데―지역노동시장을 정의하는 '왕도'로서 간주되고 있다. 지역노동시장을 현황적으로 조사하는 데 이상적인 방향판은 완결된, 통근자료를 기초로 하여 기능적으로 구획한 노동시장권일 것이다(Bröcker, 1988).

 통근흐름, 등치선 또는 일일 통근자들의 '최대한으로 요구할 만한 거리'에 따른 노동시장권의 기능적 구획은 '행사(行事)의 장소적 개최'라는 시장의 개념으로부터 도출된 것이다. 중심부에 일자리가 있고 하나의 대충 구획가능한 영역에서 하루, 한 주, 한 계절 또는 불규칙한 빈도로 취업지를 지향하는 노동인구가 있다면, 세력권을 가진 중심지들은 '시장'을 구성한다는 것이다.

지역 구획의 네 가지 기준을 제시한 피셔와 나이캠프는 노동시장권을 어떻게 구획할 것인가에 관해 수정된 제안을 내놓았다(Fischer/Nijkamp, 1987).

- 적은 수의 일일 통근자들이 지역을 떠난다.
- 지역 내에서의 금전적, 비금전적인 공간적 이동비용은 이 지역과 다른 지역 간의 이동비용보다 훨씬 적다.
- 기업체들이 국지적으로 입지하고 있어서, 이들 기업체는 잠재노동력의 대부분을 지역의 경계 안에서 구할 수 있다.
- 일자리와 임금에 관한 정보가 불완전하다는 사실을 고려할 때, 이 지역 안에서의 탐색비용은 이 지역 밖에서보다 훨씬 낮다는 점을 전제로 한다.

노동시장을 구획하기 위한 이와 같은 제안의 틀에서 조작화와 자료구득과 관련된 문제점을 별도로 하면, 통근자료와 등치선의 활용에 있어 세 가지 근본적인 문제점이 발생하고 있음을 알 수 있다.

① 해소되지 않고 계속해서 불투명하게 남아 있는 논점은 공간적 상호작용에 바탕을 두고 연결된 지역의 규모 문제이다. 선정한 척도에 의거하여 국지적, 지역적, 그리고 국가적 노동시장 중심지들이 그에 상응하는 세력권과 함께 존재한다. 문제설정에 따라 어떠한 척도 수준을 활용할 것인가를 주목하여 검토해야 할 것이다. 보편 타당한 구획이 존재할 것이라고 믿는 사람들은 혼동에 빠질 수도 있다.

② 그 어떤 구획도 시간에 의해 영향을 받는다. 통근흐름에 따라 정의된 노동시장권은 결코 지속적으로 유효한 경계를 갖지 못한다. 새로운 대기업의 설립이나 기존 대기업의 폐쇄는 분석의 척도에 따라 기존의 통근흐름을 결정적으로 뒤바꿔놓을 수도 있다. 또 이전에 폐쇄된 경계의 개방과 통화의 평가절상이나 절하는 경계지역에서 통근흐름을 단기적으로 크게 변화시킬 수 있다. 이렇듯 노동시장권을 몇 년 마다 반드시 검증하고, 경우에 따라서는 새롭게 획정하지 않으면 안된다.

③ 통근자료는 거주지와 취업지에 관한 진술로부터 얻어진다. 누군가가 **통근세력권**에 살고 거기서 자신의 일자리를 찾았다는 사실은 당연히 해당자들이 늘 그곳에 거주하였다는 것을 의미하지 않는다. 어떤 사람이

일자리를 얻기 위해 먼 거리를 이동한다는 것도 매한가지로 가능하다. 그러나 통근자료에 근거한 기능적인 노동시장의 구획은 현거주지만을 지향하고 과거의 이주를 간과하고 있다. 어떤 지역노동시장의 도달범위를 판단해야 할 경우에는 이 점이 대단히 중요하다. 누군가가 통근권만을 활용한다면, 그 사람은 한 지역노동시장의 실질적인 도달범위를 과소평가하는 것이다. 예를 들어 오스트리아 포어알베르크(Vorarlberg) 지방의 섬유산업은 보조노동자에 대한 수요를 포어알베르크에서, 더군다나 이미 '요구할 수 있는 통근거리'의 도달범위 안에서 충족시킬 수 있었던 것이 아니라, 오스트리아와 나중에는 남부유럽과 터키 출신의 노동력을 통하여 충족시켰다.

④ 지역노동시장이 평균적 통근거리라는 것을 기초로 하여 상호 구획될 수 있다는 생각은 상이한 숙련도를 지닌 일자리와 다양한 직업이 공간적으로 균등하게 분포하고 있다는 점을 전제로 한다. 그렇지만 취락체계의 계층적 구조를 정확히 전제할 때, 이 명제가 실제 그 어느 곳에서도 작동할 수 없음은 자명하다. 일자리가 높은 숙련을 요구하면 할수록, 그만큼 더 적은 입지들이 논의되고 그에 상응하는 일자리를 발견할 수 있는 거주취락의 수 또한 그만큼 적어진다. 마찬가지로 우리가 대학, 중앙행정 또는 대기업의 경영을 생각할 때, 교수와 고급공무원, 그리고 최고경영자들이 직장의 일반적인 통근세력권으로부터 나오는 경우는 매우 드물며, 전문화의 정도에 따라 훨씬 먼 곳으로부터도 초빙될 수 있다.

직업적 자질이 높으면 높을수록, 커리어 단계는 거리로 본 통근세력권을 훨씬 넘어서는 **공간적 이동성**과 그만큼 더 밀접하게 된다. 더군다나 거대한 다국적기업이나 저명 연구소에서 최고경영자들이나 연구자 집단의 국제적 충원은 그 기관의 질을 나타내는 지표로 간주되곤 한다. 교수들을 대부분 '동향출신'(同鄕出身)으로 충원하는 대학들을 일반적으로 결코 높은 학문적 명망을 얻지 못한다(Meusburger, 1990; Weick, 1995 참조). <그림 7>은 하이델베르크 대학을 사례로, 교수들이 하이델베르크로 초빙 받은 '노동시장권', 다시 말해 충원지역이 하이델베르크의 통근

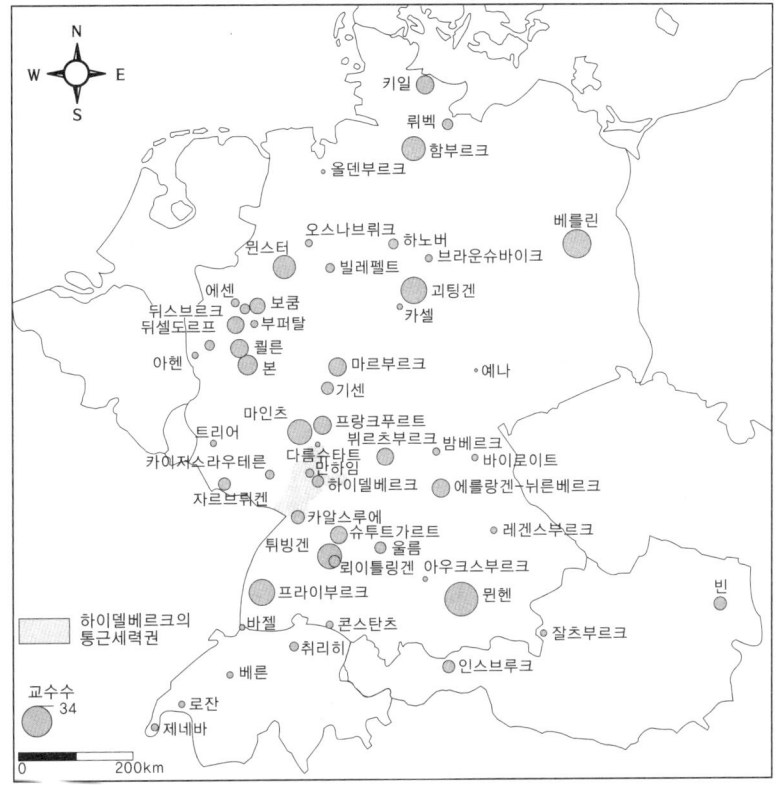

<그림 7> 독일 하이델베르크대학 교수들을 사례로 한 지역노동시장과 통근세력권:
초빙 전의 취업지와 통근연계

출처: Weick, 1995: 139에 의거

세력권보다 몇 배나 더 크다는 사실을 잘 묘사해주고 있다.

 이러한 사실로부터 도출되는 결론은 과연 무엇인가? 다름 아닌 모든 기관이 기업 내부의 각각의 숙련단계에 맞는 고유한 노동력 충원지역을 갖고 있다는 사실이다. 따라서 통근거리에 기초하여 일반적인 노동시장권을 구획하는 것은 큰 의미가 없다. 고위 사무직의 지역노동시장은 보조노동자들의 그것과는 근본적으로 다른 차원을 보여준다. 또한 고위 사무직의 통근거리는 평균적으로 보조노동자들의 그것보다 훨씬 넓다. 이것은 통근이동의 경제적 소요비용과 그것이 목표로 할 수 있는 소득에서 차지하는 비중과 관련이 있다. 통근이동의 재정지원 여력을 별도로 하면, 많은 경우 충원은 또한 이주를 의미하며 특히 노동력에 요구되는 숙련수준이 매우 높고 국지적 노동시장에서 존재하지 않을 경우에는 더욱더 그러하다는 점을 인식해야 한다.

통근세력권에 기초한 노동시장권의 구획은 신고전적 사고방식에 근거하고 있다. 노동력 공급은 등질적이고, 공간 또한 그러하다는 것이다. 아울러 완전한 투명성과 비용이 들지 않는 공간적 이동이라는 사고가 지배하고 있다. 공간적 분업과 계층적으로 구조화된 취락체계가 이러한 사고모델에서는 존재하지 않는다. 하지만 그러한 전제는 옳은 것이 아니며, 따라서 노동시장권을 평균적인 통근세력권과 동일시하는 것은 여러 문제설정에 있어서 결코 유효할 수 없다.

(2) '등질적' 노동시장의 통계적 구획

또 다른 접근방법은 노동시장권을 통계지역으로 구획하는 것이다. 공간적 법칙성을 파악하고 설명하는 것이 지역노동시장에 관한 논의에서 중요하다면, 너무 큰 단위지역을 이용해서는 안될 것이다. 왜냐하면 공간단위가 크면 클수록, 그만큼 비등질적이기 때문이다. 문제설정에 따라 일반적으로 읍면동(邑面洞)이나 군(郡) 또는 일정 읍면동과 지역유형(독일의 경우 연방국토연구청의 지역유형, 중심지, 취락규모별 계층등급 등)을 근거로 행할 수 있으며, 경우에 따라서는 이를 보다 큰 단위지역에 통합시키는 것도 의미가 있다.

지역노동시장 연구에 관한 독일의 노동시장 및 직업연구소(IAB)의 출판물에서는 그 어떤 공간적 규칙성도 파악할 수 없거나 그 어떤 분명한 공간적 패턴도 확인할 수 없다는 점을 이해한다면, 이는 무엇보다도 독일 연방공화국의 208개에 달하는 노동시장권이 너무 크며 따라서 비등질적이며, 기능적 연계에만 기초하고 있다는 점에 그 원인을 소급할 수 있다. 이때 주변의 농촌지역이 대도시에 통합되어 있음으로써, 일자리의 공급과 주민들의 교육과 취업행동에 대해 취락계층이 갖는 매우 중요한 의미가 은폐되고 있다.

　통계지역이나 지역유형에 따라 정의된 노동시장은 의심할 여지없이 지역간 노동시장상의 연계를 단절하지만, 다른 한편으로 정치적 의사결정과정에서 중요한 지역을 설명하는 것을 가능케 하는 이점을 갖고 있다. 행정적인 노동시장의 적용에 관한 한 예로서는 도(道, 州)나 **노동청관구**(勞動廳管區)에 따른 **실업률**의 발표를 들 수 있다. 이렇게 정의된 지역에서 나타나는 높은 실업률로 인하여 종종 실업률을 낮추기 위한 정치적 요구가 유도되며, 더욱이 기능적 공간구획에 관해 비판을 행함으로써 실업의 '수출'이 입증되는 경우에도 그러하다.

　통계적 그리고 기능적 지역노동시장의 구획은 연구논제와 이용의도에 크게 좌우된다. 이것이 공간적 격차를 입증하기 위한 것이라면, 정치행정적 단위(읍면동, 정치적 행정관구 그리고 또한 취락유형)가 기능적 구획보다 문제에 한층 더 적합하며, 자료기법상으로도 훨씬 손쉽게 행할 수 있을 것이다.

2 노동시장이론

노동시장에 관한 이론적 논의는 크게 단순화하여 두 학파로 나누어 정리될 수 있다. 신고전적 개념은 경제적-합리적으로 엄격하게 행동하고 효용을 극대화하려는 경제 주체로부터 출발하며, 노동시장을 일반적인 시장모델의 특수한 사례로 간주하고 있다. 반면에 **분단론적 접근**은 선험적으로 노동시장의 분절에서 출발하며, 일반적인 시장모델과 결부된 전제들을 거부한다. 이러한 두 가지 서로 다른 이론적 가정들을 간략히 소개할 필요가 있다. 양자는 상이한 패러다임의 대표적인 이론일 뿐만 아니라, 그와 동시에 서로 상반되는 기본 태도와 세계상을 일깨워주고 있다.

'경제학자들'은 늘 그러하듯이 공리론적 전통의 의미에서 합리적으로 행동하며 자신의 효용을 극대화하려는 개인에서 출발하고 있으며, '제도주의자들'은 개개인들을 자기의 의도와 거의 무관하게 자신의 경제적 역할과 행동을 결정짓는 제반 관계와 구조들의 조화 속에 놓고 본다(Freiburghaus/Schmid, 1975).

이론적 접근법의 이분화는 학설사적으로 멀리 거슬러 올라가 추적할 수 있으며(이에 관해서는 Walterskirchen, 1980 참조), 잘 알려져 있는 많은 경제학자들도 이 두 진영 가운데 한 진영에 배열될 수 있다. 도대체 무엇이 내용적으로 문제인가 하는 점은 광범위한 이론적 문헌을 개관하는 것을 통해 알 수 있다. 좀더 심화시킨 연구들로는 다음을 소개할 수 있다. 즉, 실업에 관한 이론적 논증에 주안점으로 한 로트실트(Rothschild, 1988)의 연구, 일반적 노동시장론(신고전학에서의 노동시장과 실업, 사회과학적 분단론에서 말하는 노동시장과 실업, 그리고 케인스류의 고용론에서 말하는 노동시장과 실업)을 일별할 수 있도록 잘 설명한 프리베(Priewe, 1984)의 연구, 역시 마찬가지로 이론적 접근방법에 관해 포괄적으로 서술한 아브라함젠과 카플라넥, 그리고 십스(Abrahamsen/Kaplanek/Schips, 1986)의 연구, 그리고 프란츠(Franz, 1994)와 리히터(Richter, 1994)의 연구 등이 그것들이다.

1. 신고전적 노동시장모델

신고전적 기본모델은 노동력의 공급과 수요가 균형에 도달한 일종의 폐쇄시스템을 말한다. 시장을 균형상태에 이르게 하는 결정적인 통제요인은 노동가격이다. 따라서 노동시장은 일반적인 가격이론하에 놓이게 된다. 만약 임금률이 자유롭게 움직인다면, 경쟁적 가격률이 수요와 공급을 균등히 할 것이며, 이렇듯 '시장을 청결하게 할 것이다'. 이러한 임금률에서는 그 어떤 비자발적인 실업도 있을 수 없다(Lipsey/Steiner/Purvis, 1987).

노동시장은 독립적이고 이윤이나 효용을 극대화하려는 의사결정들이 서로 부딪히는 **경합시장**이다. '균형' 가격 내지 임금의 체계는 모든 시장 참여자들의 다양한 계획들이 서로 합치되고 모든 시장이 청결하게 되는 것에 관심을 둔다(Rothschild, 1988: 6). 그래서 실업이 발생할 수 없다. 임금에 있어 제한 없는 유연성이 확보된다면, 노동력의 공급은 증가(예컨대 이주나 출생률이 높았던 동년배의 시장진입으로)하지만 수요가 변하지 않을 경우에는 **균형임금**은 떨어지고 새로운 완전고용 상태가 가능해

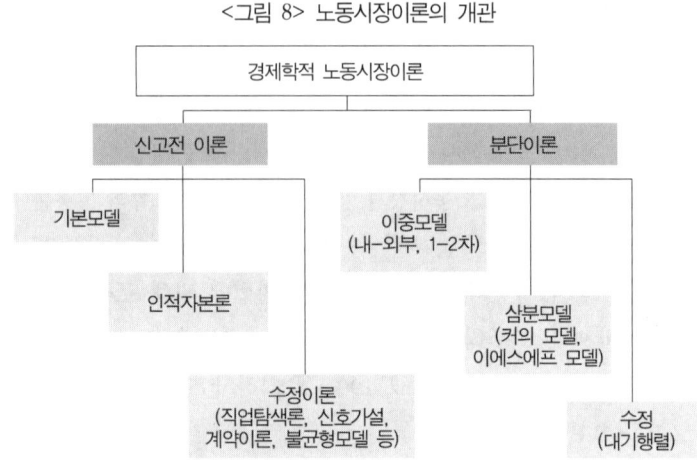

<그림 8> 노동시장이론의 개관

출처: 필자

진다. 이와 반대로 호경기의 발전으로 많은 수의 노동력이 요구될 경우에는 많은 사람들을 취업노동으로 유도하기 위해 균형임금이 상승하게 된다.

신고전적 노동시장은 공급과 수요의 곡선을 통하여 도식화될 수 있다. X축에는 임금이, Y축에는 노동력이 놓인다. 일정한 임금 w_1에서는 일자리를 얻고자 하는 q_1의 노동력이 존재한다. 임금이 상승하면 많은 사람들이 취업노동을 추구한다. 반대로 기업은 기꺼이 지불할 준비가 되어 있는 임금에 대한 나름의 생각을 정립한다. 이 생각은 노동력의 그것과는 다르다. 낮은 임금 w_1에서는 공급되는 것보다 훨씬 많은 노동력이 기업에 의해 수요된다. 임금이 상승하면, 노동력을 채용하려는 기업의 의향은 분명히 줄어든다. 공급곡선과 수요곡선이 교차하는, 따라서 균형임금이 표시되는 지점에서 타협이 이루어지게 된다. 즉, 기업은 다름 아닌 노동력을 채용할 준비가 되어 있고 노동력은 비로소 취업노동을 수용하려고 한다.

신고전적 모델의 완결성과 설득력은 부분적으로 다음과 같은 다섯 가지 테제(Pfriem, 1978: 50; Sengenberger, 1978: 7-10; Abrahamsen/Kaplanek/

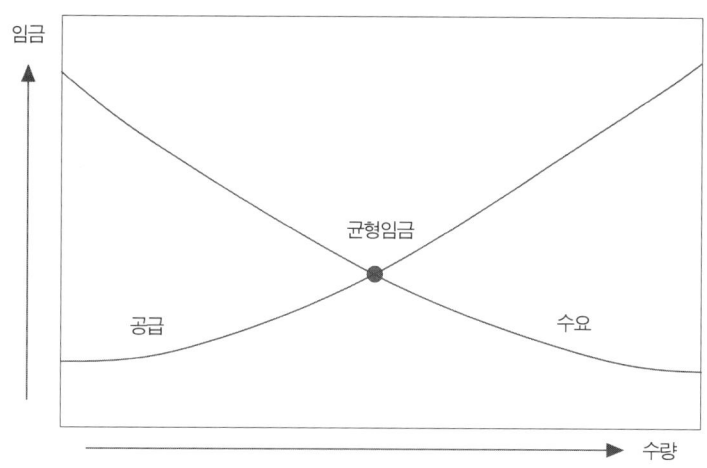

<그림 9> 노동력의 수요-공급 곡선

출처: 필자

Schips, 1986: 20-21)로 설명되는 기본 가정에 입각하고 있다.

① 신고전적 모델에서는 전체 거래가 이루어지는 하나의 노동시장만이 존재할 뿐이다. 모든 노동력은 생산의 한계효용과 관련하여 등질적이고, 따라서 제한 없이 대체될 수 있다. 이 모델에서는 서로 다른 부분노동시장이 고려되지 않고 있다. '질적 부가요소'를 통하여 비로소 상이한 부분노동시장의 구조가 참작될 수 있다.[1]

② 노동력의 공급자와 수요자 사이에 발생하는 경쟁이 아무런 장애 없이 기능할 수 있어야만 한다. 이 점은 독점적 구조가 지배하지 않을 뿐만 아니라, 타협과 규칙, 그리고 법령이 또한 시장을 규제하지 않는다는 점을 전제로 한다. **단체협약, 법적 최저임금**, 그리고 **노동조합의 활동**은 시장을 교란시키는 메커니즘이기 때문에 받아들여지지 않는다.

③ 시장에서 불균형이 발생하면, 이는 즉시 노동력에 대한 가격의 변

---

[1] 제한 없는 대체 가능성이라는 가정은 점증하는 특화와 전문화에 비추어볼 때, 특히 현실과 동떨어진 논의로서 기각되어야 마땅하다. 그래서 신고전학을 비판하는 사람들은 대체 가능성을 믿는 사람들이 비행기에 앉아 그들에게 파일럿이 승객 가운데 제비뽑기로 선출되는 것을 알려주는 사람들과 같다고 한다.

화로 표현되면서 새로운 균형상태가 나타날 수 있다. 이는 양방향으로의 임금의 탄력성을 전제로 한다.

④ 수요와 공급 관계의 변화에서 새로운 균형상태가 출현하기 위한 또 다른 전제는 노동시장 조건의 완전한 투명성이라는 것이다. 누구든지 공석(空席)과 임금률에 관해 모든 것을 알고 있고 임금수준에 관한 모든 정보가 두루 존재할 때, 경제적으로 합리적인 의사결정이 내려질 수 있다.

⑤ 균등화 과정이 방해 없이 작동할 수 있기 위해서는 제약 없는 이동을 위한 준비의향과 이동능력이 전제된다. 공간적 균등화 과정에 바탕을 둔 이동비용은 전혀 고려되지 않고 있다.

따라서 모델의 기본 사고는 가격의 유연성, 노동과 자본의 이동, 취업자의 대체 가능성, 시장현상에 관한 정보 및 제 주체의 경쟁이라는 전제 위에 서있다. 이러한 조건들이 주어지고 충족될 때, 수요와 공급 관계의 변동을 스스로 균등화하는 자기 조절적 시스템과 같은 시장이 비로소 작동하게 된다.

현실과 매우 동떨어진 전제에도 불구하고 신고전적 모델은 오늘날 (지역)경제적 정책자문[2]에 커다란 의미를 띠고 있다. 모델로부터 도출할 수 있는 일반적인 결론은 폭넓다. 시장메커니즘의 외적인 제한만으로도, 예를 들어 실업과 지속되는 지역적 격차에 대한 해답을 찾을 수 있다. 왜냐하면 경쟁적 균형임금에서는 비자발적인 실업이 존재할 수 없기 때문이다(Lipsey et al., 1987: 374). 따라서 신고전적 입장에서 나온 대처전략은

---

[2] 신고전 모델이 정책적 중요성을 띠고 있는 점과 관련해서는 그럴 만한 몇 가지 이유가 있다. 첫째는 쿤(Kuhn, 1967)이 입증한 바처럼, 확립된 패러다임이 새로운 인식에 길을 비켜주기까지는 매우 오랜 시간이 걸릴 수 있다는 점이다. 둘째 국민 경제학적 과정에서 인과의 명료한 관련성을 확인할 수 있는 경우란 극히 드물기 때문에 그릇된 조언자들을 승복시키기란 쉽지 않다는 점이다. 셋째로 신고전론적 접근은 정치가로 하여금 그들의 임무를 경감시켜주는데, 이는 수많은 현상에 대한 책임을 여러 주체(예컨대 자발적 실업) 또는 시장에 전가시켜주기 때문이라는 것이다.

노동시장의 시정(是正), 즉 모든 시장 외적인 힘의 배제와 규범화된 임금체계를 균형임금에 상응하는 수준으로 축소시킬 것을 요구한다.

실업에 대한 포괄적인 진정한 설명은 한 업종(그리고 한 지역)에서의 노동력(그리고 다른 생산요소)의 배분과 이 업종의 생산품에서의 수요의 배분 사이에 형성되는 불일치에 있다. 이러한 불일치는 상대적인 가격 및 임금의 체계에 있어 왜곡에 근거하고 있다. 이 불일치는 다만 모든 경제부문에서 수요와 공급이 균형을 이루는 가격과 임금을 설정하는 것을 통하여 교정될 수 있다. 바꿔 말해 실업의 원인은 자유시장과 안정된 화폐가치에서 형성된다고 보는 균형가격과 균형임금으로부터의 편차에 있는 것이다(졸트베델 Soltwedel의 편저에 붙인 하이에크 Hayek의 서문, 1984).

신고전적 모델은 노동시장이 기능하기 위한 제도적 전제조건이 마련될 때, 노동력의 배분과 재배분이 시장가격을 통하여 최적의 전체 경제적 복리뿐만 아니라 개별 경제적 복리까지도 유도한다는 점을 약속한다(Sengenberger, 1978: 10). 물론 그것 이상이다. 신고전학이 관찰된 이래 균형개념에 의해 영향을 받은 사고방식이 경제학의 중심적인 분석도구가 되고 있다. 일반균형이론은 무엇보다도 경제이론과 미시 및 거시경제학을 비롯하여 지배적인 경제정책 개념의 토대이다(Abrahamsen/Kaplanek/Schips, 1986: 19). 유럽연합(EU) 내에서의 역내시장의 실현과 모든 교역 장애의 제거, 노동력의 자유로운 정착 그리고 노동시장의 탈규제화를 둘러싼 논의들은 신고전학의 사고방식에 그 이론적 기초를 두고 있다.

2. 신고전적 기본모델의 확장

1) 인적자본론

인적자본론[3])은 더 이상 — 그리고 여기에 진전이 있음 — 동질적인 노동력공급에서 출발하는 것이 아니다. 그것은 오히려 자질과 그에 따른 노동생산성의 이질성을 '인정'한다. 노동력이 기업 특유의 인적자본을 축적하였을 경우에는 결코 가변적인 요소로 간주될 수 없다. 선험적으로 전제된 모든 노동력의 대체 가능성이 더 이상 주어지지 않는다는 것이다.

인적자본론은 (직업)교육을 비록 비용은 많이 들지만 보다 높은 수익을 가져다줄 수 있는 개인적 투자로 생각하고 있다. 효용과 수익을 극대화하려는 개개인들은 비용과 이윤을 저울질한 후, 자질획득과 교육에 도대체 투자할 것인가 그리고 투자를 한다면 얼마나 할 것인가를 결정한다. 이때 개개인은 이윤을 극대화하려는 기업가와 마찬가지로 행동한다는 것이다.

인적자본은 노동시장이론의 맥락에서 볼 때 본질적으로 자질, 이른바 '기량'으로 요약되지만, 이때 이를 서로 상이한 유형의 자질로 구분할 필요가 있다. 즉,

* 특수한 자질들(직업훈련을 통하여 획득하는 기업 및 직장 특유의 자질과 학교나 대학을 거치면서 얻게 되는 형식적 자질)
* 보편적 자질('보편적 기량', 정시성이나 의무감과 같은 일반적인 표징들)

이 그것이다.

상이한 자질 개념은 취업과 소득에 영향을 미친다. 노동자들의 기업 특유의 자질획득에 관심이 있는 기업주는 장기적인 활용가능성의 확률이 높을 경우에만 그에 대한 비용을 부담한다고 가정할 수 있다. "기업가와 피고용자 사이에 기업 특유의 (직업)교육으로부터 나오는 비용과 수익의 배분도(配分度)는 일자리 교체의 추정확률에 달려 있다. 따라서 '노동이동'(勞動異動 labor turnover)의 범주가 신고전 이론에서 처음으로

---

3) 독자적인 인적자본론의 정식화는 1960년대에 시작되었으며, 이전에는 베커(G. Becker), 슐츠(Th. Schultz), 오이(W.Y. Oi), 그리고 민서(J. Mincer)와 같은 학자들이 연관되고 있다.

도입되고 있는데, 왜냐하면 상정한 공급노동의 등질성에서는 전직을 무시할 수 있기 때문이다"(Priewe, 1984: 76).

직업활동 연한이 늘어남에 따른 임금의 상승도 인적자본론으로 설명될 수 있다. 직업활동을 오래하고, 따라서 부가적인 자질과 직업상의 경륜을 얻는 사람들은 높은 소득을 말 그대로 '번다'. 이때 인적자본론은 오목한(凹面), 위로 경사가 지는 인적자본의 상승에 근거하고 있다. 이러한 경사는 직업연한이 상승함에 따라 직업상 추가적으로 얻는 경험의 정도는 줄어들고, 연령이 높아짐에 따라 피고용자의 교육투자도 줄어든다는 것을 가정하기 때문에 나타나는 것이다.

반면에 고도의 특수한 자질은 물론이고 보편적인 자질도 보여주지 못하는 노동력은 장기적으로 기업과의 **결속**을 맺는다는 것이 무조건 장점이 되는 것은 아니다. 이들이 전직을 시도하는 데는 미소한 임금차만으로도 충분하다. 직업과의 낮은 결속으로 말미암아 기업 특유의 지식을 중개하는 것이 사용자에게는 썩 좋은 투자가 되지 못한다.

인적자본론은 전체적으로 유용한 설명방법을 동원하고 있다. 그럼에도 불구하고 몇 가지 논점에서 비판을 받고 있다.

① 인적자본론은 (직업)교육이 생산성의 제고와 자동적으로 연결된다는 점에서 출발하고 있다. 교육과 연구, 그리고 개발투자와 '경제적 성공' 사이에 단선적인 관계를 상정하고 있다. 이러한 표징들 사이에 관련성이 존재한다는 것은 논쟁의 여지가 없지만, 그것은 보다 복합다단하며 결단코 선형적이지 않다. 직업교육에의 투자는 특정 전제조건하에서만, 주로 위기와 전환상황, 그리고 불확실한 시기에서만 그 효력이 나타난다.[4]

② 인적자본론은 개개인이 **교육**으로부터 얻는 사적 효용에 관심을 집

---

4) 한 동년배의 60~80%가 대학을 졸업했을 때 이들이 얻을 수 있는 소득 및 노동시장 기회는 동년배의 10% 정도만이 같은 교육수준을 성취한 시점에서 이들에게 주어지는 소득 및 노동시장 기회보다 훨씬 낮다고 평가할 수 있다. 공급 일자리의 숙련구조에서 보이는 지역차에 관한 이론적 설명에는 인적자본론이 그다지 적절하지 않다.

중시키고 있다. 이 이론은 상황에 따라 어떤 조직이 그로부터 훨씬 더 많은 것을 얻을 수 있다는 점을 간과하고 있다. 물론 이 점은 그 구성원들이 자질을 갖추고 있으며 경쟁자의 구성원들보다 많이 알고 많은 것을 할 수 있는 경우에만 그러하다. 또한 사적 수단에 의해 재정적으로 뒷받침된 높은 자질을 가진 개인들이 더 많은 소득을 얻어도 '좋다'는 생각은 중부유럽의 교육체계에 비추어볼 경우에는 정치적으로 커다란 혼란을 불러일으킬 수 있는 듯 하다. 오랫동안 학업에 힘쓰고 그후에 높은 소득을 얻을 수 있는 사람들은 바로 학교와 대학에 대한 공공지출을 '사유화'하고, 일반 사회가 기부한 것을 수혜한 사람들인 것이다.

③ 마지막으로 인적자본론은 어떤 교육에 투자할 것인가, 그리고 얼마나 많이 투자할 것이며(자연적 제한을 별도로 하는 한), 장차 어느 정도의 소득 및 노동시장 기회를 얻게 될 것인가 등이 피고용자들의 자유롭고 개인적인 의사결정에 따른 것이라는 사회적으로 비현실적인 주장을 내세우고 있다. 소비자의 주권성에 유추하여 여기서도 일종의 허구적인 노동시장의 주권성을 상정하고 있다. 즉, 빈곤과 실업은 스스로 잘못한 것이고 자발적인 것이며, 개인적인 선호패턴과 각자가 설정한 합리적 행동에 부응하는 것이라고 한다(Priewe, 1984: 80).

2) 신호론적 테제

1970년대에 인적자본론은 '신호' 또는 '선별' 가설의 정식화를 통하여 확장되었다. 이에 자질은 가감 없이 자동적으로 생산성의 제고로 연결된다고 하는 기본전제가 차별화되었다. 생산성의 제고는—'신호' 가설이 지적하듯이—학교에서 받은 교육이 아닌, 직업과 직장 특유의 자질획득에 달려 있다고 한다. 즉, 형식적인 자질은 생산성을 제고하는 기능이 아닌, 신호를 보내는 기능을 갖고 있다는 것이다. 그것은 기업주로 하여금 기업에서 해당자의 장래 학습비용이 얼마나 많이 들 것이며, 어떤 생산성을 예측할 수 있는가—채용 시점에서는 알 수 없는 모든 것들—를 판단하는 데 도움을 준다. 이때 수료한 교육은 유추 결론을 내리는 것을 용이하게 한다. 즉, 학교나 대학을 마친 사람은 학습능력과 규율을 입증하였으며, 따라서 여타 '독특한 기량'을 값싸게 습득할 수 있게 된다는 것이다.

'신호' 또는 '선별' 가설은 인적자본론의 소박한 견해를 비판하고 있지만, 그에 따른 또 다른 오류를 범하고 있다. 이 테제에 대해서는 다음과 같은 비판이 나오고 있다. 교육이 생산성을 제고하는 것뿐만 아니라, '지식'의 도움으로 어렵고 예측할 수 없으며 급변하는 제반 상황을 극복하는 데 소용되기 때문이다. 이것이 생산성의 향상으로 연결되느냐 그렇지 않느냐는 이때의 중심 논제가 아니다. 오히려 중심이 되는 논제는, 교육과 생산성, 그리고 소득 사이에 관련성이 존재하기는 하지만, 그것이 두 이론이 가정하고 있는 것처럼 그렇게 단순하게 작동하지 않는다는 점이다.

인적자본 지향적인 조치들의 노동시장정책과 관련한 낙관주의에 의문을 제기하였다는 점이 '신호' 또는 '선별' 가설의 커다란 기여라고 할 수 있다. 교육의 확대는 아주 신속하게 채용조건의 개선과 분화적 여과 메커니즘으로 이어질 것이라고 한다. 개인차원에서 자질을 개선하기 위한 노력들이 소득개선과 실업을 회피하기 위한 적절한 도구라고 해서, 이들 메커니즘이 사회적 차원에서도 항상 작용한다고는 말할 수 없다. 특히 실업이 지나치게 낮은 수요에 의거하여 발생할 경우에는 그렇지 않다는 것이다.

3) 직업탐색론

인적자본론이 모든 노동력은 동일하고 양호한 자질을 갖추고 있으며 아무런 제약 없이 서로 교환가능하다고 하는 가정에 반대한다면, **직업탐색론**은 정보의 불완전성을 고려하고 있다. 공급측은 결코 모든 직장에 관한 정보를 갖고 있지 않으며, 또 어떤 지역에서 어떤 직종에 어느 정도의 임금을 목표로 할 수 있는가에 대해서는 제한적인 생각밖에 갖고 있지 않다는 것이다. 모든 노동력과 취업노동을 얻으려는 사람들이 이를 반드시 가져야 한다고 하면, 신고전적 모델은 이론이 말하는 대로 적절하게 작동할 것이다.

직업탐색 모델은 공급측의 **탐색행동**을 신고전적으로 해석하고자 한다. 이때 일자리의 탐색이 관건이 되며, **정보의 불완전성**이 참작된다. 일반적으로 말해 하나의 새로운 일자리를 원하는 사람은 목표로 할 수 있는 임금개선과 탐색을 위해 드는 비용이 적어도 일치할 때까지만 새로운 직업을 찾아나선다는 것이다. 어떤 사람이 새로운 일자리를 찾을 경우, 높은 **탐색비용**을 받아들이고 마지막에 가서 탐색에 소요된 비용과 균형이 맞지 않는 약간의 소득 개선만을 성취할 수 있을 경우에는 비경제적이라고 말할 수 있다. 반대로 누군가가 매우 신속하게 그리고 거주지로부터 멀리 떨어지지 않은 거리에서 새롭고 양호한 임금이 지불되는 일자리를 찾았을 경우에는 직업탐색 모델의 의미에서 매우 유익한 것이라고 할 수 있다.

직업탐색 모델은 인적자본론으로부터 나온 요소들을 함께 고려할 때 진지하게 받아들일 수 있는 이론적 구성체가 된다. 이는 필요 불가결한데, 왜냐하면 탐색행동은 교육수준에 좌우되며 따라서 추구하는 일자리와 관련하여 크게 변하기 때문이다. 낮은 자질을 가졌거나 누구든지 얻을 수 있는 보편적으로 존재하는 일자리를 찾는 사람들은 이러한 일자리들을 곧바로 손쉽게 얻을 수 있게 되는데, 왜냐하면 오랫동안 탐색을 행한다고 해서 더 높은 임금을 얻을 수 있는 것은 아니기 때문이다. 이와 반대로 자질이 높은 노동력은 장기간에 걸쳐 찾게 되는데, 잠재적으로 목표로 할 수 있는 높은 임금이 탐색비용을 상쇄해주기 때문이다.

탐색비용은 자질과 결부되어 있을 뿐만 아니라, 구직자의 공간적 입지와도 관련되어 있다. 손더스와 플라워듀(Saunders/Flowerdew, 1987)는 주변부 지역의 거주자들에게는 그 어떤 구직도 도시주민들보다 훨씬 높은 비용과 관련되고 있음을 입증하였다. 따라서 전자는 현재의 임금이 확실히 목표로 할 수 있는 임금 아래에 놓여 있거나, 매우 갑작스럽게 교섭을 끝내고 미소한 임금상승(도대체 그렇다고 한다면)에도 만족하는 강제된 구직일 경우에만, 새로운 일자리를 찾아나설 것이다. 반대로 도시민들은 분명히 보다 나은 출발상황에 있다. 그 탐색비용은 훨씬 낮으며, 따라서 보다 높은 일자리 이동이 가능하다.

직업탐색 모델의 약점은 어디에 있는가? 다시 말하는 것이지만 우선 설정된 **경제인**의 행동방식이 비판받을 수 있다. 탐색비용 이외에도 소득상승이 결정적인 요인임을 설명하고 있다. 그렇지만 많은 경우 일차적으로 소득개선이 중요한 것이 아니라, 사회적 지위의 제고나 보다 큰 의사결정권, 개선된 자아실현이나 간단히 말해 직장의 안정성 등이 관건이 된다. 많은 학자들은 소득이 아닌, **연구의 하부구조**와 **연구수단** 또는 해당기관의 명망을 첫번째로 꼽고 있다. 여러 고소득자들은 정치적 기능 내지 역할을 넘겨받을 수만 있다면, 소득의 큰 부분을 기꺼이 포기할 준비가 되어 있다. 한편 많은 직업에서 사람들은 자신의 일자리를 탐색할 가능성을 전혀 갖지 못하며, 오히려 다른 사람에 의해 임명되거나 선택된다. 무엇보다도 중요한 것은 직업탐색론이 구직자들에게 **공간적 이동**을 위한 일반적인 준비의향을 설정하고 있는데, 이 점은 경험적으로 꼭 유효할 수 없다.

4) 계약론

계약 및 **교환이론**은 신고전적 모델의 의미에서 결여된 임금의 우연성을 설명하고자 한다. 왜 — 기본 논제가 말하듯이 — 임금이 감축되기보다는 오히려 노동력이 해고되는가? 임금이 '밑으로' 향하여 경직적이라는 경험적인 관찰은 **신고전적 모델**과는 일치할 수 없다. 이 질문이 이론적으로는 매우 흥미롭지만, 실제로는 그다지 중요한 것이 아니며 또한 서유럽 복지국가의 노동시장정책이라는 시스템 앞에서는 즉시 해답을 찾을 수 있는 사안이다. 노동시장을 규제하고 근본적으로 실질적인 임금 감축을 어렵게 하는 것은 법적 규범과 최저 표준임금제이다. 그뿐만 아니라 임금의 경직성을 논증해주는 세 가지 테제들을 다음과 같이 제시할 수 있다.

임금의 경직성에 관한 질문의 첫번째 해답은 기존 노동협정(계약)을 안정화시키려는 작용성과 관련이 있다. 이 노동협정은 단기적으로 그리고 쉽게 해지될 수 없는데, 그 이유는 직장 특유의 교육으로 말미암아 기업에 몸담고 있는 취업자들이 외부 구직자에 대해 비교우위를 보여주기 때문이다. 결과적으로 사용자와 노동자는 노동협정의 장기적인 유지에 관심을 두고 있다고 할 수 있다(Williamson et al., 1975; Wachter, 1978).

장기적인 노동관계에서 단기양성 비용과 기업 특유의 규율화를 양호하게 상환하고 이룩할 수 있다는 보는 관습관계의 테제(These der Gewohnheitsbeziehung)는 이와 유사한 방향의 논지를 펴고 있다. 이 테제는 이미 인적자본론에 매우 근접해 있다.

마지막으로 위험혐오론적 접근법은 공급 노동력이 위험을 꺼리고 수요 측은 적어도 위험 중립적이라고 하는데, 이것에 의해 비대칭적 관계가 발생하고 있다는 점을 상정한다(Baily, 1974; Gordon, 1972; Azariadis, 1975). 노동자들은 수요가 저조한 시기에도 사용자와 같은 배를 타고 있다고 생각하고 취업을 보장받을 수 있을 경우에는 낮은 수준의 임금도 기꺼이 받아들일 준비가 되어 있다고 한다. 따라서 전체적으로 경기가 후퇴하고 노동력 수요가 미약할 시기에도 임금수준은 계속하여 안정적으로 유지되며 새로운 채용은 후퇴한다는 것이다.

3. 노동시장의 분단화

인적자본론이나 직업탐색론, 그리고 계약론은 노동시장의 현실에 대한 흥미로운 적응처럼 보인다. 그럼에도 불구하고 이들 이론은 하나의 경합시장에서 효용을 극대화하려는 합리적으로 행동하는 경제인에 바탕을 두고 있으며, 확실히 공급 측면에 입각하고 있다. 복지 또는 빈곤에 대한 책임은 오로지 개인에게 귀착되며, 그것을 구조화하는 제도적 장치나 문화적 규범, 그리고 역사적으로 유래하는 관례 등은 관심 밖에 있다.

그러나 현실적으로 소득을 극대화하려는 경제인은 존재하지 않으며, 또한 빈곤의 책임이나 복지의 공헌을 개인에게만 돌릴 수 없다. 대다수 노동자들의 노동시장 행동은 통일적인 노동시장에 대응하며 모든 것을 알고 있으며 어디에도 고정되어 있지 않고 공간적으로 이동할 수 있으며, 그리고 소득상승이 가능하다면 언제든지 일자리를 바꾸는 합리적인 행동 모습과는 드물게 부응할 뿐이다.

하나의, 또한 사회과학적으로 건설적인 실제 노동시장사(事)의 표상을 발전시키기 위해 미국에서 분단모델이 개발되었는데, 이는 물론 이론사적으로 훨씬 이전으로 거슬러 올라간다. 밀(Mill)과 케어니스(Cairnes)는 이미 19세기 말에 '노동력'이라는 상품이 거래되는 노동시장은 결코 동질적이지 않다는 점을 지적하였다. 밀이 '카스트의 세습적 구분과 거의 유사할 정도로 노동력의 이질성 사이에 나타나는 경계선'을 관찰하였다면, 케어니스는 무엇보다도 상이한 교육방향과 교육정도에 따라 구별되는 노동자들 가운데 '비경쟁적인 집단'이 존재함을 지적하고 있다(Priewe, 1984: 98).

도대체 무엇을 노동시장의 분단화라고 하는가? 노동시장의 분단화는 일차적으로 노동력뿐만 아니라 일자리를 쌍방적으로 경쟁하고 대체하는 동질적인 전체량으로서 간주하는 것이 아니라, 독자의 배분규칙이 존재하는 각각의 부분량으로 보는 것이다. 노동시장의 부분량은 결과적으로 부분노동시장으로 일컬어진다. "분단화의 주도적 이념은 전체노동시장이, 하나의 내적 구조를 보여주며 정도의 차이는 있으나 서로 배제되며 또한 비교적 상이한 적응형태와 적응도구와 연결되어 있으며, 상이한 소득 및 고용기회를 보여주는 일련의 부분시장으로 구획되어 있다는 것이다"(Sengenberger, 1987: 52).

부분노동시장은 진입점검, 배분과정, 커리어 가능성과 같은 일련의 지표에 따라 구별되며, 쌍방적으로 차단되는 경향이 있다. 직업상의 이동과정이 이러한 쌍방적인 차단패턴을 잘 보여준다. 노동시장의 구조화는 우연한 것이 아니며, 그리고 단기적인 것도 아니다. 그것은 "노동시장 과정의 비교적 지속적이고, 단기적으로 작용하는 시장력에 저항하며 규칙적인 조형"(Sengenberger, 1987: 50)으로서 파악될 수 있다. 분단화는 그것이 발생한 것과 마찬가지로 재빨리 지양될 수 있는 단기적인 마찰의 산물이 아니다. 그와 결부되어 있는 성질은 오히려 "제도화된 규칙에 따른 분할이 집약적이고 구속력을 갖고 고정되어 있으면 있을수록, 그만큼 더 뚜렷이 표출되는 일정한 안정성과 지속성을 보여주는 것"(Sengenberger, 1987: 53)이다. 피고용자와 기업주는 오직 경제적이고 합리적으로만 대응하는 것이 아니라, 제도적이고 경제 외적인 계산에 의거해서도 대응한다는 것이다.

우리는 노동시장의 분단화를 일반적인 사회적 동향과 연결시킬 수 있다. 즉, 전문화와 능력주의화, 그리고 비교적 동질적인 (포드주의적) 대량사회로부터 분화되고 다원적인 사회구성체로의 변동과 연결시킬 수 있다. "노동시장의 제도화는 단일사회에서 다원사회로, 크게 열린 사회에서 부분적으로 닫힌 사회로의 일반적인 발전동향의 한 측면을 반영하고 있다"(Kerr, 1954: 96을 Priewe, 1984: 99에 의거하여 재인용).

분단화를 이해하기 위해서는 한 가지 사실만은 분명히 강조되어야 할 것이다. 즉, 분단노동시장은 현실적으로 그리고 경험적으로 항상 명확하게 파악될 수 있는, 노동시장의 구조적 단위가 아니라는 점이다. 분단체(分斷體) 사이의 경계는 이론이 암묵적으로 보여주는 것만큼 그렇게 명확하지 않다. 초개인적인 사회적 장벽의 강조와 정도의 차이는 있으나 결정력을 행사하는 제 구조의 앙상블 속에서 대응하는 개개인들의 시각이 신고전적 노동시장모델과 그와 결부된 개인주의적 사회개념과 분명한 대조를 보여주고 있다.[5]

문헌에서는 독특한 고용체계를 배경으로 개발된 다수의 서로 다른 분

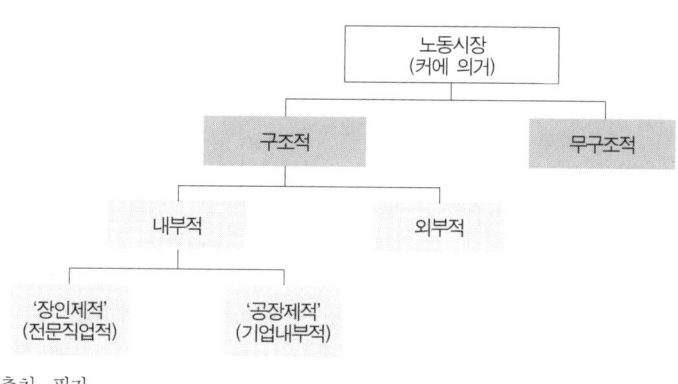

<그림 10> 커(1988)의 노동시장모델

출처: 필자

단론적 접근법이 제시되고 있다. 아래 절에서는 다음 세 가지 접근법을 중심으로 하여 이를 소개하고자 한다. 즉,
- 커(Kerr)의 삼분노동시장,
- 사회연구소(뮌헨 사회과학연구소)의 모델 및
- 피오르(Piore)의 이중모델이 그것이다.

1) 커의 모델

1930년대의 대공항에 깊은 인상을 받은, '시장의 순화력'이라는 미몽에서 깨어난 일군의 학자들은 제2차세계대전 이후 '주류경제학'에 효과적으로 반론을 제기하는 데 성공하였다. 이와 관련하여 던롭(J. Dunlop), 로스(A. Ross), 레스터(R. Lester), 레이놀즈(L. Reynolds), 그리고 커(C. Kerr)

---

5) 미국의 선거전은 두 세계관의 반목을 열어놓고 있다. 공화당은 규칙적으로 개인과 가정의 강화를 대변하고 국가의 후퇴를 요구하고 있다. 공화주의자들에게는 실업문제가 노동시장의 자유화를 통해 척결될 수 있는 사안이 된다. 이와는 달리 민주당은 개개인을 넘어서는 구조와 제도적 장치를 만들려고 한다. 한 예로 의료보험은 개개인의 관심사만이 아니라 모든 이를 위해, 즉 사회를 위해 구축되어야 한다는 것이다. 유사한 논의가 유럽에서도 접근 방법론에 의거하여 이루어지고 있다.

와 같은 학자들을 거론할 수 있다. 이들은 스스로 신고전적 수정주의자들이라고 부르고, 그들의 이론에서 현실과의 보다 긴밀한 연계를 요구하였다.

> 신고전적 수정주의 그룹에 참가한 사람들은 무엇보다도 시장에 관심을 쏟았으며, 시장의 힘이 수행하는 커다란 역할을 인정하고 있다. 그와 동시에 이들은 시장의 역할을 제약하고 경쟁에 영향력을 행사하는 사회적 힘―즉 관습, 정의관, 규칙과 규제, 결속력 등의 품속에 있는 시장―에도 관심을 두었다. ……그런데 기구가 작동하는 방법과 시장이 작용하는 방법에 대한 그들의 관심사로 인하여 이들은 바로 제도주의자들이 행한 것처럼 정치학과 사회학, 그리고 심리학과 접촉하였다(Kerr, 1988: 14).

이처럼 변화된 관점의 귀결이 삼분노동시장으로의 개념화였다. 전체 노동시장은 우선 구조가 없는 노동시장과 구조화되어 있는 노동시장으로 나눠질 수 있다는 것이다. 무구조 부문은 일용직이나 비숙련적 성격의 보조직무, 그리고 기타 활동들을 포괄하고 있는데, 예를 들어 미국에서는 이것이 아주 빈번히 흑인들과 소수민족에 의해 충족되는, 규칙에 의해서도 제도적 장치에 의해서도 구조화되어 있지 않은 직무들이다.

그러나 전체노동시장의 대부분은 구조화되어 있는 것으로 볼 수 있다. 이는 한 다발의 규칙, 규범, 그리고 제도적 장치(노동조합, 사용자단체)가 노동시장의 메커니즘을 규정한다는 것을 말한다. 구조화된 노동시장 부문은 내부노동시장과 외부노동시장으로 구성되어 있다. 외부노동시장은 내부시장으로의 진입과 이탈에 대한 채용 저수지나 낚시터와 같은 기능을 하고 있다. 내부노동시장은 다시금 '장인제적 노동시장'과 '공장(기업)제적 노동시장'으로 구분할 수 있다. 전자는 직업적 자질이 규정적인 요건이 되는 전문직업적 노동시장과 일치하는 것이며, 후자는 기업 내부의 노동시장과 동일한 것이다.

분단노동시장체 사이에는 제약 없는 이동을 저지하는 **장애**가 존재한다. 커는 한 분단체로의 진입조건과 또한 분단체 내부에서의 이동을 규제하는 집단적으로 합의된 제반 규칙을 언급하고 있다. 그리고 또한 기업 내부 노동시장에 연공서열의 선임권(先任權) 제도가 도입될 수 있다고 한다. 개별 분단체는 이른바 '입직문'(入職門 ports of entries)을 통해 서로 연계되어 있는데, 이는 분단노동시장체의 특정 직위에서만 진입이 이루어진다는 것을 말한다.

커의 모델은 후술할 분단론적 접근법의 여러 가지 본질적인 요소들을 앞서 제시하고 있었다. 즉, 노동시장의 개별 분단체로의 분할과 장애와 '입직문'을 정의하였다. 커는 1988년에 발표한 논문에서 이 점과 관련하여 다음과 같이 적고 있다. "나는 여전히 무구조시장과 구조시장(후자는 내부시장과 동일한 것임)이라는 분류를 '1차'시장과 '2차'시장이라는 용어보다 더 좋아한다. 구조의 본질과 강도, 그리고 그 귀결을 보다 용이하게 기술하고 정의할 수 있으며, 이 관용적인 용어는 '좋음'과 '나쁨'이라는 함의를 갖고서 일반적으로 사용되는 1, 2차 시장의 성격보다 덜 도덕주의적이고 덜 이데올로기적이다"(Kerr, 1988: 23).

2) 이에스에프(ISF)[6]의 삼분노동시장모델

1970년대에 들어와서 독일의 뮌헨 소재 사회과학연구소는 위에서 서술한 분단적 노동시장이론을 녹일어권에 도입하여 적용하는 데 성공하였다. 루츠(Lutz)와 쟁엔베르거는 개별 기업들에 대한 사례연구를 바탕으로 하여 이에스에프(ISF) 개념을 나름대로 발전시켰다. 기본적이고 인식을 유도하는 가설은 외부의 영향력에 대응하여 최고의 자율성을 획득하려는 것을 목표로 하는 기업전략에서 출발하고 있다. 따라서 예를 들어 고전적인 이론적 도구를 갖고서는 일치시키기 어려웠던 실업과 노동력 부족의 공존과 같은, 일련의 현상들을 설명하려고 하였다(Sengenberger, 1987; Lutz/Sengenberger, 1980). ISF 모델의 토대는 세 가지의 이념형적인

---

6) 이에스에프(ISF)는 독일 뮌헨 소재 사회과학연구소(Institut für Sozialwissenschaftliche Forschung e.V.)를 말한다.

부분노동시장을 구성하는 것으로서, 그 구분 준거들을 한편으로 숙련과 다른 한편으로 사용자와 노동자 사이의 교호적 연계방식에서 포착하고 있다.

① 특징적인 자질을 갖추고 있지 않은 부분노동시장을 '만인의 노동시장' 내지 무구조적 노동시장이라고 지칭하고있다. 무구조적 노동시장의 결정적인 표징은 노동관계에 있어 무연계성이다. 사용자가 취업하고 있는 피고용자와 전혀 연결되어 있지 않다. 즉, 피고용자들은 언제든지 큰 비용이 들이지 않고 다른 사람으로 대체될 수 있다. 피고용자들 측면에서도 고용자나 고용자의 일정 범주와 전혀 연결되어 있지 않다. 유일한 연계관계는 다름 아닌 금전이다(Sengenberger, 1987: 119). 무구조적 노동시장은 신고전적 모델의 이상에 가장 근접해 있다. 일자리와 노동력은 동질적인 것이며, 제약 없는 경쟁과 이동, 투명성과 임금의 유연성이 존재한다. 이 부분시장에의 진입은 그 어떤 언급할 만한 숙련조건과 결부되어 있지 않다. 그리고 또한 무구조적 노동시장은 커리어를 쌓을 수 없는 것으로, 해당 기업들은 큰 **부침**을 보여주며 전반적으로 **전체노동시장**에서 열등한 위상을 차지하고 있다. 따라서 이 무구조적 노동시장은 커의 무구조 노동시장부문을 연상시켜준다. 단순하고 비숙련 또는 저숙련의 보조직무들이 이러한 예에 해당하는 직업군이다.

② 전문직업적 부분노동시장은 일반적으로 직업과 관련된 제반 활동, 즉 **기업특수적 자질**과 무관한 활동들을 포괄한다. 자질은 표준화되어 있고 개별 기업을 넘어서 이전될 수 있다. 이것이 가능하기 위해서는 상위의 권한 주체들(예컨대 국가나 이익단체, 회의소 등)이 자질 취득을 조절하고 통제하며, 그리고 내용적으로 그에 대해 반드시 보증해야만 한다. 자질 취득에 관한 **증명서**는 동시에 최소한의 능력과 지식을 갖추고 있음을 보증하는 '노동시장의 확인서'와 다르지 않다. 이 노동시장의 전형적인 성격은 보편적인 자질을 바탕으로 하여 기업체 사이에 높은 이동성을 보여줄 수 있는 **전문기능직 노동자**들이다. 이들 전문기능직 노동자의 자질은 시간과 비용 집약적인 숙달에 있어 큰 손실을 당하지 않고 새로

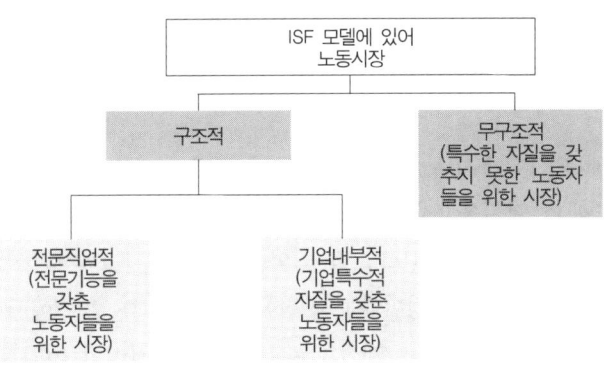

<그림 11> 이에스에프(ISF)의 노동시장모델

출처: 필자

운 노동상황에 신속히 적응하는 것을 가능케 한다. 이때 눈에 띄는 것은 커의 모델에서 구조화된 '장인제적 노동시장'과의 유사성이다.

오스트리아와 마찬가지로 독일에서도 전문직업적 노동시장은 매우 높은 비중을 차지하고 있다. 이 전문직업적 분단체는 한편으로 수공업적 노동조직의 전통에 바탕을 두고 있으며, 또 한편으로 이들 양 국가에서 직업교육을 실시하는 학교들이 갖는 남다른 중요성에 기인하고 있다. 루츠는 비록 전문직업적 부분노동시장에서 기업적 부분노동시장으로 일반적인 중점의 이행이 발생하고 있음을 인정하고 있으나, 그럼에도 불구하고 전문직업적 분단체를 매우 중요하게 고려하고 있다.[7]

③ 마지막으로 기업내부의 부분노동시장을 언급할 수 있다. 기업내부 노동시장의 본질적 특성은 다음과 같다.

- 한 기업의 구성원이 겪는 적응과정은 사업체 내지 기업체에서 내부적으로 이루어지는 것으로서, 다시 말해 **외부노동시장과는 직접적인 교류가 없이** 진행된다.
- 한 사업체 내지 기업체의 (내부)노동력이 외부자에 비해 우선적으로

---

7) ISF의 접근방법에 대한 비판으로서는 호프만과 슈미트(Hoffmann/Schmitt, 1980: 34 이하), 그리고 프리베(1984: 126 이하)를 참조하라.

배려된다. '외부'에 대한 '내부'의 선호는 '임용에 앞선 전용'과 '채용에 앞선 승진'을 통한 기업의 인사정책에 실질적으로 반영되고 있다(Sengenberger, 1987: 150).

기업체나 사업체는 보다 비싼 내부노동력과―가능한 한―저렴한 외부노동력과의 교환을 '자발적으로' 포기하기 때문에, 어떤 기업적 이해관계가 이와 결부되어 있느냐 하는 의문이 생긴다. 그에 대한 답변 '논리'는 내부 채용의 효율성이라는 장점에 있다고 한다. 기업에서 보다 장기적으로 노동력의 억류를 계산할 수 있다면, 일자리의 기업적 위계와 그에 상응하는 승진 사다리를 설치하는 것은 도움이 된다(Biller, 1989: 43). 위계와 승진 사다리의 설치로 고용의 안정성이 제고될 뿐만 아니라, '기업적 지식'의 전수도 가능해진다. 신고전적 가정이 유용한 경우에는 그 어떤 취업자도, 배워 익힌 직무를 보다 낮은 임금에 기꺼이 받아들일 준비가 되어 있는, 그의 지도를 받은 피고용자에 의해 대체될 수 있음을 계산해야 할 것이다. 따라서 이러한 경우에는 내부 교육과 재교육이 단기적으로나 장기적으로 더 이상 작동할 수 없게 될 것인데, 지식의 보호와 개별 피고용자들의 대체 불가능성이 이에 대한 대응전략이 될 것이다.

분단론적 접근은 임금경쟁이 일자리를 둘러싼 경쟁으로 대체된다는 점에서 출발하고 있다. 일자리와 그 재정적 보상, 그리고 계층적 직위가 이미 주어져 있다(동시에 하나의 직위도). 공석이 된 일자리는 흡사 줄을 서서 기다리는 노동력의 모습으로 그리고 **교육비용**과 **고용의 안정성**과 관련하여 경쟁관계에 있는 1차 취업예비군으로부터 충원된다(Thurow, 1978 참조).

끝으로 언젠가 한번은 꼭 필요한 외부노동력의 충원이 어떻게 조절되느냐를 설명할 필요가 있다. 말하자면 이 점은 내부노동시장에 대해서는 하나의 문제점이라고 할 수 있는데, 왜냐하면 임용될 개인의 학습 및 적응 능력, 신뢰성, 충성도, 그리고 규율을 너무 이른 시점에 판단하는 것을 뜻하기 때문이다. 대개 이 모든 요건들은 엄밀하게 말해 수습기간이 끝난 후에도 판정하기가 쉽지 않다. 인사결정에서의 오류는 결과적으로 안정화를 유도하는 규제(부당한 해고로부터 노동자를 보호하는 **해고제한제**와 같은)로 인하여 큰 비용을 초래하는 것으로 나타날 수도 있다. 따라서 구직자의 선별은 **통계적 차별화**[8])의 원리에 따라 이루어지며, 이때 이미 언급한 '신호'론적 테제는 그 가운데 몇 가지 논점을 설명해준다. 또 다른 가능성은 전문직업적 노동시장의 노동자를 기업 내부의 노동시장에 받아들이고, 공로가 있는 전문기능직 노동자를 사무직으로 전환시키는 것이다.

기업의 전략은 기간구성원(基幹構成員)과 한계구성원(限界構成員)의 구별이라는 의미에서 노동력의 기업과의 차별적인 결합을 미리 고려하는 것이다. 쟁엔베르거가 지적하고 있듯이, 기업들이 본질적인 자원은 독자적인 활용 권한 아래 내부화하고, 크게 유용하지 않은 자원은 비용상의 이유에서 외부화하려 한다는 것이다. 이러한 기업전략은 충분히 추론할 수 있으며 경제적으로도 효율적인데, 물론 이 또한 지난 수십 년 동안 보다 현실적인 방향으로 크게 변하였다.

3) 이중모델

이중노동시장론은 미국에서 이미 1960년대 후반과 1970년대 초반에 걸쳐 개발된 이론이었다. 빈곤, 소득배분, 실업의 구조화, 그리고 노동시장에서의 차별화 현상에 관한 경험적인 이들 연구가 나오게 된 직접적인 동기는 통용적인 신고전적 **정책자문**에 대한 대안을 이론적으로 구축하고자 하는 데 있었다. 되린저와 피오르(1971)의 연구는 1950년대 제도학파의 관점을 다시 수습하고 인적자본론의 접근방법까지 고려하여 새로운 패러다임의 핵심을 구성하였다.

---

8) "……특정 사회통계적 집단이 보여주는, 빈번히 사회적으로 가정된 전형적인 특성들을 이 집단의 개별 구성원에게 전용하는 것"(Biller, 1989: 45).

이중시장이론의 중심적 가정은 전체노동시장이 제도적으로뿐만 아니라 기술적으로도, 그리고 경제적으로도 분명히 구별되는 1차노동시장과 2차노동시장으로 구분되어 있는 것으로 보는 점이다. 평균 이상의 높은 임금과 양호한 노동여건, 매력적인 커리어의 형성가능성, 그리고 무엇보다도 안정된 고용관계를 갖춘 1차노동시장을 훨씬 열악한 급여, 낮은 커리어의 형성가능성, 그리고 매우 불안정한 취업('죽음으로 종결되는 고용' dead-end employment)을 제공하는 2차노동시장과 대비시키고 있다.

1차노동시장과 2차노동시장간의 차이는 종사자들의 표징과 행동방식을 통해서도 입증될 수 있다. 1차분단체에서의 직업활동자들은 그들의 노동과 '내적 관계'를 보여주고 있으며 안정성에 대한 희구와 기꺼이 조화시키려고 하는데, 왜냐하면 이 또한 개인적인 효용의 극대화와 절충되는 것이기 때문이다. 반대로 2차분단체에 몸을 담고 있는 직무자들은 이론이 말하듯이 그들의 노동과 내적 관계를 맺고 있는 경우가 아주 드물며, 빈번히 전직을 행하고 높은 노동 손실시간을 보여주고 있다. 2차노동시장에는 종종 불리한 인구집단과 외국인, 비숙련자 또는 '불완전'하거나 취업 경력이 낮은 직업활동자들이 모여든다. '자본가측'이 1, 2차 분단체의 조건을 정의하고 결과적으로 특정한 노동자집단이 그러한 일정한 속성을 받아들였는지, 아니면 그 특유의 속성 결합을 우선 이들 사회집단에게서 확인할 수 있었는지 그리고 분단체의 제도적인 탈피가 그에 대한 반작용인지 아닌지 하는 것은 당연히 원인과 결과와 결부된 문제이다. 최하의 **취업전기**가 2차분단체 형성의 결과인지 아니면 원인인지 하는 예시적인 질문은 그리 만만하게 답변될 수 있는 성질의 것이 아니다.9)

---

9) 이 문제를 특히 비에토리즈와 해리슨(Vietorisz/Harrison, 1973)이 다루었다. 이들은 노동시장 행동의 내생적 규정성에 관해 논의하고 있다. 2차노동시장에서 안정된 고용관계라는 것은 임금과 커리어로 충분한 보상이 되지 않는다고 한다. 따라서 취업자도 주어진 모든 개선의 기회를 이용하려고 함으로써, 전체적으로 불안정한 노동시장 행동을 보여주게 된다고 한다. 초기에 강한 선입관에 얽매여 있는 이른바 선별하는 표징들(교육, 연령, 성)에 기초한 2차분단체에

1차노동시장은 모든 기업의 내부노동시장의 총합과 같다. 따라서 1차 분단체는 내부노동시장의 기능방식에 의해서도 특성화될 수 있다. 특별히 이동의 연쇄고리는 '입직문'에서 시작하여 기업체에서의 근속연한과 연결되는 일종의 경력 사다리로 지칭된다. 노동력의 적응은 신고전적 모델에서 예견한 것처럼 임금의 변동에 의해서가 아니라, 초과근무나 하청, 외주화 또는 '인력교대' 등을 통해 이루어진다.

다시 모든 외부노동시장의 총합으로 이해될 수 있는 2차노동시장은 1차노동시장에 보완적으로 작동한다. 여기서 노동력의 적응은 임금의 변화를 통해 발생한다. 내부노동시장의 구조가 2차분단체에서는 거의 존재하지 않는다. 2차노동시장에서의 생산과정은 사실 무한하게 공급되는 훈련받지 못한 사람들이 종종 신속하고 쉽게 터득할 수 있는 단순하고도 반복적인 직무와 연결되는 경향이 있다(Harrison/Sum, 1979: 690). 높은 등락이 부가적인 임금요인으로 작동하지 않는데, 그 이유는 노동과정을 쉽게 습득할 수 있고 진입을 의도하는 사람들의 잠재력이 매우 크기 때문이다.

1, 2차노동시장에서 분단화 개념이 양분화로 아니면 강조점을 둔 연속성의 의미로 파악될 수 있느냐 하는 점은 되린저와 피오르의 연구로부터 정확히 도출될 수 없다. 즉 1, 2차분단체가 엄격하게 아니면 대체로 서로 구분되는 것인지 하는 문제이다. 하지만 많은 사람들은 연속성의 개념이 보다 적절한 것으로 여기고 있다. 이에 따라 1, 2차분단체의 이념형적 기술은 노동시장의 구조화에 각각 한 극단을 말하는 것이 된다.

1970년대와 1980년대에 걸쳐 이중모델에 관한 일련의 지속적인 연구들이 나왔는데, 이때 일군의 학자들은 분단화된 노동시장 특유의 과정에

대한 노동력의 본원적인 지정은 그에 따라 일종의 자기충족과 함께 일정한 합리성을 견지하고 있다. 이와 반대로 1차분단체의 취업자들은 강한 유인동기로 인하여 안정적이고 커리어 지향적인 노동행동을 전개하고 있으며, 이 점이 원래의 선택을 지속적으로 정당화한다.

전념하였다.10) 또 다른 부류의 연구들은 이중모델을 적용하여 재차 정식화하는 데 몰두하였다. 노동시장의 본래적인 이분화가 1975년 마이클 피오르(Michael Piore)에 의해 수정되었다. 1차분단체가 '상층'과 '하층'으로 세분되었다. 즉, 1차분단체의 상급지위(상층직업, Ia로 축약), 1차분단체의 중-하급지위(하층직업, Ib로 축약), 그리고 2차노동시장(II로 축약)이 그것이다.

1차분단체(Ia층)는 상위직 혹은 **상위 공무원** 내지 사무직과 **자영업자**, 그리고 기업주들을 포괄한다. 그 공통적인 특징은 업무처리가 대개 자기결정적인 것으로, 더군다나 이는 일을 관례적으로 처리하는 부분을 미소하게만 내포하고 있다. 정형성이 높은, 일자리 특유의 자질이 고용관계를 안정시키며 당사자는 '대체할 수 없는' 지위에 도달해 있다. 노동에서 발생하는 갈등은 개인적인 대화로 조절된다. 한 기업에서의 높은 직위는 계속적인 승진을 어렵게 하며, 만약 진입을 행할 경우 그 승진은 종종 직장 또는 기업 자체의 교체와 연결된다. 따라서 어떤 '규범화된' 경력이 아닌, 매우 개인적인 직업경로가 존재한다.

Ia층의 1차분단체에 Ib라는 표시가 붙은 분단체가 하위로 배열된다. 이는 전문기능직 노동자, 중-하위의 사무직과 **공무원**을 포함한다. 이 취업집단의 정형적인 숙련도는 중간 수준에서, 일자리 특유의 숙련도는 높은 수준에서 움직이고 있다. 기업 내부의 경력에 따른 선임권 규칙과 직업적 승진가능성을 통하여 고용의 안정성이 확립되어 있다. 이해대립과 일에서 발생하는 갈등은 제도적 장치(예컨대 노동조합이나 기업의 노사경영협의회)에 위임된다.

2차분단체가 고용체계에 있어 제3의 층위로서 설정되고 있는데, 이것은 보조노동자, 속성으로 일을 배운 노동자, 농업부문의 계절노동자 등을 포괄한다. 직무 자체가 특별한 '노하우'보다는 육체적으로 부담을 크

---

10) 비에토리즈와 해리슨(1973)의 피드백모델(Rückoppelungsmodell)이나 써로우(Thurow, 1978)의 일자리경쟁모델(Modell des Arbeitsplatzwettbewerbs)이 그것이다.

<그림 12> 세 노동시장분단체의 특징적 속성

	1차분단체(Ia)	1차분단체(Ib)	2차분단체
전형적 직업	고차 및 고위 사무직과 공무원, 기업가	전문기능직 노동자, 중하위 계층의 사무직	비숙달 노동자, 보조 노동자, 계절노동자
일자리의 속성	고용의 안정성, 과제해결에 있어 독자성	고용의 안정성, 의존관계	지시와 결부됨 불안정하고 단기적인 취업
이동성	직업적 상승은 엄격히 확정된 도정에 따라 이루어지지 않음, 직업 및 장소교체가 빈번함	직업적 상승은 앞서 규정된 도정을 따름, 기업 내부 이동성의 우세, 선임권이 중요함	이렇다 할 상승도 없이 기업과 장소를 빈번히 교체함
숙련도	매우 정형적이고 직업적으로 고숙련	중간적 정형성과 하지만 높은 일자리 특유의 숙련도('현장훈련')	정형성이 낮고 일자리 특유의 저숙련, 만인의 숙련도가 우세함
노동내용	독립적, 창조적인 노동방식, 갈등조절은 개인화되어 있음(개인적인 대화)	창조적 '잔여기능'을 가진 루틴화된 노동양식, 갈등조절이 루틴화되어 있음(노조, 노사협의회)	육체적으로 인각된 반복적인 노동내용, 갈등은 종종 일자리 교체를 가져옴

출처: Freiburghaus/Schmid, 1975: 436; Lewin, 1982: 9에 의거

게 지는 작업내용을 특징으로 한다. 이로 인하여 기업체로 하여금 노동력에 최소한의 지식, 특히 일자리에 따른 특유의 지식을 최소한으로 허용하게 하며, 그리고 또한 기업체가 노동력을 빈번히 교체할 수 있게 한다. 물론 이 경우 인석자본에 대한 두사와 관린하어 이렇다 할 만한 손실을 입지 않으면서 기꺼이 감수할 수 있는 것이다. 그 결과가 불안정하고 단기적인 고용관계로 표현될 수 있다.

이러한 분단론적 접근방법은 오로지 북미나 유럽의 상황에 근거하고 있기 때문에 모든 문화권에 적용될 수 없다. 일본에서는 (종신고용의) 기간노동자와 비기간노동자의 구별이 전형적이긴 하지만, 기업체 사이에 2차분단체에서 말하는 특징적인 편차가 나타난다고 한다면, 이는 결코 사회규범과 합치될 수 없다. 따라서 분단론적 모델을 다른 문화권에 적용시키기 위해서는 더 많은 비교연구가 필요하다.

그렇다면 노동시장의 이중화는 왜 발생하는가? 이와 관련해서는 세

가지 논점을 들 수 있다. 이들 논점은 인적자본론과 기술혁신의 서로 상이한 투여, 그리고 마지막으로 장기적 사회변동과 관련이 있다.

① 인적자본론적 고찰은 인적자본뿐만 아니라 물적자본의 투자와 관련하여 기업이 행하는 효용성에 대한 나름의 계산에 근거하고 있다. 인적자본에의 투자는 노동력이 사업체에 장기간 머물러 있게 될 때, 비로소 상환될 수 있다. 특히 선임권과 연결된, 평균 이상의 급료는 안정적인 노동관계를 창출하기 위한 수단이다. '직업사다리', '제반 장려패턴'을 통하여, 그리고 독특한 조건과 선임권 원칙으로 규정된 '입직문'에서의 출발이라는 수단을 통하여 일련의 내적 규율화와 안정화를 위한 조치들이 창안되고 있다. 노동조합이 또 다른 이유에서 선임권 조치를 그들의 노사협약에서 요구목록으로 수용하였을 때, 그들은 내부 노동시장의 설치를 환영하는 '보조적 찬동자'가 된 것이었다.

② 두번째 논점은 상이한 기술투자와 **자본투여**에 바탕을 두고 있다. 재화와 서비스의 생산에서 점점 고도화되어가는 노동조직의 복합성은 한 부류의 기업 구성원들의 안정성을 요구한다. 내부노동시장의 노동력, 즉 어떤 기업체의 기간구성원은 기업 노하우의 많은 부분을 알고 있다. 그런데 기업 및 일자리 특유의 능력숙달은, 두 참여집단—사용자와 노동자—에게 안정된 취업관계가 형성될 경우에만 장기적으로 저렴한 것이 된다. 따라서 노동력의 배치, 급여, 그리고 커리어를 제도화하는 것은 임용기준, 선임권의 원칙, 업적평가와 같이 위에서 설명한 규칙체계를 통하여 이루어진다. 이는 고용의 안정성과 계획가능성을 확립하고 또한 노사의 이해관계에 공생의 토대를 구축하는 길이 된다. 개개의 노동자들은 끊임없는 경제적·사회적 상승을 계산하고, 사용자는 공석이 된 또는 새로 만들어진 1차일자리의 충원에 있어서는 충성심을 보여주는 저수지에서 피고용자들을 선발할 것이다.

이러한 고찰에는 더 이상 기업이라는 미시차원이 아니라, 그 위의 거시차원에서 자리잡고 있는 경제이론의 '보호라는 도움'을 받고 있다. 이중노동시장의 모델은 이중경제의 개념과 부합한다. 특히 애버리트

(Averitt, 1968)에 소급되는 이 개념은 경쟁적 산업부문과 점증하는 **독점적 산업부문**으로의 민간경제의 이중화 경향을 서술하고 있다.

1차분단체를 평균 이상으로 포함하고 있는 이중경제의 중심부는 높은 시장권력을 갖고 있는 사용자들을 특징으로 한다. 시장권력은 국가 위임에 바탕한 독점에 가까운 위상이나 매출확보를 통해 성립한다. 시장 지배권을 지닌 기업체는 인적 및 **물적 자본**에 장기적인 투자를 행할 수 있는데, 이것이 다시금 제고된 생산성과 함께 높은 이윤으로 나타나게 된다.

안정성을 추구하는 데서 위험부담이 있는 모든 것은 외부화되고 산업 주변부의 보다 작은, 더욱 큰 경쟁상황하에 놓여있으며 자본력이 그다지 뒷받침되지 않는 기업체들에게 수출된다. 그 결과는 시장 지배권을 크게 가진 기업들과 정도의 차이는 있으나 그에 종속된, 경기와 관련하여 높은 위험을 부담해야 하는 수많은 중소기업간의 이중성이다. 비록 이것은 그 전형적인 표상에 비추어 일본에 잘 들어맞는 것으로 보이지만, 그러한 경향이 오늘날 유럽의 많은 기업들에서도 관찰되고 있다.

③ 끝으로 제3의 논점으로서 라이시, 고든, 그리고 에드워즈(Reich/Gordon/Edwards, 1973)의 마르크스주의적, 역사적 고찰을 들 수 있다. 되린저와 피오르의 연구로부터 자극을 받은 이 논점은 노동시장의 분할이라는 오랜 세월에 걸친 발전경향을 강조하였다. 라이시, 고든 그리고 에드워즈는 노동시장의 분단화는 역사적으로 그리고 정치경제적으로 의도된 과정이라는 논점에서 출발하고 있다.

공업발전은 우선 노동인구의 점진적인 동질화를 수반하였다고 한다. 공업적 생산방식은 그 초기형태에서 특수한, 그 이전의 수공업적 기량의 배제를 전제 조건으로 하였다는 것이다. 여전히 상대적으로 단순한 기계화는 그다지 특별하지 않은 대량시장에서 비숙달 노동력의 충원을 가능하게 하였다. 이러한 점증하는 노동계층의 동질화가 가져온 정치적 결과는 잘 알려져 있다. 즉, 산업 프롤레타리아의 형성과 계급대립, 그리고 계급투쟁이었다.

1910년대에 경제체제의 변화와 더불어 근본적인 변동이 발생하였다. 기업의 소유구조에서는 과점과 독점의 형성으로 진행되는 경향이 나타났으며, 기업 내부에서는 판매, 생산, 그리고 생산수단의 중·장기적인 안정성이 추구되었다. 마르크스주의적 견해에 따르면, '분할통치'(divide et impera)의 관점 아래 노동자계급의 일부가 분할되고 이들에게 특권이 부여되고 있다고 한다. 따라서 노동자들의 노동과정과의 하루하루의 경험이 바뀌고, 기본적으로 상호 구별되고 있다는 것이다. **자본주의체제에 대항한 공통적인 저항이 그 토대를 상실하였다고 한다.** 따라서 노동시장의 분절화가 라이시, 고든, 그리고 에드워즈에게는 경쟁자본주의에서 점차 독점자본주의로의 발전을 가져온, 점증하는 분업경제의 한 산물인 것이다.11)

되린저와 피오르에 의해 확장된 이중모델을 비판적으로 평가할 경우, 두 가지 논점이 제기될 수 있다. 첫번째로 거의 가설적인 성격에도 불구하고 기본적으로 가장 잘 다듬어진 이중이론(Priewe, 1984: 106)이라는 점이다. 그뿐만 아니라 1971년에 발표된 연구는 수많은 후속적인 이론 분석의 환기자가 되었다. 두번째의 공헌으로서 중요한 것은 보다 나은 노동시장모델이 아니라, 종속적 고용이라는 틀에서의 사회경제적 층화이론(Priewe, 1984: 106)이라는 사실이다.

분단화의 개념이 정의와 관련하여 그다지 명료하지 않다는 점은 비판받을 수 있다. 무엇을 1차 또는 2차분단체로 간주할 것인가를 분명하게 확정할 수 없다. 분단노동시장체는 구속력이 있는 조작화가 부재한 이론적인 구성체로 남아 있다. 장차 분단화가 어떻게 발전할 것인가에 관한 논의도 반목적이다. 진전되고 있는 노동관계의 탈규제화로 기대하는 바와 같이 분단화가 약화되고 있다고 한다. 쾰러와 그뤼너(Köhler/Grüner,

---

11) 공산주의의 계획경제와 같은 비자본주의적 독점구조도 뚜렷이 인각된 분단화로 이어지고 있다. 이렇듯 구사회주의 국가에서 대부분의 노동시장은 분단되어 있었으며, 따라서 '노동시장'이라는 표현이 역기능적일 정도였다.

1989)는 이 발전을 새로운 기술투여의 탓으로 돌리고 있다. 그들은 내부 노동시장의 체계가 그 높은 적응력에도 불구하고 장기적으로 살아남을 수 없을 것이라고 예견하고 있다. 자동화된 유연적 생산설비가 그 기반을 빼앗을 것이라고 한다(Köhler/Schultz-Wild, 1985: 40). 베트제와 오버벡(Baethge/Overbeck, 1986: 40)은 정반대의 입장을 내세우고 있다. 이들은 기업 내부 노동시장이 갖는 중요성의 증가와 내부 및 외부 노동시장 사이의 경계선이 강화될 것임을 진단하고, 간접적인 노동관계의 '재봉건화'(再封建化)를 예견하고 있다. 신기술이 노동시장의 분단화에 미치는 작용이 이처럼 논쟁적으로 평가되고 있는 것은 실증적인 연구가 많지 않다는 사정과 무관하지 않다.

여러 비판에도 불구하고 분단론적 접근의 발달은 경제학의 경직적인 고찰방식을 분쇄하고, '실세계'로 시각을 확대시킨 야심차고 공헌이 큰 시도라고 평가할 수 있다.

3 공간발전이론

노동시장의 지리학이 걸머진 학문적 과제는 무엇보다도 '공간'을 노동시장이론에 통합시키는 데 있다. 공간적 모델은 비공간적이고 점상(點狀)의 모델로부터 도출된다. 아래 절에서 공간이—또한 늘 정의되고 있는 바와 같이—노동시장이론에서 어떤 위상을 갖고 있는지의 문제를 검토할 것이다. 이때 출발점은 신고전적 노동시장모델과 분단적 노동시장 개념이다.

1. 신고전적 균형모델

원칙적으로 신고전적 모델은 비공간적 모델이다. 그것은 거리도 없고 점상의 경제에 대한 노동시장상의 수요와 공급의 적응 함수를 묘사한 것이다. 두 지역을 서로 연결시켜 이 두 지역에서 신고전적 기본모델의 유효성을 상정한다면, 노동이동과 자본유동은 동적인 균형상태에 도달할 때까지 계속하여 발생하게 된다(Siebert, 1967; Altermatt, 1981; Lewin, 1982 참조). 이 고찰을 다음과 같은 모델을 통하여 구체적으로 살펴볼 수 있다.

두 지역모델에서는 지역적으로 자본과 노동력의 상이한 구비(具備)로

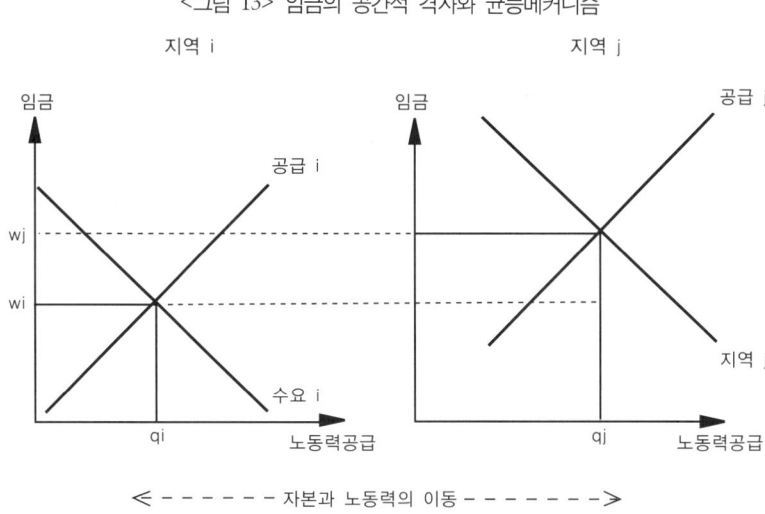

<그림 13> 임금의 공간적 격차와 균등메커니즘

출처: 필자

인하여 서로 다른 균형임금이 존재한다. i지역의 균형임금에 대하여 j지역에서는 q_i의 사람들만이 그들의 노동력을 제공할 것이다. 반면에 j지역의 비교적 높은 임금에 대하여 i지역에서는 훨씬 많은 사람들이 일할 의향을 갖고 있는데, 말하자면 q_j만큼이다. q_i와 q_j 사이에 나타나는 차이는 잠재적인 이동노동자의 양을 말한다.

사실 **논외를** 잠재적인 모든 이동노동자들이 전출한다는 논점에서 출발한다면, j지역에서의 노동력공급은 높아질 것이고 i지역에서는 감소할 것이다. '고임금지역' j에서는 그에 따라 낮은 임금에도 일을 하려는 의향이 높아진다. '저임금지역' i에서는 거꾸로 공급함수가 위쪽으로 이동하며 낮은 임금에 일자리를 얻으려는 사람들의 수가 감소하게 된다. 새로운 균형임금이 형성되고 그 차이는 노동력의 이동을 통하여 축소된다.

하지만 여기서 신고전적 사고방식의 약점이 다시 한번 분명해진다. 이것은 어느 곳에나 배치될 수 있으며, 각각의 **임금차**에 경제적이고 합리적으로 대응하는 평균적인 자질을 갖춘 노동력이라는 사실에 근거하고 있다. 하지만 특정한 일자리들은 공간적으로 매우 불균등하게 분포하고 있기 때문에, 일자리를 찾는 숙련된 노동력에 대한 평균임금의 중요성은 제한적일 수밖에 없다.

자본의 이동성도 노동력의 이동성에 유추하여 기술할 수 있다. 자본은 높은 수익이 기대되는 곳으로 이전된다. 높은 수익은 수요에 비해 자본이 상대적으로 적게 존재하는 곳에서 기대될 수 있다. 자본은 잠재적으로 값싼 노동력을 이용하기 위해 또는 이윤율의 수준이 높기 때문에, i 지역으로 흘러든다. 공장은 **저임금국가**에 설치되고, 일자리가 창출되며 자본스톡은 늘어난다. 따라서 노동력에 대한 수요도 바뀐다. 과거 저임금지역에서의 수요상승과 고임금지역 j로의 동시적인 노동력 유출은 노동력 공급을 줄이고 장기적으로 분명한 균형임금의 상승으로 작용한다.

다지역적 신고전 모델에서는 임금수준과 노동력의 수급이 장기적으로 균등화로 나아가는 경향이 있다고 한다. 제반 편차는 단기적인 성격을 띨 뿐인데, 왜냐하면 지역간 **노동력이동**과 자본유동이 항상 시간적으로 지체하며 발생하기 때문이라고 한다. 그럼에도 불구하고 불균형이 나타난다면, 이는 준최적적(準最適的) 의사결정을 초래하는 불충분한 **시장현상의 투명성**이나 정치논리에 입각한 의사결정에 따른 결과라고 지적한다. 임금차는 보상적인 성격을 띨 때, 다시 말해 한 지역이 평균보다 열악한 노동조건으로 금전적 보상이 요구될 경우에만 '허용'된다.

신고전적 기본모델을 공간모델로 전용한다고 해서 그 기본 가정이 크게 바뀌는 것은 아니다. 앞서 설명한 불완전성을 고려할 때, 단기적인 편차를 설명할 수 있다. 그렇지만 다양한 개별적인 의사결정이 기본적으로 시장메커니즘을 통하여 균형이 이루어지도록 조정된다(Altermatt, 1981: 29)고 한다. 따라서 신고전적 모델에 대응하여 제기된 모든 비판적 논점이 '공간적 버전'에도 유효하다.

특히 장기적인 균등화라는 가정은 그릇된 판단이다. 오히려 관찰되는 것은 어떤 새로운 혁신과 신기술도, 그리고 그 어떤 사회변동도 **격차를 심화시킨다**는 사실이다. 균등은 단 한 번도 주어지지 않았으며, 기능적 그리고 권력정치적 고려에 의해서도 결코 주어지지 않을 것이다. 공간구조의 특질은 균형이라기보다는 **불균형**이다.

공간의 등질성과 필요한 정보의 보편적 존재라고 하는 전제는 최근 신고전학 내에서도 점점 비판을 받고 있는데, 로머(Romer, 1986: 1990), 크루그먼(Krugman, 1979; 1991a; 1991b), 게일(Gale, 1996), 그리고 게스바흐와 슈무츨러(Gersbach/Schmutzler, 1995; 1996; 1997) 등이 이러한 전제와 분명한 거리를 두고 있으며, 이들의 모델에서는 한 지역 이상이 상정되고 있다. 크루그먼은 자신의 기본모델에서 두 유형의 노동력, 두 지역, 그리고 두 개의 생산물, 다시 말해 농산물을 생산하는 농부와 공산품을 완성하는 공업노동자를 구분하고 있다. 경제가 이제 더 이상 한 점으로서가 아닌 두 지역으로서 구성되지만, 두 지역에 의해서 각각은 다시 한 점으로서 다루어지고 있다. 그런데 여느 때와 마찬가지로 운송비가 분석에서 결정적인 요인이 되고 있다. 집적의 이익에 기반을 둔 한 지역은 '핵심지역'으로, 다른 지역은 '주변지역'으로 발전한다. 이 모델은 그 후에 매우 많은 수의 지역으로 확장되었다. 로머(1980)는 경제성장에 기술변동과 지식이 중요함을 지적하고 있다. "……기술변동은 ……경제성장의 핵심이다. ……기술변동은 지속적인 자본축척에 인센티브를 부여한다"(Romer, 1990: 72). 여러 학자들은 **지식**의 잉여와 다른 기업들이 갖고 있는 지식에의 접근이 (핵심지역으로의) 구심적인 입지경향에 매우 중요한 원인임을 강조하고 있다.

이러한 접근들이 지닌 약점은 비록 용어를 매우 폭넓게 파악하고 있기는 하지만, 운송비를 과대 평가하고 있다는 데 있다. 그에 비해 기업경영(스탭자리와 연구개발을 포함한)과 생산 사이의 기능적·공간적 분업과 조직론적 측면이 이들 경제모델에서는 여전히 미소한 역할밖에 수행하지 못하고 있다. 위에서 언급한 학자들의 대부분은 기업이 생산하는 입지와 계획하고 통제하고 연구하며 기술과 혁신을 개발하는 입지를 아직 구분하지 않고 있다.

노동시장의 공간적 측면에 대한 이론적 접근은, 비록 그것이 일반적으로 공간과 관련한, 경제적 논제를 내용으로 하는 여러 이론과 모델을 주목하기는 하지만, 확실히 보다 광범위하고 포괄적이다. 이때 노동시장은 학문적 연구의 명시적인 대상이라기보다는 오히려 암묵적인 대상이 되고 있다. 여기서 지역적 외부경제론의 접근법은 리카도(Ricardo), 올린(Ohlin), 그리고 사무엘슨(Samuelson)과 연결되는 지역가격론이라는 부분모델, 크리스탈러(Christaller)나 뢰슈(Lösch)의 입지모델과 같은 부분모델, 그리고 마지막으로 신고전적 통합모델의 틀 안에 있는 공간균형이론들(Isard, Lefeber, v. Böventer; 이에 관해서는 Pohle, 1982 참조)과 함께 논의될 수 있다. 하지만 이 모든 접근은 신고전경제학의 사고패턴에 기반을 두고 있다고 할 수 있다. 균형개념이 노동시장의 적응기능에 관한 분석과 중심적 질서이념으로서 지배하고 있다.

2. 불균형모델

1) 분극론의 공간모델

분단론적 접근법이 고전적 그리고 신고전적 노동시장론에 대한 반대입장을 대변하고 있듯이, 분극론적(分極論的) 접근법은 공간질서의 신고전적 균형이론에 대한 대안적 접근법이다. 분극론적 접근은 생산요소의 구비에 있어 원초적으로 존재하는 지역적 차이, 그 부분적인 부동성, 그리고 과점적이나 독점적인 권력구조의 존재를 강조한다. 기존의 지역적 차이는 신고전학이 예견하고 있는 것처럼 균등화로 나아가는 것이 아니라, 누적적 발전과정으로 인하여 오히려 강화되거나 늘 반복하여 새롭게 구조화된다는 것이 분극론의 핵심이다.

사회적·경제적 주변화과정의 순환적 인과가설이 균형가정에 대한 결정적인 대응 테제가 된다. 따라서 분극론은, 비록 유효척도(有效尺度)에 관한 문제가 전적으로 해결되지 않고 있지만, 공간과의 연관성을 내포하고 있다. 한 국가 내에서뿐만 아니라 국제적 척도에서도 성장 중심부와 발전에서 불이익을 당하고 있는 지역 간에 분화가 진행되고 있다.

분극론은 뮈르달(Myrdal, 1957)에게로 소급된다. 그는 박탈효과('역류효과' 또는 소용돌이효과)와 확장효과('파급효과')의 결과로서 각 지역이 보여주는 경제적 성취력의 이반(離反)을 논술하였다. **박탈 또는 소용돌이효과**는 주변부로부터 자원들을 거둬들이고 그것을 중심부로 옮겨놓는 관찰가능한 현상이다. 중심부의 **집적이익**은 투자자를 추가적으로 견인하는 반면, 주변부는 계속해서 내생적 발전잠재력을 상실한다. 생산요소의 구비와 관련하여 발생하는 기존의 불균형에 따라, 물론 이때 이러한 선험적으로 성립하는 불균형이 분극론의 틀에서는 논증되지 않고 있지만, 이를테면 노동력의 이동이 촉발된다. 경제적으로 매력적인 지역으로 이주가 발생하며, 그 선택적 성격으로 말미암아 이출지역으로부터 '인적자원'이 박탈된다. 또한 숙련 노동력의 유입으로 중심부 기업들에서 보이는 내부적·외부적 비용절감의 가능성이 경쟁우위를 창출한다. 이는 스스로 또는 경쟁력이 있는 가격으로 생산하지 못하는 주변부가 중심부의 상품으로 말미암아 익사당하는 연쇄적인 결과로 이어진다. 이러한 논점이 타당하다면, 주변부에 입지하고 있는 기업들은 장기적으로 퇴출을 당할 수밖에 없으며, 중심부에의 의존성은 한층 강화될 것이다.

이러한 과정과는 정반대로 확장효과가 작용할 수 있다. 즉 '파급효과'는 지식 또는 기술적 표준의 중심부에서 주변부로의 확산과 주변부의 생산물이나 서비스(예컨대 관광)에 대한 중심부의 수요 제고를 의미할 수 있다. 그런데 뮈르달에 따르면, 일반적으로 박탈효과가 우세하며 지역발전에의 작용성과 관련하여 확산효과를 능가한다고 한다. 만약에 시장력의 자유로운 게임에 국가의 개입이 이루어지지 않는다면, 분극화는 공간적으로 불균등한 경제활동의 **분포**를 초래할 것으로 보고 있으며, 이때 분업의 가능성이 기능들의 이러한 공간적 탈혼재화 양상을 더욱더 조장한다고 지적한다.

가장 유명한 분극론적 접근방법은 뮈르달(1957), 허쉬만(Hirschmann, 1958), 그리고 페로(Perroux, 1955)에 기반을 둔 프리드만(Friedmann)의 중심-주변론이다. 그는 공간발전을 순환적 인과와 관련된 불균등 형태의 누적적 과정으로 보고, 독특한 집적이익으로 조건지어진 중심부로부터 시작되는 혁신의 지배적인 역할을 강조한다. 성장 결정요인과 높은 성장률의 상호 관련성에 기반하여 집적이 발전우위를 보장할 뿐만 아니라, 주변부에 대한 지배력도 강화한다는 것이다. 따라서 중심부와 주변부라는 구조는 점점 분극화로 나아가는 경향이 있는데, 이때 그 양상은 한 국가가 빈곤하면 빈곤할수록 그만큼 더 뚜렷이 표출된다고 한다.

한편으로 분극론적 발전과 다른 한편으로 노동시장의 분단화 사이에 형성되는 관련성이 확실하기는 하지만 여전히 명시적이지 않다. 숙련된 구상업무를 가진 1차분단체의 일자리는 도시적 노동시장에, 실행하고 작동하는 업무를 가진 2차분단체의 일자리는 농촌적 주변부에 집중한다. 이러한 형태로 공간적 노동시장의 분단화는 경제발전과정에서 강화된다. 도시적 노동시장은 매력적인 일자리를 많이 갖추고 있기 때문에, 자질이 있는 젊은 노동력은 이러한 **중심부**로 유입된다. 그런데 이들 노동력이 **주변부**에서는 부족하게 되고, 따라서 그곳에서는 내생적 경제발전이 크게 저해받는다. 투자의도, 창조성, 기업가정신, 그리고 국지적 구매력이 부족하고 결핍되어 있다. 지역 서비스는 후퇴하고 빈곤의 악순환이 지속되며, 중심부와 주변부 사이의 간격은 넓어진다. 비농업적 일자리의 불균등한 분포, 지역간 소득 불균등과 **공간적 격차**가 형성, 유지되는 것이다.

2) 노동시장의 공간적 분단

이중적 노동시장모델을 통합적으로 정식화하기 위해서는 중심-주변모델의 의미를 띠고 있는 이중적 공간모델로부터 논의를 한 걸음 더 진척시키는 것이 필요하다. 1차노동시장을 중심부와 2차노동시장을 주변부와 연결시키는 것은 이 형식에 적절한 구상이다. 따라서 많은 문헌들은 이중노동시장과 이중공간모델의 체계적인 부합성을 상정하고 있다.

노동시장 조직의 지역경제적으로 중요한 범주는 다음과 같은 개념들의 상호작용에서 나온다. 즉 1, 2차노동시장, 행동기업과 적응기업, 내부 및 외부 노동시장, 1, 2차경제부문, 중심부와 주변부 등이다. 그 상호작용은—이것이 우리의 중심테제이다—지역적 이중화라는 의미에서 체계적으로 구조화되고 있다(Buttler/Gerlach/Liepmann, 1977: 110).

경제공간적 분류와 노동시장의 분단화를 체계적으로 연결시킨 결과는 '공간적 노동시장의 분단화'로 일컬어질 수 있다. 제품시장과 노동시장, 그리고 공간적 입지는 서로 긴밀하게 연결되어 있으며, 그 모든 것은 공간상에서 우연히 분포하는 것이 아니다. 아래의 도식은 이러한 체계적인 상호 관련성을 구체적으로 보여준다.

도식에서 핵심과 한계, 1차와 2차, 그리고 중심부와 주변부의 이중성이 서로 맞물려 있음을 알 수 있다. 경제의 핵심부문은 1차노동시장을 산출하고 중심적 입지에서 발견되거나 그 입지를 중심에 있는 것으로 평가하게 한다. 노동시장의 공간적 분단화 모델은 자세히 다음 세 가지 논점에 기초하고 있다.

① 경제학적 분단화의 개념은 기업, 사업체 또는 그 복합체를 분석의 중심에 놓고 있다. **이중모델**은 경제를 핵심영역과 한계영역으로 이분화시키는 데서 출발한다. 핵심영역은 안정된 수요에 입각하고 있으며 대기업, 높은 이윤율을 지닌 기업 또는 시장 지배력이 큰 기업들로 구성된다. 핵심영역에는 **국가부문**도 포함되어 있음을 반드시 염두해야 한다. 그 반대편에 서있는 것이 한계영역이다. 즉, 적은 자원과 낮은 수익을 가진 중소기업들이다. 이들 기업은 서로 내포적인 경쟁하에 놓여 있으며, 다른 핵심기업들에 예속되어 있다. 노동시장의 구조를 살펴보면 다음과 같다. 즉, 경제적 한계영역에 있어서의 불안정적 수요는 기업에서도 **불안정적 일자리**를 산출하게 하며, 반대로 대기업의 안정적 수요는 역시 **안정적 일자리**를 요구한다.

② 분석차원을 바꾸어 일자리 그리고/또는 노동력을 전면에 내세우면, 사회과학적 분단화 개념에 도달하게 된다. 그에 대한 설명은 다음과 같

<그림 14> 노동시장 분단화의 이론 결합

제품시장		노동시장		공간입지
수요	공급	수요	공급	
경제의 핵심영역		1차노동시장		중심권
안정적 수요	높은 시장권력을 지닌 핵심기업과 대기업, 역량 있는 중-소기업	1차적 일자리, 안정적이며 양호한 봉급을 받고 상승의 사다리가 있으며, 커리어 기회가 존재함	1차적 노동력, 안정적 고용관계, 그리고 높은 숙련도를 보여주는 남성노동력	
경제의 한계영역		2차노동시장		주변권
불안정적 수요	적은 자원, 낮은 이윤율, 내포적 경쟁 그리고 외부로부터 규정되는 중-소기업	2차 일자리, 불안정한, 승진할 길이 없음. 봉급이 적고 저숙련임	2차적 노동력, 불안정한 고용관계, 그리고 외국인 노동력	

출처: 필자

다. 즉, 안정된 수요와 복합적인 생산경과, 그리고 높은 자본투여를 보여주는 핵심기업들은 전체적으로 1차분단체를 설명해주는 평균 이상의 수많은 안정된 일자리를 시사한다. 핵심기업에서는 기업 및 직장 특유의 능력을 습득한다는 것이 피고용자가 기업에 오랜 시간 동안 머물러 있을 때 비로소 장기적으로 저렴해질 수 있다. 따라서 임금과 커리어의 제도화를 통하여, 즉 선임권이나 보너스, 자원적 사회봉사 등을 통해 노동력을 기업에 결속시키려고 노력한다. 이것은 고용의 안정성과 계획의 가능성을 창출한다.

다른 한편으로 단순한 생산업무와 종종 불안정한 수요를 지닌 종속적인 중소기업들이 존재한다. 이들 기업은 전체적으로 2차적이라고 지칭할 수 있는 노동시장을 '창출한다'. 안정성은 부분적으로만 희구하는 것이 되는데, 왜냐하면 절정의 수요가 계속 주어질 경우에는 그것이 도리어 제약이 될 수 있기 때문이다. 따라서 '채용과 해고'가 가능한데, 이는 지배적인 직무가 낮은 노하우를 보여주기 때문이다. 특히 일자리 자체가 특별히 최소한의 지식만을 요구하기 때문에 기업주뿐만 아니라 피고용자들도 인적자본에의 투자에 이렇다 할 손실을 감수할 필요없이 기업체를 빈번히 바꿀 수 있다.

일자리의 성격과 노동력의 속성은 보합관계에 있다. 불안정한 일자리에서는 불안정한 직업경로를 지닌 취업자들이 발견되며, 그 역도 마찬가지다. 즉, 안정된 일자리는 순탄한 직업전기(職業傳記)를 가진 노동력들이 차지하게 된다. 이때 해결되지 않은 인과의 문제가 나타난다. '자본측'이 분단체에 있어서 조건을 정의하거나 그 반대의 관계라면, 특정 노동력 집단의 속성들이 주어지고 분단화의 메커니즘이 그에 적응하게 된다. 세계관에 따라 이런, 저런 시각으로 논의가 기울고 있다.

③ 분단화의 제3차원은 공간차원의 통합에 있으며, 공간적 분단화의 개념으로 연결된다. (중심-주변모델의 의미에서) 이중적 공간모델은 1차분단노동시장을 대부분 '중심부'로, 2차분단체를 대개 '주변부'로 기술하는 이중적 노동시장모델과 연결된다. 따라서 명료한 내부노동시장을 갖고 있는 기업들—안정적 수요와 높은 계획 및 통솔의 요구를 갖고 있는 대기업, 공공부문의 기관단체, 핵심기업들—은 평균 이상으로 빈번히—물론 업종에 따라 상이하게—중심부에서 발견된다. 반대로 한계기업들—제한된 생산 깊이와 낮은 재정여력, 자율성이 미약한 중소기업들—은 일련의 입지논의를 바탕으로 하여 살펴볼 때, 배후의 주변적 위치에서 발견된다.

왜 분명한 내부노동시장을 가진 기업들은 집적공간에, 그리고 2차노동시장을 가진 기업들은 보다 주변적인 입지에서 발견되느냐를 설명하는 것은 다음 장에서 다시 한번 논의하게 될, 또 다른 이론적인 접근방법에 맡겨두고자 한다. 모든 지역노동시장이 1, 2차노동시장의 독특한 관계를 보여준다는 사실은 그 어떤 경우에도 서로 다른 차원에서 분단화의 체계적인 상호작용의 결과로부터 유래하는 것으로 볼 수 있다. 이는 '중심부 기업들', 즉 대기업 내지 공공부문의 기업들과 '주변부 기업들'의 불균등한 분포에 의해 조건지어지고 있다. 이는 당연히 중심부에 있는 노동시장을 1차노동시장과 주변지역에 있는 노동시장을 2차노동시장과 항상 동일시할 수 있음을 의미하지 않는다. 왜냐하면 주변부 공간에서도 1차분단체를 확인할 수 있기 때문이다. 다만 1차분단체의 모든 특징적 속성을 보여주는 공공부문의 특히 분별된 서비스를 생각하자는 것이다. 하지만 이것은 중심부와 주변부 사이에 분단노동시장의 체계적이고 구조적으로 조건지어진 경사가 존재한다는 것을 의미한다. 따라서 공간과 분단화는 직접적인 연관성을 지니고 있다. 노동시장의 분단화는 더 이상 '점상'의, 공간 없는 현상으로 간주될 수 없다.

3) 조직론적 접근법

노동시장의 공간적 분단화는 노동시장의 구조화와 지역적 분화 사이에 체계적이고 장기적으로 성립하는 안정적 상호 관련성을 상정하고 있다. 분단노동시장체의 불균등한 분포가 왜 발생하느냐의 물음에는 서로 다른 답변이 존재한다. 그중 하나가 조직론적 접근법[1]이다(Meusburger, 1988; 1995a; 1998). 이는 기능적 공간분업의 사고에 입각하고 있으나(Bade, 1986), 한 사회체제의 조직구조, 조정 및 통제요소의 공간적 분포에 보다 큰 가치를 부여하고 있다. 그 특별한 관심사는 고숙련자와 저숙련자의 일자리 내지 서로 다른 의사결정권을 쥐고 있는 일자리의 공간적 분포에 있다.

---

[1] 조직론적 접근법은 노동인구 내지 취업자들의 거주지가 아닌 취업지의 분포를 분석한다. 보통 취업지 취락 또는 이를 근거로 구성된 '취락유형'(중심지, 취락 규모별 계층등급)이 분석단위가 되고 있다. 지역노동시장(Klemmer/Krmer, 1973; Klemmer, 1978 등)에 관한 많은 연구들은 보다 큰 단위(군과 도/주)에서 출발하고 있지만, 취업자들을 그들의 거주지에 의거하여 분석하였다. 대공간적 연구(국가간의 비교)에서는 근로자의 거주지와 취업지 사이의 구별이 그다지 중요하지 않은데, 왜냐하면 그 차이가 균등화되기 때문이다. 그러나 지역적으로 중시 또는 미시 차원에서는 대부분의 연구논제가 거주지보다는 취업지에 더 큰 설명 가치를 부여하고 있다.

(1) 전제들
'지식'의 공간적 집중

신고전이론은 모든 주체들이 정보에 균등하게 접근할 수 있으며, 똑같은 '지식'을 구사하고 정보를 다룰 수 있는 능력도 동일하며, 또 모든 주체가 시장상황을 엇비슷하게 알고 있다는 전제에서 출발하고 있다. 이와 대조적으로 조직론적 접근법은 정확히 뒤집어서 논의하고 있다. 그 출발점은 '지식'에 있어 상당한 지역적 그리고 사회적 불균등이 존재한다는 것이다. 이 지역적 상이성은 단순히 해소될 수 있는 것이 아니라, 재구조화될 뿐이라고 한다. '지식'의 공간적 격차는 어떤 과도적인 현상이 아니라는 지적이다. 이것은 또한 신고전적 모델이 소홀히 다룬 '쓸모없는 소리'로 볼 것이 아니라, 경제와 사회의 일차적인 **구조적 표징**(標徵)이라고 한다.

이때 말하는 '지식'은 너무 광범위하며 애매 모호한 개념이다. 그것은 적어도 세 가지 서로 다른 차원을 포괄하고 있다.

① **일상정보**는 누구나 쉽게 접근할 수 있는, 보편적으로 분포하고 있는, 그리고 다방면에서 이해될 수 있는 정보이다. 그것은 수용자로부터 어떤 '이해'도 요구하지 않으며, 그 어떤 전문적인 예비지식을 필요로 하는 것도 아니다. 일상정보는 전세계적으로 보급되어 있고 특정 입지와의 연계성을 보여주지 않는다. 인기 있는 음료수의 갈증을 해소해주는 속성은 전세계적으로 알려져 있고 그에 관한 정보는 어떤 장소와 결부되어 있지 않으며, 그리고 또한 기업의 매출이 그 인지도로 인하여 어쩌면 높아진다는 점을 별도로 한다면 지역경제적으로 더 이상 중요하지 않다.

② **코드화된 정보**는 수신자가 그것을 이해하고 해석하기 위해 예비지식을 필요로 하는 정보이다. 이 예비지식은 어떤 코드의 인식에 필요한 것일 수도 있으며, 또한 쉽게 전달될 수 없는 개인적 경험과 자질에 바탕을 둔 것이기 때문일 수도 있다. 유관한 코드에 관한 인식이 없을 경우에는 많은 (이론상 일반적으로 활용할 수 있는) 정보들이 '독해'될 수 없

거나 체제에 유리하게 활용될 수도 없다.[2]

모든 과학적인 사실 학문들은 그에 필요한 지식(자질)을 상당한 시간과 비용을 들이고서 습득한 사람들만이 이해할 수 있는 전문적인 코드화(공식, 용어)를 내포한 고유의 전문어를 사용하고 있다. 연구결과는 비록 출판을 통해 보통 세계 어느 곳에서도 손에 넣을 수 있지만, 세계인구 가운데 활용 가능한 (허락된) 정보로 무엇인가를 얻기 위해 필요로 하는 전문지식을 구사할 수 있는 주체들은 소수에 불과하다.

고도로 전문화된 학술지식을 습득하는 데 요구되는 많은 시간과 높은 비용으로 인하여 그러한 성질의 전문지식들은 상대적으로 희소하다. 단 몇 천 분의 일에 해당하는 사람들만이 분자생물학이나 전산정보학 또는 고주파물리학의 출판물을 이해할 수 있다. 학술적 경쟁이나 **시장경제적 경쟁**하에서 위상을 결정하는 것은 지식과 정보 또는 자질의 절대적 정도가 아닌 그 우위이기 때문에, 필요한 전문가들은 언제나 드물고 값비싼 편이다. 더군다나 전문가들은 또 다른 전문가들과의 긴밀한 협조와 분업에 의존하고 있기 때문에, 이 범주의 지식을 구사할 수 있는 주체들의 일자리는 보통 공간단위의 적은 부분(대학, 연구센터, 고차중심지, 성장극, 경제적-정치적 권력의 중심지 등)에 집중되고 있다. 이때 전문가적 지식의 공간적 분포는 주목할 만한 시간적 지속성을 보여준다.

③ 감추어져 있는, 비밀스럽거나 **보호된** 정보는 공간적 분산정도가 가장 낮고 몇몇 소수의 입지점에 현저히 집중되어 있음을 보여준다. 이때 관건이 되는 것은 행위 주체에게 지식과 정보의 우위를 가져다주며 상당한 경쟁이점을 창출해주는 정보이다. 주식거래에 있어 내부자 지식은 가능한 한 오랫동안 비밀로 유지되고, 미래를 바꿔놓을 수 있는 발견은

---

[2] 어떤 정보를 이해하기 위해 코드(Kode)가 얼마나 중요한지에 관한 직관적으로 알 수 있는 한 예를 이를테면 잠금장치가 된 뉴스나 외국어가 보여준다(Arrow, 1974: 39). 누군가가 중국말과 문자를 전혀 알지 못한 채 중국을 여행할 경우, 아무것도 이해할 수 없는 무수한 문자적, 구두적 뉴스가 그에게 쏟아질 것이다. 중국어 문장에 담긴 정보내용을 이해하기 위해서는 문장을 손에 넣는 것만으로 충분하지 않으며, 중국문자(다시 말해 코드)를 독해할 수 있어야 한다.

특허로 보호된다. 어느 곳에서나 두루 활용할 수 있는 일상정보와는 달리, 보호되거나 감추어진 정보는 단지 몇몇 사람들에 의해서만 접근가능한데, 왜냐하면 그것을 허용한다는 것은 주체나 사회체제에 엄청난 손실을 초래할 뿐만 아니라, 경쟁자에게는 비용이 들지 않고서도 커다란 이득을 가져다줄 수 있기 때문이다.

의사결정에 필요한 정보를 일반적으로 손에 넣을 수 있다고 하는 신고전적 경제이론의 전제는 일상정보에만 유효하며, 따라서 경제적 경쟁의 틀에서 가장 미미한 의미를 지니는 정보에만 타당하다. 경쟁과 권력을 유지하기 위해서 특별히 중요한 것으로 인정되는 코드화된 정보와 특별히 보호받는 정보는 공간적 균등분포와는 크게 동떨어져 있다. 코드화되고 보호받는 정보는 장기적으로 독자적인 힘을 통해서는 균등화되지 않는다. 이 점에 관해서는 그 어떤 설득력 있는 설명도 적절하게 행할 수 없다. 사실은 전혀 그 반대이다. 누적된 '지식'과 관련하여 한 조직, 한 사회체제 또는 한 지역의 한번 앞선 우위는 유지되거나 더욱더 벌어지는 경향이 나타나고 있다. 역사는 이 점에 관하여 수많은 예를 보여주고 있다.

의사결정과정의 위계화

코드화되었거나 보호받는 정보의 공간적 불균등 분포 이외에도 불확실한 의사결정과정에서 정보처리의 위계적인 보장을 확립하려는 경제단위의 성향이 조직론적 접근법의 두번째에 해당하는 본질적인 전제이다. 계층적 보장으로 나아가는 경향은, 조직이 일정한 규모와 복잡성에 도달하였을 경우나 개별 의사결정자가 더 이상 충분한 시간적-지적(정보를 가공처리하는) 역량을 갖추고 있지 못한 경우에 시스템에 적합한 모든 정보를 수용하고 가공하고 평가하고 이전시키기 위해 나타나게 된다. 따라서 대규모의 복잡다단한 시스템에서는 조정, 계획, 의사결정 기능이 여러 사람들에게 또는 시스템의 요소(부처)에 분할되는데, 이때 정형적인 의사소통관계, 업무관할, 그리고 의사결정권이 정확히 확립될 수 있다. 이러한 맥락에서 볼 때 계층의 개념은 사회적 층화, 특권의 불균등한 배분 또는 위에서부터 아래로의 지시(명령) 고리가 아니라, 다양한 부분체계의 분화를 의미한다(Luhmann, 1984: 39).

모든 기업은 시장조사, 비용계산, 그리고 전략적인 장기계획에도 불구하고 상당한 불확실성을 안고서 경영과 관련된 의사결정을 내릴 수밖에 없다.[3] 그래서 불확실성(불확정성)의 극복은 제 조직의 근본 문제에 해당한다. 불확실성은 결코 완전히 제거할 수 없을지라도, 다양한 방법을 통하여 극복하거나 줄일 수 있다.

불확실성을 축소하기 위한 거의 모든 방법들은 이를테면 지식, 교육, 자질, 직업훈련 또는 정보처리와 관련되어 있다. 불확실성은 노동경과의 한 부분을 분업, 루틴화, 그리고 정형화를 통하여 보다 단순하게 만들고 그래서 저숙련을 전제로 하는 것을 통하여 줄일 수 있다. 그러나 이 루틴화도 조정과 계획, 그리고 통제와 관련된 소요를 높이고, 이러한 소요는 다시금 숙련노동력에 의해서만 수행될 수 있다.

기업들은 또한 고유한 통제 업무를 뛰어넘는 예측할 수 없는 사건들을 제어해야 한다. 격심한 경쟁하에 있거나 또 다른 이유에서 매우 큰 불확실성에 직면하고 있는 기업들은 지식, 적어도 시스템의 결정적인 핵심부처에서 가외분(加外分)이 필요하다. '일상적 사업'을 수행하는 경우에는 가외분이 요구되지 않지만, 위기상황을 극복하기 위해서는 반드시 필요하다.[4]

어떤 시스템은 '무기력'과 '무능'에 대항하여 교육에의 요청, 직업의 전문화, 자격증명 또는 포괄적인 선별 내지 선발방식 등을 통하여 어느 정도까지 그 안정성을 스스로 확보할 수 있다. 따라서 지식, 교육, 훈련,

---

3) 나이트(Knight, 1921)의 연구이래 불확실성(不確實性 uncertainty)과 위험(危險 risk)을 서로 구별하게 되었다. 위험은 수치적 확률의 형태로 주어질 수 있으나, 불확실성은 그렇지 못하다.

4) 브레이버만(Braverman, 1974: 424-447)은 과도하게 높아진 숙련요구에 대한 비판에서 이 가외분의 필요성을 간과하였다.

전문화와 면허 등은 불확실성을 줄여주는 하나의 수단이다. 많은 경우 자질의 절대적 정도가 아닌 다른 신청자들(경쟁자들)과 비교한 지식과 자질의 우위가 불확실성을 줄여주며, 조직은 가장 중요한 자원, 말하자면 고숙련 종사자들을 둘러싸고 계속 경쟁하고 있기 때문에, 이러한 자질은 언제나 희소하고 공간적으로 집중되어 있으며 비싸다.

조직형태와 '환경'

의사결정과정의 위계화가 자세히 어떤 모습을 띠느냐는 기업 환경의 유형과 기업활동의 복잡성에 달려 있다. 계층화는 — 다른 요소들 이외에도 — 입지선정을 크게 규제한다. 그것은 불확실성을 극복하고, 그릇된 의사결정으로부터 안정성을 보장하며 생산비용을 절감하기 위한 통상적인 전개 양태이다. 하지만 계층은 매우 다르게 구성될 수 있다. 평탄한 위계와 가파른 위계로의 구분은 잘 알려져 있다. 민츠베르크(Mintzberg)는 그것에 '관료적' 조직형태와 '유기적' 조직형태라는 개념을 붙였다.

막스 베버에 의거하여 한 구조의 행태가 규칙과 명확한 관할권, 계층적 권위구조, 그리고 업무 및 행정의 경과에 의해 먼저 결정되어 있을 때, 그것은 '권위주의적'인 것으로 지칭된다고 한다(Mintzberg, 1979: 86). 이와 대조되는 것이 '유기적' 구조인데, 이것은 느슨한, 비정형적 노동관계 내지 비표준화와 경직적이지 않은 권위구조를 특징으로 한다. 변함없는 루틴한 작업을 수행하고 불확실성에 그다지 직면하지 않는 부처들(보조단위들)에서는 업무가 정형화되고 관료화될 수 있다. 예를 들어 고도의 창조성이 요구되는 연구실험실이나 다음날 어떤 과제를 처리해야 할지 결코 알지 못하는 공공관계(公共關係 PR)를 담당하는 부처에서는 단지 몇몇 경과만을 정형화하고 루틴화할 수 있으므로, 그런 구조는 '유기적'이어야 한다.

관료적 구조와 유기적 구조, 집권적 구조와 분권적 구조 가운데 어떤 구조가 불확실성을 극복하는 데 보다 효율적인가 또는 가장 잘 극복할 수 있는가 하는 질문은 일차적으로 조직의 제반 목표, 주변 여건들, 그리

<그림 15> 조직형태와 기업의 환경조건

환경	안정적	동태적
복잡	분권적, 관료주의적(숙련도의 표준화를 통한 조정), 예를 들어 대학	분권적, 조직적(쌍방적 절충을 통한 조정), 예를 들어 연구개발부서
단순	집권적, 관료주의적(노동과정의 표준화를 통한 조정), 예를 들어 제품의 대량생산 또는 공공행정	집권적, 조직적(직접적인 감독을 통한 조정), 예를 들어 패션아틀리에

출처: Mintzberg, 1979: 286에 의거

고 조직의 연령과 규모에 달려 있다. 동태적이고 급변하는 주변 환경은 평탄한 구조(유기적 구조)와 연결되고, 안정된 환경은 가파른 계층('관료적' 구조)을 조장한다. '단순한' 환경은 다시금 '관료적' 구조를, '복잡한' 환경은 '유기적' 구조를 장려한다(Mintzberg, 1979: 271-273; Lawrence/Lorsch, 1967). 기업환경의 시간적 동태(안정적이냐 동태적이냐)와 시장관계의 개관가능성(복잡한가, 단순한가)과 관련하여 네 가지 서로 다른 조직형태가 도출될 수 있다.

현실세계에서 대부분의 거대 조직들은 여러 종류의 시스템 통제를 절충적으로 결합하고 있다. 안정적이고 단순한 환경에 놓여 있으며 시간적으로 안정적이고 간단하며 투명한 목표를 지향하고 반복적이고 표준화할 수 있으며 루틴한 과제를 달성하는 한, 조직의 몇몇 단위체들은 적은 불확실성과 낮은 적응과 쇄신, 그리고 학습강제(學習强制)에 직면하며, 따라서 의사결정권의 집중화로 흐르는 경향을 보여준다(Mayntz, 1974: 1062; Mintzberg, 1979 참조). 불확실하고 매우 가변적이고 전혀 개관하고 예측할 수 없는, 복잡다단하고도 동태적인 환경과 씨름해야 하고, 다만 막연히 정형화된 목표규정과 과제위상을 가진 같은 기업 내의 다른 부분들은 (지식과 **전문적 능력**이 이심적으로 분포하는) 분권화된 통제형태에서 보다 성공적임이 입증되고 있다(Mintzberg, 1979: 182-185; Geser, 1983: 165). 예를 들어 제조업체는 포드주의적 제품생산에서 보통 최대한의 집중화와 정형화를 견지하는 한편, 마케팅과 연구부문에서는 분권적 조정형태를 지배적으로 견지하고 있다(Lawrence/Lorsch, 1967; Geser, 1983: 165 참조). 많은 기업체에서 공공업무의 의사결정구조는 집중화되어 있으며, 판매는 분권화되어 있다.

한 조직의 **자율성** 내지 다른 기관에 의한 외부통제(외부의존성)의 정도도 이러한 구조에 상당히 큰 영향을 미친다(Mintzberg, 1979: 287-291 참조). 외부자에의 종속성은 의사결정자로 하여금 매사에 조심스럽게 처신하도록 하며, 이는 자신의 안전을 보장하기 위해 수많은 규칙과 조치들을 도입하도록 자극한다. 따라서 외부 관련기관에 의한 통제가 크면 클수록, 의사결정구조는 그만큼 더 강력하게 집권화되고 각종 규칙에 의해 정형화된다.

또한 무엇보다도 높은 자질을 갖춘 사람들이 부족할 경우에는 여러 가능한 조직구조에 대한 선택의 폭이 제한된다. 19세기 군대의 위계적으로 구축된 명령 및 통제 구조—이 또한 당시 대기업들의 대량생산에 모범이 되었는데—는 대다수의 군인(노동자)들이 비숙련자들이었고 부분적으로는 전혀 읽지도 쓰지도 못했다는 사실과 밀접히 관련되어 있었다(Drucker, 1992: 102 참조). 포스트포드주의적 조직구조와 운영방식(책임과 의사결정권의 분산화)은 책임과 의사결정권을 위임해줄 수 있는, 많은 수의 고도로 숙련된 종업원을 활용할 수 있었던 시점에서부터 성공적으로 도입될 수 있었다.

(2) 일자리의 공간적 분화

위에서 제시한 기업의 조직형태는 서로 상이한 입지에 공간적으로 분리하고 배분하는 데 나름대로 적합하다. 집권적 관료구조가 여러 입지로 분할하는 데 가장 적당하며, 고숙련자들의 끊임없는 상호작용에 의존하는 '유기적' 계층은 최소한으로 분할될 수 있다. 그렇지만 서로 상이한 두 조직형태는 의사결정자가 계속하여 직면하는 불확실성이 새로운 지식을 축적하고 '가장 최신의' 정보에 접근할 수 있느냐에 따라 극복될 수 있다는 공통성을 보여주고 있다. 코드화된, 비밀스러운 정보들은 무엇보다도 직접적인 (개인적) 접촉과 '경쟁자들'의 유사한 관찰을 통하여 획득될 수 있기 때문에, 많은 의사결정자들은 입지의 접촉 내지 상호작용 잠재력을 크게 요구하고 있다.

퇴른퀴스트(Törnqvist, 1970)와 손그렌(Thorngren, 1970), 그리고 고다드(Goddard, 1973)의 연구 이래, 다른 조직의 구성원들과의 대면접촉의 비중이 의사결정 위계에서 한 관리자의 직위가 높으면 높을수록 의사결정자의 전체 시간수지에서 그만큼 커진다는 사실은 잘 알려져 있다. 그래서 어떤 입지의 **접촉잠재력**은 톱매니저에게는 결정적인 입지요인이 된다.

높은 불확실성 내지 불안정하고 늘 가변적인 환경을 극복해야 하거나 자신의 의사결정이 조직에 장기간에 걸쳐 작용하는 결과를 초래하는 의사결정자는 스스로 높은 자질과 많은 지식을 필요로 할 뿐만 아니라, 그들의 성공은 단시간에 약속 없이 그리고 가까운 거리에서 경제, 공공행정, 금융부문, 정치, 그리고 뉴스매체 분야 등의 고숙련자들과 직접 접촉을 할 수 있느냐, 따라서 그들의 지식과 정보상황을 확대하고 현실화시킬 수 있느냐, 그리고 자신의 지식을 계속하여 다른 사람에게도 넘겨줄 수 있느냐에 크게 달려 있다. 특히 이러한 개인접촉에서는 이른바 '연성적'(軟性的) 지식과 계량화할 수 없는 정보, 다시 말해 특정한 경험과 기업적 감각과 '내부자 지식'을 교환할 수 있으며, 비공식적 네트워크가 형성된다.

안정된 주변환경(불확실성이 적음)과 변함 없는 목표를 보여주며 시간적으로 안정된 루틴한 직무를 수행하는, 그래서 이를 위한 제반 규칙과 조치, 그리고 계획안이 존재하는 조직들은 다른 조직들과 직접적으로 접촉해야 할 필요성이 낮으며, 따라서 이론상 매우 다양한 입지로 옮겨 갈 수 있다. 이러한 조직에서는 입지를 저렴하게 (최적으로) 인식하게 하는 운송비, 임금비용, **임대료**, 지가 또는 보조금과 같은 전통적인 입지요인이 결정적으로 작용한다. 따라서 이러한 루틴기능의 상당 부분은 비용이 가장 저렴한 주변부로 점차 밀려나게 된다.

의사결정이 가이드라인, 계획안, 그리고 각종 조치들을 크게 지향하지 않으면 않을수록, 그리고 한 의사결정의 귀결과 미래발전 그리고 방법과 목표의 정확성에 관한 불확실성이 크면 클수록, 자질을 갖추고 정보를 양호하게 인지하고 있는 의사결정자들과의 직접적인 접촉이 그만큼 더 절실해진다. 불확실성은 직접적인 접촉의 필요성과 빈도를 높인다. 거대조직의 최고경영자 수준의 접촉에 대한 요구는 일반적으로 몇몇 소수의 '중심지들'(대도시, 집적지역) 내지 '거래도시'에서(Gottmann, 1983) 충족될 수 있다.

물론 입지의 접촉잠재력에 대한 서로 다른 요구는 조직의 업종과 의사결정자의 직위(기능)뿐만 아니라, 한 조직의 시장지배력(자율성)에 달려 있다. 예를 들어 오랜 시간에 걸쳐 기술개발의 첨단에 서 있고 세계적으로 모름지기 두서너 개의 경쟁사만을 갖고 있는 제조업체들은, 이처럼 시장을 지배하는 위상을 보여주지 못하고 따라서 자신의 환경에 대해 그렇게 자율적이지 못한 유사 대기업들보다, 그 본사업무를 주변부에 있는 중소도시(아마도 수십 년 전에 그곳에서 소기업으로 창업된)에 입지시킬 수도 있다. 자율성의 신장(극단적인 경우는 **독점**)과 함께 기업은 자신의 환경으로부터 '독립하게' 되는 경향이 있다(Hill/Fehlbaum/Ulich, 1981: 339; Thompson, 1967: 4 이하). 그러한 독립성(권력)을 갖고 있는 사람은 (자신의 분야에서) 스스로 '중심'이라고 할 수 있는데, 다른 체계들은 그를 지향하지 않을 수 없으며, 그러한 권력위상이 보다 장기간에 걸쳐 유지될 수 있는 한, 그것은 다른 체계의 의사결정자까지 견인한다.

그러므로 이러한 정의에 따라 **중심부**에는 권력과 지식이 최고로 집중하는 곳이 되며, 주변부는 대부분 루틴한 업무를 처리하는 곳이 된다.5) 물론 중심부와 주변부의 개념쌍은 이분법(二分法)으로서 이해할 것이 아니다. 오히려 공간적 차원에서의 한 조직계층의 정상과 밑바닥 사이의 연속을 일컫는 것이다.

---

5) "중심은 보통 권위를 지닌 자리가 입지한 장소이다. ……주변부적 입지는 다름 아닌 중심에 종속됨을 의미한다."(Gottmann, 1980: 15이하)

지식과—그리고 지식과 연결된—권력의 공간적 **집중**에 대해서는 기업조직이라는 논리로부터 증명할 수 있는 기능적인 이유만 존재하는 것이 아니다. 일정 '중심지들'은 또한 의사결정자, 기업경영자, 지식인 그리고 학자들에 의해 **상징적 의미**를 바탕으로 하여 입지로 선정된다. 중심부, 주변부, 그리고 거리와 같은 개념들은 공간과학의 기본요소일 뿐만 아니라, 또한 매우 상징적으로 윤색되어 있다. 사회적 상호작용('사건')의 중심에 서 있는 사람은 명망과 신뢰를 향유하고, 영향력과 권력을 행사하며 보통 정보와 지식의 우위를 견지할 수 있다. 외곽에 있는 사람은 '국외자'로, 한계화되어 있고 영향력을 행사할 가능성이 적으며, 미소한 자원만을 활용하고 훨씬 낮은 명망을 누린다. 순수하게 조직상의 이유에서 한 은행, 한 항공사의 사무실, 다이아몬드 거래상 또는 고도로 전문화된 변호사에게는 대도시 내에서의 입지가 200미터 정도 편차가 있다는 것이 그다지 큰 역할을 하지 못한다. 하지만 현실에서 이 200미터가 한 기업이 잠재적인 고객 또는 경쟁사에 대해 향유하는 명망과 신뢰에서는 '세상 전부를 의미'할 수도 있다.

'중심-주변의 은유'가 사회과학과 경제학, 그리고 지역과학에 도입되기 이미 수백 년 전에 유교 문화권에서는 '중심'의 개념이 권력, 권위, 지배, 명망, 통제, 그리고 영향력과 같은 속성들을 담지하고 있었다. 지배자들은 수백 년 동안 예언자, 사제, 교시자, 모사, 전문가, 지식인, 그리고 예술가들에 둘러싸여 있었다. 한편으로 이들은 자신들의 지식과 분석 능력에 의존하고 있었으며, 다른 한편으로 이들은 자신들의 지배자가 사제와 그후에는 공론가(이념가)에 의해 정당성을 부여받는다는 점에 의지하고 있었다. 또한 권력에의 근접은 지식인들에게 안전과 영향력을 가져다주었다. 지식인들은 자칭 '대변자'(Bourdieu, 1991: 63)로서, 그들의 역할을 중심에서만 행사할 수 있으며, 그들의 함의를 부여하고 규정하는 힘은 중심부에서만 작용력을 발휘할 수 있다.

위에서 언급한 이유에서 모든 기업과 기관, 그리고 그 어떤 분야에서도 지식과 권력의 공간적 계층이 형성되고 있다. 기실 그리고 어느 정도 이러한 수많은 '공간적 계층' 사이에 일치가 나타나는지 아니면 분기되고 있는지, 따라서 모든 업종들이 지식의 중심을 동일한 도시(예컨대 수도)에, 아니면 서로 다른 도시들에 나누어 가지는지는 여러 역사적, 지리적 요인에 달려 있다. 역사적 이유에서 거의 모든 분야(정치, 금융, 학문, 문화, 산업 등)의 최고 의사결정자가 단 하나의 도시(수도)에 모여있는 국가들(예컨대 프랑스, 헝가리 등)이 있는 반면, 다른 국가(예컨대 스위스, 독일, 미국)에서는 중추관리 기능들이 여러 개의 대도시에 분산되어 있다. 이론적으로 권력과 지식의 집중이 하나의 중심지를 아니면 여러 개의 중심지를 지향하느냐는 그렇게 중요하지 않다. 결정적인 것은 지식과 권력이 '중심지들'에 집중되어 있다는 사실과 공간적으로 균등한 분포를 보여주지 않는다는 점이다.

지식과 권력의 공간적 분포가 비록 장기적으로 변할 수도 있지만, 신고전 이론이 가정한 공간의 등질성과 정보에 대한 접근과 관련한 편재성(遍在性)은 현실과 생경한 것이다. 서로 다른 환경에 놓여 있는, 그래서 또한 서로 달리 구조화되어 있는 제 조직의 논리로부터 신고전적 전제를 거부하는 것은 타당한 것으로 논증될 수 있다.

4) 주기론적 공간접근법

각 지역이 왜 1, 2차노동시장과 독특한 상호 관련성을 보여주느냐는 조직론적 논의와 함께 제품과 지역의 연령에 대한 고찰과 관련시켜 설명할 수 있다. 후자는 버논(Vernon, 1966)과 허쉬(Hirsch, 1967)에 의해 이론적으로 정형화된 제품 및 지역주기(地域週期) 개념으로 연결된다.

제품주기모델은 특유의 수요상황, 상이한 기술의 투여, 차별적 이윤과 입지요구 등이 각각 한 제품의 연령에 의존하여 발생한다는 점에서 출발하고 있다.

① 출발단계(혁신단계)에서는 입지점으로부터 정형적, 비정형적 종류의 높은 정보밀도와 기술적으로 고도로 숙련된 노동력의 공급, 그리고

다각화된 판매시장이 기대된다. 대도시는 보통 이 모든 입지 조건을 충족시켜주며, 그래서 설립된 지 오래되지 않고 소규모의 기업들에게는 높은 견인력을 시사한다('묘상기능' Saatbeetfunktion).

② 성장단계에서는 생산공정이 단순화되고 표준화되며, 따라서 또한 이전될 수 있다. 생산과 각종 용지에 대한 수요의 폭이 한층 커진다. 대도시의 외곽 내지 도시 근교에 있는 산업지구로 생산의 이전은 한편으로 비용을 절감하고, 다른 한편으로 여전히 숙련된 노동시장과 어느 정도 근접해 있다는 점에서 도움이 된다. 그리고 그밖에 저숙련자들에 대한 고용 수요가 증가한다.

③ 성숙단계에서는 값싼 노동력과 저렴한 자본이 중요하다. 성숙된 공정기법과 공간에 대한 수요가 크다는 점이 이 단계의 특징이다. 경쟁우위는 비용절감과 생산성 제고를 통해서만 실현될 수 있다. 생산입지는 한층 더 농촌적 주변지역이나 저임금 국가로 이전되며, 따라서 이는 '연장된 작업장'의 특성을 띠게 된다. 이들 분공장은 값싸고 저숙련의 노동력을 요구하는데, 이 노동력은 합리화에 따른 해고를 늘 염두해야 한다.

한편으로 지역노동시장의 구조화와 다른 한편으로 제품의 수명주기 단계 사이에 성립하는 관련성은 명백하다. 혁신단계에서는 인적자본론적 고찰에 근거하여 1차노동시장에 취업하게 되는 고숙련 노동력이 필요하다. 성장단계에서는 1차노동시장이 중요하나, 전문직업적 그리고 누구든지 취업할 수 있는 만인의 노동시장이 확장되기 시작한다. 끝으로 성숙단계에서는 한 제품을 생산하기 위해 외부노동시장에서 구할 수 있는 비숙련, 단기숙달 직무들이 우세하게 된다.

제품주기 개념은 간단하며 설득력이 높다. 특색 있는 입지이전과 결부된 제품의 혁신과 성장, 그리고 성숙에 대한 사례들은 단숨에 수없이 열거할 수 있다. 자동차, 전자 또는 현대 정보기술의 발달은 몇몇 소수의 입지점에서 이루어졌다. 성장단계에서 생산이 확산되고, 성숙단계에서 마침내 저임금 국가로 이전되었다.

<그림 16> 제품주기단계와 입지요구

	제품주기단계		
	혁신	성장	성숙
입지	도시	도시외곽	주변
노동시장과 관련한 입지요인들	인적 자본 지향적, 과학적-기술적 지식의 중요성이 큼	인적자본 및 임금지향적, 지식의 중요성은 줄고, 노동과 자본의 중요성이 높아짐	임금코스트 지향적, 자본과 노동의 중요성은 크고 과학적-기술적 지식의 중요성은 낮음
지배적 분단 노동시장체	1차적	1차적, 전문직업적, 2차적	2차적

출처: 필자

하나의 입지를 독점적으로 지배하는 단일제품 기업이라는 단순한 경우에는 공간의 주기적 평가절상과 평가절하가 한 제품의 단계형성과 연결된다. 지역에 대해서도 혁신과 성장, 그리고 성숙단계를 가정하는 것이 유추적으로 가능하다. 왜 구산업지역이 쇠퇴하느냐의 질문에 대한 해답은 주기론적 접근에 의거하여 쉽게 제시될 수 있다. 그럼에도 불구하고 도시와 지역이 제품주기와 똑같은 행태를 보여줄 것이라는 유추는 너무나 단견이다. 도시와 지역은 예외적인 경우에만 하나의 유일한 제품의 입지가 된다. 대부분의 경우에는 서로 다른 여러 제품주기들이 중첩적으로 나타나게 된다.

그래서 1980년대에 들어 티히(Tichy, 1987)와 슈타이너(Steiner, 1988)는 공정 및 이윤주기를 둘러싼 본래의 가설을 확장하고, 이에 기업 및 지역 특유의 행동방식을 포함시켰다. 지역은 새로운 제품의 입지가 될 수 있는 서로 다른 역량을 지닌 독자적인 경제단위로서 파악되고 있다. "지역간 불균등은 ……기업의 행동방식이 불균등하게 표출되는 것으로부터 결과한다. 즉, 그것은 '적응할 수 있는' 그리고 '적응한' 행동의 서로 다른 공간적 우세를 반영하는 것이다. 이러한 행동방식들은 특정한 생산요소의 구비를 요구하는 서로 다른 적응노력을 말한다. '적응할 수 있는' 지역들은 그러한 행동에 전제가 되는 시장을 개척할 수 있고, 요소의 구비를 스스로 일구어낼 수 있는 적극적인 기업들에 의해 영향을 받는다. 반면 '적응한' 지역에서는 입지비용을 고려하며 그에 상응하는 요소 구비를 중시하는 기업들이 우세하다. 그밖에 불충분한 적응성과가 존재한다. '적응하지 못한' 지역들은 정체하고 자생력을 상실하였으며, 이러한 지역을 지배하고 있는 기업들은 대단히 안정적이었다. 따라서 지역의 경제잠재력에 있어 상이성은 각기 우세한 행동방식이 의존하고 있는, 그것을 규정하는 요소 구비에 좌우된다."(Steiner, 1988: 18 이하)

지역주기가설은 오스트리아 공업지역의 재건이라는 배경에서 정식화되었다. 이는 모든 주기단계를 경과하게 될 경우에만 어떤 지역유형이 마침내 갱신될 수 있다는 점을 말해준다. 이것이 정치적인 개입으로 인하여 방해를 받을 때, 지역에 규정력을 행사하는 기업들이 새로운 경제환경에 적응하지 못하거나 새로운 기술적 혁신을 적시에 받아들이지 못하게 되며, 그래서 한 공업지역은 매우 급속도로 구공업지역으로 전락한다는 것이다. 이것도 하나의 지역유형인데, 여기서는 그 지역유형에 영향을 미치는 기업들이 주기의 모든 단계를 거치지 않았다. 제품과 공정은 비록 성숙되고 표준화되어 있어도 적응의 단계에는 이르지 못하였다. 왜냐하면 이것은 예를 들어 성숙단계에서의 임금수준이 계속적으로 다음의 이전 물결에 견인요인이 되기 위해서는 다시 하락되어야 한다는 것을 의미할 수 있기 때문이다. 성숙한 지역들은—논의가 말하듯이—그 내부의 1차노동시장을 너무 오래 유지하고, 따라서 다음 주기에서 새로운 1, 2차노동시장의 성립을 방해하고 있다는 것이다.

지역주기론의 테제는 도시적 노동시장구조를 설명하는 데에는 제한적인 가치만을 지니고 있을 뿐이다. 이 점은 도시 노동시장이 대개 서로 다른 업종에 속하는 수많은 기업에 의해 성격지워지고 있기 때문이다. 따라서 제품주기는 중복되며, 노동력 수요에 미치는 영향에서 종종 서로 상쇄적으로 작용하게 된다. 많은 업체들이 성숙단계에 이르렀다면, 다른 업체들은 겨우 혁신단계에 들어서고 있다고 할 수 있다. 그런데 지역노동시장이 단일부문으로 또는 단일기업으로 구조화되어 있으면 있을수록,

국지적 노동시장의 구조는 제품 내지 업종의 주기에 의해 그만큼 더 일반적인 영향을 받게 된다. 이 점은 주변부 노동시장에 특히 잘 들어맞는다.

4 고용체계의 공간적 전개양상

　노동시장 지리학의 중심 테제는 노동시장의 표징과 공간적 범주 사이에 성립하는 체계적인 상호 관련성으로부터 도출된다. 이 체계적인 상호 관련성은 노동시장 지리학의 전개에 있어 논의의 근거를 제시하며, 국가적인 전체 노동시장에 관한 설명을 분화시킬 필요성이 있음을 암시한다. 이것을 행하지 않고 차원 없는 하나의 점으로 축소된 노동시장에 만족하는 사람이 있다면, 그 사람은 경험적 실제의 본질적인 측면을 부정하는 사람이다.
　이에 따라 우선 언급해야 할 것은 노동시장의 지리학이 신고전학의 협소한 관점에만 만족할 수 없다는 점이다. 따라서 그 주된 관심사는 공급과 수요, 그리고 임금을 분석하는 데 있는 것이 아니라, 취업자와 실업자, 직업상의 이동, 취업활동에의 진입과 이탈의 시차, 취업참가, 기업의 채용전략, 그리고 기타 등등을 연구하는 데 있다.

1. 취업참가

　노동시장과 인구집단 사이의 '접합점'에 있어서 중심적인 지표는 취업참가이다. 취업참가는 지역노동시장의 제반 조건에 의해 크게 좌우되

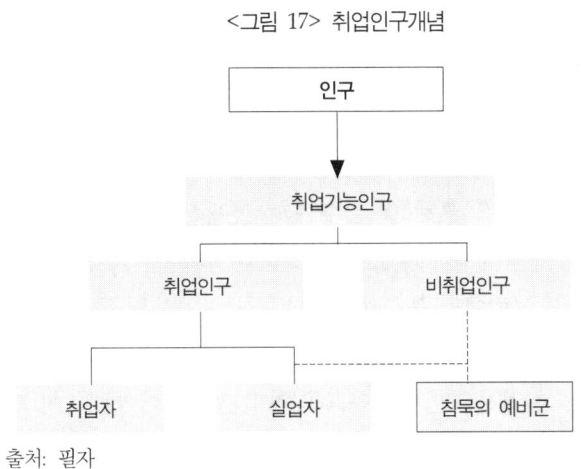

<그림 17> 취업인구개념

출처: 필자

므로, 매우 중요한 지표기능을 띠고 있다. 이들 조건은 다양한 인구집단과 연령층이 취업활동을 어느 정도 좇아갈 수 있으며 또 좇아가려고 하며, 따라서 지역노동시장 구조의 개방성이나 폐쇄성, 여성 취업활동에 대한 태도, 비공식부문의 의미, 그리고 기타 문제에 관한 설명을 가능케 해준다.

1) 취업참가의 계측

취업참가란 경험적으로 계측하기 위해서는 조작되어야 할 이론적 구성체로 볼 수 있다. 모든 관련 지표들은 취업을 준비하고 있는 인구나 취업활동인구를 총인구와 결부시키고 있다. 여러 지표의 차이점은 누가 취업준비인구에 아니면 취업가능인구에 해당하느냐의 물음에서 나온다. <그림 17>은 우선 개념적인 개관을 가능케 해준다.

총인구에 대한 첫번째의 개념적인 제한은 경제활동인구, 즉 취업가능인구의 정의로부터 나온다. 취업가능인구에는 15세에서 65세 사이의 모든 사람들이 해당된다. '취업가능' 인구의 개념은 오로지 연령이라는 인구학적 기준에 의거한 것이다. 결과적으로 그것은 실질적인 '취업가능성'에 관해 그 어떤 질적 평가도 담고 있지 않다.

취업가능인구는 취업인구와 비취업인구로 구성된다. 취업인구에는 직·간접으로 취업을 지향한 직무를 수행하고 있거나(취업자), 찾고 있는(실업자) 사람들이 모두 포함된다. 취업인구를 정의하는 데는 실제로 행하는 **노동시간**이나 직무를 통해 얻을 수 있는 소득은 그다지 중요하지 않다. 가사는 분명 노동개념에 부합할 수 있으며, 따라서 여가활동으로 분류하기는 어렵다. 그럼에도 불구하고 가정주부나 가사를 돌보고 있는 남성들은 취업인구로 산정되지 않는다.

취업인구에는 취업자뿐만 아니라 실업자도 포함되어 있다. 이 정의는 실업이 단기적인 삽화적(揷話的) 사건, 즉 에피소드일 뿐이라는 생각에 입각하고 있는데, 이는 실업을 하나의 지속적인 독자의 취업상태로 간주하지 않는 것이다.

정의상 취업인구와 비취업인구 사이에는 구분하기가 여간 쉽지 않은 '**저취업자**'와 **침묵의 예비군**이 존재한다. 자발성이 없이 일할 의향이 있거나 일할 수 있는 것보다 적게 일하는 사람들을 저취업자로 일컬어질 수 있다. 정상적인 고용관계에서 원료가 없거나 기계가 수리되지 않아 기한 없이 무급 휴가를 보내고 있는 사람들은 저취업자들인 것이다.

이와는 달리 침묵의 예비군은 실직을 신고하지 않았지만, 보다 나은 여건하에서 기꺼이 일을 재개하는 것에 관심을 두고있는 비취업인구를 포괄한다(가정주부, '무보수로 교육을 받으며 대기'하고 있는 사람들이나 고용 촉진책의 일환으로 실시되고 있는 직업상의 재교육을 받고 있는 사람들). 어떤 사람이 침묵의 예비군과/또는 '저취업자'에 해당하느냐의 문제는 주관적 평가에 크게 좌우된다. 이러한 범주들은 어쨌든 미시적인 평가나 여타 표본조사의 틀 안에서만 포착될 수 있다(Bach et al., 1994: 276).

취업률

취업참가에 대한 통상적인 지표는 **취업률**이다. 취업률(EQ)은 거주인구

(POP)에 대한 취업인구(EWP)의 비율로 정의된다.

$$EQ = \frac{EWP}{POP} \times 100$$

잠재취업인구율

취업인구에는 취업(활동)자와 실업자가 포함되지만, '침묵의 예비군'은 포함되지 않는다. 취업인구에 추정할 수밖에 없는 침묵의 예비군(SR)까지 포함시켜 계산한다면, 우리는 이른바 **잠재취업인구율**(EPQ)에 이를 수 있다. 잠재취업인구율은 거주인구 가운데 양호한 경제적 여건하에서 동원될 수 있는 노동력의 공급비율을 계산한 것이다. 잠재취업인구율은 취업률보다는 일반적이며, 또한 아래서 설명할 취업활동률보다도 포괄적이다.

$$EPQ = \frac{EWP + SR}{POP} \times 100$$

취업활동률

일반적인 취업성향이나 지역적으로 분화시킨 취업성향을 측정하기 위한 제3의 지표가 취업활동률(ETQ)이다. 이는 실질적인 취업활동자의 수를 거주인구로 나눈 값이다. 취업활동자에는 비자영 취업자, 견습생, 자영업자, 그리고 보조하는 가족구성원, 즉 무급 가족노동자 등이 해당하는데 이들은 비록 그 직무가 생계를 위한 (경제적) 의미와는 무관할지라도 결코 실업자(AL)는 아닌 것이다.

$$EPQ = \frac{EWP - AL}{POP} \times 100$$

취업참가에 있어 연령 특유의 지표들

전체 거주인구와 관련한 취업률이나 취업활동률은 인구의 취업생활에의 통합을 보여주는 극히 일반적인 척도이다. 따라서 지역적 차이를 파악하는 데도 이러한 비율은 그렇게 명료한 것이 아니다. 젖먹이들과 유자녀들, 그리고 학생들은 아직 취업을 하지 않고 있으며 노령자들은 더 이상 취업을 할 수 없기 때문에, 이들이 지역간 비교를 '교란시킨다'. 왜냐하면 취업참가와 관련한 지역차는 서로 다른 연령구조에 소급될 수 있으며, 그래서 취업활동의 정도에 관해서는 그다지 많은 것을 설명해주지 않기 때문이다.

$$EQ_{ijk} = \frac{EWP_{ijk}}{POP_{ijk}} \times 100$$

i = 1년 또는 5년 단위의 연령집단, j = 성, k = 지역

따라서 취업참가에 관한 지표는 일반적으로 연령에 따라 독특한 것으로 입증되고 있으며, 이때 가장 단순한 방식은 15세에서 65세까지 또는 15세 이상의 거주인구에 대한 취업(활동)률을 계산하는 것이다.[1] 그렇지만 특수한 문제설정과 관련해서는 연령집단을 보다 정교하게 세분하는 것이 필요하다. 1년 또는 5년 단위의 연령집단에 대한 취업률을 산정한다면, 특징적인 연령 특유의 취업과 관련한 진행패턴을 조사할 수 있다.

지역분석을 위해 연령 및 성별 특유의 취업률과 취업활동률은 대부분의 경우 인구센서스로부터 얻어질 수 있다. 이 점은 왜 독일에 관한 지역노동시장연구가 인구센서스가 규칙적으로 실시되고 자료 보호규정이 독일보다 학술 친화적인 몇몇 인접 국가들(오스트리아, 스위스, 헝가리, 프랑스 등)에 관한 그것만큼 발달하지 못하고 있는가를 설명해주는 여러 가지 이유 중 하나이다. 물론 미시센서스와 같은 표본조사들은 전국 단

---

[1] 일반적인 취업률의 도(州)간 비교에서는 관청통계가 어떤 연령집단을 대상으로 하여 취업률을 산정하였는가를 정확히 검토해야 할 것이다. 왜냐하면 계측의 기초가 무엇이냐에 따라 전혀 다른 결과가 나올 수 있기 때문이다. 예를 들어 헝가리에서 15세에서 55세까지의 여성인구(55세는 여성의 퇴직연령이다)를 기초로 하여 적용한다면, 여성취업활동률(1990)은 68.3%에 달하며, 15세 이상의 여성인구에 의거하여 산정할 경우에는 46.3%가 된다. 전체 여성인구가 산정의 기초가 될 경우에는 여성취업률이 37.4%로 나타날 뿐이다.

위의 분석을 위해 가치 있는 자료원이라고 할 수 있지만, 비율의 지역적 그리고/또는 사회적 분화를 위해서는 이 자료원의 표본오차가 많은 경우 너무 크다고 할 수 있다.

2) 연령 특유의 취업참가

연령에 따른 독특한 취업률은 조사지역에 따라 가변적인 성별 특유의 진행 패턴을 보여준다. 간단히 말하자면 다음과 같다. 남성의 연령에 따른 독특한 취업률은 의무교육을 마친 후 높아지며, 주취업연령에서 높은 수준을 유지하다가 퇴직연령에 도달함과 동시에 감소한다. 이에 따라 분포는 하나의 정점(頂點)을 가진 형태를 보여주며, 약한 비대칭형이다. 여성의 연령에 따른 특유의 취업률은 남성과 마찬가지로 의무교육을 마침과 아울러 상승하지만, 그후로는 자녀의 출생이나 결혼으로 인하여 떨어진다. 연령 특유의 취업률에 있어 제2의 정점은 취업활동으로의 재진입과 함께 나타난다. 퇴직연령에 도달함과 동시에 여성의 취업률은 남성의 그것보다 더욱더 급격히 떨어진다. 따라서 분포는 두 개의 정점을 가진 명확한 비대칭형을 보여준다.

연령 특유의 취업(활동)률을 분석함에 있어서 남성뿐만 아니라, 여성에 대해서도 세 개의 단계가 특별히 흥미로운데, 이에 관해서는 아래에서 다시 자세히 설명할 것이다. 즉, 학교체계에서 직업생활로의 이행단계, 유자녀단계(가족단계), 그리고 취업생활에서 은퇴생활로의 이행단계 등이다.

① 취업활동의 시작은 일차적으로 교육행동 내지 교육기한에 달려 있다. 특히 여성들은 또 다른 일련의 인구학적 요인들, 예를 들어 평균 결혼연령과 첫 자녀가 출생한 시기에 있어 여성의 연령, 그리고 출산율 등에 의해 영향을 받는다. 성취한 교육수준이 낮으면 낮을수록, 일반적으로 취업활동은 그만큼 더 일찍 시작된다. 물론 이러한 경향은 인구학적 행동양식에 의해 약화될 수도 있다. 여성의 결혼연령이 낮으면 낮을

<그림 18> 1990년 헝가리에 있어 연령과 성에 따른 취업활동률

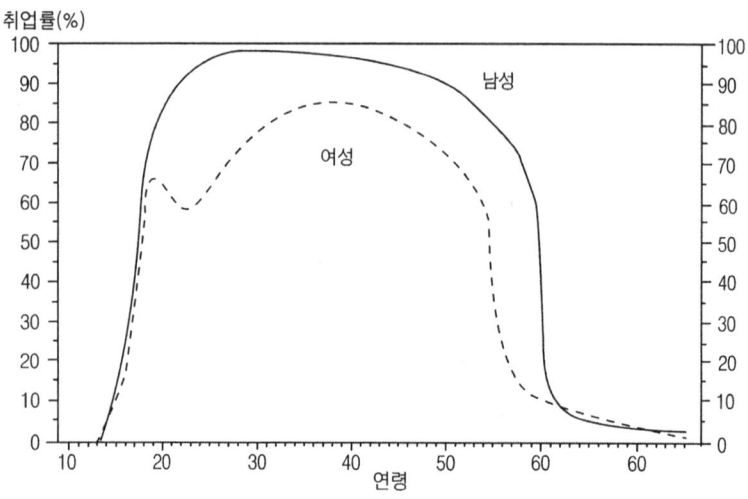

출처: 헝가리 인구센서스 특별계정 1990; 하이델베르크 헝가리 자료은행

수록, 첫자녀 출생시의 여성의 나이가 젊으면 젊을수록, 그리고 여성의 출산율이 높으면 높을수록, 여성의 취업활동률은 그만큼 낮아진다.

② 유자녀단계 내지 **가족단계** 동안 취업활동의 중단이나 종결은 오늘날 여전히 직업 여성들에게 나타나고 있는 하나의 특성이다. 자녀 교육과 가사를 돌보는 데 남성의 참여가 높아짐에 따라 그리고 이러한 변화된 분업을 지켜야 한다는 입법자의 압력이 가중됨에 따라, 남성의 취업률도 장차 젊은 연령집단에게서 적잖게 후퇴할 것이다.

유자녀(幼子女)단계와 가족단계라는 개념은 문헌상 여러 면에서 동의어로 사용되고 있다. 그렇지만 만약 이에 상응하는 통계자료를 활용할 수 있다면, 두 개념을 서로 상이한 사실에 적용할 것을 권유한다. 유자녀단계는 엄마들이 자녀가 출생한 후에 그들의 취업활동을 **자녀보육금**이나 **봉급정지대체금**(임신보조금 등)을 받는 일정 기간 동안 중단하는 시기를 일컫는다. 짧은 간격을 두고 여러 번의 출산이 이어질 경우에는 이 유자녀단계가 보다 긴 시일에 걸쳐 나타날 수도 있다.

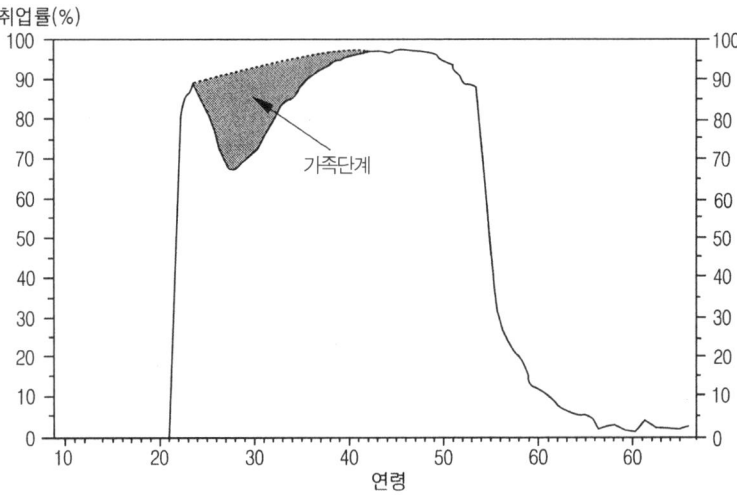

<그림 19> 1990년 헝가리에 있어 대졸여성의 가족단계

출처: 헝가리 인구센서스 특별계정 1990; 하이델베르크 헝가리 자료은행

유자녀단계의 기한을 측정하는 데에는 활용 가능한 자료에 따라 '자녀보육금(봉급정지대체금)의 수혜자'라는 지표를 활용하거나, 아니면 연령 특유의 취업활동 곡선의 경과로부터 밝혀낼 수 있다. 첫번째 방법만이 정확한 계량화를 가능케 해준다. 취업활동률에 의거해서는 유자녀단계와 가족단계를 근사치로밖에 평가할 수 없는데, 이는 유자녀 및 가족단계를 정확히 구분한다는 것이 매우 어렵기 때문이다. 헝가리 대졸자들의 연령 특유의 취업률이라는 예는 이러한 문제점을 구체적으로 보여준다.

자녀의 젖먹이 나이 혹은 자녀보육금(봉급정지대체금)의 지불을 넘어서서 장기간에 걸쳐 지속되는 기간은 가족단계로 지칭된다. 그러므로 이 경우에는 여성들이 그들의 취업활동을 짧은 기간(국가에 따라 각각 1년에서 3년까지) 동안 중단할 뿐만 아니라, 가장 어린 자녀가 취학을 하거나 더욱이 졸업할 때까지 오랜 기간 동안 중단을 한다. 그리고 가족단계는 여성의 취업활동으로부터 종국적인 결별을 의미할 수도 있다. 가족단계의 기한은 특히 여성의 직업과 교육수준에 좌우되나, (결혼)파트너의 소득, 사회적 규범과 태도에 의해서도 영향을 받는다. 가족단계는 보통 취업활동률의 경과에 따라 구획될 수 있다.

③ 연령에 따른 독특한 취업률의 세번째 '민감한' 단계는 은퇴상태로의 이행에서 발생한다. 퇴직연금(국민연금)의 지불에 관한 법적 규정과 퇴직연금의 수준에 따라 취업활동은 법적으로 예고된 **퇴직연령**으로의 이행에서 갑작스럽게 종결되거나 서서히 떨어진다. 독일과 오스트리아에서는 비자영 취업자들의 취업활동이 퇴직연령이 지난 후에는 퇴직연금의 삭감으로 연결되기 때문에 퇴직연령과 함께 취업활동도 갑작스럽게 종결되는 반면, (구)사회주의적 국가들에서는 많은 연금수혜자들이 '은퇴상태에서'도 계속 직업활동을 행하곤 했다. 그래서 은퇴상태에서의 취업활동은 법적 조치로 규제를 받지 않았는데, 이는 사회주의 국가들의 경우 정부가 지불하는 퇴직연금의 수준이 대부분의 경우 생계를 꾸려나가기에도 충분치 않다는 점을 분명히 인식하고 있었기 때문이었다. 따라서 사회주의 국가들에서 비자영 취업자들의 취업곡선은 평탄하며, 취업활동에서 은퇴로의 이행은 서유럽적 특성을 가진 사회복지 국가들에서보다 덜 명료하며 계층과 관련해서도 통일적이지 않았다.

이와 아울러 취업활동과의 결별은 또 다른 두 가지의 구조적인 표징에 의해 규정되고 있다. 한편으로 이는 높은 비율의 자영업자들이 취업활동에서 평균적으로 보다 오래 잔류한다는 사실에 따른 것이다. 다른 한편으로 높은 학교교육을 받고 선도기능에 담당하는 사람들이 역시 뒤늦게 은퇴한다는 점이 관찰되고 있다. 따라서 퇴직연한(退職年限; 예컨대 65세에서 70세의 남성들에게서)을 지난 취업활동은 농촌부문에서 보다 도시노동시장에서 높은 편이다.

연령에 따른 독특한 취업활동률의 세 가지 단계는 그에 상응하는 정교한 연령집단의 세분화가 이루어질 때 비로소 가시적으로 드러난다. 이 점에 바탕이 되는 연령집단의 규모가 취업활동의 연령 특유의 곡선에

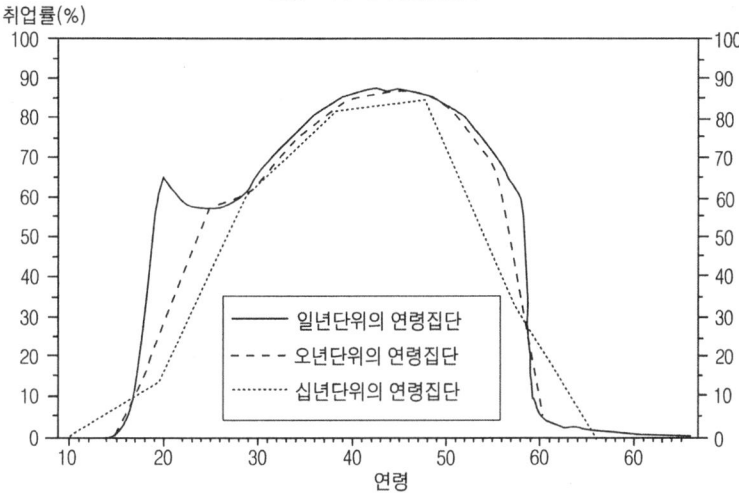

<그림 20> 1990년 헝가리에 있어 1년, 5년, 그리고 10년 단위의 연령집단에 따른 연령 특유의 취업활동률

출처: 헝가리 인구센서스 특별계정 1990; 하이델베르크 헝가리 자료은행

어떻게 영향을 미치느냐는 <그림 20>에서 잘 표현되고 있다. 1세 단위 집단에 따른 취업활동률의 차별화에서는 뚜렷이 표현되는 유자녀단계가 입증되고 있는 반면, 5세 단위집단의 적용에서는 취업활동의 중단 정도가 은폐되고 있다. 10세 단위집단의 적용에서는 취업활동의 중단이 더 이상 전혀 파악될 수 없다.[2]

연령에 따라 독특한 증감을 보여주는 취업률의 특징적인 순차는 뮈르달과 클라인(Myrdal/Klein, 1960)의 잘 알려진 '삼단계모델'의 토대였다. 즉, 첫자녀의 출생까지 여성들의 높은 취업활동, 자녀들이 성장하는 동안 현저히 감소하는 취업률, 그리고 뒤이은 취업노동의 재개가 그것이다.

'삼단계모델'은 1950, 60년대의 경험적 실제를 묘사할 수 있었으나,

---

[2] 이 점은 매우 중요한데, 공산주의 국가들이 여성의 연령 특유의 취업 곡선에서 유자녀 단계나 가족 단계가 존재하지 않는다고 오랫동안 주장해왔기 때문이다. 개별 연령층에 대해 취업활동률을 처음으로 산정할 수 있게 되자, 이러한 논지는 곧바로 반박을 받게 되었다(Meusburger, 1995b).

<그림 21> 1992년 독일 연방공화국 동·서독에 있어 연령 특유의 여성취업률

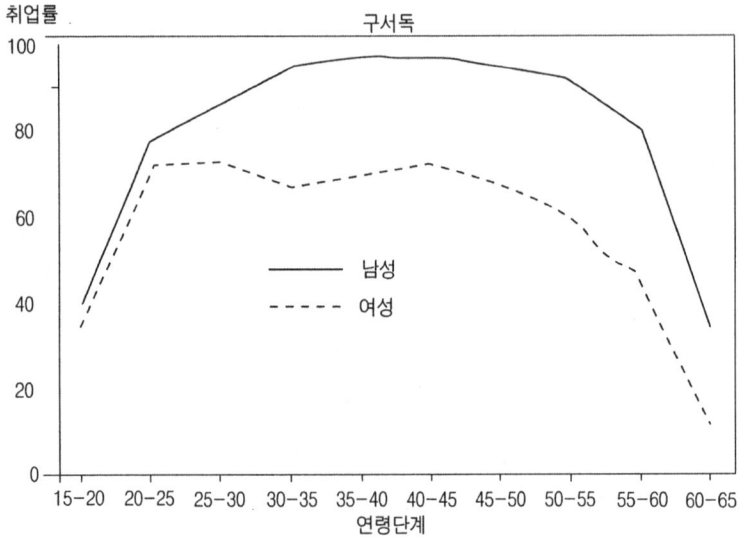

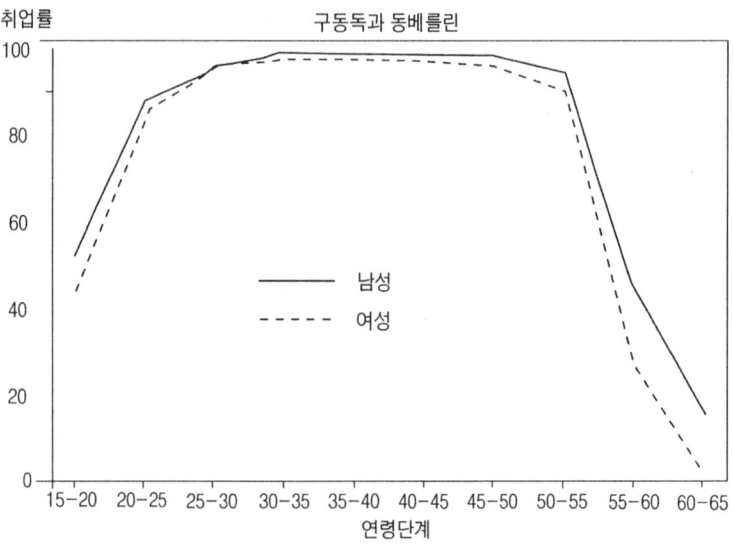

출처: Schwarz, 1994: 546

그후에는 설명력을 분명 상실하였다. 적어도 유럽 사회복지국가들의 대도시 지역에서는 삼단계모델이 더 이상 현실과 맞지 않는다. 가족단계에 앞선(따라서 19세에서 23세에 걸친 여성들의) 최고의 취업활동이 지난 수십 년 동안 여성들의 높아진 교육참여로 인하여 분명 약화되었다. 이른바 가족단계 동안 취업활동의 중단이 감소하거나 시간적으로 단축되면서, 중간단계에서의 취업활동이 증가하였다. 더군다나 후기 가족단계에서 취업활동률이 몇몇 국가들에서는 약간 감소하였다.

동유럽과 중동부 유럽의 구사회주의 국가들에서도 '삼단계모델'은 꼭 들어맞지 않았다. 이곳에서도 공식적인 선전과 달리 역시 (미미하게 표현되는) 유자녀 및 가족 단계가 존재하였으나, 최고의 취업률이 서유럽에서와 같이 첫자녀의 출생 이전에 도달한 것이 아니라 가족 단계의 종료 후, 말하자면 38세에서 45세 사이의 연령에서 나타났다.

사회주의국가들과 서구국가들간의 체제에 따른 취업참가의 차이는 동-서독에서 연령 특유의 취업률을 바탕으로 하여 추론해볼 수 있다.[3] 이 경우 파악되는 것은 구서독지역에서 여성과 비교하여 남성의 취업률 수준이 확실히 높게 나타난다는 점이다. 연령에 따른 독특한 취업률은 적어도 암묵적으로 두 개의 정점을 가진 경과를 보여주고 있다. 이와는 달리 새로 편입된 연방주들, 즉 동독지역에서 보이는 연령 특유의 취업률(1992)이 남녀 사이에서는 무시해도 좋을 정도이다. 사회주의체제에서는 남녀가 엇비슷하게 고용체계에 통합되어 있었다. 가정주부로서 여성의 '특수한 역할'이 규정될 수 없었다. 이러한 패턴이 구동독지역에서 변하고 있으며, 연령 특유의 취업률에 있어 수렴현상이 나타나고 있다는 점은, 비록 이 접근이 기대한 것보다 훨씬 천천히 진행되고 있기는 하지만, 정당하게 가정할 수 있다.

---

3) 본 비교를 위해서는 5년 단위의 연령집단만을 활용할 수 있으므로, 유자녀 및 가족단계와 관련하여 체제에 따른 차이는 명확하게 드러나지 않는다.

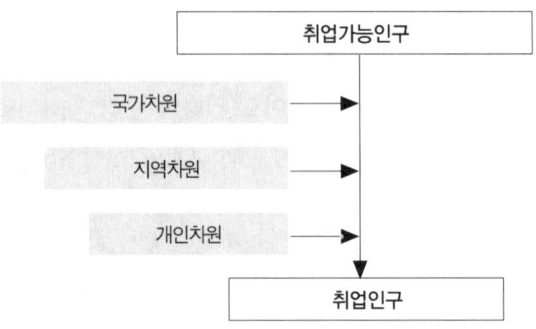

<그림 22> 취업참가의 규정요인

출처: 필자

3) 취업참가에 있어 개인과 연관된 요인들

이미 연령 집단 특유의 취업(활동)률의 경과에 관한 논의에서 일련의 요인들이 취업행동을 규정한다는 점을 분명히 지적하였다. 이들 요인은 서로 다른 '척도수준'(尺度水準)에서 논의될 수 있다. 규정 요인들은 국가적, 지역적, 그리고 개인적 차원과 관련하여 확인될 수 있다.

이하에서는 취업활동에 영향을 미칠 수 있는 개인과 관련된 요인들을 요약하여 소개하고자 한다.[4]

① 연령
② 성
③ 가족상황
④ 교육수준
⑤ 자녀수
⑥ 민족적 귀속성과 같은 요인들이 이에 해당된다.

이러한 표징들은 해당 개개인들의 취업성향과 행위공간뿐만 아니라,

---

[4] 이러한 규정요인들의 선정은 무엇보다도 (선진)산업국가에 유효하며, 개발도상국에서는 문화권에 따라 반드시 보완되어야 할 것이다.

이들을 채용하는 고용자들의 준비성에도 영향을 미칠 수 있다.

연령

연령만큼 취업활동에 큰 영향을 미치는 표징도 없다. 연령은 취업활동의 입직과 퇴직을 규정한다. 취업활동의 중단이나 연기(군복무, 사회봉사, 학업, 여성의 유자녀단계 등)는 특정 연령과 밀접히 결부되어 있다. 취업활동을 분석하는 데 본질적인 개념들은 연령 특유의 차이에 기초하고 있다(제4장 1절 2항 참조).

성

성은 적어도 연령만큼이나 지속적으로 취업참가에 영향을 미친다. 여성은 일반적으로 남성보다 저조한 취업참가를 보여준다. 비록 여성들은 낮은 진학률로 인하여 평균적으로 남성들보다 취업생활에 일찍 발을 들어놓기는 하지만, 결혼 후나 자녀가 출생한 후에 취업활동과 결별하거나 몇 해 동안 취업활동을 중단한다. 또한 무엇보다도 많은 국가에서 여성들이 남성들보다 조기에 은퇴한다. 성과 관련해서는 다음과 같은 점도 유효하다. 즉, 취업활동의 분석에 본질적인 제반 개념은 성별 특유의 분화에 기초하고 있다는 것이다. 성은 모든 노동시장 현상에 걸쳐 일관되게 작용하는 하나의 분화원리이다.

가족상황

가족상황의 영향은 차별적으로 파악되어야 할 것이다. 이것은 몇몇 국가들에서(문화, 정치체제) 남성과 특히 여성의 취업활동에 큰 영향력을 행사한다. 일본에서 그리고 인도의 독특한 카스트 제도하에서는 오늘날까지 여성이 결혼한 뒤에 직업을 그만둘 것을 여성들에게 기대해왔다. 실존한 사회주의체제에서는 결혼한 여성들이 자녀를 출산한 뒤에도 취업을 계속하고 가족단계를 빼먹지 않도록 규범적으로 정하고 있었다.

비록 이러한 문화적 규범들이 최근 들어 더 이상 그렇게 강력히 행동

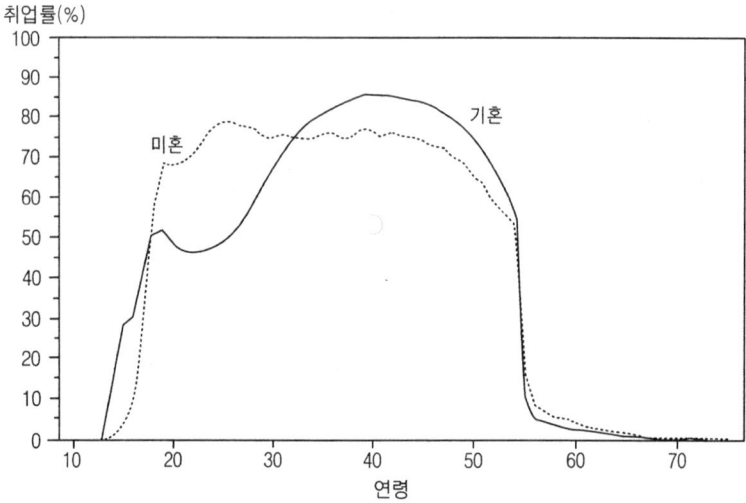

<그림 23> 1990년 헝가리에 있어 가족상황에 따른 여성의 취업활동률

출처: 1990년 헝가리 인구센서스 특별계정; 하이델베르크 헝가리 자료은행

을 유도하지 못하고 있지만, 몇몇 국가들에서 여성의 취업활동률이 평균 결혼연령의 저하로 인하여 확실히 떨어졌다. 이를 경제적으로 성취할 수 있었던 적어도 (시민적) 사회계층에서는 여성들이 이미 수십 년 전에 결혼 후나 첫자녀가 출생한 후에 제한된 시간 동안 취업생활과 결별하거나 아니면 영구히 결별하였다. 지난 수십 년 동안 여성취업률의 상승은

<표 1> 미국의 자녀수에 따른 미혼여성과 기혼여성의 취업률 추이

연도	단신여성	전체 기혼여성	무자녀 기혼여성	6~17세 연령의 자녀가 있는 기혼여성	6세 미만 연령의 자녀가 있는 기혼여성
1900	-	5.6	-	-	-
1920	-	9.0	-	-	-
1950	50.5	23.8	30.3	28.3	11.9
1960	44.1	30.5	34.7	39.0	18.6
1970	53.6	40.8	42.2	49.2	30.3
1980	61.2	50.2	46.1	61.8	45.0

출처: Michael, 1985: 124/128

대부분 국가에서 점점 많은 기혼여성들이 취업활동으로 회귀하거나 취업활동의 중단을 포기하였다는 사실에 연유한다.

미국에서 기혼여성들의 취업활동률이 1900년부터 1980년 사이에 5.6%에서 50.2%로 크게 높아졌다. 1950년부터 1980년 사이에 취업활동에 있어 가장 큰 상승을 보여주는 것은 자녀를 가진 여성들이다. 자녀가 없는 기혼여성들의 경우에는 그 증가율이 낮으며, 미혼(독신) 여성들의 경우에는 취업률이 몇몇 연령 집단에게서 도리어 감소하여(Michael, 1985), 전체적으로 1950년에서 1980년 사이에 기혼여성과 미혼여성 간의 취업활동률 차이가 미국에서는 26.7%에서 11.0%로 떨어졌다.

<표 2> 1882~1992년 독일(구서독)에 있어 여성의 취업률

연도	100명의 여성 중 다음 연령층에 있는 여성들의 고용인구 비율(%)					
	15~19세	20~29세	30~39세	40~49세	50~59세	60~64세
전체 여성						
1882	66.7	46.6	21.8	24.1	27.7	-
1885	66.2	46.0	23.9	25.3	28.5	-
1907	73.4	51.7	34.8	37.2	37.8	-
1925	74.8	58.3	39.5	38.1	37.3	31.8
1939	83.6	56.2	41.9	41.1	36.6	29.5
1950	-	59.4	38.1	36.2	32.3	20.8
1961	-	62.4	45.5	43.7	35.6	20.9
1970	53.6	60.2	45.8	48.7	40.5	22.5
1980	41.4	66.9	55.8	55.7	42.8	13.0
1987	39.6	71.3	62.3	60.7	46.1	11.4
1992	34.3	72.5	68.9	70.8	53.9	11.9
기혼여성						
1882	18.1	9.3	9.1	9.8	9.5	-
1885	17.1	11.9	11.8	12.7	12.7	-
1907	27.6	22.1	25.7	28.9	29.8	-
1925	28.2	26.9	27.9	30.7	31.5	28.5
1939	32.2	29.6	31.9	33.9	33.1	30.4
1950	30.0	27.3	26.0	26.8	25.1	19.0
1961	55.0	43.1	37.1	36.6	29.3	18.4
1970	58.1	47.8	40.4	42.0	34.1	18.8
1980	55.3	57.8	51.0	49.3	36.7	11.2
1987	44.0	58.8	55.7	55.8	41.5	9.8
1992	43.1	62.0	62.9	66.7	49.9	10.6

출처: Schwarz, 1994; Willms, 1980

이와 비슷한 경향이 독일에서도 알려지고 있다. 이곳에서도 기혼여성들의 취업참가가 크게 높아진 반면, 독신모(獨身母)의 그것은 오히려 감소하였으며 자녀가 없는 독신녀의 취업참가률은 거의 일정 수준으로 유지되고 있다. 기혼여성들의 취업률이 크게 향상된 것은 적어도 네 가지 차원에서 그 원인을 찾아볼 수 있다. 첫번째는 가정의 역할과 성별 간 계약(Pfau-Effinger, 1995)에 있어서 지난 수십 년 동안 일정한 변화가 발생하였다는 점이다. 두번째는 6세 이하 또는 15세 이하의 자녀들을 돌봐야 하는 기혼여성들의 비중이 1972년에서 1991년 사이만 해도 약 3분의 1 정도 줄어들었다는 점이다. 세번째 시간제노동, 즉 파트타임의 범위가 현저히 확대되고 특히 여성들의 교육수준이 크게 높아지면서, 오늘날 여성들에게도 매력적인 직업들이 더욱더 개방되고 있다는 점이다 (Schwarz, 1994: 565).

지배적인 견해는 이미 경제적인 이유에서 미혼여성이나 미망인 또는 이혼여성들이 기혼여성들보다도 취업활동에 한층 더 열심히 참가하지 않으면 안된다는 것을 말해준다.[5] 하지만 이러한 규칙성에도 예외는 존재한다. 1980년의 경우 미국에서는 6~17세의 연령에 있는 자녀들을 돌보아야만 했던 기혼여성들이 독신 여성들보다 훨씬 높은 취업활동률을 보여주었다. 헝가리에서도 1980년의 경우 둘 이하의 자녀를 가진 여성들이 미혼여성들보다 높은 취업활동률을 보여주었다.

많은 국가에서 여성 취업활동의 변이가 가족상황에 따라 줄지 않고 있는데, 이는 결혼하지 않은 동거쌍의 비중이 현저히 증가하였고, 오늘날의 가족상황이 몇 십 년 전보다 생활상태에 관해 그렇게 많은 것을 설명해주지 않기 때문이다. 이러한 양상은 가족상황 자체가 여성의 취업활동에 그다지 크게 작용하는 것이 아니라, 이와는 독립적인 제3의 변수들

---

5) 슈타이거(Steiger, 1976: 238)에 따르면, 1970년대 독일 여성의 3분의 2가 오로지 경제적 이유에서 취업하였다고 한다. 노동을 통한 즐거움은 대학을 졸업한 여성들에게서만 응답의 약 4분의 1 정도로 큰 역할을 하고 있다는 것이다(또한 Schwarz, 1994: 564 참조).

(사회적 규범, 가정의 역할, 성별간 계약, 제반 정치적 그리고 경제적 여건, 그리고 국지적으로 존재하는 일자리의 공급)이 보다 큰 영향력을 행사하기 때문이다.

교육수준

교육수준은 세 가지 측면에서 취업활동에 작용한다. 첫번째는 일반적인 의무교육 연한과 상급학교나 전문대학, 일반대학으로의 진학률이 여성이나 남성이 학교체계에서 고용생활로 전환하는 시점을 크게 규정한다는 점이다. 따라서 대부분의 국가에서 15세에서 19세 사이에 있는 연령층의 취업활동률이 최근 들어 떨어지고 있다. 일반적으로 15세에서 19세까지의 연령층과 함께 상급학교나 대학에 재학하며 취업을 하지 않는 20세에서 24세에 이르는 연령층의 비중이 상승하는 경향이 나타난다.

두번째로 교육수준도 직업선정, 직업적 커리어, 직업동기, 소득, 그리고 많은 다른 의사결정과 행동방식에 작용할 수 있으며, 따라서 취업활

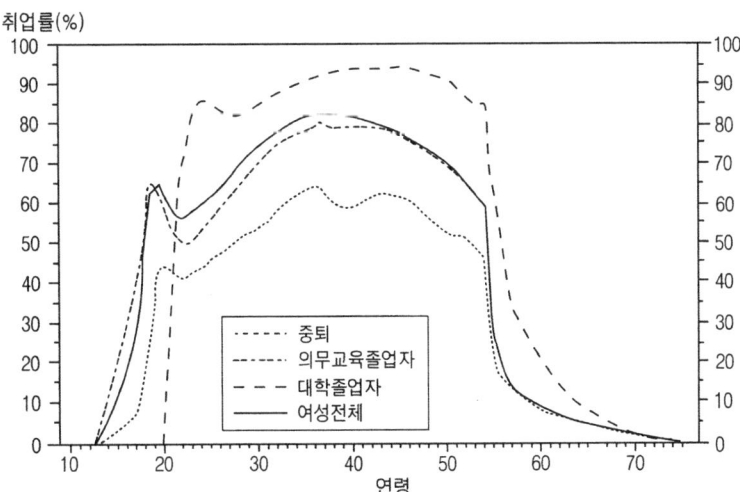

<그림 24> 1980년 헝가리에 있어 교육수준별 여성의 취업활동률

출처: 1980년 헝가리 인구센서스 특별계정; 하이델베르크 헝가리 자료은행

동에도 큰 영향을 미친다. 고등교육을 받은 여성들과 남성들은 보통 저숙련자들보다 매력적이고 안정된 일자리를 얻는다. 이러한 이유에서 남성과 특히 여성의 교육수준이 높아짐에 따라 취업활동률도 상승하고 있음을 알 수 있다.

세번째로 교육수준이 높은 사람들은 여러 가지 이유에서(직업활동에 대한 만족도, 서로 다른 은퇴규칙에 따른 필연성 등) 교육수준이 낮은 사람들보다 취업활동을 훨씬 뒤늦게 종결한다.

전체적으로 고졸 및 대졸 여성 비율이 현저히 상승하고 있는 것으로 표현되는 여성들의 변화된 교육행동은 서비스부문의 팽창과 더불어 논란의 여지가 없이 여성취업활동의 상승에 가장 중요한 원인이 되고 있음을 확인할 수 있다.

자녀수

(의무교육을 받고 있는) 자녀들의 수와 그 연령은 남성의 시간수지, 특히 여성의 시간수지를 본질적으로 제약한다. 여성들은 자녀수가 많아짐에 따라 행위의 도달범위가 좁아진다. 따라서 여성들은 국지적인 (시간제)일자리와 어린이 보육시설의 공급에 크게 의존하게 된다. 일반적으로 여성들의 취업활동은 스스로 앞가름할 수 없는 자녀들의 수에 비례하여 줄어들며, 또한 가족단계를 뒤로하고 나서야 다시금 크게 늘어나고 있음을 확인할 수 있다.

1990년 헝가리에서는 두 자녀를 가진 38세에서 42세 사이의 여성들이 한 자녀나 자녀가 없는 여성들보다 높은 취업률을 보여주었다 (Meusburger, 1995b: 142). 이러한 역전 추세의 원인은 확실히 **의무교육을** 받고 있는 두 자녀가 한 가정에 같은 연령의 한 자녀보다 경제적으로 훨씬 더 큰 부담이 되며, 따라서 사회주의국가에서는 대부분의 여성들이 극히 낮은 임금에 비춰볼 때 취업하는 것 이외에 다른 어떤 선택권을 갖지 못하였다는 데 그 이유가 있다고 할 수 있다. 가족상황에서와 비슷하게, '(의무교육을 받고 있는) 자녀수'라는 변수가 여성의 취업활동에 미치

<그림 25> 1980년 헝가리에 있어 자녀수에 따른 여성의 취업활동률

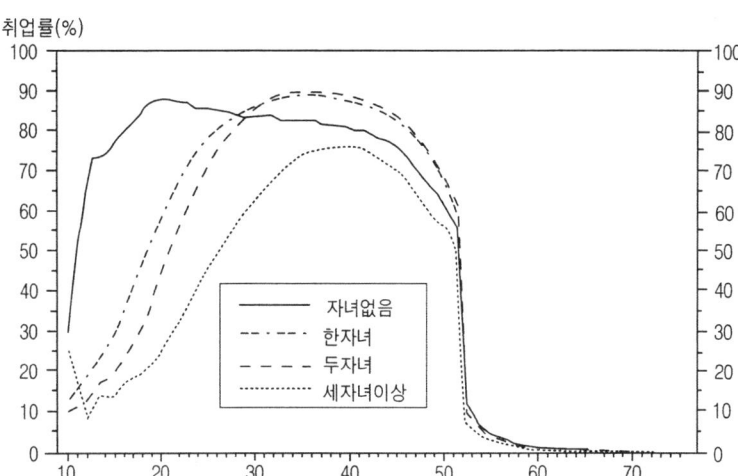

출처: 1990년 헝가리 인구센서스 특별계정; 하이델베르크 헝가리 자료은행

는 영향에서도 정치적, 사회적, 그리고 경제적 여건이 주목된다. 이렇듯 (구)공산주의국가들에서는 두 명의 취업자가 있는 가족모델이 노동력 수요를 충족시키기 위해 여러 다양한 조치들—극히 낮은 임금, 기업체를 통한 사회보장서비스의 부여, 이데올로기적 억압 등—을 통해 '강요'되었던 것이다.

민족적 귀속성

일정 **민족집단**에의 귀속성은, 한 사람이 자신의 민족적 출신 성분으로 인하여 노동시장에서 선호되거나 불이익을 당하는 한, 취업활동에 작용할 수 있다.

분단론적 접근법은 열악한 임금을 받는 2차분단체가 교육을 제대로 받지 못한 소수민족과 사회적 한계집단을 위한 저수지가 되고 있음을 분명히 지적하였다. 한계적인 주변집단의 구성원들이 학교를 끝마치지 못하였거나 교육수준이 매우 낮을 경우에 특별히 문제가 발생한다. 즉,

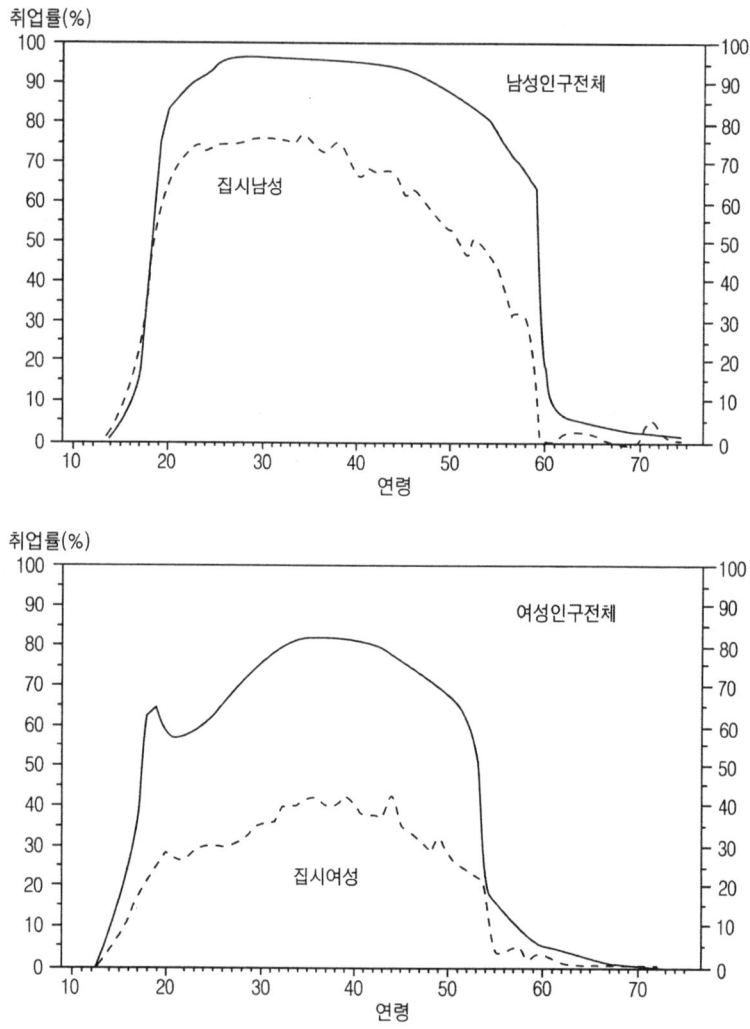

<그림 26> 1990년 헝가리에 거주하는 집시의 취업활동률

출처: 1990년 헝가리 인구센서스 특별계정; 하이델베르크 헝가리 자료은행

이러한 경우에는 노동시장에서의 편견과 차별화가 밖으로 부각되는 기능적인 이유들(예컨대 부족한 학교교육)에 의해 은폐될 수도 있다. 이와

같은 한계집단들은 대부분의 경우 매우 저조한 취업활동률을 보여주고 있으며, 비공식부문에 종사하는 비중이 높다. 이러한 문제점에 대한 하나의 예로서 헝가리에 있는 집시6)의 저조한 취업률을 들 수 있다.

4) 지역적 영향요인

모든 개별적인 영향 요인들은 특유의 지역적 맥락과 결부되어 있다. 이때 지역적 맥락은 두 가지 방식으로 작용한다. 그것은 한편으로 시스템적 방식처럼 개별적인 영향인자들의 상호작용에 효력을 미친다. 남성과 여성의 교육참여는 도시와 농촌 사이에, 중심부와 주변부 사이에서 가변적이며, 따라서 서로 상이한 수준의 취업참가를 조절한다. 다른 한편으로 지역적 맥락은 취업행태에 직접적으로 영향을 미치는 제반 조건을 부여한다. 지역노동시장에서의 매력적인 일자리의 존재나 결여, 지역적 임금수준, 지역적 업종구조, 공공근린교통(公共近隣交通)의 수급과 관련된 질적 문제나 탁아소와 유치원의 구비여부가 비취업활동에서 취업노동으로 전환하고자 하는 일부 주민들의 비중과 또한 그들의 취업에 대한 희망을 실질적으로 실현시킬 수 있는 가능성을 제어한다.

<그림 27>은 모든 공식적인 설명과는 모순되게 사회주의국가에서도 기업체를 통한 다양한 사회적 공공서비스의 배분과 매우 낮은 임금, 그리고 '근로의 의무'에도 불구하고 여성 취업활동의 지역차가 크게 나타나고 있음을 보여주고 있다. 15세에서 55세에 이르는 여성들의 취업활동률이 부다페스트 대도시권의 몇몇 노동관구(勞動管區)에서는 1980년의 경우 78% 이상인 반면, 헝가리 동부의 몇몇 주변부 노동관구에서는 45%에 불과하였다. 이에 상응하는 오스트리아와 독일 또는 스위스의 지역적 취업률을 지도로 도식화하여 설명할 경우에도 이와 유사한 분포상

---

6) 여기서 집시라는 개념을 사용하는데, 왜냐하면 이 경우 스스로 그렇게 평가하느냐의 독자판단 내지 자칭이 중요하며, 또 로마(Roma)라는 개념이 1990년 헝가리 인구센서스의 시점까지만 해도 널리 퍼져 있지 않았기 때문이다.

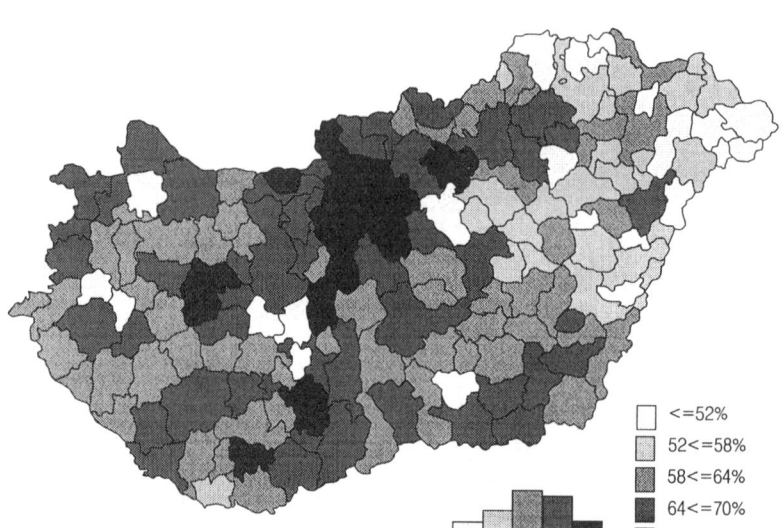

<그림 27> 1980년 헝가리에 있어 노동관구별 여성취업활동의 지역차

출처: 1980년 헝가리 인구센서스 특별계정; 하이델베르크 헝가리 자료은행

을 보일 것이다. 즉, 중심권에서의 높은 취업률과 농촌 및 주변부에서의 저조한 취업률이 그것이다.

취업참가는 일반적으로 취락규모에 따라 달라지는 것으로 알려지고 있다. 특히 여성들은 농촌공간에서 매우 일찍이 그리고 대량적으로 비농업적 취업활동으로부터 배제되고 있다. 학업으로나 직업으로나 공히 낮은 자질과 일자리의 결여로 말미암아 남성들보다는 여성들이 고용체계의 하위수준에 있는 직업들을 첫 일자리로 잡게 된다. 이에 부가되는 또 하나의 양상은 종종 젊은 여성들이 결혼 후나 자녀가 출생한 후에 견디기 어려운 노동력간의 경쟁압력과, 원하는 취업노동을 자녀의 양육과 조화시킬 수 있는 가능성의 결여라는 상황이다. 당사자들은 바로 그 다음의 '전기적(傳記的) 모멘트'에서 노동시장을 떠나게 된다. 확실히 이는 유자녀단계에 의거하여 추론할 수 있다. 자녀의 첫 몇 년의 생애 동안 취업활동을 할 수 없는 여성의 비율이 대도시에서보다는 작은 취락에서

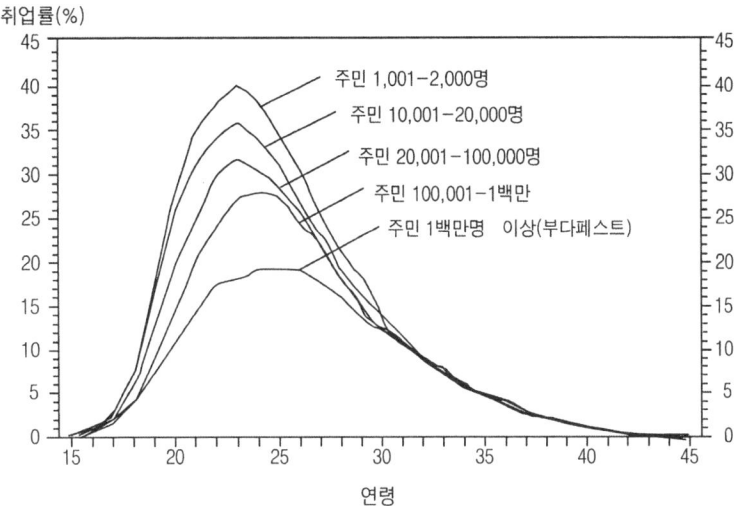

<그림 28> 1990년 헝가리에 있어 거주취락규모별 여성의 유자녀단계

출처: 1990년 헝가리 인구센서스 특별계정; 하이델베르크 헝가리 자료은행

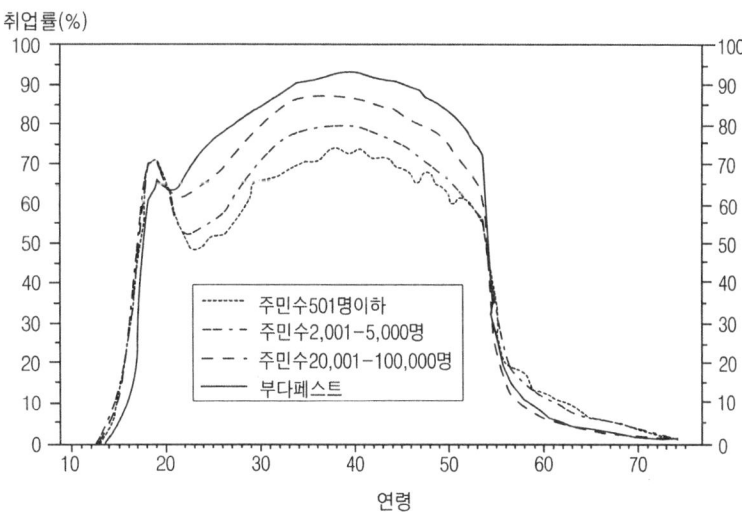

<그림 29> 1980년 거주취락규모별 여성의 취업활동률

출처: 1980년 헝가리 인구센서스 특별계정; 하이델베르크 헝가리 자료은행

훨씬 높다. 자녀의 출생은 자발적이거나 노동시장구조에 의한 강요로 취업활동을 떠나는 '환영받는' 계기가 되고 있다.

취업참가의 중심-주변간의 격차는 국가에 따라, 경제 및 사회체제에 따라 매우 상이한 형태를 취할 수 있다. 그 관련성도 단선적인 형태로 성립하지 않는다. 오히려 취업률은 각기 일정한 **취락규모별 계층등급**에서 확실히 증가하거나 감소한다. 그럼에도 불구하고 **취락규모**가 작아짐에 따라 가족 밖의, 비농업적인 취업활동도 감소하고 있음을 입증할 수 있다. 헝가리의 **여성취업활동률**은 하여튼 이 패턴과 잘 맞아떨어지고 있다.

5) 국가의 공급규제

영향요인에 있어서 세번째 차원은 국가의 제반 조치를 포괄하는 것이다. 이들 조치는 지역적 차원에 작용할 뿐만 아니라, 개인과 관련된 영향요인들을 직접 조절하기도 한다. 국가의 제반 조치는 대부분의 경우 통일적으로 작용하지만, 종종 분화적인 작용성을 보여주기도 한다. 그것들은 공급의 규제로부터 성립한다. 학업 및 대학교육 기간과 병역 및 사회봉사 기간의 연장이나 단축, 퇴직연령을 높이거나 낮추는 것, 가족에서 **단독소득자**에 대한 상이한 법적·경제적 평가, 실업자에 대한 지원과 사회부조의 수준과 연한의 설정, **단독양육자**에 대한 조세적·가족정책적 우대, 그리고 **자녀보육금**(봉급정지대체금, 임신보조금) 등의 수준과 연한에 대한 법적 규정에 의해 취업참가는 결정적으로 영향을 받는다. 개별조세와 **가족조세** 중 어떤 제도를 도입할 것이냐의 문제는 비록 일반적으로 의도하지 않은 것이지만, 취업행동에 상당히 큰 영향을 미친다. 주택건설 융자금의 위임방식이나 자녀보육금이 어떻게 지불되어야 하는가의 규정은 여성들의 취업활동 곡선에 있어 유자녀단계가 드러나게 하는데 상당한 영향력을 행사할 수 있다(Meusburger, 1995b 참조).

국가적 규제가 또한 기업주의 채용행태에 얼마나 강력하게 작용하느냐 하는 문제는 독일 노동시장 및 직업연구소(IAB)의 한 연구가 입증하고 있다. 취업자가 20명 이상인 약 11,000개에 달하는 기업체를 표본으로 한 설문조사의 결과는, 기업체들이 종업원들을 왜 남성들만을 목표로 하여 선발하였느냐는 질문에 대해 **법적 규정**(야간노동금지, 산모보호, 출산양육휴가 등)을 '여성의 육체적으로 낮은 부담역량'이라는 동기에 뒤이은 두번째로 빈번히 언급되는 이유임을 보여주고 있다.[7] 그에 반해 남성 위주 직장의 사회적 분위기, 초과근무에 대한 여성들의 저조한 준비성, 기대되는 짧은 기업 소속성 또는 직업상의 재교육에의 낮은 참가의향 등과 같은, 문헌에서 자주 언급되고 있는 여성들의 채용을 기피하게 하는 동기들은 부차적인 원인으로 지적되었다(Engelbrech/Kraft, 1992: 20).

이러한 맥락에서 시간제노동과 관련하여 법적인 제반 규정도 여성들의 취업참가에 중요한 요인으로 지적되고 있다. 파우-에핑어와 가이슬러(Pfau-Effinger/Geissler, 1992)의 견해에 따르면, 시간제노동의 뚜렷한 상승은 수많은 기혼여성들의 변하고 있는 취업희망에 부응하는 것이라고 한다. 다만 시간제 취업자들 가운데 아주 작은 부분만이 이 취업형태를 선택하였는데, 왜냐하면 그들은 전일제취업을 찾지 못했기 때문이다. 훨씬 많은 전업 여성들은 기꺼이 시간제취업을 선택할 것이라고 하는데, 만약 이러한 기회가 기업체에 의해 제공될 경우에 그러하다고 한다. 이 두 여성학자는 시간제노동을 다수의 여성들에 의해 자발적으로 수용된 새로운 경향들 가운데 하나이며, 여성들이 유자녀단계 동안에 가정과 직업을 가장 적절하게 조화시킬 수 있는 '**부양자부부의 현대적 표현양식**'으로 보고 있다. 국가적 규제가 시간제노동을 강제한다면, 여성의 취업률은 앞으로도 상당히 더 높아질 것이다.

6) 사회적 규범과 가치관

인구집단의 취업희망 및 취업행동과 관련하여 정책적으로 영향력을

---

[7] 이 표본조사에서 여성에 대한 일반적인 취업금지를 행한 기업(광업, 건설업)은 없었다.

행사하기가 가장 어려운 부분이 사회적 규범과 가치관이다. 사회적 규범과 가치관은 국가적, 지역적 차원에 배열될 수 없을 뿐만 아니라, 개인적 차원에도 배열될 수 있는 것도 아니다. 이것은 문화적 '상부구조'를 형성하며 매우 다양한 방식으로 취업행동에 영향을 미친다.

문화적 상부구조의 중요한 한 부분이 종교이다. 이슬람의 근본주의적(根本主義的) 조류와 같은 종교가 존재하는데, 이것은 여성들에게 공공분야의 그 어떤 직장도 허용하지 않기 때문에, 이런 국가들에서는 여성들이 매우 저조한 취업활동률을 보여준다. 그리고 다른 한편으로 어린 자녀가 있는 여성들의 직업활동에 대한 사회의 태도나 한 촌락에서 사회적 통제와 같은 사회적 규범이 여성의 취업활동에 상당히 크게 작용할 수 있다. 이러한 가치관의 공간적 격차와 새로운 규범의 확산이 여성 취업활동의 중요한 지역적 차별성을 초래할 수 있다.

문화적 상부구조는 역사적으로 발전해왔고, 과거에도 여러 차례에 걸쳐 변화하였다. 파우-에핑어(1995)는 유럽에서 여성 취업활동의 지역차를 역사적으로 설명할 수 있는, 서로 다른 가족 및 **성별 모델**과 상이한 문화적 이념상과 제반 전통에 소급할 수 있다는 관점을 내세우고 있다. 유럽에서는 여성 취업참가에 있어서 발달과정을 성별간 계약과 관련된 근대화과정의 구성요소로 분석할 때, 가장 잘 이해할 수 있을 것이라고 한다. 파우-에핑어는 서유럽을 대상으로 하여 가족 및 성별 모델의 세 가지 지배적인 유형을 구분하였다.

① **농경적 가족 및 성별 모델**은 남성과 여성이 공동으로 자신들의 가족경영체(농가나 수공업체)에서 노동한다는 사고에 기반하고 있다. 남녀가 동등하게 가족경제를 영위해나가는 데 기여한다. 자녀들은 가족경제의 구성요소로서 간주되며, 가능한 한 일찍이 노동력으로 편입된다. 이 모델에서는 유년이 아래에서 논의할 시민모델에서 보여주는 방식과 달리 독자적인 생활단계로 인정되지 않고 있다. 이 생활단계에서는 개개인이 일반적으로 가정에서 특별한 양육과 장려를 필요로 한다. 그에 따라 자녀들을 양육하고 교육하는 임무를 위해 가족경영체의 노동으로부터

자모(子母)의 해방을 고려하는 모성에 대한 사회적 구성이 결하고 있다.

② **시민적 가족 및 성별 모델**은 '공사'간의 분리와 성별간의 서로 다른 기능적 할당에 기초하고 있다. 즉, 남편은 가족의 부양자라는 성격에서 자신의 취업노동으로 가족의 생계를 책임져야 하며, 아내는 생계를 보완하여 가정에서 삯이 없는 노동을 행함으로써 남편을 가정의 임무로부터 벗어나게 한다. '유년'의 사회적 구성이 이 모델의 기초가 되는데, 이 모델에 따르면 자녀들은 특별한 양육과 배분을 필요로 하며 개성을 지닌 인격체로서 널리 장려되어야 한다는 것이다. 이 의식적인 배분은 근대화과정의 한 측면이다. 이 모델에서는 일차적으로 자녀들의 양육과 장려를 보장하는 것이 일반적인 보통가구의 임무가 된다. 이를 보완하여 '모성'(母性)의 사회적 구성이 우세한데, 이것에 의하면 자모의 임무는 일차적으로 자녀들을 집에서 돌보고 키우는 것이다. 이 임무를 담당하는 것으로부터 보통 독자적인 소득이나 사회보장에 대한 요구를 이끌어 낼 수 없다. 사회보장체계와 재정적 보장에 대한 요구들을 가정주부와 자모들은 다만 간접적으로 '가족임금'의 성격을 띠고 있는 그들의 남편이 얻는 고용소득을 통하여 획득할 수 있다.

③ **평등적-개인주의적 가족 및 성별 모델**은 양 성별의 취업노동에의 완전한 그리고 전일적 통합을 보여주는 것이다. 부부의 틀에서도 남편과 아내는 그들의 취업노동을 기반으로 하여 둘 다 독립적으로 나란히 먹고 사는 개개인으로서 간주된다. 유년은 시민적 가족모델에서와 마찬가지로 사람들이 특별한 양육과 장려를 필요로 하는 생애단계로서 구성되고 있다. 그러나 자녀들의 양육이 시민적 가족모델과는 달리 일차적으로 가족의 관할영역으로서가 아니라, 상당 부분 복지국가의 임무로서 간주된다.

이 세 가지의 가족모델은 서로 다른 시기에 성립하였다. 하지만 이 모델들은 오늘날 사회적, 문화적, 그리고 정치적 조건에 따라 서로 병존하고 있으며, 물론 이때 주목할 만한 상당한 지역적 차이가 부각되고 있다.

원래 전체 유럽에 펴져 있었고 많은 국가에서 시민적 모델의 선도차였던 농경적 가족모델은 오늘날 몇몇 지중해 국가들에서 여전히 우세하다. 시민적 가족 및 성별 모델은 현대 서유럽의 여러 산업사회(영국, 네덜란드, 벨기에, 구서독)에서 성계약과 결부되어 있다. 프랑스에서는 농경적 모델과 시민적 모델이 오랫동안 병존하였다. 평등적-개인주의적 모델은 핀란드에서 가장 두드러지게 나타나고 있는 반면, 다른 스칸디나비아 국가들에서는 평등적-개인주의적 모델과 시민적 모델이 서로 혼합된 형태를 보여주고 있다.

파우-에핑어(1995)는 네덜란드, 구서독, 그리고 핀란드에서 이들 세 가지 모델과 이념상이 오늘날 여성 취업률에 어떻게 작용하느냐를 연구하였다. 네덜란드와 구서독에서는 제2차세계대전 이후 우선 시민적 가족모델이 우세하였다. 네덜란드에서는 여성들의 취업률이 오랫동안 유럽의 평균에 미치지 못했으며 자녀를 많이 낳는 것이 추구할 만한 가치가 있는 사회적 목표로 여겨졌다. 더욱이 자녀를 갖는 것과 관련된 규범과 가치가 문화적으로 정착하는 데에는 종교적인 전통과 임신방지 및 낙태를 반대하는 엄격한 규제가 크게 작용하였다. 따라서 네덜란드의 출생률은 전후 십 수년 전까지만 해도 유럽에서 가장 높은 축에 들었다.

구서독에서도 여성이 가정주부인 부부유형이 크게 확산되어 있었으며, 복지국가의 정책에 의해 장려되었다. 핀란드는 50년대 초까지 농경사회였으므로, 농경적 가족모델이 수적으로 우세하였다.

이들 세 국가 모두 전후 성계약에서 근대화과정을 경험하였으며, 이 과정에서 성별 특유의 분업에 있어 변동과 더불어 지배적인 가족 및 성별 모델의 기본구성이 수정되거나 또 다른 성모델로 이행을 경험하였다. 네덜란드에서는 (이전의 매우 낮은) 여성의 취업률이 급속히 상승한 반면, 그때까지만 해도 가장 높았던 출산율이 현저히 떨어지게 되었다. '자녀의 유복'이 네덜란드 사회에서는 여전히 높은 사회문화적 가치를 지니고 있으나 시간제노동을 국가차원에서 장려하고 있기 때문에, 네덜란드는 유럽에서도 시간제로 취업하고 있는 여성들의 비율에서는 가장 높은 수준에 있는 반면, 전일제 취업여성의 취업률에서는 여전히 유럽의 평균 이하에 놓여 있다.

구서독에서도 대다수 자모의 시각에서 시간제노동이 가정과 직업을 조화시킬 수 있는 가장 적절한 취업형태로 여겨지고 있다. 네덜란드와 비교해 볼 때, 물론 성역할의 근대화가 시간제노동의 확대와 그다지 광범위하게 연결되지 않았다. 다시 말해 서독의 전일제취업 여성의 비중이 네덜란드의 그것보다 두 배 정도나 높은 편이다. 서독에서는 시간제 일자리의 공급이 여성들의 수요에 크게 미치지 못하고 있으며, 이는 무엇보다도 시간제노동에 대한 독일 노동조합의 수십 년에 걸친 저항에 그 원인이 있다.

핀란드에서는 근대화과정 이후 평등적-개인주의적 모델이 관철되었다. 아이들과 노령자들의 양육과 보호라는 사회적 임무가 일차적으로 복지국가에 전가되었다. 완벽하게 구축된 공공적 유아보육망으로 수많은 여성 일자리가 창출되었을 뿐만 아니라, 많은 여성들이 **전일제일자리**를 얻을 수 있는 가능성이 열리게 되었다. 그래서 핀란드는 오늘날 서유럽에서도 가장 높은 여성취업률을 보여주고 있다.[8]

이러한 유형화는 특히 토드(Todd, 1985)가 시사한 19세기에 있어 여성들의 상이한 사회적 지위(**문맹률**, 평균 결혼연령 등), 사회이념상의 계발에 있어 도시 시민계층(내지 상위사회계층)의 모범적 역할과 같은 부가적인 준거들과 개별 국가의 정치적, 경제적, 그리고 문화적 특수성(예컨대 복지국가의 실현정도)에 의해 확실히 한층 더 세분화될 수 있을 것이다. 대부분 국가에서 보이고 있는 취업률의 내국적(예컨대 중심-주변간의) 격차도 가족모델과 성계약의 공간적 병존이나 시-공간적 확산과정에 의거하여 설명할 수 있다.

---

[8] 그러나 성별간 계약의 근대화가 선도적 지위에 있는 여성의 비중을 높이기에는 아직도 충분하지 않은 것으로 보인다. 이미 선도적 지위에 오른 여성들 가운데 두 사람 중 한 사람은 직업적 커리어와 가정생활 사이에 합일점을 찾지 못하고 있으며(Liebrecht, 1985), 수입이 좋은 여성들 가운데 자녀가 없는 독신녀가 지나치게 높게 나타나고 있다(Emgelbrech, 1987: 181 이하).

2. 취업인구의 자질

여러 입지에서 나타나고 있는 서로 상이한 인적자본의 구비는 경제적 역량과 경쟁력을 크게 규정한다. 봉건시대에 큰 상관(商館)이나 공장, 그리고 도시가 지닌 여러 가지 경쟁이점이 지배자에 의해 부여된 특권과 독점(시장권, 집산권, 화폐주조권, 생산 및 교역의 독점)에 기초하고 있었다. 따라서 특히 개별 도시들의 **경쟁이점**은 비교적 오랜 시간에 걸쳐 보장될 수 있었다. 하지만 19세기 후반부터는 그러한 경쟁이점이 점차 지식과 기술의 우위(개량된 생산방식, 새로운 발명, 특허 등)를 통해서만 획득할 수 있게 되었다. 이에 따라 연구개발, 잘 훈련된 취업인구, 그리고 고도로 숙련된 선도 인력들이 점점 더 높은 위상을 얻게 되었다.

특권과 독점, 보호관세, 그리고 무역장벽 등의 후퇴와 함께 혁신과 신기술, 그리고 시대에 알맞는 새로운 발전추세를 인식하는 지도적 인물의 높은 자질이 결정적인 성공기준으로 생각하게 되었다. 따라서 경쟁이 기본적으로 더욱더 심화되었을 뿐만 아니라, 혁신의 우위와 제품주기도 점점 단축되고 있다. 20세기 말 한 국가나 한 지역의 기술우위는 더 이상 오래 유지될 수 없으며, 경쟁자들에 대응하여 18세기보다 훨씬 격렬하게 방어해야만 한다. 혁신이나 기술우위를 둘러싼 경쟁은 중심부와 주변부 사이보다는 무엇보다도 거의 같은 위계에 있는 (혁신)중심지들 사이에서 발생하고 있다.

20세기 후반부에서는 지식, 발명, 직업적 숙련도, 고도의 연구개발이 **경제적 경쟁력**에 중요해졌기 때문에 처음으로 **지식사회**를 언급할 수 있게 되었다. 이 점은, 부틀러와 테사링(Buttler/Tessaring, 1993, 467)에 의해 교육과 직업교육에 대한 지출액으로 계측된, 모든 취업인구의 인적자산의 경제적 '가치'가 구서독에서는 1990년대 초 이미 건축물과 각종 설비, 그리고 교통로 등의 총 물적자산에서 거의 절반을 차지하고 있다는 점에서도 잘 드러난다. 1970년에는 그 관계가 여전히 3.2 : 1이었고, 1, 2차 세계대전 사이의 시대에는 이를테면 5 : 1 내지 4 : 1정도였다.

탈숙련화 테제와는 반대로 독일 연방공화국에서 무학자의 비중이 1957년에서 1991년 사이에 40% 이상에서 20% 이하로 떨어졌다. 노동시장 및 직업연구소(IAB)의 예측치는 무학자의 비율이 2010년까지 약 10~12%로 떨어지게 될 것이라고 보고 있다. 반면에 대학이나 전문대학을 마친 취업활동자의 비율은 1976년에서 1991년 사이에 7.3%에서 12.3%로 높아졌으며, 2010년에는 15%와 18% 사이의 비율을 나타낼 것으로 전망되고 있다. 더군다나 연구개발, 법률, 직업교육, 자문과 정보와 같은 직종에서는 2010년에 39~40%의 비중에 달하는 대학 및 전문대학 졸업자들이 종사하게 될 것이라고 예측하고 있다(Buttler/Tessaring, 1993: 467-468, 475; Tessaring, 1994: 9-11).

1) 인적자원의 실증적 파악

인적자원은 직접적으로 계측하기가 불가능한 이론적 구성체이다. 따라서 인적자본을 경험적으로 묘사하기 위해서는 우선 먼저 지표들을 정의해야 한다. 이와 관련하여 다음과 같은 가능성이 실증적인 연구에서 구현되고 있다.

① 가장 통용적인 지표로서 인구집단의 교육수준을 측정하는 것이다. 최종 학력에 관한 설문을 바탕으로 1차(의무학교), 2차(중등교육), 그리고 2차 이상의 교육(대학, 전문대학, 각종 아카데미)을 받은 주민들의 비율을 파악할 수 있다.

이렇게 해서 구성된 **고졸자비율**이나 대학교육을 마친 사람들의 비율은 여러 가지 문제설정에서 여전히 '불명료한' 지표로 남아 있다. 왜냐하면 이것은 전체 주민집단과 연관되어 있기 때문이다. 지역적 숙련도와 관련된 스펙트럼의 변화에 대한 분석에서는 이들 지표가 달리 산정될 수도 있다. 전체 주민이 아닌 전체 **출생집단**과 관련된 하나의 출생연령 집단 가운데 차지하는 졸업자들을 이와 연관시킬 경우, 이 지표는 보다 민감해진다. 따라서 시간의 효과가 배제된다.

더욱이 인적자원의 지역적 차이는 각각의 문제제기에 따라 주민들의 교육과 자질 수준을 바탕으로 하여 거주지와 취업지에 따라 분화시켜 계측할 수도 있다. 고졸자의 비율은 국가 전체가 아닌 개별—대개 행정적인—지역을 기초로 하여 산정되는 것이다. 이때 주민들이 취업지나 거주지와 관련하여 어느 곳에 기초하느냐는 제기되는 문제의 성격에 달려 있다.

최종 학력수준에 관한 정보는 인구센서스와 여러 미시평가(微視評價)를 통하여 얻을 수 있다. 미시차원에서 분석할 경우, 그것은 넓은 의미의 자질과 '지식'을 각각의 연구목적에 보다 양호하게 적응시킨, 손수 행한 인터뷰와 설문조사를 통하여 파악될 수 있다.

② 한 국가나 한 지역의 인적자원을 파악하기 위한 또 다른 접근방법은 인구집단에 대한 정보를 수집할 경우가 아닌, 한 지역의 소재 기관을 산정하는 것으로서 설정된다. 이때 기본 가정은 자질을 시사하는 많은 기관들이 입지한 곳에서는 인적자원의 수준 역시 높은 것으로 판단할 수 있다고 하는 점이다. 인구당 대학정원수나 전체 학교에서 상급학교가 차지하는 비율이 예로 들 수 있는 두 가지 대표적인 지표들이다.

③ 비슷한 방향에 있는 지표는 한 지역의 과학적, 기술적 하부구조(대규모 과학기관, 도서관, 실험실 등)로 계측하는 것이다. 이 경우에도 인적자원의 수준이 이들 지표들과 정의 상관관계를 맺고 있다는 측정 가설에서 출발한다.

④ 이상과 같은 투입지향적(投入指向的) 지표의 또 다른 부류는 교육과 연구개발에 투여된 재정 정도를 계산하는 것이다. 이는 다시금 한 국가나 지역의 인적자원이 지출 수준과 더불어 높아진다는 점에 근거하고 있다. 이와 관련하여 많이 사용되는 지표가 국내 총생산에서 한 국가의 연구개발에 대한 지출이 차지하는 비중이다. 이 연구지출의 비중은 국제적인 비교의 어려움에도[9] 불구하고 한 국가의 연구활동에 대한 일반적

---

[9] 무엇을 연구지출로 설정하느냐는 국제적인 비교에서도 민간기업이나 군사부문에서의 연구소요 비용의 파악만큼이나 불명료하다.

으로 인정된 산정 척도가 되고 있다. 또 다른 지표는 모든 취업자들의 인적자산에 대한 교육지출로 산정된 경제적 가치이다(Buttler/Tessaring, 1993).

⑤ 위에서 언급한 지표들을 정도의 차이가 있으나 투입지향적 지표라고 할 때, 다섯번째 부류의 지표들은 공급지향적 지표들이다. 여기서 잘 알려져 있는 공급지향적 지표로서는 일정한 기간 동안 주민 1만 명당 발명 및 특허출연 건수이다. 이런 저런 유사한 지표들을 국제적으로 비교하기란 쉽지 않으며 방법론상으로 상당한 문제점을 안고 있기는 하지만, 어떤 의미에서 이들 지표는 국민경제의 혁신 용량을 성격 짓는 것이라고 할 수 있다(Feldman, 1994).

2) 교육수준의 중심-주변간의 차이

지역경제학에서는 혁신[10]과 따라서 지역의 '지식'이 지역발전의 진정한 추동력이라는 점에 관해서는 대체로 합의를 보고 있다. 한 지역의 내생적 발전잠재력뿐만 아니라, 외부로부터 유입되는 새로운 조류와 혁신을 적시에 인정하고 수용할 수 있는 역량도 지식과 창조성, 직업적 자질, **교육수준**과 **정보수준**, 그리고 직업상의 경험 등에 달려 있다. 광범위하고 충분히 분화된 스펙트럼을 가진, 또한 자질이 높고 정보를 잘 갖추고 있는 주민들이 거주하는 지역들은, 몇몇 소수의 업종에서 만이 갖춘 숙련도를 요구하는 일자리만을 공급하는 지역들보다 전환기에 일반적으로 학습능력이 뛰어나며 보다 폭 넓게 새로운 변화에 적응할 수 있으며, 따라서 외부로부터 오는 구조변동에 한결 민첩하게 대처할 수 있다. 숙련도가 높고 정보를 갖춘 교육이 잘 되어 있는 주민들이 거주하는 지역들만이 자신들의 이해관계를 남들에게 설득하고 관철시킬 수 있는 기회를 갖는 것이다. 문맹자의 비율이 높거나 저숙련자가 있는 지역들은 역사의

---

10) '혁신'의 개념은 슘페터(J.A. Schumpeter, 1912)에 의해 경제이론에 도입되었다.

진행과 함께 늘 반복하여 종속의 나락으로 떨어지고, 외세의 지배를 받으며 그들의 자원과 관련해서는 항상 수탈을 당하고 있다.

유럽 내에서 그리고 또한 개별 국가 안에서도 주목되는 지속적인 발전격차는 무엇보다도 인적자원의 서로 다른 구비에서 그 원인을 찾아볼 수 있으며, 대부분의 주민들이 강제적인 방식으로 추방되지 않는 한(체코의 독일민족 거주지였던 슈데텐지방 Sudetenland, 팔레스타인 참조), 그러한 지역구조는 비록 안정적인 것은 아니지만 오랜 시간 간격을 두고서 비로소 변한다. 이탈리아, 프랑스, **발칸 반도** 또는 **동유럽**에서 20세기 말에 즈음하여 확인할 수 있는 **사회경제적 격차**(1인당 소득, 부가가치 창출액 등)는 19세기 후반에 존재한 문맹률의 지역적 격차와 별 다른 차이를 보여주지 않는다(Meusburger, 1991: 1998; Cséfalvay, 1997). 물론 이 두 가지 표징 사이에 직접적인 관련성이 존재하는 것은 아니다. 하지만 이미 18, 19세기에 주민들의 교육수준에 있어 우위를 보여주었던 지역들은 다양한 기술적, 사회경제적 혁신(계몽, 공업화, 인구변천, 시민적 전통 등)을 일반적으로 조기에 수용하고 혁신의 채택을 통하여 다른 지역에 앞선 그들의 우위를 다시금 갱신하거나 안정시켰다. 스스로 강화되는 그러한 효과의 결과로, 이들 지역은 고숙련자들의 이주 목적지가 된 반면, 여타 지역들은 바로 그러한 후진성으로 말미암아 그나마 존재하였던 소수의 고숙련자들을 이주에 통하여 다시금 상실하게 되었다.

인적자원의 중요성과 지역격차에서 보이는 상당한 시간적 지속성 때문에 중동부 유럽 국가들의 자본주의 내지 시장경제 체제로의 전환과정도 지금까지 신고전학이 기대한 바와는 전혀 다르게 진행되고 있다. 일자리는 임금이 낮고 실업률이 높거나 지가가 저렴하였던 곳에서가 아니라, 잘 교육된 근로자, 외국경험과 언어구사능력, 그리고 **원형적 시장경제의 경험**을 축적한 취업자들이 존재하는 소수의 중심부와 지역들에서 창출되었다. 이는 대부분의 경우 임금이 최고로 높고 실업률이 가장 낮으며, 지가와 임대료가 가장 비싸고 생활비가 가장 많이 드는 지역들이었다. 헝가리에서는 이를테면 부다페스트 대도시권과 범(汎)다뉴버의 북

부지역이, 구동독에서는 라이프치히, 드레스덴, 그리고 베를린과 같은 (대)도시지역이, 체코공화국에서는 프라하 대도시권이 이에 해당한다.

동유럽의 사회주의에서 자본주의로의 전환과정에 대한 연구와 관련한 이러한 보충설명은 고숙련자들과 중요한 의사결정자들을 위한 대부분의 일자리가 상이한 정치경제적 체제에서도 공간적으로 집중하는 성향이 있음을 분명히 말해준다(제3장 2절 3항 참조).[11] 한번 이루어진 입지결정들은 각각의 경우 그것이 옳은가 그릇된 것인가, '준최적인가' 아니면 너무 비싼 것인가, 그리고 경우에 따라서는 수정될 수 있는가와 같은 전혀 다른 고려를 뒤따르게 된다. 그럼에도 불구하고 일자리의 입지화에 관한 수많은 개별적인 의사결정의 총합은 취락체계(중심지체계)의 계층에서 지식과 숙련도의 공간적으로 층위를 이루는 집중을 야기하고 있다. 이미 크리스탈러(1933)와 고트만(1979; 1980; 1983)이 간접적으로 그리고 모이스부르거(1980)가 명시적으로 시사한 이러한 측면이 소매업(Blotevogel, 1996; Gebhardt, 1996)에 관심을 너무 집중시킨 최근의 중심지연구에서는 소홀히 다루어지고 있다.

노동인구의 교육수준에 따른 일자리의 공간적 집중은 다양한 집중 척도를 통해 입증할 수 있다(Marfels, 1971 참조). 이때 그에 관한 해석은 해당 기업체들의 업종과 정치체제를 배경으로 하여 내려지게 된다. 시장경제 체제에서는 모든 연구가 그렇듯이 세 가지 규칙성을 보여주고 있다.

① 무엇보다도 은행 및 금융기관과 보험기관, 아주 전문화된 직업들(예컨대 변리사), 그리고 다국적기업의 최고경영자층과 같은 고도로 숙련된 일자리들은 하나의 공간에 집중하는 경향이 있다. 그에 상응하는 일자리들은 보편적인 분포로부터 크게 벗어나, 큰 중심지에 극단적으로 집중되고 있다.

② 고도로 숙련된 일자리의 공간적 분산화는 다소 차이가 있으나 '보

---

[11] 공간적 집중은 단일 지점을 둘러싼 군집화가 아닌, 개개 지역유형(대도시, 지역 중심도시 등)에 평균 비중 이상으로 일자리가 크게 집중하는 것을 말한다.

호받는' 분단노동시장에 해당하는 부문들에서만 가능하다. 이 경우에는 본질적으로 우편과 철도를 포함한 공공부문의 일자리들도 포함된다.

③ 언급할 만한 집중경향이 없이 보편적으로 분포하는 것은, 어떤 특별한 입지요구가 필요치 않으며, 공급되는 제품과 서비스를 현장에서 활용할 수 있어야 하는 중간 및 하위의 숙련 스펙트럼을 지닌 일자리들이다. 예를 들어 소매상점의 판매원, 유흥음식점의 웨이터나 농업부문의 보조노동자 등이 이 범주에 해당하는 일자리들이다.

이러한 상이한 등급화는 사회주의 국가에서도 유효하였다. 이들 국가에서는 이러한 규칙성을 소급해보건대 탁월한 통계를 바탕으로 하여 독일을 대상으로 하는 경우 보다 경험적으로 훨씬 양호하게 검증할 수 있다. 주목되는 점은 사회주의적 계획경제에서 중요한 의사결정권을 갖고 있는, 그리고 대졸자들을 위한 일자리의 공간적 집중이 여러 가지 이유에서 시장경제체제에서 보다 분명 높았다는 사실이다.

이에 대한 중요한 이유는 중앙집권적 계획경제의 도입과 '국가의 당료화'로(Lepsius, 1995: 347), 모든 중요한 의사결정권이 수도에 있는 수적으로 소수인 통치계급에 극단적으로 집중되었기 때문이었다(Meusburger, 1996a: 1996b). '로멘클라투라'라고 지칭된 통치계급은 국가의 중요한 기능들(금융부문, 자원배분, 국제무역, 신문매체, 문화 등)을 수도에 집중시킴으로써, 이를 가장 효율적으로 통제할 수 있었다. 이 집단의 기능과 관련한 행동 덕목은 그 구성원들의 이데올로기적 믿음과 개인적 호의에 대한 신뢰와 사려 분별에 의거한 상호 교류의 역학장에 달려 있었기 때문에, 지도층의 성원들은 긴밀한 인적 네트워크에 결합되어 있어야만 했으며, 이것이 곧 끊임없이 개인적인 접촉과 '중심부'에의 현재(顯在)를 요구하였다. 중앙집권적 계획경제하에서는 시장경제에서 관찰되는 경쟁이 존재하지 않았다. 오히려 만성적으로 부족한 생필품으로 인하여 중앙에서 분배되는 자원을 둘러싸고 개별 국영기업체와 부처들이 벌이는 격렬한 '관료주의적 경쟁'이 지배적이었다.

<표 3> 1980년 노동인구의 교육수준에 따른
다양한 경제계층의 일자리와 직업의 공간적 집중양상

업종, 직업, 교육수준에 따른 직장 (선별지표)	전체 일자리에서 차지하는 비율(%) 취락유형	
	주민 5,000명 이하	부다페스트
헝가리 전체 일자리수	21.4	23.9
거주인구의 전체수	32.1	19.2
대졸자의 일자리	7.4	48.5
의무교육 학교 졸업자의 일자리	27.1	20.0
초등학교를 졸업하지 못한 인구집단의 일자리	29.3	17.1
'비정기 노동자'의 일자리 (농업 제외)	46.2	6.8
비숙련 농업 일용자의 일자리	70.9	0.8
농임업의 일자리	60.2	4.3
협동조합 부문의 일자리	45.0	10.6
공업 일자리	11.6	25.2
목사	51.5	12.3
보건 및 사회부문의 대졸자 일자리	7.8	37.9
교육부문의 대졸자 일자리	4.8	38.3
법률 및 공공안전부문의 대졸자 일자리	1.4	44.3
대졸의 '정당 및 대중조직의 지도영역' 일자리	1.0	48.8
공학자의 일자리	13.9	49.9
출판부문의 일자리	3.6	52.5
대졸자의 공업부문 일자리	4.1	52.8
공공행정부문의 대졸자 일자리	2.0	59.4
은행부문의 대졸자 일자리	0.7	62.1
교통부문의 대졸자 일자리	1.6	62.3
기계산업의 대졸자 일자리	1.8	64.6
건설업의 대졸자 일자리	0.8	67.2
컴퓨터부문의 전문지도영역 일자리	1.3	72.3
자치행정 서비스부문의 대졸자 일자리	0.6	72.5
기술연구자의 일자리	4.5	73.6
텔레콤부문의 대졸자 일자리	0.8	77.2
문화서비스부문의 대졸자 일자리	0.7	78.7
저널리스트의 일자리	0.3	80.8
공권력, 중앙행정 조직 지도영역의 일자리(코드 220)	0.4	84.6
개인 및 영리서비스부분의 대졸자 일자리	0.5	88.4
사회과학 연구자의 일자리	0.8	91.3
무역부문의 대졸자 일자리	0.4	97.9

출처: 1980년 헝가리 인구센서스 특별계정; 하이델베르크 헝가리 자료은행

시장경제에서는 경제적 의사결정권이 상호 경쟁관계에 있으며, 서로 다른 입지를 선호하는 수많은 기업체와 기관에 배분되어 있다. 추정할

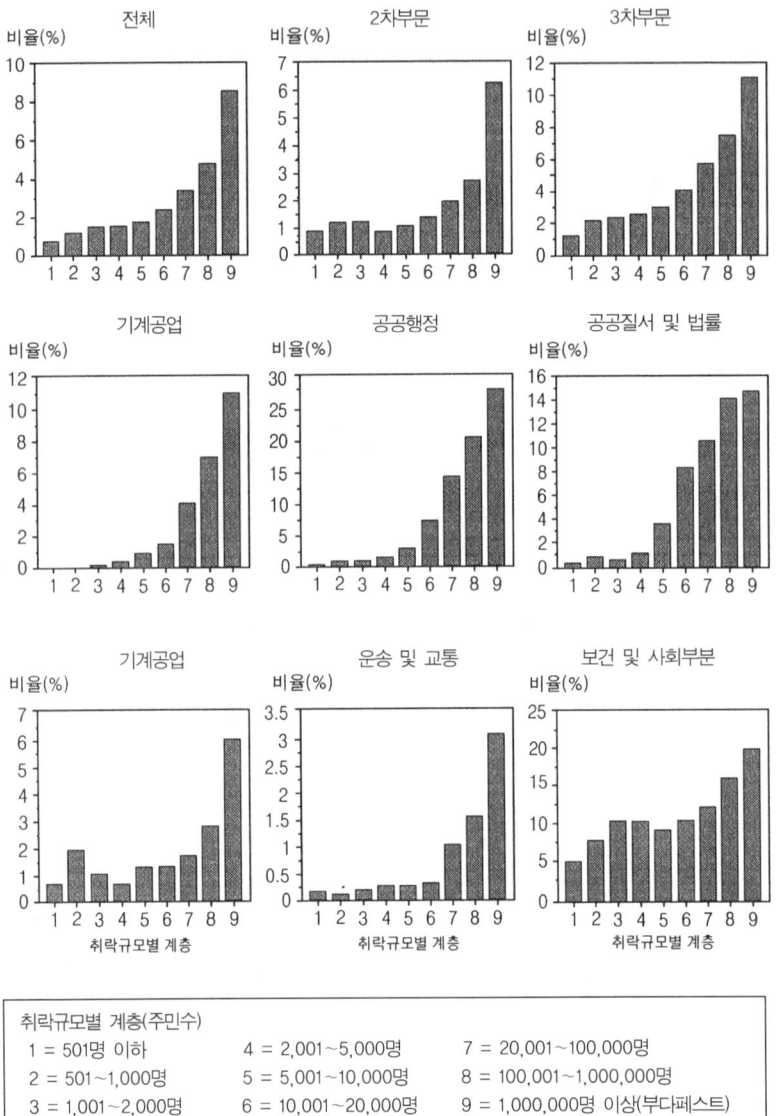

<그림 30> 1990년 헝가리에 있어 대졸노동인구의 중심-주변간의 격차

취락규모별 계층(주민수)
1 = 501명 이하   4 = 2,001~5,000명   7 = 20,001~100,000명
2 = 501~1,000명   5 = 5,001~10,000명   8 = 100,001~1,000,000명
3 = 1,001~2,000명   6 = 10,001~20,000명   9 = 1,000,000명 이상(부다페스트)

출처: 1990년 헝가리 인구센서스 특별계정; 하이델베르크 헝가리 자료은행

수 있듯이 시장경제하에서도 권력 네트워크에의 결속과 의사결정자와의 개인적인 접촉이 입지결정에서 중요하게 고려되는 기준이었다. 하지만 많은 부분의 기업들은 공간적, 사회적 관점에서 정부와 일정한 거리를 유지하는 경우에도 성공할 수 있었다.

1980년 헝가리의 경우 해외교역분야에서 전체 대졸자 일자리의 98.7%, 학술분야에 있어서는 88.7%, 문화서비스분야에 있어서는 88.6%, **은행 및 금융분야**에 있어서는 87.8%, 그리고 **공공행정분야**에 있어서는 80.3%가 부다페스트와 19개 주(州, Komitat)의 중심지, 즉 주도에 자리 잡고 있었다. 1980년 헝가리 국민 가운데 32.1%가 거주하고 있는 주민 5,000명 미만의 취락에서는 전체 헝가리 대졸자의 7.4%만이 그들의 직장을 갖고 있었으며, 이때 그 일자리의 82.6%도 **농임업, 보건위생**, 교육, **경제서비스, 국내교역과 광업**의 몫이었다. 사회주의체제에서 중요한 통제기능을 가졌거나 권력과 명망과 결부된 일자리들이 하위취락에서는 거의 결하고 있었다.[12]

고숙련자들을 위한 일자리의 공간적 집중양상이 노동인구 가운데 고숙련자들이 차지하는 비율의 중심-주변간의 경사와 동일시되어서는 안 된다. 일자리의 높은 공간적 집중이 철저히 미약한 경사와도 결합될 수 있으며, 그 반대일 수도 있다. 중심지적 등급의 상승 내지 취업지 거주자 수의 증가에 따라 노동인구 가운데 대졸자와 고졸자가 차지하는 비중이 증가하는 한편, 의무교육 졸업자의 비중은 감소한다. 이러한 경향이 모든 업종에 균등하게 적용되는 것은 아니지만, 경향적으로 이러한 규칙성을 전체 노동인구와 관련시켜 입증할 수 있다.

이와 관련하여 국가간이나 체제간에 비교를 행할 경우에 두 가지 측면이 반드시 고려되어야 한다. 첫째로 같은 **경제계층**이라고 하더라도 서

---

[12] 물론 이러한 고숙련 일자리의 **공간적 집중**을 오로지 중앙집권적 **계획경제**만으로 설명할 수 없으며, 역사적 영향력에도 그 이유를 소급할 수 있다. 부다페스트의 종주기능(宗主機能 Primatfunktion)은 이미 19세기에 존재하였으며 특히 트리아농(Trianon) 협정으로 더욱더 심화되었다.

로 상이하게 정의되고 구분될 수 있으므로, 같은 표현의 이면에 매우 다양한 기관과 기능들이 숨어 있을 수 있다. 예를 들어 시장경제에서 은행은 사회주의적 계획경제하에서의 은행과 전혀 다른 임무와 우선 순위를 갖고 있다. 둘째로 비슷한 공간적 집중이나 동일한 중심-주변간의 경사가 체제에 따라 서로 다른 요인과 '힘'에 의해 발생할 수 있다는 점이다.

3) 교육, 고용, 그리고 소득간의 접점

지난 수십 년 동안 교육체계와 고용체계 사이의 연계관계는 한층 더 긴밀해 졌다. 택시운전사인 대졸자나 백만장자가 된 유명한 '접시닦기' 이야기는 개별적인 특수한 사례일 뿐이다. 교육과 고용 체계간의 연계에 기여한 또 하나의 측면은 각종 일자리에 대한 직업교육 규정이 점점 큰 비중을 차지하며 보다 정교하게 마련되는 발전경향이었다. 이것은 물론 다른 한편으로 관료화와 전문화, 그리고 공공행정의 확대에 따른 결과였다. 직업교육 규정은 누가 어떤 자질을 갖고서 어떤 직무를 맡을 수 있는가를 규정한다.

이 말은, 직업교육과 취업의 연계가 상급학교의 졸업이 특정 일자리를 보장한다거나 오늘날 고졸자의 커리어기회가 40년 전과 똑같다는 식으로 이해되어서는 안된다. 오히려 직업교육 수준과 여타 교육체계에서 획득한 자질이 노동시장에서 첫 자리를 잡고, 뒤이어 커리어를 쌓아 나가는데 결정적인 역할을 하는 것으로서 이해할 수 있다. 교육수준과 실업 사이에 부의 상관관계가, 교육수준과 임금수준 사이에는 정의 상관관계가 성립한다는 사실은 이 점을 잘 확인시켜 준다.

직업훈련과 고용의 긴밀한 연관성은 소득격차에 관한 분석을 통하여 입증된다. 교육을 순수 인본주의적 가치로만 여기고 직업활동과 긴밀한 관계, 다시 말해 나중에 얻게 될 소득과의 밀접한 관련성을 부정하려는 사람이 있다면, 그 사람은 결코 서구사회의 실상을 제대로 파악하고 있는 사람이 아니다. 한 가지 예로서 평균 소득에 대한 학교교육의 효과를 설명할 수 있을 것이다. 1990년 미국에서는 고등학교를 중퇴한 '백인' 남성들이 연간 약 25,000달러를 벌었다. 그 반면 그들이 대학을 졸업하였을 경우에는, 약 세 배나 더 많은 소득을 얻을 수 있었다. 학교교육에 따른 이러한 소득격차는 여성과 히스패닉계, 그리고 유색인종에게서도 매한가지로 나타나고 있다(미국 인구센서스, 1990).

오스트리아에서도 소득격차의 상당 부분은 서로 다른 학교교육에 기인한다고 할 수 있다. 학교교육이 소득수준에는 직접적으로, 직업상의 지위를 획득하는 데에는 간접적으로 작용한다. 1993년 주당 40시간을 표준으로 환산한 순소득이 일인당 약 13,700실링이었는데, 대졸자들은 20,300실링을 벌었으며 의무학교만을 마친 사람들은 12,800실링밖에 벌지 못했다. 따라서 이 두 집단 사이의 소득격차는 평균 소득으로 측정하더라도 50% 이상을 넘어선다. 이러한 명백한 소득격차는 남성뿐만 아니라 여성에게도 나타나고 있으며, 이것은 자주 논란이 되고 있는 성별간의 소득격차보다 훨씬 큰 실정이다. 대졸자와 의무교육을 마친 사람간의 생산성 격차가 ― 인적자본론이 이 점을 상정하고 있는 것처럼 ― 이러한 차이를 정당화하는 것인지는 아직 결론적으로 말할 수 없다.

경험적인 자료를 통해 오스트리아에 있어서도 교육에 투자된 자본은 이자와 이자에 이자를 더해 회수됨이 입증되고 있다. 학교교육을 수료하여 얻은 자질과 소득간의 이러한 엄격한 연관성이 아마도 매우 큰 비용이 드는 미합중국의 교육체계라는 배경에서는 정당화될 수 있을 것 같

<표 4> 오스트리아에 있어 소득과 교육수준

	1993년 표준화된 순소득 (오스트리아실링 öS)			지수(평균값=100%)		
	남성	여성	전체	남성	여성	전체
대학/초급대	22,500	17,200	20,340	151.0	144.5	148.2
고졸(마투라)	18,787	14,352	16,910	126.1	120.6	123.2
실업학교	16,900	13,200	14,767	113.4	110.9	107.6
의무학교	13,997	10,718	12,842	93.9	90.1	93.6
총계	14,900	11,900	13,727	100.0	100.0	100.0

출처: 미시센서스, 1993; 필자 계산

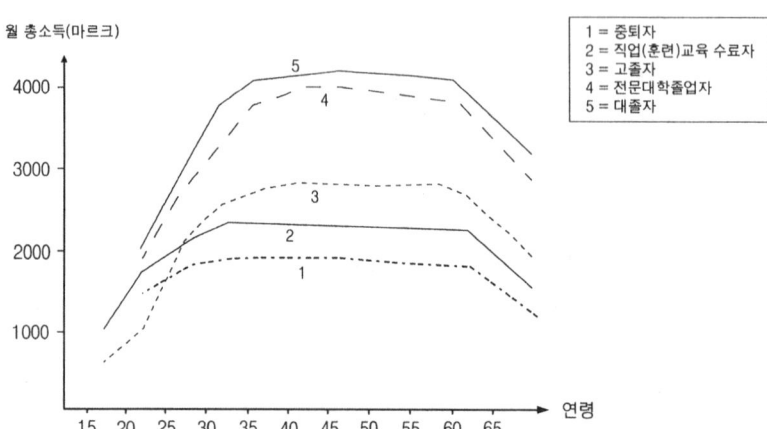

<그림 31> 1976년 독일에 있어 전일제 취업자의 연령프로필

출처: Clement/Tessaring/Weisshuhn, 1980: 200

다. 누군가가 자신의 대학교육에 매우 많은 것을 투자했다면, 그 사람은 이것을 보다 높은 소득의 형태로 회수하고자 할 것이다. 사회복지 국가에서는 이러한 결부가 그렇게 정당한 것으로서 간주되지 않는다. 누군가가 오랫동안 학업하고, 그후에 높은 소득을 얻을 수 있다면, 그는 다름 아닌 학교와 대학에 대한 공공지출을 '사유화'하고 국민이 기부한 것을 수혜한 사람인 것이다.

직업교육과 취업체계의 긴밀한 연계성은 국제적인 비교를 통해서도 실증적으로 확인되고 있다. 다소 차이가 있다면, 그것은 다만 서로 다른 구조를 지닌 학교체계로부터 발생하는 것일 뿐이다. 한 국가에서 학교체계가 아주 선별적이며, 사용자들이 교육체계의 최고 수준(예컨대 대학교)은 몇몇 소수의 고숙련자들만을 졸업시키고 중간 수준은 자질 있는 졸업생들만을 '배출'하는 것을 기대해도 좋을 때, 교육체계와 고용체계 사이의 연계는 아주 긴밀해진다(예컨대 일본). 이러한 선별성이 (더 이상) 주어지지 않고, 예를 들어 한 동년배의 대부분이 최고 학부를 마치고 대졸자 사이에 그 어떤 계층적인 층화도 나타나지 않을 때(예컨대 이탈리아), 교육체계와 고용체계 사이의 연계성은 느슨해진다. 이와 대조적으로 교육부문이 그 선별작용을 상실할 경우에는 졸업자들에 대한 평가에 새로운 척도가 등장하게 된다(예컨대 일본이나 미국에서의 고등학교와 대학교의 서열화).

직업교육체계와 직업활동 사이의 연계는 학교나 뒤이은 직업교육 기관들이 몇 가지 전문직업적인 기능적 자질만을 중개할 경우에도 깨어진다. 독일에서는 동년배의 약 6%만이 의무교육을 마친 뒤 곧바로 취업활동으로 전환하고, 대부분은 이중적 직업교육의 틀 안에서 견습직부터 시작한다. 반면에 미국에서는 고등학교를 마친 1년 뒤 약 40%의 청소년들이 취업생활을 하게 된다. 잘 알려져 있듯이 기업체에서 행해지는, 독일의 청소년들에 대한 수공업적 직업교육은 숙련의 수요와 공급간에 보다 양호한 일치를 보장하고 있다. 독일에서 직업교육을 끝마친 일년 뒤 옛 견습생들의 약 80%가 그들이 '배운 직업'에 종사하고 있는 반면, 미국에서는 고등학교 전체 졸업자의 75%가 5년 뒤 그 어떤 정형적인 직업적 예비교육을 요구하지 않거나 많은 경우(20%) 단지 6개월 미만의 기한으로 단기 연수교육만을 필요로 하는 일자리에 취업하고 있다(Büchtemann/Schupp/Soloff, 1993: 512-514). 또한 직업생활로의 이행에 있어 보다 나은 조화는, 위에서 언급한 기간 동안 15세부터 25세에 이르는 인구집단에게서 나타나는 실업자의 비중에 있어서 미국이 독일보다 세 배에서 다섯 배까지 높았다는 점에서도 잘 드러나고 있다(Büchtemann/Schupp/Soloff, 1993: 512).

교육체계와 고용체계 사이의 연계 정도는 시간차원과 관련해서도 가변적이다. 숙련된 취업자들이 부족할 경우에는 저숙련자들도 채용이 되며, 숙련된 사람들이 과잉일 경우에는 위에서부터 아래로의 **구축효과(驅逐效果)**가 뒤따른다. 숙련수준과 취업의 지위수준(= 수직적 **교육적합성**)의 일치여부는 자연적으로 주어지는 것이 아니라 사회적으로 정의되며, 따라서 점증하고 있는 **교육팽창**과 더불어 늘 되풀이하여 수정된다. 한 동년배의 40%가 대학을 졸업하게 되었을 경우에는, 동년배의 5%만이 이와 같은 최고의 교육수준을 도달했을 시기와는 달리 다른 직업들도 졸업자에게 취업할 만한 적당한 일자리로 인식될 수 있는 것이다.

3. 산업부문별, 직업별 구조의 차이

중심부와 주변부 사이나 도시와 농촌간의 구조적 차이는 지역노동시장 분석에서 가장 중요한 양상에 해당한다. 이는 취업참가와 근로자들의 숙련도, 그리고 실업에 있어서도 의미있는 차별성을 보여줄 뿐만 아니라, 직업활동자들의 산업부문별, 직업별 분류에서도 그러하다. 아래 절에서 이 점을 자세히 다루고자 한다.

1) 방법론적 기초

자료조사나 관청의 서식문건에서 던지는 단 몇 개의 질문, 이를테면 직업활동에 관한 질문도 많은 오해를 불러일으킬 수 있다. 꺼리거나 전혀 답변되지 않는 민감한 질문들이 존재한다(예컨대 소득에 관한 질문들). 직업활동에 관한 질문은 얼핏 매우 단순한 것으로 생각되지만, 그럼에도 불구하고 인터뷰를 받는 사람들은 가끔 도대체 그것이 무엇을 의미하는지를 정확히 알지 못한다. 노동자라고 말해야 할지 아니면 사무직이라고 말해야 할지, 직무에 대한 설명을 제시해야 할지 또 아니면 소속된 업종 내지 업체에 관한 정보를 주어야 할지를 잘 알지 못한다. 숙달된 목수로서 매표소의 인테리어를 설치하는 철도청의 공무원이 직업활동이 무엇인가 하는 질문에 답변해야 할 경우, 그에게는 일련의 가능성이 있을 수 있다. 그는 습득한 직업(목수)이나 수행하는 직업(설치직), **직무법상의 신분**(공무원), 또는 소속기업(철도청 종사자)을 말할 수 있다. 그는 자연히 이를 조합할 수도 있는데, 이것은 사안을 단순하게 하기보다는 오히려 더욱더 복잡다단하고 어렵게 만든다.

그래서 응답자의 직업진술에 대한 독자적인 판단은 여러 가지의 불확실성과 결부되어 있다. 설문에서는 근로자의 독자판단과 타인의 판단(사용자 내지 인사부서에 의한) 사이의 일치 정도가 일반적으로 과대 평가되고 있다(Blaschke/Plath, 1994: 304). 이러한 일치 정도를 검증하기 위해서 트롤(Troll, 1981)은 **미시센서스**(= 응답자의 독자판단)를 독일 연방노동청의 **고용통계**(= 사용자에 의한 타인의 평가)와 비교해보았다. 이에 그는 328개에 달하는 '직업계통'의 3분의 1 정도만이 그 편차가 15% 미만인 범주에 속하였고, 직업 계통의 약 4분의 1에서는 그 편차가 무려 50% 이상을 넘어선다는 결론에 도달하였다.

"노동시장 및 직업연구에서는 특유의 관심사에 따라 소급할 수 있는, 노동 및 직업활동을 신뢰할 만하고 유효하게 파악할 수 있는 잘 다듬어진 기법도 검증된 방법론적 진행방식도 구사하지 못하고 있다."(Blaschke/Plath, 1994: 309) 이는 연구자가 행정관청의 분류에 만족하지 않는 한, 자신의 연구목적에 따라 독자적인 분류체계를 숙고하지 않으면 안된다는 사실을 말해주는 것이다.

누군가가 **설문지**를 구상하고 **개방적인 질문**[13]을 통하여 **직업활동**에 관해 질의를 할 경우 경험적인 조사연구의 실제에 대한 이해관계를 보여주기는 하지만, 그 어떤 결정적인 논지를 밝혀내주지는 못한다. 직업활동과 관련된 개별적인 측면들은 이미 문제를 정형화하는 단계에서부터 정확히 구분하는 것이 필요하다. 이 점은 다음과 같이 생각해볼 수 있다.

- 하나의 **직무내용**을 알 수 있게 해주는 **직업진술**(예컨대 선반공, 자동차 기술공 등), 이때 직업훈련으로 습득한 직업과 현재 수행하고 있는 직업을 구별할 수 있다.
- 어떤 사람이 취업하고 있는 기업체의 산업부문 및 업종과 관련한 해당부문(예컨대 농업, 건설업 등)

---

13) 어떤 조사에서 활동직무, 소속부문, 사회법적 신분, 그리고 계층적 지위에 관한 여러 가지 질문에 답변할 수 있는 가능성이 앞서 주어져 있을 때, 이는 폐쇄적 설문이라고 한다. 이에 반해 인터뷰를 받은 취업자가 진술을 기재하도록 부탁 받는다면, 이는 개방적 설문이라고 일컬을 수 있다.

- **직업상의 직위**(예컨대 사무직, 공무원, 노동자, 자영업자 등)
- 기업체 내에서의 계층적 위치(예컨대 관리와 실행, 숙련과 비숙련 등)
- 노동직능, 노동직무(기능영역), 그리고 **노동수단**과 같은 내용적 표징들14)

이러한 설명의 몇 가지는 서로 밀접히 연결되어 있으며, 다른 몇 가지는 그에 반해 독립적이다. 누군가가 직업상의 지위를 정확히 그리고 분화시켜 파악하려고 한다면, 직무와 산업부문별 소속, 사회법적 신분, 그리고 계층적 지위를 각각 질문할 것을 권할 수 있다. 이는 피상적인 설문으로 드러나지 않는 현상들을 사후에 분석하는 것을 가능케 해준다. 예를 들어 제조업체 내에서 직접적인 생산과 관련된 직무들이 서비스와 관련된 직무라고 할 수 있는 업무부문으로 명백한 이전이 발생하고 있다는 사실은 2차부문에 취업하고 있는 사람들의 비중을 상당히 상대화시킨다는 중요한 관찰이다. 하지만 이러한 관찰은 막연히 어떤 산업부문에 속하는가가 아닌, 직무가 무엇인가를 물어볼 때 파악될 수 있는 것이다. 따라서 누군가가 직업에 관한 질문에 '공업노동자'라고 대답한다면, 이것은 경험적인 연구에 그리 쓸모있는 답변이 될 수 없다.

개방적인 설문과 폐쇄적인 설문의 활용에는 각각 서로 다른 장단점이 결부되어 있다. 개방적 설문의 장점은 예시로 인하여 답변이 여과되지 않는다는 점에 있다. 설문지 작성자가 무엇을 생각하느냐를 확인하는 것이 아니라, 직접적이고 단절되지 않은 정보를 얻을 수 있다는 것이다. 반대로 그 단점은 응답자가 서로 다른 추상수준에 놓여있을 수 있으며 후

---

14) '노동직무'(기능영역), '노동직능'(직무), 그리고 '노동수단'(영업수단) 등의 표징에 대한 해석의 실마리를 특히 헤닝에스, 슈토스, 그리고 트롤(Henninges/Stooss/Troll, 1976)과 블라슈케와 플라트(Blaschke/Plath, 1994)가 제시하였다. 학커, 이반노바, 그리고 리히터(Hacker/Iwanowa/Richter, 1983; 1994)의 '직무평가체계'도 이와 관련하여 지적해야 할 것인데, 이는 수공적, 인지적 직무비율 이외에 구조적, 조직적, 숙련 및 학습과 관련된, 그리고 기타 표징들을 포괄하고 있다. 블라슈케와 플라트(1994)의 출판물에서도 이것이 자세히 서술되고 있다.

속적인 통일화 작업이 이따금 매우 힘든다는 것이다. 직업에 관한 진술을 개방적으로 질문할 경우에는, 그것이 매우 포괄적인 분류에 바탕하게 됨으로써 후속적인 코드화작업이 가능하다.

폐쇄적인 설문을 활용할 경우에는 예시 답변의 상세성과 관련된 문제점이 제기된다. 비록 몇 가지 소수의 답변 가능성을 가진 목록은 개관하기에는 좋으나, 본질적인 차이점을 고려하지 못하는 위험성은 안고 있다. 반대로 매우 포괄적인 예시 답변을 가진 목록은 일별하기가 곤란하며, 서식적 설문에도 구두적 설문에도 적합하지 않으나 현실을 정확하고 대체로 단절 없이 파악할 수 있는 장점을 지니고 있다.

직업에 관한 개방적이거나 폐쇄적인 설문은 직접적이거나 사후 검색 단계를 거친 후에 직업진술에 관한 스칼라(Skala)에 비추어 정리된다. 이러한 맥락에서 '스칼라'는 직업진술의 범주화된 목록을 의미하는 것으로서, 이때 범주구성은 하나의 이론적 배경을 가져야 한다고 하지만, 그렇다고 해서 반드시 그러해야만 하는 것은 아니다. 범주도식이 어느 정도 상세해야 하느냐는 연구의 성격에 달려 있다. 매우 정교한 범주도식은 비록 정보는 풍부하게 담고 있으나, 추상화를 북돋우지 않으며 의사소통에는 조건적일 수밖에 없다. 반대로 매우 조악한 범주도식은 정보가 빈약할 수 있다. 여기서도 개별 사례에서만 발견할 수 있는 중도적 태도가 올바른 진행방식이 된다고 할 수 있다.

누군가가 독자적인 조사연구를 위해 **범주도식을** 개발하고자 하거나 아니면 반드시 응용해야 한다면, 그 사람은 보통 이를 관청통계의 간행물(예컨대 인구센서스 보고서)에서 얻거나, (연방)통계청으로부터 구득할 수 있는, 다양하게 존재하는 국가적, 국제적 분류체계를 참조할 수 있을 것이다. 이와 관련하여 언급할 수 있는 국제적 분류 가운데 하나가 국제노동기구(ILO)의 주관 하에 개발된 국제표준 직업분류(ISCO)이다. 국제표준 직업분류는 계통적이며 단계적으로 보다 포괄적인 직업집단으로 집약될 수 있는 약 1,500여 개의 직업진술에 관한 다섯 자리수의 기술방식을 담고 있다.

<그림 32> 국제표준 직업분류에 관한 예(ISCO 88)

1자리		2자리		3자리	
코드	설명	코드	설명	코드	설명
2	과학자	21	물리학자, 수학자 그리고 공학자	211	물리학자, 화학자, 그리고 관련 학자
				212	수학자, 통계학자, 그리고 관련 학자
				213	전산정보처리학자
				214	건축가, 공학자, 그리고 관련 학자

직업진술은 명목척도적 표징이다. 이를 군집화하고 또한 새로운 등급으로 집약할 수도 있으나, 이 자체는 그 어떤 서열적 배열이나 등간척도적 배열도 보여주지 않는다. 두변량 또는 다변량 통계를 적용하고자 하는 사람들은 명목적 자료수준이 분석방법의 선정을 상당히 제약한다는 점을 잘 알고 있을 것이다. 본질적으로 명목척도적 표징들이 제시되는 경우에는 무변수기법을 적용할 수 있을 따름이다. 이러한 제약으로부터 벗어나는 길은 검증된 직업스칼라를 적용하는 것이다. 이는 사회경제적 지위, 따라서 가장 넓은 의미의 직업과 결부된 물질적 측면이나 아니면 직업적 명망을 측정하는 것이다. 가장 널리 알려진 스칼라는 도널드 트라이먼(Donald Treiman, 1977)이 개발한 표준화된 국제 직업명망 스칼라이다. 이것은 모든 직업진술에 대해서 각각의 직업이 사회적으로 어떤 명망을 지니고 있는지를 나타내어 주는 일정한 점수를 마련해 놓고 있다. 의사, 대학교수, 그리고 법관은 75점 이상의 매우 높은 득점을, 항구노동자와 막일꾼 그리고 비숙달 노동자는 매우 낮은 득점을 보여준다. 명망과 사회경제적 지위, 그리고 사회적 층화가 확실히 완전한 것은 아니지만 일반적으로 유의미한 상관관계를 보여주기 때문에, 트라이먼의 그것과 같은 스칼라는 사회공간적 분석에도 유용한 도구가 된다.

직업에 관한 진술로부터 얻을 수 있는 두번째로 중요한 정보는 고용자의 산업부문별 배열과 관련된다. 수많은 이론적 접근방법에서는 산업부문으로 분화시킨 취업인구(1차, 2차, 3차, 그리고 또한 종종 4차부문)의 구조와 동태에 관한 설명들이 중심적인 위상을 얻고 있다. 더군다나 취업활동자의 부문별 배열은 산업사회와 서비스사회라는 명칭까지 붙여주고 있다.

일자리와 취업인구의 부문별 배열에 관한 서술은 역시 앞서 주어지거나 스스로 개발한 범주도식 위에서 행해지고 있다. 직업의 범주화와 관련하여 행한 설명이 이 경우에도 다시 반복될 수 있다. 부문별 범주도식에서도 정보의 유지와 일관성 사이에 통상적인 타협을 선택할 수 있다. 이와 관련하여 국가적 그리고 국제적 범주화가 개발되어 있음을 다시 한번 지적할 수 있다. 통계적 경제부문체계(NACE)도 역시 국가적 분류를 대신하여 적용되는 다섯 자리 수의 코드이다.

직업상의 직위에 관한 개념적 기술은 이를테면 좀더 간단하게 행해지는데, 이는 사회법적 차이와 결부되어 있기 때문이다. 직업상 신분은 기본적으로 자영업자, 보조적인 일을 행하는 가족성원, 노동자, 사무직, 그리고 공무원과 같은 표상을 포괄한다. 독일에서는 '자유직'을 독립적으로 분류하고 있으며, 오스트리아에서는 자영업 집단에 넣어 계측하고 있다. 모든 표징의 표상은 서로 다른 법적 토대에 기초하고 있다. 누가 공무원인가는 해당 법령에 명확히 규정되어 있다. 노동자나 사무직 역시 법적 규범에 근거하여 명료하게 구분할 수 있다. 또한 대부분 개별 범주들은 각기 독자의 의료 및 연금 보험기관을 설치, 운영하고 있다.

반면에 한 기업에서 계층적 지위를 범주적으로 파악하는 것은 이보다 훨씬 어렵다. 그래서 어떤 기업체에서 '상위직'과 '하위직'을 파악하는 것이 필요하다면, 비교 가능한 범주를 구성한다는 것은 오히려 새로운 문제를 야기시킬 수도 있다. 학업을 통한 자질과 **숙달시간**, 그리고 형식적 구획 등의 조합으로부터 단순직, 중간직, 상위직, 고위직이라는 공무원의 배열과 단순, 중간, 상위 및 고숙련 관리기능의 직위를 가진 사무직의 배열, 그리고 보조노동자, **단기훈련을 받은 노동자**, 전문기능직 노동자 및 직공장의 노동자의 배열들을 도출하게된다.

직업도 산업부문도, 그리고 직업상의 직위도 파악할 수 없다고 할 경

<그림 33> 국제표준 경제부문 분류에 관한 예(NACE)

1자리	2자리	3자리
코드 설명 D 제조업	코드 설명 15 식품업	코드 설명 151 육류 생산 및 가공 152 어류 가공 153 과일 및 채소 가공 154 동·식물성 기름 및 지방 생산 155 유제품 생산 156 소맥제품 생산 157 동물사료 생산 158 기타 생필품 생산 159 음료 생산

우에는 직무내용을 파악할 수 있는데, 테사링(1994: 14)의 편제는 이와 관련한 방향을 설정하는데 커다란 도움을 준다. 테사링은 열 가지 서로 다른 직무영역을 구분하였다. 즉, 구득과 산출, 기계장비의 제어, 수선, 일반적 서비스 직무, 교역 및 판매, 사무활동, 연구개발, 조직 및 경영, 보안과 법적용, 교육훈련, 자문, 정보처리 등이다.

  지역적으로 분화된 **직업구조**를 파악하기 위한 가장 중요한 자료원은 역시 인구센서스이다. 이 자료는 공간 단위를 깊이 있게 세분화하는 것을 가능케 해주는 동시에 직업과 관련된 진술을 얻는데 유용한 도구가 된다. 표본조사는 포괄적인 세분화를 허용하지 않는 몇몇 소수의 사례에 한정될 수밖에 없는 단점을 안고 있다. 끝으로 선정된 취업자 집단에 사회보장 내지 노동청의 등록자료를 관련시킬 수 있다. 하지만 개별 국가에서는 이들 자료가 기업체의 본사 소재지에 따라 조사되고 있기 때문에, 특히 다공장기업의 경우 지역간의 격차에 대한 분석은 매우 그릇된 결론을 도출할 수도 있다. 그뿐만 아니라 인구센서스와 사업체센서스에서 취업자, 보조적 가족성원, 전일제 및 시간제 취업자와 같은 개념이 사회보장청의 통계와는 전혀 달리 정의되고 있다는 점도 주의해야 할 것이다.

2) 발전동향과 공간적 격차

취업활동자의 산업부문별 구조와 직업활동의 구체적인 내용이 어떻게 전개되고 있는가는 매우 광범위한 이론의 분석 대상이다. 이 책의 첫 절(제1장 1절)에서 이와 관련한 발전동향에 관하여 언급하였다. 그래서 아래에서는 몇 가지 논점만을 다시 한번 상기시키고자 한다.

- 기술과 노동조직의 지속적인 발전과 농업과 공업에서의 생산성의 진전으로 말미암아 고용이 점점 서비스부문으로 옮겨가고 있다. 국내 시장의 개방과 경제의 세계화는 단위임금비용이 낮은 국가와 지역으로 공업 생산의 이전에 통하여 이러한 전개과정을 뒷받침하고 있다. 사회복지국가의 발달과 교육 및 보건위생부문, 그리고 공공행정의 구축은 서비스부문으로의 이행을 한층 더 촉진시켰다.
- 직업의 감소, 특히 수공업부문과 광업, 그리고 원료산업에서의 감소와 3차부문에서의 증가는 경제부문의 구조변동과 결부되어 있다. 서적인 쇄공, 깃 제조자, 직공(織工), 대장장이나 제화공과 같은 직업들은 희소해 지고, 프로그래머와 자료운용자, 무역대리인이나 창고노동자와 같은 직업들이 이와 반대로 중요성을 얻어가고 있다.
- 비록 오직 그렇다고는 말할 수 없을지언정 사회법적 지위에 있어 상당한 변동도 부문별 구조변동과 역시 관련되어 있다. 즉, 자영업자들의 수는 줄어들었고 비자영업자들의 수는 늘어났다. 비자영 취업자 집단 안에서 노동자의 수가 감소하고 사무직과 공무원은 팽창하였다. '프롤레타리아와의 결별'이라는 인구에 회자되는 말은 이러한 발전양상을 잘 표현하는 것이다.
- 노동자들을 육체적으로 직접 부담이 되는 노동형태로부터 해방시켜주는 노동절감적 기술의 대량투입과 함께 구체적인 노동내용도 바뀌었다. 제어하고 조사하고 정지시키고 후속적으로 조절하는 것은, 들어올리고 해머질하며 구부리고 무거운 것을 옮기는 것들을 점점 배제시켜 온 작업상의 경과들이다. 이와 결부되어 있는 중요한 사실은 숙련

에 대한 요구가 변하고 있다는 점이다. 아주 간략히 다음과 같이 정리할 수 있다. 즉, 공업과 도소매 영업, 그리고 또한 서비스 업체들은 비록 적지 않은 상당 수의 일자리를 여전히 '만인의 숙련도'를 가진 사람들로 채울 수 있지만, 점점 숙련된 노동력을 필요로 하고 있다. 일반적인 요구되는 프로필의 중점은 사무노동에 의해 육체적 건장(健壯)에서 정신적 인내(忍耐)로 변화해왔다.

부문별 구조변동과 노동세계의 변화는 공간의 구조적 차이에 심대하게 작용하였다. 기술혁신과 정치적 조절메커니즘에 의해 부각된 구조변동은 특정 입지에서 우선적으로 표출되고, 이어 전파의 형식을 통하여 확장되며 마침내 면상(面狀)의 확산을 겪게 되었다. 각기 독특한 지역격차의 정도가 이러한 확산과 결부되어 있다. 곧, 면상의 확산이 발생한 경우에는 혁신이 시발하기 전의 미미한 격차, 혁신의 첫 등장과 함께 격차의 급격한 상승, 그리고 마침내 주기의 종결기에 있어 격차의 감소가 그것이다.

그런데 주기의 종결 국면에서 격차의 축소는 각각 조사된 혁신들의 개별적인 군집이나 하나의 군집과 연관된다. 하나의 주기가 종결되기 전에 혁신 중심지에서는 이미 오래 전부터 또 다른 주기가 시작되는 것이다. 보통 구조변동의 격차는 작아지는 것이 아니라, 오히려 늘 되풀이하여 새로운 분야와 기준으로 전이된다. 따라서 수렴의 테제는 언제나 특정한 구조적 표징과 관련될 뿐이며, 지역격차가 일반적으로 줄어든다는 점을 지칭하는 것은 아니다. 더군다나 세계화의 틀에서 오히려 그 반대가 기대되는데, 왜냐하면 의사결정의 중심지와 권력과 고숙련이 결합된 일자리들은 무엇보다도 세계도시에 집중하며, 따라서 주변부는 더욱더 배후지로 밀려나고 있기 때문이다.

3) 직업구조의 중심-주변간의 차이

(1) 산업부문의 분류

비록 살펴본 여러 표징들이 보여주는 공간적 격차는 시간이 지남에 따라 줄어드는 경향을 보여주고 있지만, 도시와 농촌, 그리고 중심부와 주변부 간의 상당한 사회적 상이성은 여전히 관찰된다. 이러한 사회적 차이는 소득과 학교교육 또는 직업상의 지위에 따라 표현될 수 있다. 직업상의 지위는 다시 산업부문별, 직업별, 그리고 사회법적, 계층적 제반 표징을 통하여 조작화된다.

1차부문은 명료한 중심-주변간의 경사 아래 놓여 있다. 이 점은 그렇게 크게 놀랄 만한 사안이 아니다. 주변부에 있는 일자리의 상당 부분은 1차부문에 해당한다고 볼 수 있다. 농업은 촌락공간에서, 특히 그곳이 경제적으로나 지리적으로나 주변부인 경우에는, 항상 높은 위상을 띠게 된다. 이는 남성보다는 여성과 관련해서 그러하다. 농업이 여성들에게는

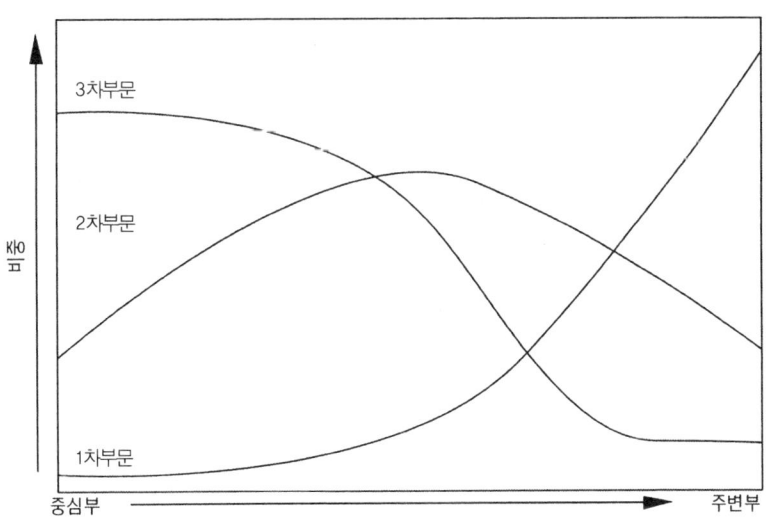

<그림 34> 일자리의 산업부문별 구조와 중심-주변간의 분화

출처: 필자

거의 보호받고 있는 잔여부문(殘餘部門)으로 개방되어 있다. 주변부에서는 이미 많은 남성들이 후퇴한 부문들이 여성들에게 넘겨지고 있다.

전체적으로 서비스부문도 비록 역전된 표상을 갖고 있기는 하지만, 중심-주변간의 경사를 보여주고 있다. 서비스부문의 일자리는 중심권에서 풍부하며 주변부에서는 희소하다. 그런데 이때 서비스부문을 분화시켜 살펴볼 필요가 있다. 공공부문(학교, 종교서비스, 보건분야)의 서비스인 경우에는 아주 미약하게나마 중심-주변간의 경사가 높아지고 있으며, 생산자서비스의 경우에는 매우 가파른 경사가 나타나고 있다.

이때 조직이론과의 관련성을 지적할 수 있다. 공공서비스는 관료적으로 조직되어 있고 그 노동경과는 조절되며, 대부분의 경우 독점적으로 발생하고 있다. 이에 공공부문의 서비스는 이윤에 대한 고려와는 무관하게 두루 공급되는, 말하자면 그것을 보편적으로 이용할 수 있어야 한다는 정치적 위임(委任)이 부가되어 있다. 따라서 도시와 농촌, 중심부와 주변부 간의 격차가 적을 수 있다.

주로 화폐금융분야와 보험, 그리고 경제서비스업으로 구성되는 생산자서비스부문은 근본적으로 달리 평가할 수 있다. 이 부문에 속하는 기업체들의 경제적 '환경'은 매우 동태적이다. 기업들은 말하자면 둥근 '공 위에서' 균형을 잡으며 유지할 수 있어야 한다. 이들 기업은 다른 사람의 손을 거치지 않은 정보와 개인적인 접촉에 크게 의존한다. 다른 업체에 서비스를 제공하는 소기업들(개인자문, 광고사무실, 그래픽디자이너, 회계사 등)은 더욱이 매우 격렬하게 서로 경쟁하고 있다. 직접적인 접촉과 새로운 정보로부터 멀리 떨어져 있는 주변부의 입지가 이들 업체에게는 전혀 적합하지 않다. 그리고 또한 아주 뚜렷한 수직적 분업을 보여주는 대형 금융기관들은 그들의 **기업본사**를 중심권에 위치시키지 않으면 안된다. 이들 금융기관은 국제 금융시장의 정보와 정부의 의사결정, 그리고 기업의 재정여력을 과시하는 것이라는 중심적인, 따라서 때때로 터무니없이 비싼 입지에 좌우되고 있다.

중심-주변간의 차이에 있어서 이와 또 다른 패턴은 2차부문에서 나타나고 있다. 공업과 상업에 속하는 일자리들은 주변부에서는 비교적 드물고, 그 출현 빈도가 중심권을 향하며 높아지고 절정에 도달한 후에 중심지로 가면서 다시금 떨어진다. 따라서 2차부문의 중심-주변간의 경사는 거의 정규분포에 가깝다. 이 또한 일반화한 것을 말하는 것인데, 제품의 수명주기라는 의미에서 '성숙' 정도에 비추어 분화시켜 살펴보아야 할 것이다. 어떤 기업에서 생산되는 제품이 성숙하면 성숙할수록, 그만큼 주변부로 밀려난다. 일자리가 일천하면 일천할수록, 그것은 그만큼 자주 중심권에서 발견될 수 있다. 그래서 원료산업과 전통적인 소비재 산업들(예컨대 섬유산업)은 주변부에, 제품이 여전히 성숙단계에 도달하지 않은 경공업은 중심권에서 발견된다.

(2) 직업상의 직위

이와 관련하여 우선 농부들의 비중은 명백하게 중심-주변간의 경사를 따라 낮아지고 있음을 지적할 수 있다. 이러한 상호 관련성은 너무 명백하여, <그림 35>에는 아예 표시조차 하지 않았다. 하지만 노동자의 중심-주변간의 경사에 관해서는 언급해야 할 것이다. 다시 말해 주변부에서는 매우 중요하며, 중심권에서는 평탄한 감소와 비교적 균일함을 보여준다. 하지만 남녀 노동자가 서로 구별된다. 노동자로 종사하는 여성의 비율이 중심성과 함께 상승하고 있는데, 중소도시에서 절정에 이르고 중심권에서는 다시 감소한다.

사무직의 비중에 있어서 중심-주변간의 경사는 중요하다. 이때 명백한 상승양상은 중심성과 결부되어 있다. 사무직의 비중이 주변부에서는 낮고 중심부에서는 현저히 상승한다. 이에 더불어 사무직을 그 **기업적-계층적** 위치에 따라 분화시켜 살펴보면, 모든 상위의, 고숙련 관리직들이 매우 뚜렷이 증가함을 알 수 있다. 이 경우에서 우리는 일정한 규칙성을 확인할 수 있다. 즉, 숙련수준이 높으면 높을수록, 중심-주변간의 경사는 그만큼 가파르게 된다는 점이다.

왜 그러한가 하는 점은 조직론적 접근을 통하여 이미 논증되었다. 기

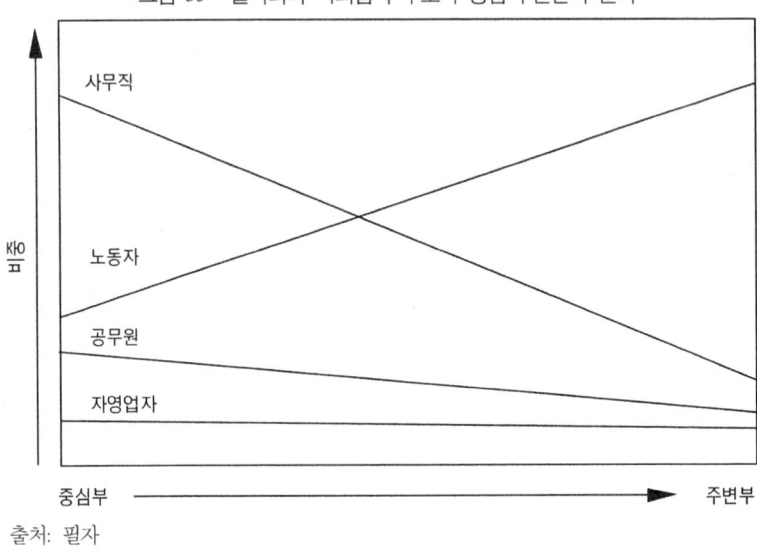

<그림 35> 일자리의 사회법적 구조와 중심-주변간의 분화

출처: 필자

업환경이 동태적이면 동태적일수록, 기업운용이 경직적인 관료제적 규율을 통해 조절되는 경우가 그만큼 드물게 되며, 경쟁압력이 강하면 강할수록 기업은 다면적인 상황을 돌파할 수 있는 숙련된 종업원들을 1차적 중심입지에 그만큼 더 집결시켜야 할 것이다. 반대로 기업체 내지 산업부문의 사업환경이 덜 0동태적이고 노동경과가 일괄적으로 조직되어 있으며 활동여지가 넓지 않고 기업이 독점적인 지위를 누리고 있을 경우에는, '중심부' 밖의 입지들도 거론될 수 있다. 숙련된 종업원들이 비록 필요하기는 하지만 기업이나 산업부문의 전체 취업자 가운데 차지하는 비중은 낮고 개별 기업입지와 마찬가지로 분산적으로 분포하게 된다. 예를 들어 우체국은 분산적인 조직구조를 보여주며, 숙련된 종사원들은 모든 우체국에 걸쳐 찾아볼 수 있다. 초등학교는 수많은 곳에 설치되어 있으며 중심권이냐 주변부냐에 상관없이 두루 자질 있는 교사를 필요로 한다.

전체 취업자 중 **공무원**이 차지하는 비중에 있어 중심-주변간의 경사는 중심부에서 주변부로 가면서 감소하나, 사무직의 그것보다는 확실히 평탄하다. 공공부문이 제공하는 서비스는 취락의 규모별 계층을 통하여 민간경제의 그것보다 훨씬 균등하게 분포하고 있다. 따라서 공공부문은 민간경제보다 한층 더 촘촘한 1차적 일자리의 밀도망을 펼쳐보이고 있다. 즉, 공공부문은 이를 통해 지역격차뿐만 아니라, 성별 특유의 격차도 균등화시키고 있다.

공간적인 노동시장의 분단화는 노동자와 사무직, 그리고 공무원들의 비중에서 표출되는 중심-주변간의 경사에 의해 인상적으로 묘사된다. 중심권은 평균 이상으로 높은 배분적이고 고숙련인 경영관리적 일자리를 제공하는 반면, 주변부로 가면서 경사가 줄어듬과 동시에 실행기능의 비중이 높아진다. 공공부문의 일자리에서도 이와 유사한 양상이 나타나고 있지만, 공무원이라는 직위는 한층 더 균등하게 배분되어 있다.

4. 노동시장상의 이동

통상적인 노동시장이론의 틀에서 '경제인'은 수요의 변화를 공급의 변화와 아울러 장기적으로 공간적, 직업적 이동을 통하여 대처한다. 이에 따라 이동은 구조변동에 대한 거의 시스템 내재적인 반응이라고 할 수 있다. 이동은 발생하고 소멸하며—가정이 그러하듯이—장기적으로 그 어떤 명료한 경향을 보여주시 않는데, 이는 이동의 추동력인 불균형이 균등화되기 때문이다. 그렇지만 실제의 이동은 특유의 '출발지와 목적지'를 가진 거의 연속에 가까운 현상임이 확인되고 있다.

직업상의 이동은 고용체계 안에서 직위의 교체나 취업활동, 실업 및 비취업활동 사이의 지위변동으로 정의된다. 공석이 된 일자리의 충원은 실업자들에 의해서 뿐만 아니라 이전에 실직상태에 있지 않았던 사람들에 의해서도 이루어진다. 후자에는 직업교육을 받고 있었던 사람이나 자녀의 양육에 전념하였던 사람 또는 다른 사용자에게서 해고당한 사람들이 해당한다. 따라서 직업상의 이동은 고용체계 내에서나 고용체계의 경계를 넘어 발생할 수 있다.

고용체계 내의 **직업적 이동**에 있어서는 동일 업종(부문내 이동) 내지 타업종(부문간 이동)에서의 교체, 기업체 내에서의 교체(기업 내 이동), 그리고 사용자의 교체(기업간 이동)가 구별될 수 있다. 고용체계를 넘어선 이동은 실업, 침묵의 예비군 또는 비취업활동과의 교환과정에서 발생할 수 있다(Schettkat, 1993: 368). 노동력의 이동은 다음과 같은 원인에 의해 촉발된다. 즉,

- 전체 고용의 변동(예컨대 공급일자리의 증감),
- 구조변동(산업부문별 경제구조의 변화),
- 한 업종에 속한 기업체들 간의 경쟁(팽창하거나 축소되는 업체들 사이의 직업이동),
- 노동생활의 연장에 있어서의 변화(퇴직연한의 변화, 인구학적 영향),
- 제도적 영향(단축노동, 해고보호규칙, 기한제적 노동협정) 등이다.

직업상의 이동은 사회적 이동과 밀접히 연관되어 있는데, 이는 직업과 결부되어 있는 사회경제적 지위가 사회적 지위를 확인시켜주는 가장 중요한 표징에 해당하기 때문이다. 사회적 이동은 지위교체(地位交替)가 상승과 하강과 결부되어 있을 때에는 수직적으로, 지위교체가 계층적 위계의 변동과 결부되어 있지 않을 경우에는 수평적으로 이루어진다.

1) 계측개념과 자료원

이동에 대한 정의로부터 그 어떤 연구단위에 대해서도 시간적으로 배열할 수 있는 적어도 두 가지의 직업상의 설명과 지리적인 진술이 반드시 필요하다는 사실이 도출된다. 이주에 관한 분석의 틀에서는 **출발지**와 **목적지**가 의미 있게 부각된다. 이 점을 유추해 볼 때 직업상의 이동에서도 직업적 '**출발위치**'와 직업적 '**목표위치**'를 파악하는 것은 필수적이다.

직업상의 출발지위는 예를 들어 직업상의 첫자리일 수 있다. 이는 학

교나 견습훈련 또는 대학에서의 학업을 끝마친 뒤에 처음으로 얻는 직업상의 지위를 말한다. 직업상의 첫자리는 어떠한 자질을 갖고서 직업상의 어떤 직무를 얻게 되었는가를 기록하는 것이다. 이것은 횡단적인 고찰을 행하는 경우보다 지역이나 성별 특유의 비교를 행하는 데서 다양한 차별화에 관해 유용한 시사점을 제시해준다. 지역간의 비교에 있어서는 직업상의 구조적 차이는 말하자면 여러 요인에 의해 '윤색'된다. 그래서 횡단적으로 비교할 경우에는 암묵적으로 취업인구는 동일한 나이이며 비슷하게 오랫 동안 취업하고 있으며, 취업생활을 늘 한 지역에서 행하고 있다는 점을 전제로 한다. 이러한 가정들이 아주 대담한 것이라는 점은 재삼 강조할 필요조차 없다.

　직업상의 첫자리는 출생집단과 관련된 비교를 행할 때 여러 가지 변동에 관한 진술을 가능케 해준다. 세계대전 직후에 태어난 세대들이 그들의 직업활동을 어디에서 시작하였으며, 그들이 경제 기적기 동안에는 어디에 있었는가? 이러한 질문은 서로 다른 직업선정이 고용체계로의 진입시점에 미치는 영향을 세대내 변동과 깨끗이 구분할 수 있게 해준다. 이 점은 아주 중요한데, 왜냐하면 직업생활에 막 발을 들어 놓은 출생집단이 특정한 첫 취직자리에 찬성하느냐 아니면 반대하느냐, 또는 취업생활 내에서 자신의 직업을 교체해야 하느냐 하는 것은 사회정책적으로도 중대한 의미를 지니고 있기 때문이다. 세대 교체의 상황에서 농업부문에서의 일자리 감축을 서로 다른 직업상의 첫자리를 통하여 대처한다면, 이는 개인적으로나 집단적으로나 어떤 의미에서 인내할 수 있다(세대간 이동). 그렇지만 한 농부가 자신의 직업을 바꾸지 않으면 안된다고 한다면(세대내 이동), 이는 당사자에게서 뿐만 아니라 전체 사회정치와 관련해서도 감내하기가 여간 어렵지 않은 일이다.

　자료조사 시점에서 실제로 차지하고 있는 **직업상의 위치**, 즉 **직위**는 직업적 '목표위치'로 파악될 수 있는데, 이는 첫 교체 후의 직업적 위치일 수도 있고 직업상의 첫자리를 잡은 지 5년이나 10년이 지난 후의 직업적 위치일 수도 있다. 직업적 '목표위치'는 — 인구이동 연구에 유추하여 그 틀 안에 머물러 있기 위해서—직업적 이동과정의 최종적 또는 잠정적 종착 위치를 표시한다. 직업상의 첫자리와 현재의 자리를 비교함으로써 두 지위가 동일하게 유지되고 있는지 아니면 바뀌었는가를 파악할 수 있다. 이러한 연구에서 전형적인 이동패턴을 구분할 수 있다. 즉, 동일하게 머물러 있는 '현상유지적 경로'와 상승 또는 하강지향적 경로가 그것이다.

직업적인 이동성을 파악하기 위한 일련의 방법과 계측수치가 제시되고 있는데, 이것들을 아래에서 설명하고자 한다. 매우 간단한 지표는 어떤 경제부문, 경제계층 또는 직업범주에 있어 고용의 안정성 내지 변동을 서술하는 것이다.

$$STAB = \frac{EWT_{i,t} + 1}{EWT_{i,t}}$$

쉐트카트(Schettkat, 1993)에 따르면, 이 안정도는 다음과 같이 설명된다. $EWT_{i,t}$는 t라는 시점에 i라는 업종(기업체, 직업 등)의 취업활동자들이며, $EWT_{i,t+1}$는 i라는 업종(기업체, 직업 등)에 $t+1$라는 시점에 취업한 i라는 업종(기업체, 직업 등)의 취업활동자들을 말한다.

이렇게 정의된 고용의 안정도는 고용수준의 변동에 따라 전체적으로 상대화된다. 고용이 전체적으로 감소하면, 모든 경제부문의 안정도가 1보다 작게 나타날 확률이 커지며, 반대로 고용이 전체적으로 성장할 경우에는 그 값이 1보다 커질 수 있다.

또 다른 지표는 이른바 유출률(ABQ)이라는 것이다. 이는 t_1이라는 시점에 특정 부문 i 또는 특정 직업에서의 직업적 유출 정도를 측정한 것으로, 그후의 시점 t_{1+1}과 비교한다. 수많은 젊은 사람들은 자동차기술자가 되지만 이 직무를 살아가면서 포기하고 다른 직업을 얻을 경우에는 유출률이 높아질 것이다.

$$ABQ_i = \frac{EWP_{i,t} - EWP_{i,t+1}}{EWP_{i,t}} \times 100$$

반대로 유입률도 산정할 수 있다. 이 경우에는 두 시점간의 직업적 '진입'을 계측하고 목표로 하는 크기에서 차지하는 비율로 표현된다. 높은 유입률이 임의의 부문이나 직업상의 위치에서 표시된다. 예를 들어 젊은 사람들은 공공서비스의 일자리를 직업상의 첫자리로서는 드물게 선택하나, 공공서비스의 취업안정성을 높게 평가하는 장년의 연령에 있어서는 취업인구의 꾸준한 유입을 겪게 된다.

$$ZUQ_i = \frac{EWP_{i,t+1} - EWP_{i,t}}{EWP_{i,t+1}} \times 100$$

교차표(상호작용행렬)의 형태로 두 시점에서 직업상의 자리를 서로 비교하게 되면, 여타 지표들과 계측수치의 산정이 가능하게 된다. 교차표에서 연관성의 정도를 재는 계측수치는 충분히 잘 알려진 통계학적 개념에 바탕하고 있다. 이때 상호작용행렬에서 오직 주대각선만 채워져 있을 경우에는, 개별 하위 경제부문에서의 고용의 안정성이 매우 높은 것으로서 볼 수 있다. 이러한 경우 연관도(예컨대 Phi, Cramers'V)는 1 또는 거의 1에 가까운 값으로 계산될 것이다. 반대의 경우 직업상의 위치나 하위 경제부문에서의 취업이 두 시점 사이에 완전히 변하였고, 그에 따라 매우 높은 이동성이 관찰될 경우에는 상관계수가 아주 작게 계산될 것이다.[15]

직업상의 두 위치(진입업종과 잠정적 목표업종) 사이에는 서로 다른 오랜 시간이 놓여 있을 수 있다. 정확한 시점을 아울러 파악할 수 있을 때, 이른바 사건자료(事件資料)를 제시할 수 있다('사건사'). 이것은 사건의 정확한 시점이 알려져 있다는 특징을 지니고 있다. 사건 사이에 흐른 시간

---

[15] 상관도의 산정과 해석을 위해서는 바렌베르크, 기제, 그리고 니퍼(Bahrenberg/Giese/Nipper, 1990)의 논저를 참조하라.

<표 5> 직업적 이동의 상호작용행렬에 관한 예

완벽한 안정성					높은 이동성				
진입업종	목표업종				진입업종	목표업종			
	1	2	3	합계		1	2	3	합계
1	300	0	0	300	1	0	150	150	300
2	0	300	0	300	2	150	0	150	300
3	0	0	300	300	3	150	150	0	300
합계	300	300	300	900	합계	300	300	300	900

은 에피소드 또는 구간(區間)으로 지칭된다. 따라서 직업상의 첫자리와 현재의 자리 사이에는 수많은 직업구간이 존재할 수 있다. 직업상의 첫 자리, 현재의 자리, 직업구간의 수, 그것의 평균연한, 그리고 개개인의 전기에서 자리잡는 순서로부터 사회와—공간적으로 세분화된 자료가 제시된다면—공간에 관한 수많은 추론을 이끌어낼 수 있다.

직업상의 이동을 분석적으로 분할하는 작업을 행하는 목적은 정확한 지표와 계측요소를 얻고자 하는 데 있다. 이들 계측요소는 해당 인물의 주관적 의미부여와는 무관하게 구성된다. 이 분석적 연구방식과 정반대가 되는 것이 해석학적으로 지향한 전기연구(傳記研究)이다. 이러한 배경에서 콜리(Kohli, 1978)는 개념을 분화시킬 것을 요구하고 있다. 그는 주관적인 의미를 부여한 생활사로서의 전기와 객관적인 사건순서로서의 이력을 구별하고 있다. 전기연구는 직업적 이동에 관한 주관적 기술과 가장 중요한 전환기와 경력에 대한 형용된 해석을 받아 들인다. 이러한 연구방법은 논쟁의 여지가 없는 장점을 지니고 있는데, 왜냐하면 그것은 당사자로 하여금 직업상의 이동에 관한 정보를 서로 달리 평가할 수 있도록 해주기 때문이다. 그렇지만 단점도 없지 않은데, 주관적 가치 판단이 완전히 배제될 수 없으며, 따라서 개인적인 설명을 서로 비교하는 것을 매우 어렵게 하기 때문이다.

지역적인 맥락에서 직업상의 이동에 관한 연구는 드문데, 이들 연구가 분석적 접근방법을 따르는지 아니면 해석학적 접근방법을 따르는지 하는 문제와는 상관없이 그러하다. 이에 대한 연구가 부족한 원인은 어려운 자료상황에 있다고 할 수 있다. 어떤 인구센서스도 직업상의 이동을 파악하는데 거의 관심을 기울이지 않고 있다. 다만 표본조사(미시센서스)가 이 문제를 염두에 두고 있는데, 이때 미시센서스는 표본조사라는 성격 때문에 공간적으로 매우 제한적으로밖에 세분화될 수 없다. 사회경제적 패널(SOEP)의 활용도 이러한 문제점을 보여준다. 사회경제적 패널은 패널조사의 하나로, 이 경우에는 선정된 출생집단에 여러 번 질문을 하고, 그로부터 이동과정에 관한 정보를 얻는다. 이를 위해서는 노동시장 및 직업연구소(IAB)의 고용통계의 이른바 사료(史料)도 큰 도움이 될 것이다. 이 경우에는 1973년이래 독일 연방노동청에 보관되어 있는 사회보장의무가 있는 전체 취업자들에 대한 고용통계의 보존자료로부터 1%의 표본이 기초가 된다. 이 사료는 매년 추가되고 보완되며, 포괄적인 장기단면 분석을 가능케 해준다. 표본조사는 연평균 약 20만 명과 장기단면에서는 약 42만 명의 사회보장의무가 있는 취업자들을 포함하고 있다.

노동시장 및 직업연구소와 사회경제적 패널(SOEP)의 표본조사는 다른 사회과학적 자료조사와 비교해볼 때, 매우 방대한 규모임에도 불구하고 자세한 공간적인 설명을 도출하기 위한 여러 문제제기에는 너무 작은 편이다. 개별 지역이나 도시 또는 입지를 연구하고자 할 경우에만, 이러한 문제점을 피해갈 수 있다. 지역적인 사례연구를 위해서는 완전히 표준화된 인터뷰 이외에도 개인서류철, 이력서, 초빙문건, 그리고 기타 자료에 대한 평가들이 제시된다.

2) 사회학적 직업경로연구

1980년대에 들어 독일에서도 미국의 유사 연구들에 비해 약 10년 내지 15년 정도 뒤늦게 실증적인 직업경로연구에 관한 본격적인 연구프로젝트가 추진되었다. 이에 빌레펠트대학의 인구연구 및 사회정책연구소(비르그 H. Birg의 총괄)에 의해 수행된 노동시장의 동태와 가족의 발달, 그리고 재생산 행동이라는 제목을 단 프로젝트와 베를린 소재 막스 프랑크 교육연구소(마이어 K. U. Mayer의 총괄)의 또 다른 프로젝트를 언급할 수 있다. 생애경과와 복지의 진전이라는 제명 아래 2,172명에 대한 회고적 조사가 실시되었다. 구두 설문의 틀 속에서 전체 직업경로가 조사되었다. 피면담 조사자들에게 직업구간(월 단위로 상세하게)의 시종 일시와 수행한 직무를 질문하였다. 아울러 각각의 직무활동 구간에 대한 당시 기업체의 경제계층, 기업의 규모(취업자수에 의거한), 개개 단위구간의 시종점에서의 임금수준, 직무의 교체가 기업 안에서 아니면 기업 밖에서 이루어 졌는가에 관한 정보 등이 조사되었다. 표본은 남녀를 거의 비슷한 수로 포함시키고 있으며, 1929~1931년생, 1939~1941년생, 그리고 1949~1951년생들을 관련시켰다.

캐롤과 마이어(Carroll/Mayer, 1984)는 대기업 종사자들의 전직률이 소기업 종사자들의 전직률보다 전반적으로 낮다는 점을 찾아내었다. 따라서 기업 규모가 상승이동에는 부적 영향을, 측면 내지 하강이동에는 더욱더 미약한 영향을 미침을 보여주고 있다. 분석은 또한 기업체의 규모가 커짐에 따라 기업 내에서의 교체가 점점 빈번해짐을 보여주고 있다. 즉, 상승이동의 확률이 소기업보다는 1차적 대기업에서 전반적으로 높다는 것이다.

더군다나 많은 학자들은 사회적 표징과 관련하여 명료한 분화가 나타나고 있음을 증명할 수 있었다. 자유직종의 대졸자, 자영업자와 공무원들이 가장 낮은 전직률을 보여주며, 그 다음이 사무직이며, 마지막이 노동자들이라고 한다. 이러한 순서는 기업 내 '권력'의 위계질서와 대체로 부응하는 것이다. 위계가 높으면 높을수록, 직업상의 이동은 그만큼 저조하다는 것이다.

개인적인 표징이 미치는 효과와 관련해서는 여성들이 전체적으로 높은 이동성을 보여주며, 그들의 취업구간이 남성들의 그것보다 덜 안정적이라는 점은 캐롤과 마이어의 분석에 의거하여 설명할 수 있다. 그렇지만 기업 내 이동에 있어서는 여성이 훨씬 낮은 비율을 보여주고 있는데, 이는 여성들이 빈번히 '죽음으로 종결되는 직업경로'를 걷고 있다는 점에 대한 분명한 시사인 것이다.

블로스펠트(Blossfeld, 1989)의 연구는 베를린 소재 연방직업교육연구소(*BIBB*)와 뉘른베르크 소재 노동시장 및 직업연구소(*IAB*)의 조사결과에 기초하고 있다. 1979년 연방직업교육연구소와 노동시장 및 직업연구소의 분석에서는 독일의 교육 및 직업경과를 역시 회고적으로 설문하였다. 표본에는 약 3만 명에 달하는 취업자들(0.1% 표본추출)이 포함되었다. 첫 직업과 1970년, 1974년, 그리고 1979년의 직업을 각각 물었다. 블로스펠드는 각 출생 집단별로 나누어 처음 내딛은 일자리와 그후의 직업경과를 분석하고, 다음과 같은 연구결과를 제시하였다.

① 학교교육을 통해 얻은 자질뿐만 아니라 직업상의 첫자리와 관련해서도 각 출생집단들이 상당한 차이를 보여주는데, 이때 자질의 제고와 3차화, 즉 서비스화의 경향이 우세하게 나타나고 있다.

② 높은 자질을 바탕으로 하여 보다 젊은 출생집단은 나이 많은 출생집단보다 한층 더 숙련된, 그리고 삼차화(三次化: 서비스경제화) 과정이라는 의미에서 보다 높은 직위에 보다 큰 비율로 훨씬 빠르게 도달하였다. 나중의 직업생활에서 이러한 각각의 진입조건이 미치는 효과가 미미하게 밖에 보완되지 않았다. 따라서 유난히도 뚜렷한 영향력을 행사하는 작용은 다름 아닌 정형적 자질과 입직시의 자리와 결부되어 있는 것이다.

③ 또한 블로스펠트는—전적으로 분단론의 의미에서—고용체계에서 직업집단 사이에 비교적 폐쇄적인 이행이 존재한다는 사실을 제시하고 있다. 따라서 불리한 노동시장 상황으로 말미암아 직업적으로 낮은 첫자리를 받아들여야만 했던 출생률이 높았던 해의 동일 연령층들은 직업생활 내내 불리함을 감수하고 있다.

그런데 위에서 언급한 특별연구 제3영역(*SFB3*)의 자료원에 기초한 최근의 연구들은(Becker, 1994) 일반적으로 이미 행한 설명들을 확인시켜주며, 횡단자료와 비교하여 장기단면자료의 상대적인 이점을 강조하고 있

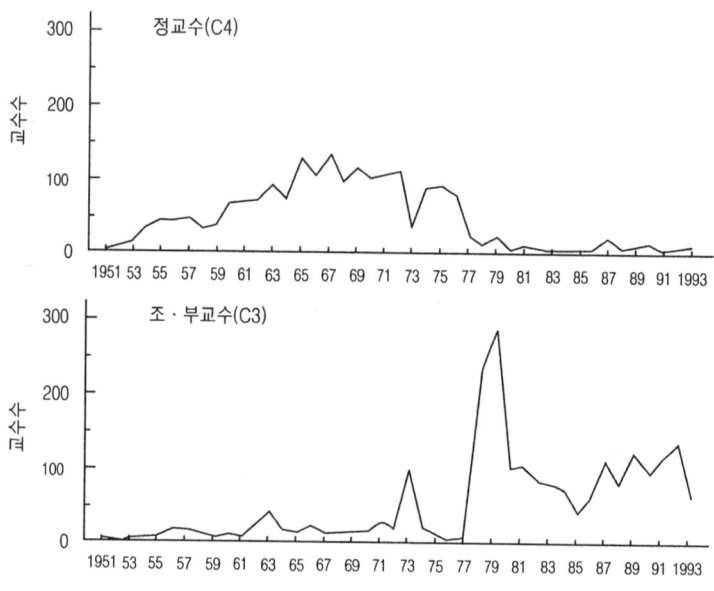

<그림 36> 1951~1993년간 바덴-뷔르템베르크주(州) 소속 교수들의 초빙주기

출처: Weick, 1995: 191에 의거; 도안: 필자

다. 그렇지만 커리어의 경과를 출생집단과 연관시킨 분석은 매우 중요한데, 개개의 동일 연령층이 매우 다른 직업기회와 조우하기 때문이다.

민간 경제부문에서는 인구학적 영향 이외에도 무엇보다도 경제적 경기주기와 기술변동이 출생연령집단의 채용기회를 결정하는 반면, 공공부문에서의 새롭게 충원될 일자리의 수는 일차적으로 일자리에 대한 계획, 일자리를 차지하고 있는 사람들의 연령구성, 정기적으로 나타나는 일자리의 확충이나 감축, 그리고 그로부터 결과하는 연간 대체수요에 좌우된다.

대학교수의 초빙기회에 대해 시간이 어떻게 작용하며 이와 결부된 출생집단효과(出生集團效果)가 어떠한가에 관한 인상적인 예는 바이크(Weick, 1995)의 연구에서 찾아 볼 수 있다. 하이델베르크대학의 경우 1980년 이전에는 그 이후의 여러 해보다 매년 세 배나 많은 교수들을 초빙하였다(<그림 36>). 이러한 개방(開放)의 결과로서, 1980년대 전반기에 새롭게 충원될 교수의 수가 급격히 감소하였으며, 교수로 초빙될 만한 학문적인 역량을 갖춘 많은 지원자들이 전혀 기회를 얻지 못했다. 1972년에서 1980년 사이에 임용된 '집단적인 연령층'으로 인하여, 퇴직한 사람의 자리를 없애지 않는 한 1996년에서 2005년 사이에 다시 한번 많은 교수들을 초빙해야하는 개방양상이 도래할 것이다. 1992년에는 1% 미만의 교수들이 정년 퇴임한 반면, 1997년에서 2001년 사이에는 연간 약 8%의 교수들이 학교를 떠나게 된다는 것이다.

3) 지리학적 직업경로연구

지역격차는 보통 교육수준, 직업상의 직위, 취업참가, 선택된 일정 직업의 비율, 그리고 주거면적이나 주거비용과 같은 지표들에 의거하여 표시된다. 이들 지표는 지역의 발전상태나 도시와 농촌, 남과 북 또는 중심부와 주변부 사이에 있어 사회구조의 지역적인 차이를 묘사해주는 계측요소로서 인정받고 있다.

그뿐만 아니라 **지리학적 이력연구**는 지역차의 '본질'을 적절하게 성격지워 주는 수많은 여러 지표들을 계측할 수 있게 해준다. 예를 들어 직업상의 첫자리, 직업구간의 연한, 상승 또는 하강지향적인 커리어의 정도, 선택된 직업경로의 분포와 같은 표징들을 들 수 있다.

지리학적 직업경로연구—이를 표본조사나 전체 거주인구의 파악, 또는 단지 사례연구를 통하여 분석하느냐 와는 상관없이—는 공간적 맥락이 직업구간의 시점과 순서에 상당한 영향을 미친다는 기본 전제에서 출발하고 있다. 이때 공간적 맥락은 거리, 하구구조의 설비 정도, 중심성과 경제적 구조 등에 의거해서는 아주 정확히 정의될 수 있으나, 여러 생활세계적인 표징에 의해서는 너무 일반적이고 불명료할 수 있다. 이때 공간적 맥락의 영향은 직업생활에 진입하기 이전부터 작용하기 시작한다.

한 젊은 사람의 **사회화**는 '진공공간'에서가 아니라, 구체적인 주변환경에서 이루어진다. 이것이 어린아이의 나이인 경우에는 주로 가족에 국한되지만, 시간이 경과하면서 학교, 향토, 고장, 그리고 해가 지나면서 성인으로서 알게 되는 모든 다른 지역으로까지 확대된다. 따라서 사회화는 한층 더 공간적인 의미를 내포하게 된다. 한 사람이 몸담고 자라난 공간적 주변환경('취락유형', '출신지')은 국지적인 일자리의 공급, 국지적인 하부구조, 그리고 지역적인 이동경과를 통하여 이미 계층적 소속과 관련한 그들의 부모가 어떤 사람인지를 '앞서서 선별하게' 된다. 취락유형에 따라 초등학교 교사인력의 질, 상급학교의 존재여부, 통학여건, '또래집단'의 영향, 그리고 무엇보다도 중요한 한 성인이 개인적으로 인식하는 (직업상의) 모범이 각각 달라진다.

빈곤하고 도로가 완비되어 있지 않은 **광산취락**에서 성장한 사람이 있다면, 그는 (각 학년이 한 학급으로만 구성된) 초등학교밖에 마치지 못한 부모를 만날 확률이 매우 높다. 목사나 교사를 예외로 하면(그 지역사회에 학교라도 있는 경우에) 청소년들은 여러 해 동안 어떤 숙련직업이 있는지 그리고 무엇이 좋은지를 독자적인 시각에서 파악하지 못하며, 부모들 역시 종종 취약한 정보와 자신들의 불확실성으로 말미암아 자녀들을 그다지 신뢰하지 못한다. 따라서 이러한 탄광촌에서는 대부분의 자녀들이 상급학교로 진학하지 않게 된다. 이와 반대로 사치스러운 **겨울스포츠 휴양지**에서 자라나는 아이들은 자질 높은 부모를 만날 확률이 훨씬 높으며, 추정컨대 이러한 부모들에 의해 자녀들의 여러 자질들이 육성된다고 볼 수 있다. 이들 부모는 호텔업과 관련한 직업교육의 틀에서 외국에서 일했을 가능성이 매우 높으므로, 양호한 직업교육과 외국경험이 인생의 진로에 얼마나 중요한가를 일찍부터 자녀들에게 가르칠 것이다. 이들의 자녀는 상급학교에 진학할 비율이 높고, 가난한 탄광촌의 아이들과는 전혀 다른 직업상의 목표를 지향하게 될 것이다.

공간적인 맥락에 의해 형성되는 주변환경은 그후의 직업경로에도 결정적인 의미를 지닌다. 직장에서 사람들은 교육을 받게 되고 평가되고 진흥되거나 아니면 '간과'된다. 중요한 개인적인 접촉과 네트워크는 이전의 직업경로의 장(場)과 연결될 수 있는데, 이는 나중의 커리어에 근본적인 영향을 미친다. 높은 가치를 지니는 개인적인 접촉과 네트워크는 두루 존재하는 것이 아닌, 일정한 명망 있고 성공적인 일터에서만 형성될 수 있다. 그다지 양호하지 못한 주변환경에서는 비슷한 동기를 지닌 재능 있는 젊은이들의 커리어가 방해받거나 저지된다.16)

따라서 영향 요인들의 공간적인 맥락은 특별한 기회와 자극이 될 수도, 제약이 될 수도 있다. 주변환경의 영향은 당연히 결정론적인 의미로 작용하는 것이 아니라, 개별 주체들에게 재능과 동기, 그리고 앞서 얻은 지식에 따라 서로 다른 행동으로 연결될 수 있는 이를테면 여지를 의미한다. 물론 어떤 규칙성이나 법칙성이 존재하는가 하는 점은 이와 같은 많은 문제제기와 관련해서 아주 큰 표본이 뒷받침될 때 비로소 경험적으로 입증될 수 있을 것이다.

수직적 사회이동에 관한 사회학의 고전적 연구들(예컨대 Lipset/Bendix, 1959)은 아주 일찍이 학력과 직업경로에 대한 환경 내지 공간적인 맥락이 중요함을 지적하였다. 예를 들면, '취락의 크기'라는 변수가 사회경제적 주위환경의 복합성, 국지적(지역적) 자극환경, 그리고 접촉잠재력에 대한 지표로 커다란 의미를 띤다고 제시하였다. 그럼에도 불구하고 대부분 사회과학자들은 이력과 커리어에 대한 연구들을 이제까지 공간적 차원을 고려하지 않고 행해왔다. 1990년대 초까지만 해도 헤얼린(Herlyn, 1990)은 경력의 장소화와 관련된 연구가 여전히 걸음마 단계에 있다고 지적하였다. 많은 사회학자에게는 사회가 땅에 닿지 않은 채, 말하자면 허공에 떠다니는 것이다. 따라서 일반적으로 생애이력에 관한 사회학적 분석에서는 공간과의 관련성을 전혀 논의하지 않고 있다는 것이다(Herlyn,

---

16) 이러한 메커니즘을 설명하기 위해 여기서는 소위 대학교수의 '초빙궤도'를 들 수 있을 것이다. 예를 들어 하이델베르크대학에서는 20세기로의 전환기에 특히 의학분야에서 빈-프라이부르크-하이델베르크로 연결되는 초빙경로가 매우 뚜렷이 작용하였다. 누군가가 이 세 대학 중 한 대학에서 유명한 의학자의 제자였거나 거기에서 조교 시절을 보냈다면, 다른 두 대학 가운데 한 대학으로 초빙을 받거나 이들 대학으로부터 재초빙 받을 수 있는 좋은 기회를 갖고 있었다(Meusburger, 1990: 221-223).

1990: 8; Konau, 1977: 6; Weick, 1995).

　교육행동의 지역차에 관한 연구들(Geipel, 1965; 1966; 1971; Meusburger, 1980; Höfle, 1984 등)은 예를 들어 부모들의 사회적 소속계층과 같은 사회학적 변수들이 자녀들의 교육행동에 미치는 영향이 공간적인 맥락에 따라 아주 다를 수 있다는 점을 분명히 입증하고 있다. 모이스부르크(1980)는 세대간 사회적 이동의 지역차에 관한 연구에서, 공간적인 맥락이 특히 하위 교육계층 출신의 자녀들의 사회적 이동에 매우 큰 영향을 미치며 교육행동상의 커다란 지역차를 초래하는 한편, 그것이 대졸자의 가구에서 출생한 자녀들에게서는 미소한 역할밖에 하지 못한다는 결론에 이르렀다.

　공간적인 맥락은 다양한 방식으로 직업경로에 영향력을 행사한다. 한편으로 누군가가 자라나서 학교에 가고, 대학에 진학하거나 직업에 종사하는 국지적, 지역적 주변환경은 각기 새로운 경험과 학습과정과 이해관계를 매개한다. 그 어떤 공간적인 맥락도 동일한 모범, 자질을 획득할 수 있는 동일한 기회, 동일한 경쟁압력, 동일한 적응강제, 동일한 창조적 환경, 고도의 전문가 집단들과의 동일한 접촉잠재력, 고차의 네트워크에 통합되어 권력과 영향력을 행사하거나 앞장서서 중요한 혁신에 접근할 수 있는 동일한 기회를 제공하지 않는다. 다른 한편으로 상이한 직장 입지는 개개인에게 전이되는 상이한 명망을 매개해준다.

　많은 문헌들은 노동시장에서 첫자리가 차후의 취업전기에 얼마나 중요한가를 자주 지적하고 있다(Klein, 1988). 또한 여러 연구들은 고용체계에서 교육수준이 직업상의 기회부여에 핵심적인 의미를 띤다는 점을 제기하고 있다. 교육행동은 다양한 환경에 의해 조건지어진 제반 요인에 좌우되기 때문에, 지리학적 직업경로 연구도 한 아이가 자라나서 학교에 진학한 당시의 사회적, 공간적인 주변환경과 더불어 시작되어야 할 것이다.

　출생시의 거주지, 초등학교를 다니는 동안의 거주지, 그리고 고등학교를 졸업한 시점의 거주지는 부모의 사회적 계층과 더불어 해당 주체가 사회화를 경험하였던 사회적, 문화적 환경을 추론할 수 있게 해준다. 여기에 또 다른 표상에 대해 비교적 명료한 그림을 그릴 수 있게 해주는 학력과 직업상의 경로의 여러 지리적인 정류장들이 부가된다.

공간적인 맥락이 직업경로에 어떤 의미를 띠느냐는 오스트리아 국민들의 직업경로에 관한 한 대규모 연구에 의거하여 분명히 설명할 수 있다. 3만 명이 넘는 사람들에 대해 현거주지에서 그들의 직업생애의 구간들을 회고하도록 질문하였다(Fassmann, 1993b). 이때 동일하게 머무는 직업경로의 비율은 중심-주변간에 감소하는 경사를 보여주는 것으로 증명되었다. 동일하게 머문다는 것은 직업상의 첫자리가 현재의 직업상의 위치와 기본적으로 동일하다는 것을 의미한다. 주변지역의 고용체계에서는 이런 형태의 이동성―아니 더 정확히 말해서 비이동성―이 우세하다. 농부는 농부로 머물러 있고, 노동자는 수년에 걸친 직업활동을 행한 후에도 역시 노동자인 것이다.

중심권에서는 동일하게 유지되는 경로의 비율이 떨어지는 정반대의 경과가 나타나고 있다. 중심권에서는 직업활동자들이 그들의 직업상의 첫자리에 머물러 있는 경우가 드물다는 것이다. 그들은 도시에서 훨씬 일찍이, 빠르게 그리고 종종 보다 철저하게 진행되는 직업상의 변동에 한층 탄력적으로 적응해야 한다. 그런데 도시적 노동시장의 이러한 높은 적응용량은 또 하나의 입지이점이 되고 있다.

중심-주변간에 경사의 상승을 보여주는 것이 곧 상승지향적 노동경로이다. 그렇지만 이러한 직업적 상승은 내용적으로 서로 다를 수 있다. 중심권에 전형적인 것은, 그 경로를 견습공으로 그리고 그후 전문기능직 노동자로 시작하였으나 언젠가는 사회적으로 높은 평가를 받고 또한 대부분 양호한 봉급을 사무직 또는 공무원 지위로 바꾼 사람들에게서 나타나는 상승 비율이다. 중심권에서 관찰되는 직업적 상승의 또 다른 형태가 사무직에서 숙련적 또는 경영자적 지위의 낮은 위계로 교체하는 것이다. 도시적 노동시장은 이런 의미에서 커리어노동시장이다. 공공부문의 업무 내에서의 상승은 중심-주변간의 경사와 아주 미미하게만 연

<그림 37> 직업적 이동성의 중심-주변간의 경사

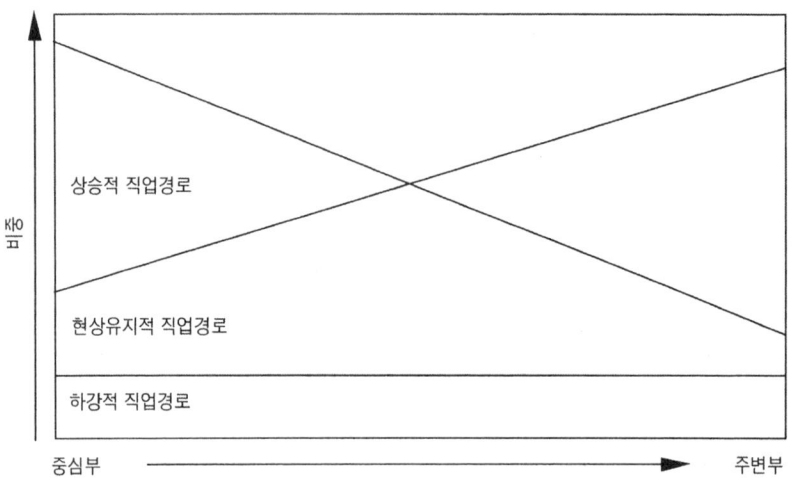

출처: 필자

결되고 있다.

 하강경로의 비율은 중심-주변간의 경사와 무관하게 분포하는 듯 하다. 이는 생각하지 못한 사실인데, 왜냐하면 선입견은 확실히 주변부에서의 급격한 상승을 기대할 수 있기 때문이다. 하지만 경험적 실제에서는 반드시 그렇지 않다. 어떤 의미에서 안정성이 주변부의 취업상황이라고 할 수 있으며, 상승과 명백한 하강은 오히려 드문 편이라는 것이다.

 상대적 안정성이라는 설명도 개별 직업구간의 연장에 의해 뒷받침된다. 이는 중심-주변간에 하락하는 경사를 보여준다. 직업적 구간의 연장이 주변부보다 중심부에서 확실히 짧다. 저조한 수요, 손에 넣을 수 있는 일자리에서의 다양성의 제한, 그리고 탄력적인 노동력 공급으로 표현되는 주변부의 노동시장구조 등을 상기한다면, 일자리를 얻은 노동력의 드문 교체와 이와 결부된 평균 이상의 긴 구간연장을 이해할 수 있을 것이다.

5 노동시장상의 불균형

지역노동시장은 지극히 드문 경우에만 균형상태에 도달한다. 이런 의미에서 불균형은 허구적 균형의 교란이 아니라, 오히려 지극히 정상적인 상태이다. 실업, 공간적 이동, 그리고 공간적으로 불균등한 소득분포는 규칙의 예외가 아니라 규칙 그 자체이다.

이 장의 세 절은 각각 먼저 방법론적 도구를 기술하고 노동시장을 분석하는 데 기본이 되는 개념들을 정의하고자 한다(Richter, 1994). 아래에서 소개할 실증적으로 밝혀진 사실들은 다른 곳에서 서술하였거나 언급된 전부가 아닌, 노동시장의 공간적인 구조화에 중요하다고 생각되는 것만을 간추려 제시하고자 한 것이다.

1. 실업

1) 실업의 계측

실업을 어떻게 정의하느냐는 그리 명확하지 않다. 일거리를 찾는 사람들이라고 해서 모두 실업자가 아니며, 실업자라고 해서 모두가 취업노동을 찾고 있는 것도 아니다. 실업률의 정의도 이와 마찬가지로 통일적인 것이 아니며, 피상적으로밖에 명확하지 않다. 5%라는 수치가 어떤 유럽 국가에서는 대단히 높은 것일 수 있지만, 다른 국가에서는 그렇게 높은 것이 아니며, 또한 많은 것을 의미하지 않는다. 서로 다른 정의와 조작화로 인하여 상호 비교가 매우 어려우며, 종종 수치와 개념과의 임시 변통적인 혼용이 조장되기도 한다.

국제노동기구(ILO)는 실업자와 취업자를 통일적으로 파악하고 정의할 목적에서 권고안을 마련하였다. 이에 따르면 일정 기간 동안(조사를 행하는 주)에 취업하지 않았고, 지난 4주 동안에 적극적으로 구직을 행하였으며, 다가오는 2주 내로 일자리를 소개받을 수 있거나 오는 30일 이내에 일자리를 얻게 되는 사람을 비로소 실업에 있는 사람으로 상정하고 있다. 이 정의는 사실 취업노동을 찾지 않고 통상적인 의미로 일이 없는 것으로 간주될 수 있는 사람들의 범위를 크게 제한하고 있다. 이러한 제한은 다음과 같은 측면에서 도출된다.

① 적극적인 **구직**의 문제이다. 실업에 처해 있는 것으로 여겨지기 위해서는, 한 사람이 어떤 노동관계를 자발적이거나 아니면 비자발적으로 중단하였다는 사실만으로 충분하지 않다. 오히려 포착시점으로부터 소급하여 지난 4주 동안 새로운 일자리를 적극적으로 찾아 나서야 한다. 하지만 많은 경우 실업과 노동탐색이 강제적으로 연결되는 것은 아니다. 누군가가 스키 강사로서 연초에 일을 포기하고 다음 시즌의 일자리를 이미 약속 받은 상태로 그때까지 다른 일자리를 찾지 않는다면, 그 사람은 국제노동기구의 정의에 의거해서는 실업상태에 있는 사람으로 간주되지 않는다. 이 사람이 실업자로서 규정될 경우는, 이 사람이 오는 30일 이내에 새로운 고용을 시작할 경우이다. 스키강사가 실업수당을 받고 있다는 사실은 이러한 맥락에서 그렇게 중요한 준거가 되지 못한다.

② 즉각적인 **중개가능성**의 문제이다. 또 하나의 제한은 소개받을 가능성과 관련된다. 노동관계를 종결하여 실업보험으로부터 급부를 받고 새로운 일자리를 찾고 있지만, 지금은 재교육 강좌에 참여하고 있으며 그것이 끝난 후―따라서 14일 이내가 아닌―에 비로소 새로운 노동관계를

시작할 수 있는 사람은 역시 실업에 처해 있는 것으로 간주되지 않는다.

　국제노동기구에 따른 실업과 실업보험으로부터의 지원이라는 기준은 동일한 것이 아니다. 실업보험으로부터 이른바 급부를 받는 수혜자의 수는 실업자수와 상당히 큰 편차를 보여줄 수 있다. 편차는 두 방향으로 나갈 수 있다. 누군가가 일자리를 적극적으로 찾지 않거나 여러 가지 이유로 해서 일자리를 더 이상 소개받지 못하지만, 그럼에도 불구하고 지원을 요구할 수 있는 사람은 급부의 수혜자로 간주될 뿐, 실업자로는 산정되지 않는다.

　반대로 국제노동기구의 통계에 따라 많은 사람들이 실업에 처해 있는 것으로 간주될 수 있으나, 어떤 지원도 받지 못할 수가 있다. 실업보험으로부터의 급부는 이전에 취업을 했던 사람들만이 받을 수 있으며, 이때 취업활동의 연한(延限), 다시 말해 지불된 보험기여금이 유럽 내에서는 매우 다양하게 평가되며 국가적으로 법을 어떻게 정하느냐에 따라 항상 가변적이다. 지나간 취업활동은 그 어떤 경우에도 급부의 수혜자와 관련하여 특정 인구집단을 배제시킨다. 학교나 대학의 졸업자들은 비록 실업에 처해 있은 것으로 여겨지나, 이전에 취업을 하지 않았기 때문에 어떤 지원도 받을 수 없다. 마찬가지로 **자녀**의 **양육** 후에 다시 취업하려고 하지만, 마땅한 직장을 찾지 못하고 있는 가정주부(또는 가정장부)들은 마지막 취업활동이 너무 오래 전으로 거슬러 올라갈 때, 실업보험으로부터 그 어떤 급부도 받지 못한다.[1]

　어떤 보고기간의 실업자의 평균적인 수를 통해 실업률을 규정할 수 있다. 이 책에서는 결과적으로 비율(Rate)이 아닌 비중(Quote)을 언급하

---

[1] 1995년 오스트리아에서는 이른바 급부 수혜률, 즉 전체 실업자 가운데 실업급여를 받는 수혜자가 차지하는 비율이 약 90%에 달하였다. 다시 말해 실업자의 약 10%는 어떠한 지원도 요청하지 않았다. 그렇지만 급부 수혜자의 수를 보다 엄격한 국제노동기구의 정의와 연관시켜 보면, 비율은 확실히 100% 이상이 된다. 따라서 급부 수혜자의 수는 실업자의 수를 확실히 넘어서고 있다는 것이다.

게 되는데, 분자의 몫에서 분모의 부분량이 설명되기 때문이다. 비율에서는 그렇지 못하다. 따라서 실업비율이라는 개념은 정의와 관련한 고려에서 기각되고, 일반적으로 실업비중을 말하는 실업률로 대체된다.

$$ALQ = \frac{AL}{E} \times 100$$

실업률(ALQ)은 매우 간략히 말해 실업자(AL)를 취업인구(E)로 나누고, 여기에다 100을 곱한 값이다. 취업인구는 취업활동자와 미취업자를 포괄한다. 취업활동자는 ― 역시 국제노동기구의 정의에 따라 ― 직·간접으로 취업(보수나 현물급여)을 지향한 직무를 최소한 주당 1시간 이상 수행하는 모든 사람들(15세에서 74세 사이)이다. 이때 지불금액의 높고 낮음은 아무런 역할을 하지 못한다. 즉, 가족 기업 내에서의 지불도 전혀 고려되지 않는다. 비취업자는 어떤 취업활동도 현재로서는 행하지 않고 있으나 적극적으로 찾고 있는 사람들이다. 국제노동기구가 말하는 비취업자는 실업자와 동일한 것이다.

비취업인구는 결국 자영인가 아니면 비자영인가하는 점과는 상관없이 취업을 지향한 어떤 직무도 행하지 않거나 찾고 있지 않는 사람들이다. 어떤 단체의 명예직 대표자로서, 이 직무에서 처리해야 할 일은 굉장히 많으나 그에 대한 보수를 전혀 받지 않는 연금생활자가 있다면, 그 사람은 비취업활동인구에 해당하는 것이다.

노동시간과 그를 통해 얻을 수 있는 소득과 상관없는 취업자에 대한 정의는 이른바 '노동력개념'(취업활동개념)을 따르고 있는 것이다. 노동력개념(勞動力槪念)은 취업자를 아주 큰 수로 산정하고 있으므로, 경향적으로 낮은 실업률을 나타내게 된다. 이는 노동수익을 지향하였던 과거의 일반적인 생계유지개념과는 구별된다. 후자는 생존을 보장하는 최저소득을 가능케 하는 일정한 주당 노동시간을 규정하고 있다. 오스트리아에서는 비자영 취업자의 주당 노동시간의 3분의 1정도가 될 때, 그러한 취업은 생존을 보장하는 것으로 여겼다. 이보다 적게 일한 사람들은 취업자로 산정되지 않았다. 따라서 이른바 모든 미달 근로자들은 취업자로 계산되지 않았다. 생계를 지향한 이 개념은 취업자수를 줄이는 것이 되고, 따라서 순전히 계측과 관련한 측면에서 한층 높은 실업률을 나타내게 되었다.

최근 유럽연합 내에서 정의와 관련된 통일화 작업(실업자 정의에 초점을 맞추고, 취업자에 대한 정의를 확대함)은 현상에 입각하여 논증할 수 있는 것이며 보다 양호한 국제비교의 효용성을 보여주고 있으나, 실업률을 낮추는 점과 연결되고 있다. 예를 들어 1995년 오스트리아의 실업률이 국가 자체의 정의에 의해서는 6.6%에 달하였으나, 국제적으로 규정된 그리고 유럽연합 통계국(EUROSTAT)에 의해 발표된 값은 3.8%였다. 따라서 그 차이가 적다고는 할 수 없다. 실업률을 시계열적으로 연구하고자 하는 사람은 이러한 추계방법의 전환을 감안해야 할 것이다.

실업률은 ― 이미 설명한 것처럼 ― 노동력공급에서 실업자가 차지하는 비중이다. 여기서 논의되어야 할 점은 실업자 내지 취업자의 수가 어떻게 도출되고 그 자료가 어떤 시간범위와 관련되어 있느냐 하는 것이다.

출판되어 있는 대부분의 실업통계는 조사결행일 개념에 기초하고 있다. 각 조사결행일(대부분 월말)에 노동청의 지방사무소(노동관구별)에서 앞서 등록된 실업자 현황이 파악되고 이것이 중앙에 보내져 그곳에서 종합 평가된다. 현황 산정에 있어서는 12개월의 월말 현황 내지 월 실업률로부터 연평균값이 계산된다. 그래서 한 해의 평균 실업률은 일년 미만(예컨대 월별) 실업률의 평균치로부터 나온다.

$$ALQ = \frac{1}{n} \cdot \sum_{i}^{n} ALQ_i$$

조사결행일과 관련한 **현황통계**는 정확히 말해 조사결행일에 대해서만 설명할 수 있고, 조사결행일 사이의 실업의 경과에 대해서는 정확히 파악할 수 없다는 단점을 안고 있다. 따라서 보다 정확한 것으로서는 장기 단면통계를 들 수 있다. 그런데 이것은 상당히 큰 행정력과 분석과 관련된 비용을 요구한다. 장기단면통계는 실업자들의 하루하루의 기록에 의거한 것이다. 따라서 누가 언제 실직하게 되었고 이 사람이 얼마나 오랫동안 실업자로 있었으며, 뒤이어 또 한번 실직을 당하게 되었느냐를 확인할 수 있다. 이 개념과 더불어 실업률에 관한 또 다른 산정방법이 있다. 이에 따르면 한 해 실업률은 월별 실업률의 평균이 아니라, 모든 취업자 중 정확히 산정된 평균 실업상황(실업을 당한 직면도에 일을 중단한 날로 곱한 것을 365로 나눈 값)의 비중이다.

$$AL = \frac{B \cdot D}{365(366)} \qquad ALQ = \frac{AL}{E}$$

노동관청에 등록된 실업자에 기초한 현황산정과 장기단면통계는 국가에 따라 서로 다른 특유의 행정통계이며, 따라서 국제적으로 비교하기란 어렵다. 실업자의 정의는 실업상태와 관련한 국제노동기구의 권고가 아닌, 국가별 규정에 따르는 것이다. 그래서 점점 많은 유럽 국가들은 이른바 노동력조사(勞動力調査)를 설정하고 있다. 노동력조사(LFS)는 대개의 경우 인구 1%의 표본조사이며, 국제노동기구의 권고를 엄밀하게 적용할 수 있다. 노동력조사에서는 비취업인지, 적극적으로 일자리를 찾고 있는지, 그리고 곧 소개받을 수 있는 것인지의 여부를 묻는다. 노동력조사에서는 실업의 인정 여부가 경제적 지원과 결부되지 않기 때문에, 이렇게 해서 조사된 실업자의 수는 대개 등록 실업자수보다 낮게 나타난다.

따라서 실업률을 현황산정, 아니면 장기단면통계 어느 것에 의거하여 조사하느냐는 어쨌든 실업수준에 관해서만 무엇인가를 설명해준다는 사실만은 크게 바꿔놓지 못한다.[2] 같은 수준이라는 것이 서로 다른 현상에

---

2) 그러나 이러한 맥락에서 비판적인 성찰이 나오고 있다. 블리엔과 히르센아우어(Blien/Hirschenauer, 1994: 327)는 "실업률만을 갖고서는 지역적 취업문제를 여러 면에서 적절히 포착하지…… 못하며, 따라서 지역적 고용발전과 병행적으로 고찰하는 작업을 포기할 수 없다"고 적절히 지적하였다. 특히 중동부 유럽의 체제전환 국가들에서 노동시장 문제를 실업률로만 고찰하고 일자리의 축소를 고려하지 않을 경우에는 그것을 과소 평가하게 된다. 옛 동독지역에서는 1989년 9월에서 1993년 6월 사이에 전체 일자리의 37.7%가 사라졌지만, 그

기초할 수도 있다. 8%의 값은 한편으로 비자영 취업자(실업자를 더하여)의 8%가 일년 내내 실직하였거나, 다른 한편으로 거의 100%가 한달 내내 실업자로 계산되었다는 것을 의미할 수 있다. 즉, 한 보고연도에 수많은 여러 노동자들이 실직하였지만 짧은 기간 동안에만 실직하였을 경우나, 아니면 소수의 노동력이 실직하였지만 이들이 오랫동안 그렇게 머물러 있었을 수 있는 경우이다. 노동시장구조는 전혀 상이하게 평가될 수 있음에도 불구하고, 비중은 그 어떤 경우에도 같을 수 있다. 다시 말해 하나는 높은 일자리 이동성을 가진 극히 수용력이 큰 노동시장이라고 한다면, 다른 하나는 소수의 인구집단에 실업이 뚜렷이 집중하는 극히 파산적인 노동시장이라고 할 수 있다.

그러므로 실업률 이외에 다른 특징적인 측정치들을 적용할 수 있어야 한다. 이에 실업을 그 구성요소로 분할하는 개념이 제시되고 있다. 두 가지의 구성요소는 다름 아닌 실업의 직면도(直面度)와 전체연한(全體延限)이다.

직면도는 어떤 관찰기간(예컨대 한 역년) 내에 단 하루라도 실직한 사람들의 수로 정의된다. 직면율은 실업을 당한 사람들의 비율로부터 계산될 수 있다. 직면율은 모든 비자영적 취업자(실업자를 포함하여) 중 실업을 당한 사람(B)의 비중이 얼마나 큰가를 표현한다. 이것은 사회적 침투(浸透)나 실업의 집중화를 평가하는 데 중요한 판별요인이 된다.

$$BQ = \frac{B}{E_{unselb.}} \times 100$$

직면율의 설명가치는 다음과 같은 예를 통하여 이해될 수 있을 것이다. 오스트리아에서는 1995년 실업률이 6.6%(등록자료에 의거한 것으로, 국제노동기구의 표준에 따른 것이 아님)였고, 직면도는 약 20%였다. 이를테면 한 역년(曆年)에 비자영 취업자의 5분의 1이 최소한 한 번씩은 실업을 당하였다. 그 가운데 대부분은 비교적 단기 실업자들이었으며 취업

가운데 일부만이 실업률로 묘사되고 있다.

과 더불어 등록실업자로부터 다시 사라졌으나, 다른 사람들은 훨씬 오랜 기간 동안에, 또 많은 사람들은 일년에 여러 차례 실직을 당한 것이었다. 그 어떤 경우에도 직면도는 실업이 어떤 한계적 사회현상이 아니라는 점을 보여준다.

특정 시점의 실업현황은 실업상태로의 편입과 실업상태로부터의 이탈에 의해 변하게 된다. 이러한 실업의 진퇴는 실업에피소드를 규정한다. 이때 편입이 이탈을 능가하면, 그 현황은 높아진다. 이탈이 편입보다 훨씬 클 경우에는 이와는 정반대로 그 현황이 낮아진다.

어떤 에피소드도 연한에 의해 표시될 수 있다(에피소드의 연한). 에피소드의 수와 에피소드 연한은 장기단면통계에 의거해서만 정확히 조사될 수 있다. 이러한 통계를 통해서만 개별적인 실업경과에 대한 나날의 사후판단이 가능하다. 회고적 설문조사는 상대적으로 부정확하며, 상황통계는 조사결행일의 상황만을 포착할 뿐이다.3)

실업의 평균 에피소드 연한은 노동시장 양상의 또 다른 특성이다. 단기적인 평균 연한에서의 높은 실업률은 노동시장정책적인 측면에서 볼 때 장기적인 연한의 낮은 비율보다 덜 폭발적이다. 후자는 잘 알려져 있듯이 다시 감소시키기가 지극히 어려운 높은 기저실업(基底失業 Sockelarbeitslosigkeit)을 시사하는 것이다. 이러한 상황을 초래하는 또 다른 측면은—자유롭게 해석하여—특히 실업상태로 장기간 머물러 있게 되는 가장 중요한 개인적 이유 중 하나가 그 자신에게 있다고 하는 후작용(後作用)이다. 누군가가 오랫동안 실직상태에 처해 있다면, 그가 다시 일자리를 찾을 수 있는 기회는 확실히 낮아진다고 말할 수 있다.

또 다른 지표들이 실업의 연한과 관련되어 있다. 그래서 보통 반년 이상 취업을 하지 못한 실업자들은 장기실업자로 지칭된다. 장기실업자는 노동시장에서 특별한 문제집단으로 간주되는데, 왜냐하면 그들은 실업연한이 증가함에 비례하여 일자리를 다시 소개받기란 점점 더 어려워지

---

3) 그렇지만 결행일의 현황통계도 편입자와 이탈자의 수를 파악한다면, 에피소드 연한을 비교적 근사하게 평가할 수 있을 것이다.

기 때문이다.

조사결행일과 관련한 현황통계를 적용함에 있어 에피소드 연한과 결합되어 있는 두 가지 또 다른 지표를 설정할 수 있는데, 즉 등록연한과 지속연한이 그것이다. **등록연한**은 실업의 시작과 각각의 통계 조사결행일 사이의 일수로 본 기한으로, 이때 실업의 중단─외국을 다녀오거나 매우 단기적인 일을 받아들일 때─이 28일까지는 고려되지 않는다. 따라서 등록연한은 에피소드가 종결되지 않은 실업자에게는 매우 중요하다. 하지만 실업이 끝났을 때, 그리고 실업에피소드가 전체적으로 얼마나 오래 끌었는가를 알고자 할 때에는 지속연한을 계산해야 한다. 일정한 시간범위 내에서 등록된 실업자들 중 **퇴출량**으로부터 각 실업자에 대한 처음과 끝 사이의 기한이 조사된다. 단기적인 중단은 고려되지 않는다.

공석은 실업자와 대조를 이룬다. 노동력을 찾는 기업주들은 노동관청에 신고할 수 있으며, 노동관청은 그에 상응하는 후속 충원을 도모한다. 비록 신고한 공석의 수가 전체적으로 결원의 일부분만을 반영할 뿐이지만, 많은 수의 공석은 강한 수요를 암시하며, 반대로 미약한 공석은 저조한 수요를 대변한다. 공석과 실업자 사이의 관계로부터 두 가지 지표를 계측해낼 수 있는데, 곧 일자리쇄도지수와 결원율이 그것이다.

$$SZ = \frac{AL}{oS}$$

일자리쇄도지수(SZ)는 신고된 공석(oS)당 등록된 실업자의 수(AL)를 말한다. 이는 순전히 통계적으로 보아 얼마나 많은 실업자들이 공석에 해당하느냐를 설명해준다. 1 이상의 값은 실업자의 과잉공급을 보여주는 것이 된다. 오스트리아에서는 1990년대 중반 하나의 공석에 약 10명의 실업자들이 찾아들었다.

$$VQ = \frac{oS}{B_{unselb} + oS} \times 100$$

결원율(VQ)은 비자영 취업자와 공석상황의 합계에 공석(ωS) 상황을 퍼센트로 본 비중이다. 비자영 취업자들과 공석상황의 합계는 잠재일자리로 볼 수 있다. 과잉공급의 시대에는 결원율이 매우 낮다. 1990년대 중반 오스트리아에서는 그것이 1 이하였다.

2) 실업에 관한 자료원

일반적인 노동시장 지리학의 연구와 보다 특수한 실업현상에 관한 연구는 활용 가능한 자료에 크게 좌우된다. 자료상황은 지역적으로 분화시킨 분석보다는 국가를 전체로 한 분석에 훨씬 유리한 편이다. 이 점은 실업의 지리에 관한 소공간으로 분화시킨 실증적인 연구가 매우 드물다는 사실에 한 원인이 아닌가 싶다.

관청통계의 불충분한 자료상태에 관한 많은 불평이 나오는 가운데서도, 실업과 관련된 분야에서 개념적인 기초뿐만 아니라 경험적 정보기반이 노동시장 지리학의 그 어떤 분야보다 크게 발달되어 있음이 확인된다. 실업에 있어서 중요한 지역적 차이는 현실적이고 공간적으로 구분된 자료의 출판에 의거한 관청통계(노동시장행정)를 통하여 계측된다. 오스트리아에서는 각 노동청으로 신고된 보고를 바탕으로 하여 매달 등록된 실업자, 공석, 그리고 직업훈련 구직자의 수가 산정된다. 이 분야에서 독자적인 자료는 노동시장행정의 재원으로부터 실업수당, 재난구호, 특별재난구조, 그리고 기타 수입을 얻는 모든 사람들을 포괄하고 있는 급부수혜자에 대한 자료이다.

독일에서는 뉘른베르크 소재 **연방노동청**이 매월 실업자와 단기노동자의 수, 그리고 기타 노동시장과 관련된 각종 통계자료를 발표하고 있다. 실업에 관한 가장 중요한 분석들은 노동시장 및 직업연구보고서, 노동시장 및 직업연구논집, 그리고 유럽연합 집행위원회가 내고 있는 동독 고용동향 조사보고서를 통해 출간되고 있다.

실업에 관한 지리학적 연구는 서로 상이한 공간적 연관체계로 말미암아 매우 어려운 실정이다. 여러 많은 국가(예컨대 오스트리아, 헝가리 등)에서는 노동시장행정이 노동관구의 개설과 함께 다른 통계지역과 부분적으로만 합치될 수 있는 독자적인 공간단위를 설정하고 있다. 이는 노동시장행정의 악의(惡意)로 해석할 것이 아니라, 입법자에 의해 위임된 기능과 관련되어 있기 때문이다. 따라서 그 구획은 행정적인 관점을 따르고 있으며, 학술적인 여러 측면을 전혀 고려하지 않고 있다.

공간적 연관체계의 단절로 말미암아 서로 다른 통계를 결합한다는 것은 여간 어려운 일이 아니다. 지역적 실업률을 산정하려면, 실업자수와 취업자수가 필요하다. 전자는 **등록실업자**로부터, 후자는 인구센서스로부터 얻을 수 있다. 두 수치는 일반적으로 서로 다른 시점과 행정구획을 바탕으로 하여 나오고 있다. 가장 최근의 인구센서스가 독일에서는 1987년에, 오스트리아에서는 1991년에 있었다. 하지만 다른 자료원에서 취업자를 파악하기란 그리 쉬운 것은 아니다. 그래서 오스트리아에서는 사회보험 이행자의 주관단체와 독일에서는 **연방노동청**이 취업인구의 일부분, 말하자면 사회보장의무를 지고 있는 근로자를 파악하고 있으며, 따라서 본질적으로 자영업자들과 공무원들은 제외되고 있다. 그래서 국제노동기구의 권고안을 준수한 실업률의 산정이 지역차원에서는 불가능하다.

국제노동기구의 권고안과 일치하며 노동력조사의 편의 속에 실시되는 지역적 실업률의 산정은 표본의 크기에 의해 적잖은 한계를 갖고 있다. 1%의 표본으로 명료한 공간적 세분화를 행하기란 어렵다. 공간단위가 작으면 작을수록, 사례수는 그만큼 적어지고 편차범위와 표본오차는 그만큼 커지게 된다.

따라서 노동시장 지리학의 분석은 많은 경우 지역단위별 사례수로 판단하여 신뢰할 만한 결과를 보장해주는 공간적인 세분화를 수행하기 위해 전수조사를 필요로 한다. 대부분의 국가에서 거의 매 10년마다 실시하고 있는 인구센서스만이 지역적으로 보다 깊이 있게 구획된 분석을 가능케 해준다. 다만 독일에서는 자료보호를 둘러싼 논의로 인하여 인구센서스가 1981년에서 1987년으로 크게 지연되었다. 1991년에 있을 그 다음의 조사는 짧은 시간 간격으로 말미암아 시행되지 못했다. 원래 1981년과 1991년에 예정되었던 인구센서스의 생략으로 독일 연방공화국은 국제적인 조롱(대부분의 개발도상국에서조차도 규칙적인 시간 간격을 두고서 인구센서스를 시행하는 것이 경제적으로 그리 큰 부담이 되지 않고 있다)을 받았을 뿐만 아니라, 또 다른 부정적인 결과를 초래하고 있다. 인구센서스가 없이는 학문적으로 흥미로운 그리고 정책적으로 중요한 여러 문제제기들에 대해 더 이상 충실히 조사하고 분석할 수 없다. 이 또한 최근 독일과 관련하여 하나의 연구분야로서 정착을 요구할 수 있는 지역적 노동시장에 관한 연구들이 왜 적었느냐에 한 가지 설명이 되고 있다. 독일어권 학자들의 지역노동시장 연구에 관한 쇄신적이고 실증적인 성과들의 대부분은 자료보호규정이 보다 학문친화적인 오스트리아, 스위스, 헝가리, 그리고 기타 국가에 편중되고 있다.

인구센서스는 정량적인 노동시장 분석의 본질적인 '버팀목'이며, 숙련과 인구집단의 직업적 분류, 그리고 통근에 관한 분석에 중요한 정보를 제공해준다. 센서스는 인구에 대한 전수조사이며, 따라서 노동시장과 유관한 모든 인구집단(취업자, 실업자, 비자영업자 등)을 파악하고 있다. 인구센서스는 또한 취업활동자의 거주지와 취업지를 구별해 줄 수 있는 유일한 대량통계이다. 여러 문제설정에서 취업지(지역적 일자리공급)는 거주지보다 훨씬 중요하고 뛰어난 설명력을 지니고 있다. 출판된 많은 통계들이 거주지에 따라 분류되어 있을 뿐이지만, 대부분의 통계관청은 비용만 지불된다면 취업지를 기초로 한 평가자료도 제공하고 있다.

표본조사(예컨대 미시센서스, 노동력조사)는 인구센서스에 대한 불충분한 대안에 불과하다. 표본조사는 그 대공간적 조사디자인으로 인하여 중요한 지역적, 사회경제적인 격차를 은폐하고 있다. 그래서 격차의 범위가 과소평가되고 있을 뿐만 아니라, 뒤이은 여러 중요한 현상들도 간과되고 있다. 예를 들어 사회적 격차를 소구역으로 측정할 경우, 그것이 대구역으로 조사한 사회적 차이보다 훨씬 크다는 사실은 자명하다. 정치적으로 민감한 자료의 공간적인 종합은 현상을 무마하거나 치장하여 다루는 선호되어온 방법이며 오늘날에도 선호되고 있다.

인구의 취업활동에 관한 자료는 경제통계의 조사로부터 얻을 수도 있다. 이것은 1년, 5년 또는 10년 주기의 사업체에 관한 조사이다. 오스트리아에서는 매년 제조업, 도매업, 건설업, 건설업종, 그리고 전력업 부문에 대한 전수조사가 실시되고 있다. 매 5년마다 이른바 부문별 계측이 이루어지고 있는데, 이 경우에는 농업과 공공행정을 제외한 모든 취업자들을 파악하고 있지만 자유직과 영리의 성격이 없는 사적 서비스직업은 포착하지 않고 있다. 마지막으로 매 10년마다 인구센서스와 병행하여 농임업(이는 영농 기업체조사에서 파악됨)과 가계와 수위에 이르기까지 취업지의 모든 근로자들을 세는 사업체조사가 실시되고 있다. 전체 사업체와 관련된 이 조사에서는 취업자에 관한 정보는 '부차적인 산물'일 뿐이다. 주된 관심사가 업체에 있으며, 따라서 취업자에 대한 정보밀도는 옅어지는 편이다. 그런데 '취업' 개념에 대한 상이한 정의로 인하여, 사업체조사의 결과와 취업지에 의거한 인구센서스의 계정은 반드시 일치하지 않는다.

3) 특유의 이론적 설명방법

실업은 그 사회적 중요성으로 말미암아 늘 특별한 이론적 관심을 끌어 왔다. 모든 통용되는 그리고 이 책의 틀 안에서 제시된 이론적인 접근방법들도 실업의 발생에 대해 설명하고, 정책적 처방을 제시하려고 한다. 실업에 초점을 둔 이러한 독특한 테제들과 부분이론들을 아래와 같이 논술할 수 있다.

신고전학

신고전학에서는 실업을 노동력의 수요와 공급 간의 불균형으로서 해석하고 있다. 일하려는 사람들의 수가 전일제나 시간제 일자리의 수를 넘어선다는 것이다. 그런데 신고전적 모델이 내세우는 가정 하에서 실업은 다만 단기적인 현상에 불과하다. 불균형에 대한 원인은 일반적으로 두 가지 측면과 관련되어 있다. 즉,
- 노동력 공급의 상승(공급이 야기하는 실업),
- 노동력 수요의 감소(수요가 초래하는 실업)이다.

노동력의 공급은 출생률이 높은 연령층의 취업활동에의 진입과 이주나 취업참가의 제고로 인하여 상승하고, 이것이 수요를 초과할 때 실업이 발생한다는 것이다. 결과적으로 임금과 아울러 실업도 감소하지 않을 수 없는데, 이는 하락하는 임금에 일할 의사가 있는 노동력이 점차 적어지기 때문이다. 실업이 노동력 공급의 증가에 의해서가 아니라 노동력에 대한 수요감소에 의해 촉발될 경우에도, 비슷한 반응양식을 기대할 수 있다. 저조한 경기상황, 기술진보에 의해 높아진 생산성, 노동시장의 변화에 따른 산업부문별 구조조정은 각기 그 자체 또는 공동으로 노동력에 대한 수요감소에 작용한다. 그렇지만 한편으로 노동력의 공급을 떨어뜨리고, 다른 한편으로 보다 값싼 노동력을 채용하도록 기업주를 자극하는 임금감축을 기대할 수 있다.

실업이 신고전 모델에서는 자발적이고, 마찰적이며 단기적인 것이다. 그것은 몰래 나타난 것과 마찬가지로 소리 소문 없이 사라진다. 시장은 균형으로 나아가는 경향이 있기 때문에, 일시적으로 증가하는 실업은 이동과 대체 과정을 통하여, 그리고 무엇보다도 임금의 유연성에 의거하여 다시 감축될 수밖에 없다고 하는데, 새로운 수요와 공급의 균형이 형성될 때까지 그러하다고 한다. 전체적으로 적응력은 그 무엇보다도 노동력의 공급측에 부여되고 있다.

신고전학에 대한 비판자들은 취업량과 실업, 그리고 임금 비용의 상관성을 인정한다. 다만 그들은 신고전학이 설정하고 있는 단순성을 비판하고 있다. 임금수준은 사람들이 죄고 풀 수 있는 단순한 나사가 아니라, 이 역시 수많은 가변적인 외적 요인들(노동조합의 권한, 사회보장, 세금

등)부터 영향을 받는다는 것이다. "누가 ……임금수준을 실업의 원인으로 불평하고 따라서 임금의 수정을 천명한다면, 무엇이 임금수준을 규정하는 외생적 변수이며 어떤 방식을 통하여 누구에 의해 영향을 받게 되는가를 설명해야 하며"(Franz, 1992a: 10), 따라서 이를 파악할 수 있을 때 비로소 '적정' 임금수준을 도출할 수 있다고 지적한다.

인적자본론

이러한 일반적인 논거 — 너무 많은 노동력의 공급과 너무 적은 노동력에 대한 수요 — 이외에도 특수한 노동집단의 실업에 대해서는 인적자본론의 논의를 원용할 필요가 있다. 이론이 가정하고 있듯이 공급되는 자질을 수요하는 것이 아니라, 전혀 다른 자질을 수요한다는 것이다. 인적자본론의 의미에서는 실업이 숙련에 대한 서로 상이한 수요와 공급 관계의 '불일치 문제'로 해석될 수 있다. 예를 들어 기술자가 필요한데 건설노동자가 일자리를 찾는다면, 이 건설노동자는 실업을 당할 수밖에 없다는 것이다.

실업은 평균적으로 저숙련 노동력들이 직면하게 된다. 따라서 이것은 고용구조가 일반적인 고숙련으로 나아가는 과정에서 매우 낮은 숙련도를 보여주는 노동력이 고용체계의 '가장자리'로 밀려나는 것과 관련이 있다. 이때 인적자본론은 저숙련이란 낮은 생산성을 보여주는 것으로, 수요가 후퇴할 경우에는 가장 먼저 방출될 것이라고 상정하고 있다. 아마도 여기에는 높은 결손시간, 미약한 기업 내 적응, 그리고 수요가 새롭게 상승할 경우 저숙련 노동력을 어느 때라도 다시 채용할 수 있다고 하는 사용자의 안전성 등도 부가될 수 있는 것 같다.

인적자본론적 고찰은 부분적으로 나이 많은 피고용자들이 왜 높은 실직의 위험을 안고 있는가도 설명해준다. 기업환경의 변화와 신기술의 투여로 인하여 고령의 종사자들은 인적자본에 있어서 평가절하를 당한다. 새롭게 요구되는 자질(예컨대 전산정보 처리지식과 같은)은 나이 많은 종사자들 보다는 직업상의 경험이 없을지라도 젊은 노동력에게서 기대할 수 있다. 더군다나 젊은 노동력은 일반적으로 저렴하며, 여러 측면에서 생산적이다. 고령 종사자들의 인적자본과 관련하여 떨어지는 적응이 그들의 실업과 결부된 위험성을 높인다는 것이다.

　인적자본론은 장기실업이 왜 노동시장에서 점점 증가하고 있는 하나의 문제점인가에 관해 일련의 뛰어난 설명력을 제시하고 있다. 후작용의 현상에 관해서는 이미 언급하였다. 이를 매우 일반적으로 설명할 때, 어떤 현상이 그 발생 원인은 더 이상 존재하지 않을지라도 여전히 지속되는 것을 말한다(Winter-Ebmer, 1991). 실업의 경우 이것이 의미하는 점은, 사회경제적 조건들은 분명히 실업의 감소를 기대하게 하지만 실업이 여전히 유지되는 것이다. 후작용은 두 가지 과정을 통하여 발생한다.

　① 지속적인 실업상황에서 인적자본을 상실하게 된다는 점을 그 첫번째로 꼽을 수 있다. 실업자들이 노동세계의 전개와 연결성을 상실하고, 그들의 자질과 능력은 위축된다. 그들은 장기실업을 '사회적 덫'으로 생각하고 중개가능성이 낮은 것으로 해석하며, 사용자들은 그들 나름대로 장기실업자들을 채용하는 것을 일종의 '모험'으로 생각하며 꺼린다. 힘주어 정식화하자면, 장기실업이 바로 장기실업을 산출한다는 것이다.

　② 두번째 과정은 이른바 '내부자'와 '외부자'의 대립에 의해 발생한다. 불황기, 즉 경기가 후퇴할 시기에는 외부자, 즉 어떤 기업의 핵심에 해당하지 않는 노동력은 보통 방출당하게 된다. 후속적인 경기상승기 동안에는 많은 협상권을 쥔 '내부자'는 '외부자'가 다시 임용되지 않게끔 신경을 곤두세운다. '내부자'는 기존의 잠재적 생산성을 동시에 보다 높은 임금(추가노동시간)으로 소진시키려고 한다.

　후작용은 경험적으로 분명히 입증될 수 있다. 오스트리아를 대상으로 하여 엡머(Ebmer, 1990)는 실업에서 벗어날 확률과 실업 연한 사이에 부의 상관관계가 존재함을 확인하였다. 즉, 실업 상태가 오래 지속되면 될수록, 그로부터 벗어날 확률은 그만큼 낮아진다는 것이다.

효율임금론과 내-외부자론

신고전적 모델은 수요와 공급의 장기적인 균형과 높은 실업의 '자연적' 수준으로의 축소를 기대하고 있다. 그에 대한 전제는 무엇보다도 임금의 유연성이다. 실업이 높은 시기에는 임금이 떨어지고 노동자들은 취업을 탐색하려는 의향을 후퇴시키는 반면, 기업은 떨어진 임금에서 노동력을 다시 채용하려고 준비한다. 하지만 실제 이러한 메커니즘은 일정한 접근방법을 통해서만 관찰될 수 있다. 사회적 파트너의 힘이 매우 제한되어 있다거나 존재하지 않는 국가에서도 기업주들이 장기적으로 지속되는 높은 실업에도 불구하고 임금을 제한적으로밖에 내리지 않는다. 이러한 사실은 효율임금론과 앞서 언급한 내-외부자론을 통하여 설명될 수 있다(아래의 논술은 크롬파르트[Kromphardt, 1992]의 설명에 크게 의존함).

효율임금론은 노동시장에서 취급되는 노동상품(취업활동자의 노동력)의 질이 중요한 변수이며, 그것이 사업관계가 진행되면서 노동력 공급자에 따라 가변적일 수 있다는 점에 근거하고 있다. 취업활동자의 동기와 정체성이 중요하고 사용자는 자신의 종업원들이 '내부적 이주'를 행할 경우에는 큰 손실을 감수해야만 할 수 있기 때문에, 피고용자들이 그들의 노동력을 가능한 한 효율적으로 배치하게끔 임금의 조정을 통해 그들을 자극해야만 한다는 것이다. 이러한 생각에 따르면 극단적인 임금삭감은 오히려 노동강도를 저하시킬 수 있으며, 따라서 기업주에게는 생산성의 후퇴가 임금삭감보다 더 크게 떨어질 위험을 초래할 수도 있다.

내-외부자론은 왜 외부자의 임금덤핑이 발생하지 않느냐를 설명하려고 한다. 기업주가 외부자보다 더 높은 임금을 요구하고 관철시키려는 내부자를 방출하고 보다 저렴한 외부자로 대체하려고 할 경우, 기업주는 내부자에 의해 축적된 기업 특유의 인적자본을 상실하게 된다. 이러한 인적자본의 상실은 임금삭감이 약속하는 이윤보다 더 높은 수익의 희생을 의미할 수도 있다. 더욱이 기업주들은, 채용된 외부자가 얼마 지나지 않아서 스스로 내부자가 될 것이고 그래서 임금수준과 관련해서는 이전에 면직된 내부자와 똑같이 행동하게 될 것이라고 말하고 있다(Lindbecker/Snower, 1988).

이뿐만 아니라 솔로우(Solow, 1990)는 피고용자들에게도 '임금덤핑'을 수용하지 않는 사회적인 규범이 존재한다고 지적한다. 낮은 임금에 노동력을 제공하는 사람은 후에 누군가에 의해 더욱더 싼값으로 노동력이 제공될 경우, 그 자신 또한 일자리를 잃게 된다는 사실을 고려해야 하기 때문에, 그는 값싸게 노동력을 제공하는 것을 포기한다는 것이다. 더군다나 저렴한 값에 노동력을 제공하는 외부자는 내부자들이 그들의 일자리를 잃기보다는 기꺼이 임금삭감을 수용하는 한 자신들만이 손해를 입을 수도 있다는 것이다. 결과적으로 외부자는 외부자로 머물고, 내부자는 더욱더 악화된 상황에 처하게 될 것이다.

신고전적 모델로부터 그리고 이와 결부되어 있는 이론적 접근들(인적자본론, 효율임금론, 내-외부자론)로부터 본질적으로 시장메커니즘의 자기정화적 힘을 신뢰하는 노동시장정책론적 전략들이 도출되고 있다. 노동시장은 규제로부터 벗어나야 하며, 제도적 기구(예컨대 노동조합)의 영향은 후퇴되어야 마땅하다는 것이다. 오늘날 노동시장의 '미국화'(Americanisierung)가 많은 사람들에게 노동시장정책상의 제반 문제점들을 해결해 줄 수 있는 확실한 수단으로 인식되고 있다.

분단론

분단론적 접근법에서는 비록 직접적인 원인은 같은 것이지만, 실업을 단기적이며 마찰적인 불균형으로서가 아니라 체제를 수반하는 현상으로 여기고 있다. 특정 부분시장에서 노동력 공급이 수요를 넘어서고 있다는 것이다. 자기조절과 새로운 균형상태로의 회귀라는 가정은 논증되지 않은 사실로 인식되고 있다.

분단론적 접근에서 본질적인 사실은 일자리의 서로 다른 특성과 결부되어 있는 상이한 실업의 위험성을 강조하는 것이다. 독특한 피고용자 집단은 다양한 부분노동시장에 각기 반응하기 때문에(외국인노동자, 여성, 숙련된 내국인), 그것이 실업자의 구조화로 나타나고 있다는 것이다.

다양한 노동자들은 그들이 차지하고 있는 일자리의 표징에 따라 실직을 당하게 될, 서로 다른 높은 위험성을 안고 있다는 것이다.

직업에 따라 서로 다르게 발생하는 실업의 위험성은 분명히 확인될 수 있다. 건설이나 관광분야의 직무처럼 특정한 계절적인 직업에서는 계절적 실업이 직업상(職業像)의 확고한 구성요소이며, 취업자의 숙련과는 거의 무관하다. 더욱이 보다 높은 실업의 위험을 특정 부문(예컨대 청소업 분야, 개인서비스업 분야에서)에서 확인할 수 있는데, 그러한 일자리는 보통 2차분단체에 해당하는 것으로서 낮은 요소밀도를 보여주며 '만인'의 자질을 요구하는 것이다. 기업의 핵심에 해당되지 않고, 따라서 불안정한 일자리도 역시 높은 실업의 위험성을 안고 있다.

1980년대 그리고 1990년대 초에 1차노동시장과 기업 내부의 채용전략, 그리고 핵심구성원이 그 중요성을 상실하는 양상을 관찰할 수 있었다. 지난 수십 년간 안정적인 내부노동시장의 구축과 유지가 성공적인 기업경영의 전제조건으로 생각되었으나, 1980년대에 들어서면서 유연성을 가장 중요한 목표로 주목하는 새로운 개념들이 관철되기 시작하였다. 기업 외부의 노동시장이, 비록 기간구성원의 익숙한 숙련 프로필을 활용할 수 없게 되었지만 그 대신에 전반적으로 큰 임금비용을 초래하지 않는 수요등락을 받아들이게 되었다.

1980년대 기업들은 증가하는 노동성취, 즉 노동생산성에 대한 요구를 점차 외부노동시장을 통하여 충족시키게 되었다. 따라서 기업들은 단기적으로 저렴하게 일을 해낼 수 있었으며, 경기에 따른 위험성을 노동시장에 전가시켰다. 노동력 공급의 탄력성은 외국인 취업의 증가와 여성들의 노동시장으로의 뚜렷한 회귀 내지 쇄도를 통하여 공고히 할 수 있었다(Fassmann, 1995 참조).

분단론의 관점에서 보면, 실업과 맞서 싸우는 데에는 정치의 개입이 요구된다. 그 해답은 탈규제화가 아니라, 국가의 행동이다. 이는 공급을 줄이는 조치들(예컨대 의무교육의 확대, 외국인 노동력 유입의 억제, 양육기간의 연장, 교육과 관련한 휴직의 보장)과 2차노동시장의 개선을 위한 제반 조치, 취업관계에 있어 진입장벽의 축소(진입자임금, 유연한 수습기간), 그리고 마지막으로 — 확실히 가장 중요한 — 일반적인 수요부양으로 집약된다.

4) 실업의 유형화

실업의 경과, 직면도, 연한, 그리고 원인은 각기 매우 다를 수 있다. 그래서 실업의 유형을 구분하는 것이 필요한데, 왜냐하면 상이한 정책적 조치들도 이것에 좌우되기 때문이다. 통상적으로 아래와 같이 나눌 수 있다. 즉,
- 마찰적 실업,
- 계절적 실업,
- 경기적 실업,
- 구조적 실업, 그리고 마지막으로
- 성장부족적 실업이다.

단기적으로 발생하고 스스로 다시금 균등화되는 모든 실업은 **마찰적 실업**으로 간주된다. 마찰적 실업은 한 일자리에서 다른 일자리로 교체함에 있어서 시장에 대한 불완전한 이동성과 정보 및 수요의 단기적인 구조변동에 의해 발생하는 것이다. 마찰적 실업은 자문과 중개(정보시스템의 개선, 기업의 인사정책에의 영향력 행사, 공간적 이동의 촉진)를 통하여 감소될 수 있다.

프리드만(Friedmann, 1968)과 크롬파르트(1992)는 이러한 맥락에서 '자

<그림 38> 실업의 유형

	수요수준의 변화	수요구조의 변화
단기적 불균형	계절적, 경기적 실업	마찰적 실업
장기적 불균형	성장부족적 실업	구조적 실업

출처: Richter, 1994에 의거

연적' 실업이라는 다소 모호한 개념을 사용하고 있다. 이것은 균형이 지배하는 노동시장 상황에서 발생하는 실업으로 이해된다(Kromphardt, 1992: 212). 이러한 정의는 동어반복에 불과한데, 왜냐하면 수요와 공급의 그 어떤 양적 관계도 균형상태로 해석할 수 있으며, 따라서 실업을 늘 '자연적'인 것으로 볼 수 있기 때문이다.

노동력에 대한 수요등락은 계절적 그리고 경기적 실업의 원인이다. 계절적 실업에서는 계절적 등락이 노동력 수요의 이완에 대해 책임이 있으며(건축업, 동계 및 하계 관광), 경기적 실업에서는 경제발전의 주기적 등락이 실업의 원인으로 지목된다. 노동력에 대한 수요결여가 장기적으로 발생하고 기술변동의 결과가 동시적으로 정체하는 제품수요로 나타날 경우, 이를 **성장부족적 실업**이라고 한다(Gilpatrick, 1966). 경제성장이 노동력의 확대와 보조를 맞출 수 없는데, 이때 계절적 또는 경기적 단절은 그 어떤 역할도 하지 못한다.

노동시장정책과 관련하여 가장 중요한 것은 **구조적** 실업이다. 이것은 기술변동과 제품수요에 있어 구조이행(전세계적으로 일정한 수요수준 하에서), 그리고 국제적 분업의 변화에 의해 발생하는 장기실업이다. 예를 들어 유럽의 전통적 공업입지에서 철광 및 제철산업의 쇠퇴는 오랫 동안 지속되는 구조적 실업을 야기하고 있다.

구조적 실업을 극복하기란 그렇게 쉬운 일이 아니다. 이를 위해 취업을 장려하기 위한 제반 조치(전직과 재교육 등)와 공간적 이동을 촉진시킬 대책을 요구하고 있다. 그럼에도 불구하고 구조적 실업자들은 보통 충원되지 않은 공석이 요구하는 표징을 충족시킬 수 없거나, 이 일자리가 제공하는 임금과 노동조건에 동의하지 않는다.

실업의 유형화가 이론적인 시각에서 전체적으로 설득력을 지닌 것으로 공감을 받고 있지만, 이를 실증적으로 파악하기란 매우 어렵다. 조선 노동자의 실업이 구조적인 것인가 아니면 경기적인 것인가? 독일의 조선업이 세계시장에서 앞으로 더 이상 경쟁력을 갖지 못할 것인가(그렇다면 구조적 실업이 관건이 될 것이다), 아니면 선박 건조량에 대한 수요가 몇 해 동안 후퇴한 것에 불과한 것인가(그러면 이는 경기적 실업일 것이다)? 어떤 검증 가능한 계측기법에 의거하여 구조적 실업과 경기적 실업을 서로 구별할 수 있을 것인가?(Franz, 1992a: 10 참조).

5) 실업의 경과와 구조화

긴밀히 짜여져 있는 유럽의 여러 국민경제에서는 노동력의 수요 및 공급과 관련하여 비슷한 발전경향이 관찰되고 있다. 일정한 국가적 특수성과 여러 발전양상의 정체나 앞서 나가는 점을 별도로 하면, 실업의 경우에는 아주 비슷한 경과가 나타나고 있다.

1960년대 초까지만 해도 많은 유럽 국가에서는 완전고용이 지배하였다. 1973년의 유가파동 이후 실업률은 분명히 상승하였으며, 종전 이후 오랫동안 지속되어 온 호황경기 국면은 종언을 고하게 되었다. 구서독에서는 실업자의 수가 1970년의 15만 명에서 1996년에는 약 400만 명으로 증가하였다. 독일 전체에서는 1996년의 경우 연평균 396만 명의 실업자 이외에도 부가적으로 약 148만 명에 달하는 '은폐실업자'가 존재하였다. 이 은폐실업자는 보조금을 받고 있는 취업자와 더불어 은폐적 실업 상황에 놓여있는 비취업자를 가리킨다. 장기실업자의 비중 역시 지난 25년 동안 꾸준히 증가해왔다. 불황기 동안에 실업이 70만 내지 80만 명 정도 늘어났는데, 이들은 다음 호황기에서도 여전히 실업상태로 잔류하게 되었다.

오스트리아도 비록 약 10년 정도 독일에 뒤쳐져 있지만, 유사한 발전양상을 경험하였다. 케인스이론에 영감을 받은, 국유산업에 기초한 강력한 지출지향적(支出指向的) 경제정책의 특별한 행보로 실업의 상승이 지체되었다. 1970년대 초 오스트리아에는 약 310만 명의 취업자가, 1992년에는 약 360만 명의 취업자가 있었다. 해마다 약 2만 5,000여 명이 고용체계에 추가로 편입되었다. 하지만 이와 동시에 실업자는 약 3만 1,000명(1973)에서 20만 명 이상(1995)으로 불어났다.

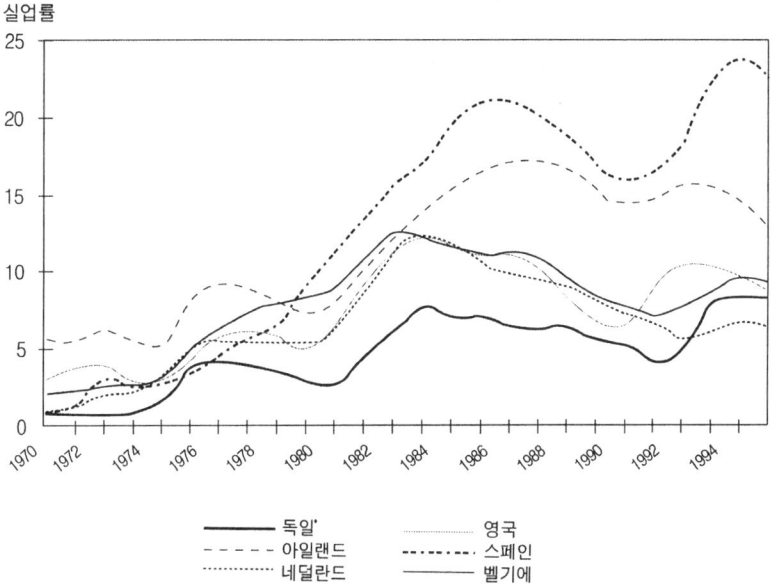

<그림 39> 몇몇 유럽국가에 있어 실업률의 추이

독일*
아일랜드
네덜란드
영국
스페인
벨기에

* 1993년부터는 구동독을 포함함.
출처: *EUROSTAT*; 필자

 이러한 노동시장의 근원적인 재편을 초래한 원인들은 여러 가지 양상을 띠며, 아직도 설명되어야 할 것이 많다. 이론적인 정리에 따르면, 그것은 수요행태의 변화―생산성의 진척, 전세계적 차원에서 생산입지의 이전, 그리고 국내에서 생산되는 제품에 있어 판매시장의 위축 등의 결과로서―와 불량한 배분조건(최소임금, 높은 임금외 부대비용)에 있다고 한다. 또한 실업이 상승하는 데 상당한 영향력을 행사한 것은 노동력 공급의 성장이었다. 이를 조건지은 것은 외국인 취업자의 증가와 여성들의 노동시장에의 뚜렷한 회귀 내지 쇄도였다. 유럽에서 실업이 장기적으로 상승하게 된 주된 원인은 노동력 공급의 상승과 동시에 나타난 완만한 경제성장에 있다. 오늘날의 경제성장은 1960, 1970년대의 절반 수준밖에 되지 않는다(Walterskirchen, 1994: 379). 그런데 이와 반대로 노동력 공급은 늘어만 가는 여성 및 외국인 노동자의 직업활동으로 인하여 꾸준히 증가해왔다. 대량의 조기퇴직에도 불구하고 유럽에서 취업인구의 공급은 1980년대 초반 이래 연 0.6% 정도 높아졌다.

티치(Tichy, 1994)는 오스트리아를 대상으로 하여 지난 5년간의 실업 상승이 주로 높아진 노동력공급의 파생 효과임을 입증하였다. 노동력은 수없이 존재하며 따라서 저렴해져야 한다고 하지만, 이 점이 임금협상에서는 고려되지 않고 있다. 이와 더불어 노동시간과 노동의 배분과 관련한 문제들도 더욱더 논제화되어야 할 것이다.

실업의 시기적 발달은 실업자의 구조화뿐만 아니라 취업자에게서 나타나는 변동과도 결부되어 있다. 노동력에 대한 수요가 증가하는 시기에는 실업자의 수와 더불어 그 특유의 **구조화**도 줄어든다. 그 반대로 노동력에 대한 수요가 침체하는 시기에는 실업자의 수가 상승할 뿐만 아니라, 그와 함께 구조화도 발생한다. 실업의 구조화라는 개념은 지속적인 높은 실업상황 하에서 진행되는 노동력이동(勞動力異動)의 틀에서 실업이 특정한 사회인구학적 집단에 점점 가중되는 것을 말한다. 이 과정이 진행되면서 실업에의 진입과 실업으로부터의 탈출 과정에서 한계집단에게 부담을 주는 방향으로 선별과정이 발생하는데, 이는 실업자 현황에서 특정한 사회인구학적 표징을 가진 사람들이 서서히 과대 표현되는 결과와 함께 나타나는 것이다(Hurler, 1984: 199).

실업의 구조화는 고용체계로 진입하는 과정에서뿐만 아니라, 그로부터 퇴출하는 과정에서도 뒤따른다. 시장에서 퇴출이 일어날 경우—이는 해고와 방출을 고결하게 바꿔 쓴 말이다—에는 평균 이하의 성취력(생산성), 취업활동과의 미약한 결속(동기적 자극구조), 노동조합의 낮은 조직화에 의한 저조한 제재잠재력(制裁潛在力), 그리고 마지막으로 미비한 법적, 문화적 보장을 보여주는 사람들이 선호된다('해고의 선별성'). 이러한 표징들은 종종 낮은 인적자본과 한계적인 기업상의 위치와 결부되어 있으며, 1차노동시장과 2차노동시장, 기간구성원과 주변구성원과 결합되고 있다.

고용체계로의 시장진입, 따라서 실업에서의 탈출에 있어서도 매한가지의 선별양상이 발생한다. 시장진입에서의 선별성('채용의 선별성' selectivity of hiring)은 분별효과(分別效果)의 작용성을 강화시킨다. 즉, 가시적인 취업동기를 갖고 있으나 대안적인 역할이 없는 사람, 적합한 취업전기와 높은 인적자본을 지닌 사람들이 우선된다. 누군가가 노동시장구조라는 여과기를 통해 쉽게 걸러지면 걸러질수록, 다시 헤집고 들어가기란 그만큼 어려워진다. 시장진입은 시장퇴출보다 국가의 통제를 훨씬 덜 받는다. 이로부터 경제적 생산성이라는 관점과 사회적 제반 차별이 시장퇴출에서의 선별성보다 시장진입에서의 선별성에 한층 더 강력하게 작용한다는 결론이 도출된다.

따라서 수요가 줄어드는 시기에는 고용체계의 폐쇄경향이 나타나고 실업자와 시장진입자의 선별이 강화된다. 이때 여성이나 고령자, 외국인 노동자, 한계집단, 그리고 젊은이와 같은 사회적으로 취약한 인구집단들이 일반적으로 불이익을 당하게 된다. 최근에 다음과 같은 규칙성이 나타나고 있다.

① 실업에피소드의 연장
경기가 침체하는 상황에서는 우선 실업으로의 유입이 높아지는 반면, 에피소드의 연한은 크게 변하지 않은 채 유지된다. 계속되는 불황기에서는 연한도 늘어나고, 실직을 당한 사람들이 고용체계로 되돌아가는 것도 한층 더 어려워질 수 있다. 경제가 다시 성장하기 시작할 경우에는 실업으로의 유입이 먼저 저하되는 반면, 유출은 지체를 보이면서 뒤따르게 되고 에피소드의 연한은 비로소 다시금 서서히 단축된다. 호황이 너무 짧게 지속되며 그것이 생산성의 획득으로 전환되고(합리화를 위한 투자), 그리고 경기적 실업이 다시금 감축되기 전에 그 후속의 경기후퇴가 벌써 나타나게 될 때에는 기저실업은 지속적으로 높아지게 된다.

② 장기실업 비중의 제고
기저실업의 꾸준한 제고는 장기실업자의 배가와 결부되어 있다. 1990

년 중반 오스트리아에서는 이 집단이 전체 실업자의 약 25%에 달하였다. 특별히 구조변동을 겪고 있는 업종(섬유, 의류, 가죽, 종이, 화학, 금속)에서 일반적인 경제적 쇠퇴를 경험할 수밖에 없는 지역의 경우 꽉 찬 연령으로 실직하게 되는 사람들이 일자리를 즉시 되찾을 수 있는 기회를 갖기란 극히 낮다. 이에 더하여 지속되는 실업과 함께 실직상태에 장기적으로 잔류하거나 기껏해야 '구멍 뚫린' 실업커리어를 경험할 위험성도 높아진다.4) 따라서 전체 실업량(연한과 직면도)이 특정한 문제집단에 집중하는 것은 하나의 일반적인 성격이 되고 있다.

③ 인구학적 한계집단에 대한 폐쇄성

최근에 들어와서 약 25세까지의 젊은 연령층이 취업활동자의 평균연령보다 더욱 거세게 실직을 당하고 있다. 그렇지만 그 에피소드 연한은 짧다. 그들은 자주 실직을 당하지만, 곧바로 다시금 일자리를 찾는다. 그 반대가 50세 이상의 사람들에게서 나타나는 상황이다. 이들의 직면도는 훨씬 낮지만, 이들이 한번 실직을 당하게 될 경우에는 그 연한이 유난히도 길어진다.

④ 가족적 '중개장'을 지닌 사람들에 대한 폐쇄성

개개인의 실업률은 가족의 맥락과도 관련이 있다. 가족이라는 맥락의 영향을 벡만과 벤더(Beckmann/Bender, 1993)는 구동독지역을 대상으로 하여 조사하였다. 기대한 바와 같이 단독양육자(자녀는 있으나 동거자가 없는)들이 가장 높은 실업의 위험성을 안고 있었다. 그들은 노동시장에서 발견되는 장애의 대부분을 안고 있으며, 모든 가족범주 가운데서도 실업의 위험성에 가장 크게 노출되어 있고 또한 보다 오랫동안 실업에 머물러 있게 됨으로써, 그들은 공적, 사적 기관에 의한 지원에 크게 의존

---

4) 장기적인 시간에 걸쳐 여러 실업의 단계들이 단기적 고용관계(穿孔職業 Perforations-Jobs)와 교대를 할 때, 우리는 이러한 취업 전기적 패턴을 구멍 뚫린 장기실업이라고 지칭한다(Büchel 1993a, 336).

하고 있다. 이러한 상황을 조건짓는 것은 단독양육자들이 자녀가 없는 사람들만큼 변화된 노동시장의 요구에 유연하게 대처할 수 없다는 사실이다. '무자녀 부부'들이 긍정적인 대조 집단이 되는데, 이들은 노동시장에 매우 유연하게 대처할 수 있다. 물론 자녀 없는 부부와 비교하여 자녀 있는 가정이 높은 실업의 위험성을 안고 있다고 너무 일반화하여 말할 수는 없다(Beckmann/Bender, 1993).

⑤ 실업의 '남성화'

독일에서 여성의 실업률이 1960년대까지만 해도 남성의 그것보다 낮았으나, 1970년 이후 뚜렷이 상승하고 그래서 남성의 실업률을 능가하게 되었다. 그러나 수많은 제조업의 일자리가 소멸함에 따라 남성의 실업률이 여성의 실업률보다 다시금 현저히 상승하고 있다. 여성들은 보다 신속하게 중개될 수 있으며, 따라서 보다 단기적인 실업 에피소드를 보여주고 있다.

<그림 40> 1990년 헝가리에 있어 연령과 성에 따른 실업률

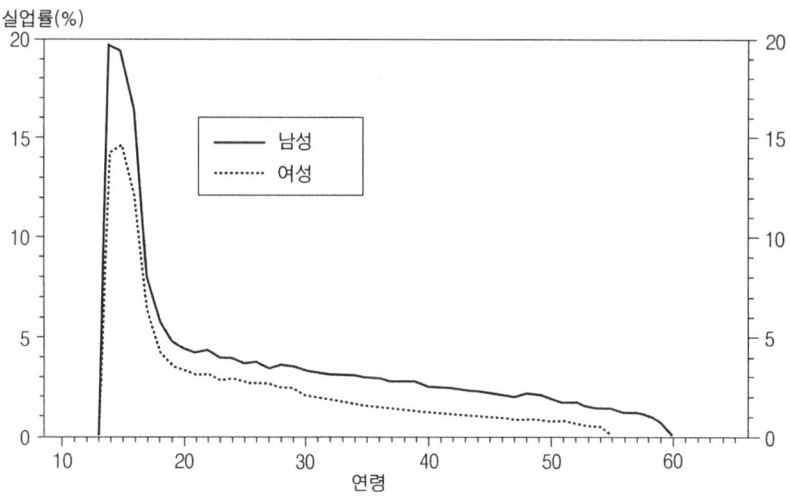

출처: Meusburger, 1995b

헝가리에서는 여성의 실업률이 모든 연령집단에 걸쳐 남성의 그것보다 낮았으며, 지금도 그러하다(<그림 40> 참조). 이 점은 무엇보다도 헝가리에서 경제 자유화가 일찍부터 시작되었으며 정통 마르크스주의로부터의 이른 회귀와 원형적 시장에 대한 조기 묵인, 그리고 무엇보다도 서로 상이한 가치관(헝가리에서 제철소나 탄광에 여성이 취업한다는 것은 러시아와 달리 생각하기 어렵다) 등으로 말미암아 이미 1970, 1980년대에 성별 특유의 노동시장의 분단화가 발생하였기 때문이다. 옛 동독이나 구소련과는 달리 헝가리에서는 여성들이 체제전환 이후 맨 먼저 와해되고 따라서 대량으로 노동력을 방출하였던 산업업종(중공업, 화학공업, 기계공업 등)에 훨씬 적게 취업하고 있었다. 그 대신에 여성들에게 2차부문보다는 한층 많은 기회와 안정성(공공서비스)을 제공하는 3차부문에 보다 높은 비중으로 취업하고 있었다. 사회주의적 국영기업이 붕괴하면서 기본적으로 여성들보다 남성들이 자신들의 일자리를 더 많이 잃게 되었으며, 3차부문은 체제전환 이후에도 큰 벌충요구까지 갖고 있었기 때문에, 여성들이 모든 연령집단에 걸쳐 남성들보다 실업을 훨씬 적게 겪었다.

⑥ 저숙련자들에게 실업 집중

실업은 모든 서부 및 중동부 유럽 국가들에서 그러하듯이, 오스트리아에서도 학교교육을 제대로 끝마치지 못했거나 의무교육만을 수료한 직업 활동자에게 집중되고 있다. 실업을 겪고 있는 모든 사람들 가운데 거의 절반 정도가 이 부류에 속한다. 1995년 오스트리아에서는 전체 실업자 가운데 85% 이상이 의무교육이나 직업견습만을 마친 사람들이었다. 이와 반대로 전체 실업자의 2.5%만이 대졸자였으며, 또한 6.2%만이 고등학교(실업계와 일반계)를 졸업한 사람들이었다. 실업자수를 각각의 전체 인구와 관련시켜 보면, 또 다시 학교에서 터득한 자질이 높아짐에 따라 실업의 위험성은 낮아진다는 점을 알 수 있다. 의무교육 수료자의 실업률은 8.2%에 달한 반면, 대졸자의 실업률은 1.7%에 불과하였다.

오스트리아에서 입증된 이러한 연관성은 이 논제를 지금까지 경험적

<그림 41> 1990년 헝가리에 있어 교육수준에 따른 연령 특유의 실업률

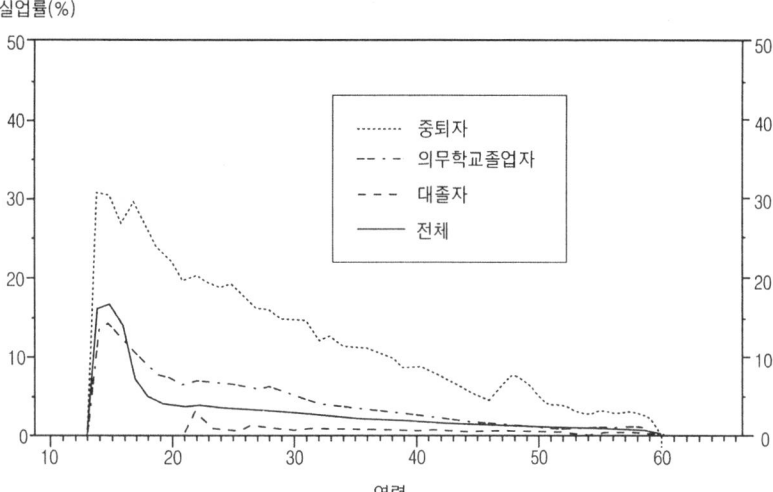

출처: 1990년 헝가리 인구센서스 특별계정; 하이델베르크 헝가리 자료은행

으로 조사 연구한 모든 국가에서도 똑같이 관찰되고 있다. 곳곳에서 실업은 학교에서 받은 교육수준이 높아짐에 비례하여 감소한다는 사실을 확인시켜 주고 있다. 최근 들어 비록 대졸자의 실업률도 상승하고 있지만, 언제나 저숙련자들의 실업률에는 미치지 못하고 있다. 결정적인 불리함이 누구보다도 기초학교(초등학교)도 끝마치지 못하였거나 최하위의

<표 6> 1991년 오스트리아에 있어 실업과 교육수준

	최종출신학교 교육에 따른 고용인구	전체 취업자 가운데 차지하는 비율	실업자	전체 실업자 가운데 차지하는 비율	실업률
대학	263,149	7.1	4,600	2.5	1.8
AHS/BHS	364,475	9.9	11,418	6.2	3.1
전문학교	479,820	13.0	10,786	5.9	2.2
견습교육	1,492,685	40.5	67,634	36.9	4.5
의무학교	1,084,153	29.4	89,014	48.5	8.2
총계	3,684,282	100.0	183,452	100.0	5.0

출처: 1991년 인구센서스; 필자 계산

학교밖에 졸업하지 못한 사람들에게서 발생하고 있다. 외국인 노동자들의 높은 실업률도 많은 경우 서로 상이한 학교적, 직업적 교육수준에서 그 원인을 찾을 수 있다.

최종적으로 수료한 교육 수준별로 실업률을 산정하기 위해 오스트리아의 경우에는 1991년의 인구센서스를 살펴보아야 한다. 그 이후에 비록 실업은 늘어났지만, 실업자의 구조에 있어서 이와 다른 변동이 나타나고 있다는 시사는 없다. 지금까지 공공서비스부문에서 여러 차례 전직을 행하였던 대졸자들에 대한 수요감소의 작용성은 양적으로─도대체 그렇다고 한다면─비로소 몇 년이 지난 후에 나타나게 될 것이다.

⑦ 계절적 실업

전체 실업 중 일반적인 평균치보다 특이하게 높은 비중으로 나타나는 실업은 '계절적 실업자'라는 범주에 해당하는 것으로 볼 수 있다. 이에 따른 비중이 몇몇 지역과 국가에서는 매우 높으나, 다른 지역과 국가에서는 훨씬 낮게 나타난다. 실업을 당한 전체 인구 가운데 4분의 1에서 3분의 1 정도는 평균적으로 농림업, 건축업, 숙박 및 요식업 등 계절적인 업종에서 발생하고 있다. 이러한 값은 전체 경제에서 관광업과 농업이 차지하는 중요성이 낮은 중심권이나 독일보다 오스트리아와 주변부 지역에서 매우 높은 실정이다. 하지만 그러한 곳에서도 계절성을 확인할 수 있다. 독일의 오버팔츠(Oberpfalz)와 튀링겐(Thüringen), 작센(Sachsen), 그리고 메클렌부르크(Mecklenburg) 등 농업적 성격이 뚜렷한 지역에서는 동계 및 하계 반년을 비교해볼 때, 실업률의 차이가 분명히 부각되고 있다(<그림 42>).

6) 실업의 지역간 수렴과 분기

노동시장의 지리학에서 특히 중요한 논점은 실업의 공간적 전개패턴이다. 어떤 지역이 높은 실업수준을, 그리고 어떤 지역이 낮은 실업수준

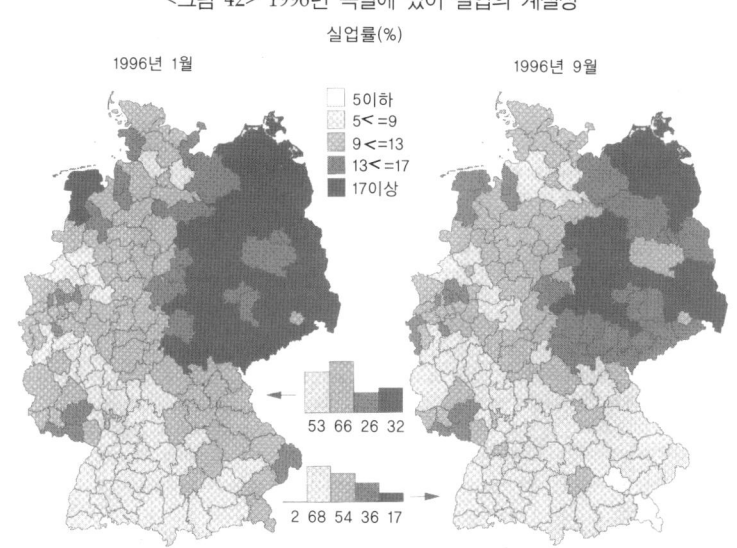

<그림 42> 1996년 독일에 있어 실업의 계절성

출처: *IAB*; 필자

을 보여주는가? 개별적으로도 논거들은 매우 다양할 수 있음에도 불구하고 일반화할 수 있는 경향들을 확인할 수 있다.

오스트리아에서는 계절적인 일자리의 비율이 높은 주변부 지역들, 산업의 구조변동을 완전히 극복하지 못한('차단된 지역수명주기') 구산업지역, 그리고 많은 도시들이 높은 실업을 보여주고 있다. 이와 대조적으로 낮은 실업률은 주로 신산업지대와 교외지구, 그리고 한편으로 농업이 완충기능을 수행하고, 다른 한편으로 노동력 공급이 인구이출로 인하여 감소하고 있는 농촌지역에서 발견된다.

독일에서도 이와 유사한 패턴이 확인되고 있다(<그림 43> 참조).[5] 높은 실업률이 루르 지역(Ruhrgebiet)과 자를란트(Saarland)의 산업지대와 특수한 주변부지역—특히 구접경지대—에서 포착되며, 그리고 주변 배후지역과 비교하여 대도시지역(중심도시)에서 한층 높은 비율이 나타나고 있다.

---

5) 이 경우 옛 서독지역만을 설명하는데, 왜냐하면 독일 전체를 설명하기 위해서

216 노동시장의 지리학

<그림 43> 1996년 구서독지역의 실업

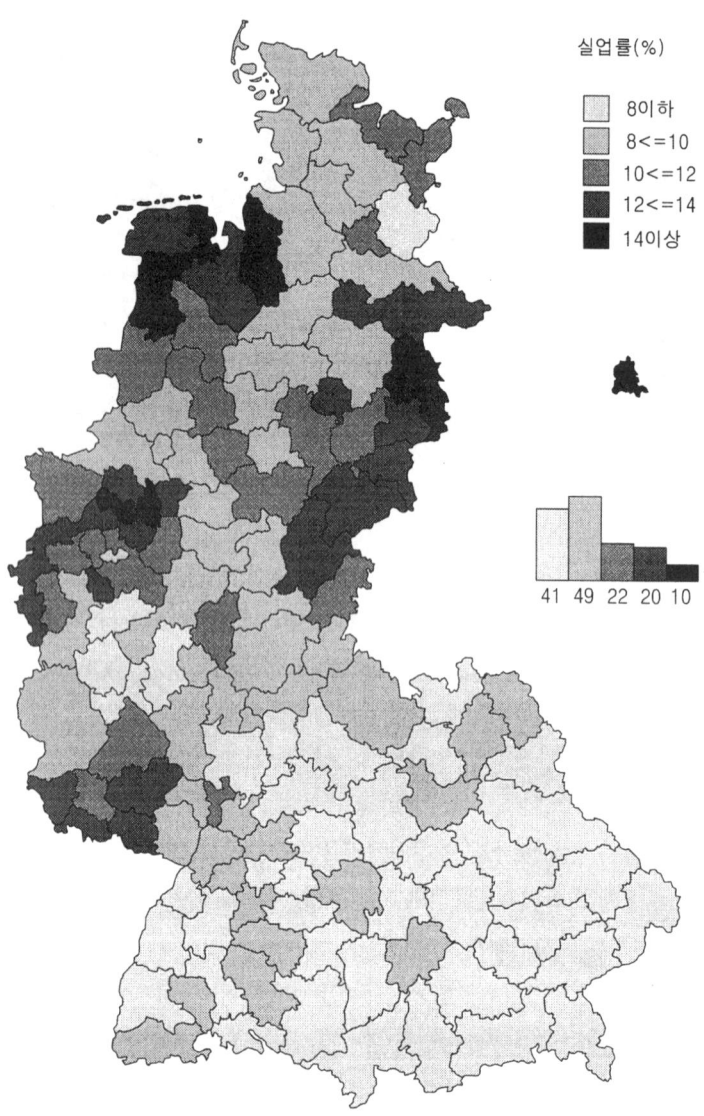

출처: IAB; 필자

대도시들이 점점 국가적 실업의 담지자가 되고 있다는 관찰이 지난 몇 해 동안의 주목되는 발전양상에 해당하는데, 이 점은 독일에만 국한되지 않는다. 오랜 시간에 걸쳐 주변부 지역들은 높은 실업을, 번성한 중심부는 낮은 실업을 경험하였다. 중심권이 공업과 제조업의 입지였을 때에는 상황이 특히나 양호했다. 즉, 실업은 낮았고 노동력에 대한 수요는 높았다. 탈산업화와 거주인구의 뚜렷한, 사회적으로 현저히 선별적인 교외화와 함께 이러한 패턴이 적어도 서부 및 중동부 유럽의 시장경제체제 하에서 크게 바뀌었다. 실업이 중심권에서 현저히 상승하였으며, 주변부 지역의 그것과 큰 차이를 나타내지 않게 되었다. 도시는 경제발전의 중심지일 뿐만 아니라 기저실업에 있어 일종의 수용지가 되고 있다. 성장하는 경제상황에서도 실업이 감소하지 않는다는 패러독스가 이러한 공간적 양상에서도 발견되고 있다. 다시 말해 도시에서는 급속한 성장과 높은 실업이 동시적으로 발생하고 있는 것이다(<그림 44>).

중심권과 주변권의 실업을 분석함에 있어 우리는 이론적으로 그리고 정책적으로 중요한 논점에 이르게 된다. 지역의 실업률이 균등화되고 있는 것인가, 아니면 그 격차가 오히려 더욱더 심화되고 있는 것인가? 실업에 직면한 지역들이 공간적으로 수렴하는 것으로 관찰되는가, 아니면 분기하는 것으로 관찰되는가?

이에 대한 답변은 종종 사회과학과 경제학에서 그러하듯이 그다지 명료하지 않다. 많은 국가에서 지역의 실업률이 수렴하는가 하면, 다른 국가들에서는 그렇지 않다. 슈미트(Schmid, 1980: 46 이하)는 1965년에서 1978년 사이의 기간 동안 독일의 노동관구를 중심으로 살펴본 지역간 불균등은 줄어들고 있으나, 동시에 국가 전체 실업률과는 부의 상관관계에 있다는 점을 확인하였다. 따라서 호경기의 전개와 전체적으로 실업이 감소하는 상황에서 지역간 격차는 도리어 상승한다는 것이다. 이와는 반대로 경기가 침체하고 국가 전체의 실업이 상승할 경우에는 지역적 변이 편차가 오히려 낮아진다고 한다. 즉, 지역간 격차는 실업수준이 위쪽으로 변동할 때 감소한다는 것이다. 지역간 균등은 높은 실업으로 '지불'되고 있다.

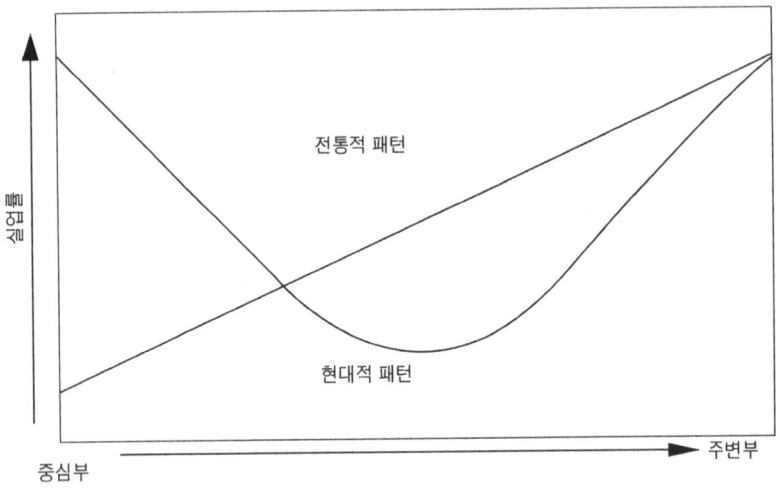

<그림 44> 실업률의 중심-주변간의 격차

출처: 필자

<그림 45>는 실업이 높은 수준으로 상승하는 동시에 확장되는 예를 보여주고 있다. 고찰한 시기의 출발점인 1991년 7월에는 높은 실업이 구동독지역에 국한된 현상이었다. 동서독 지역간의 격차는 컸다. 그후 몇 해에 걸쳐 고실업이 확산되고, 따라서 구서독지역까지 포괄하게 되었다. 니더작센(Niedersachsen), 슐레스비히홀슈타인(Schleswig-Holstein), 그리고 노트라인베스트팔렌(Nordrhein-Westfalen) 등 점점 많은 지방들이 현재 그 수준으로 판단해 볼 때 구동독의 튀링겐이나 작센 또는 메클렌부르크에 상응하는 실업률을 보여주고 있다. 실업 수준이 독일에서 전체적으로 상승하였는데, 이때 지역간의 차이는 오히려 낮아졌다.

영국에 대한 클리브(Cleave, 1987)와 포시드(Forsythe, 1995), 그리고 오스트리아에 대한 리히터(Richter, 1994)와 파스만(Fassmann, 1995b)도 이와 유사한 연구결과를 보여주고 있다. 즉, 지역간 실업률은 국가의 실업률이 상승할 때에는 수렴하고, 국가의 전체 비중이 낮아질 때에는 분기한다는 것이다. 1980년대 오스트리아에서는 실업의 상승이 수렴적인 발

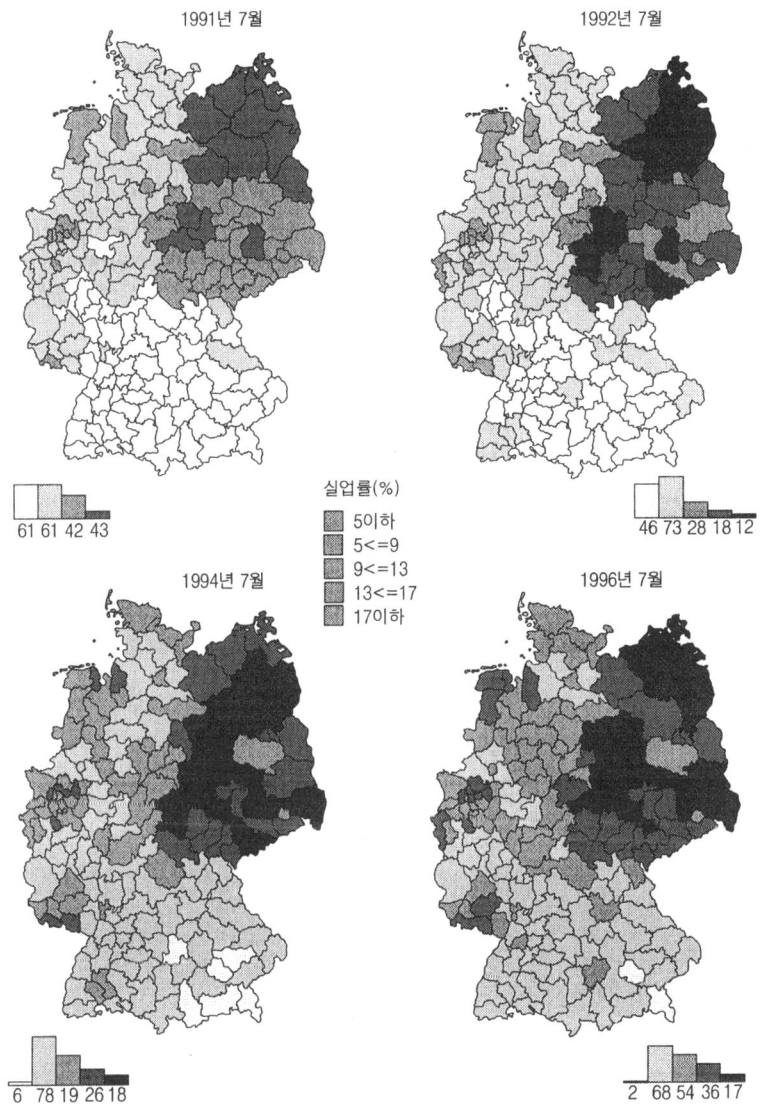

<그림 45> 1991~1996년 독일에 있어 실업의 확산

출처: *IAB*; 필자

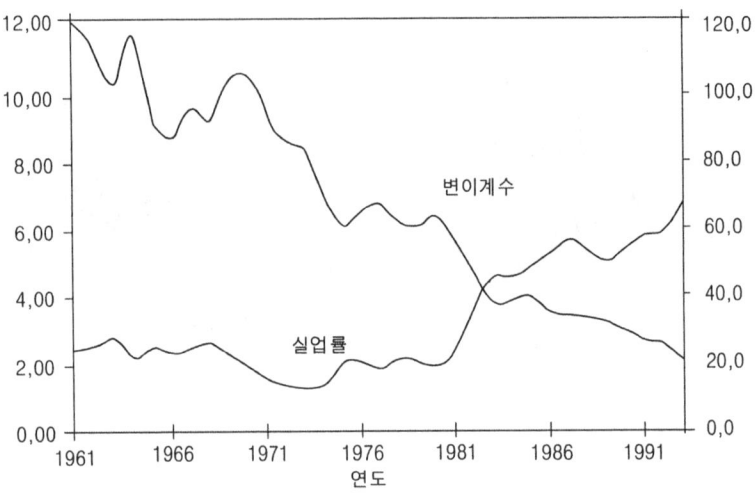

<그림 46> 1961~1993년 오스트리아에 있어 실업률과 변이계수

출처: Fassmann, 1995a

전을 수반하였다. 실업이 지난 수십 년 동안 경제적 표본지역에 해당하였던 연방 주들에서 특히 현저히 상승하였다. 지역격차가 비록 이를 통해 줄어들기는 하였으나, 전체적인 실업에서는 보다 높은 수준으로 옮아갔다. 변이계수의 감소는 이에 대한 지표가 될 수 있을 것이다.

실업률이 상승하는 동시에 수렴하는 양상은 물론 1990년대 중반 현재 여전히 계획경제에서 시장경제로의 전환과정에 있었던 구사회주의 국가들에는 들어맞지 않는다. 헝가리에서는 정확히 그 반대의 경향을 확인할 수 있었다. 지역간 실업률의 범위는 국가 실업률의 상승과 더불어 증가하였으며, 헝가리 전체 실업률의 감소와 함께 지역차는 다시금 낮아졌다. 이러한 점은, 일차적으로 노동시장에 미친 체제전환 과정의 부정적인 작용(낡고 경쟁력 없는 국영기업의 붕괴)이 여러 가지 이유에서(Csé-falvay, 1995a; 1997) 동부지역에 집중된 반면, 긍정적 작용, 말하자면 새로운 기업의 창업, 합작 벤처기업의 설립, 외국기업 지사들의 개설, 그리고 3차부문의 확장 등을 통한 새로운 일자리의 창출이 그 어떤 지역에서보다도 수도권과 북서부 국경지역에 도움을 주었다는 점에 소급할 수 있다.

헝가리뿐만 아니라 오스트리아와 독일에서도 발견되는 양상은, 실업률이 유연한 여건하에서는 장기적으로 감소하는 동시에 수렴하게 된다는 신고전적 가정에 반하고 있다는 점을 말해준다. 그러한 상황이 나타나지 않고 있음을 유연한 여건이 실현되지 않고 있기 때문이라고 논거를 드는 사람이 있다면, 그 사람은 중대한 하나의 사실을 간과하고 있다. 즉, 높은 실업률을 안고 있는 지역노동시장에서 많은 실업자들과 그리고 또한 취업활동자들이 떠나갈 때, 단기적으로는 실업이 감소하고 어쩌면 수렴할지도 모르지만, 그에 따라 장기적으로는 선별적 인구이출로 인하여 지역경제의 쇠퇴라는 발전을 수반하게 된다는 점이다. 지역노동시장의 수렴이 지역정책의 목표로 설명되어서는 안될 것이다. 오히려 기능상의 역량이 그 준거가 되어야 할 것이다.

2. 공간적 이동: 이주와 통근이동

공간적 이동은 실업과 유사하게 지역노동시장에서 나타나는 양적 불균형의 표현으로 해석될 수 있다. 이주와 통근이동은 매우 간단히 말해 노동력에 대한 수요는 낮으나 공급이 큰 지역에서 발생하며, 이러한 관계가 정반대인 지역노동시장을 목표로 하여 옮겨간다.

하지만 공간적 이동은 또한 이와는 무관하게 지역간 균형이나 불균형과는 전혀 상관없는 직업경로의 '내재적' 구성요소로 볼 수 있다. 수많은 직업에서 성공적 커리어는 주변부에서 중심부로의 이동경과와 맞물려 있다. 여러 수공업 직인들과 학생들에게는 한 견습지에서 다른 견습지로 이동하는 것이 직업교육의 구성요소로 여겨지고 있다.

공간적 이동은 공간발전에 관한 모든 이론에서 하나의 중요한 기능을 담당하고 있는데, 비록 근본적으로 서로 다른 인과관계를 갖고 있음에도 불구하고 그러하다. 즉, 신고전학의 균형모델에서는 공간적 이동이 장기적으로 생산요소의 균등화를 달성하기 위해 필요하며 또한 어쩔 수 없이 등장하는 현상이 된다. 그러나 불균형모델에서는, 특히 분극론에서는 공간적 이동이란 균형을 산출하는 현상이 아닌 정반대의 현상이 된다. 즉, 공간적 이동은 늘 서로 다른 생산적 노동력의 선별과 결부되고 있기 때문에, 이는 지역노동시장간의 균형보다는 오히려 불균형을 확장시키는 데 한층 더 기여한다는 것이다.

1) 개념과 계측문제

공간적 이동은 서로 다른 형태의 입지이동을 함께 포괄하고 있는 매우 일반적인 개념이다. 하지만 그 모든 것에 공통적인 점은 공간체계에서 정의된 단위 사이의 교체라는 사실이다. 누군가가 농촌에서 도시로, 한 대도시에서 다른 대도시로, 도심에서 도시외곽으로 이주하거나, 거주지와 동일하지 않은 취업지로 규칙적으로 통근을 행한다면, 그 사람은 공간적으로 이동하고 있는 것이다. 이동의 개념은 자주 사용되고, 종종 논쟁적으로 해석되며 수많은 상이한 의미를 함축하고 있다. 한편으로 모든 실업자들이 기동적일 때에는 실업이 줄어들 것이라고 생각하고, 다른 한편으로 '도시로의 이주'가 농촌공간을 자질과 관련하여 공동화시켰다고 여기고 있다.

공간적 이동은 이주와 통근이동의 상위개념이다. 이주는 한 입지에서 다른 입지로의 장기적인 거주지 교체를 포괄한다.[6] 이주라고 말할 수 있기 위해서 두 거주지역 간에 거리가 어느 정도여야 하느냐는 그렇게 분명치 않다. 누군가가 저층에 있는 주택에서 고층에 있는 주택으로 옮겼다면, 거주지 교체는 행하였을지라도 이것을 이주로 판단하기에는 무리가 따른다. 어떤 사람이 취락의 경계, 군경계, 도경계 또는 더 나아가 국

---

6) 이주(Migration) 및 통근이동의 개념, 정의, 논거에 관한 자세한 설명은 해당 교과서에 맡겨두고자 한다(Bähr, 1992 참조).

경을 넘어섰을 경우에는, 우리는 그를 이주자라고 확실히 선언할 수 있을 것이다. 여기에 해당하는 각각의 차원에서 이주는 서로 다양하게 구획되고 정의될 수 있다. 이에 따라 취락과 군 또는 도를 넘어선 이주와 국제적 이주를 언급할 수 있다.

역시 또한 불명료한 점은 이주라고 말할 수 있기 위해 얼마나 오랫동안 새로운 거주지에 머물러 있어야 하느냐이다. 모든 거주지 교체를 이주라고 지칭할 수 없다. 자신의 거주지를 버리고 단 몇 주 동안만 다른 거주지에 체류했다가 되돌아오는 사람이 있다면, 그 사람은 조건적으로만 이주자로 분류될 수 있다. 유엔(UNO)의 권고안은 그 어떤 경우에도 '단기이주'와 '장기이주'를 구분하기 위해서 1년(실제 또는 의도한 체류기간)이라는 하한을 규정하고 있다. '단기이주'가 정기적으로 이루어질 경우에는 계절적 유동으로 분류될 수도 있다.

이에 반해 통근이동에 대한 정의는 보다 분명하다. 그 본질적 표상은 한 장소에서 다른 장소로 그 어떤 거주지 교체도 발생하지 않는다는 점이다. 통근이동은 직장이 다른 취락이나 다른 군 또는 다른 국가에 자리잡고 있고 정도의 차이는 있으나 규칙적으로 거주지로 회귀하는 일이 발생할 경우에 성립한다. 이 경우에 넘는 경계에 따라 취락경계, 군계, 도계 또는 국경에 대한 통근이동을 서로 구별할 수 있다.

또 다른 구분은 거주지에서 취업지까지의 도정에 달하는 거리나 소요시간에 따라 행할 수 있다. 일터로 가는 편도(片道)가 50km 또는 60분 이상을 필요로 하는 통근자를 일반적으로 장거리 통근자로 지칭하며, 훨씬 근거리를 나아가는 통근자를 단거리 통근자라고 부른다.

국가간 통근자나 월경자들은 특수한 통근자 범주에 해당한다. 국가간 통근자, 국경을 넘어 취업하고 있는 노동자나 월경자(越境者)는 한 국가에서 일하고 그곳에서 임금을 받고 다른 국가에 거주지를 두고 있으며, 이곳으로 매일 또는 적어도 한 주에 한번씩 되돌아오는 사람들이다. 월경자에 대한 결정적인 기준은 그들이 자신들의 세금을 그들의 거주지가 있는 국가에 낸다는 점에 있다. 기업에 의해 일시적으로 건설이나 장치

설비를 하는 근로자로 다른 국가에 파견된 사람들은 월경자에 해당하지 않는데, 왜냐하면 노동자는 자신의 회사를 같은 국가에 갖고 있기 때문이며, 그곳에서 근로자도 정상적인 거주지를 갖고 있기 때문이다.7)

이주는 또한 종종 1차적인 이주 원인에 따라 구분되기도 한다. 노동시장의 지리학에서 중요한 것은 전체 이주 가운데 일부의 취업 활동자들만이 경제적 이유에서 이주를 행한다는 점이다. 이주의 상당 부분은 특히 국내이동의 경우 교육과 가족주기, 그리고 거주와 관련된 동기로 설명될 수 있다. 즉, 가족상황에 보다 적합한 주택으로, 값싼 주택이나 보다 나은 주거환경으로 이사를 행한다. 몇 년 동안 대학도시로 이사를 가기도 하는데, 그곳에서 일정한 교육수준에 도달하기 위해서이다.

국제적 경계를 넘어서는 이주자들의 법적 위치도 서로 다를 수 있다. 이때 망명을 원하는 난민일 수도 있고, 아니면 외국인 노동자와 그 가족 구성원 또는 매일 또는 한 주 단위로 국경을 넘어 통근하는 월경자일 수도 있다. 그 뿐만 아니라 독일에서는 해외이주교민들(과 그 후손들)의 유입도 독특한 역할을 한다.

개별 **이주유형**은 관청통계에서 서로 다른 관심을 끌고 있다. 통근자들을 그 사회경제적 표징과 더불어 행정적으로 정확히 포착하는 일이 대

---

7) 국제적 비교에서는 어떤 출처의 자료가 월경자수를 산정하는 데 토대가 되었는지를 주목해야 한다. 조세 및 사회법적 이유에서 몇몇 국경을 따라 해당 국가들 사이에 하나의 회랑(回廊 Korridor)이 합의되어 있는데, 이 경우에는 월경자의 조세 및 사회법적 대우와 관련하여 국제간 협약이 적용된다. 프랑스와 독일의 노동시장행정 사이에 독일측에서는 국경을 따라 30km에 달하는 지대를 경계공간으로 간주하고, 프랑스 측에서는 엘사스 전역과 이를 넘어선 북부 주변지역을 그렇게 보고 있다. 독일과 네덜란드의 국경지역에서는 노동시장행정의 국경사무소의 경계구역이 경계영역으로 간주되고 있다(Meusburger, 1969/1975; Mohr, 1986; Werner, 1993a: 30 참조). 노동시장 지리학적 관점에서 이러한 경계범위의 확정이 월경자를 정의하는 데 큰 의미를 갖지 못하는데, 왜냐하면 경계를 넘어선 통근세력권은 보통 이처럼 관청에 의해 획정한 경계를 크게 넘어서고 있기 때문이다. 노동시장행정이나 인접국의 외사경찰에 의해 발표된 월경자수는 몇몇 국가에서만 이 회랑과 관련하여 산출된 것이며, 따라서 인구센서스나 (연방)노동청의 고용통계에서 파악되는 월경자수보다 훨씬 적은 편이다.

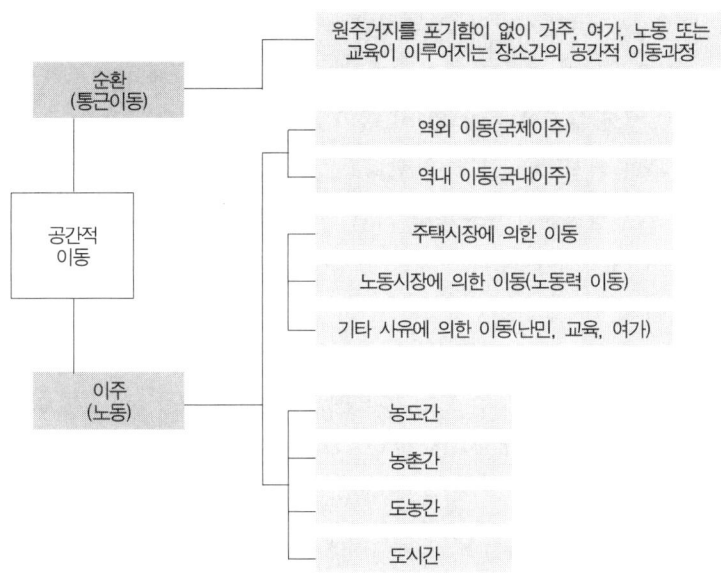

<그림 47> 노동시장과 유관한 공간이동의 유형

출처: 필자

부분 국가들에서는 인구센서스의 틀 안에서 이루어지고 있다. 사회보험 의무를 지고 취업하고 있는(자영업자, 공무원, 그리고 사소한 일에 종사하는 사람을 제외한) 모든 피고용자를 명시하고 있는 독일 **연방노동청**의 고**용통계**는 마침내 1989년 이후 취업자의 거주지에 관한 통계도 보여주고 있다. 1차적 자료조사를 위해 몇몇 국가(예컨대 오스트리아)에서도 모든 취업자에 대해 거주지와 더불어 사용자까지 진술하는 이른바 가구항목(家口項目)을 활용하고 있다. 월경자의 경우에는 통계적 자료상황이 그렇게 통일적이지 못하다. 보통 국가간 유출통근자는 인구센서스에서 정확히 파악되는 반면, 대부분 국가에서는 유입통근자에 대한 그 어떤 공식적인 통계도 갖고 있지 않다. 여기서 예외에 해당하는 것은 월경자들이 관청의 허가를 필요로 하거나 특별한 사회법적 규정을 받는 국가들이다. 스위스는 유입통근을 행하는 월경자들을 정확히 파악하고 있으며, 프랑스의 사회보험은 독일로 유출통근을 행하는 월경자에 관해 정확한 자료를 확보하고 있다.

 국가행정은 역내, 즉 국내이동보다는 외국으로부터의 유입을 파악하는 데 한층 더 큰 관심을 쏟고 있다. 이는 정치적 규제와 관련 당국의 통제 가능성의 문제와도 결부되어 있기 때문이다. 외국인 시민권자의 유입은 여론의 관심 대상일 뿐만 아니라, 통제하고 선별하는 과제를 안고 있는 수많은 법령들의 내용이 되기도 한다. 외국인 노동자가 취업 허가를 반드시 요청해야 할 경우에는 행정적인 절차를 비롯하여 통계적인 산정이 이와 연결된다.

 외국으로부터 외국인 시민권자의 유입은 양호하게 파악되고 있는 반면(독일에서는 쾰른 소재 중앙 **외국인등록처**, 뉘른베르크의 연방노동청에 의해), 내국인의 유출에 관해서는 많은 것을 알고 있지 못하다. 이 점과 관련해서 보통 1차조사만이 정보를 제공해준다(Meusburger/Schmidt, 1996). 이 1차조사는 출발지에서 또는 목적지에서 이루어진다. 출발지에서 조사할 경우에는 종종 얼마나 많은 인적자원이 이 출발지로부터 소실되었는가, 왜 특정 입지유형(지역유형)에서 일정한 직업경로가 지배적인가 아니면 미소하게 나타나는가를 파악한다. 이러한 연구접근법에 관한 예로서는 니드츠베츠키(Niedzwetzki, 1977), 비스너(Wiessner, 1978; 79), 모이스부르거와 슈미트(Meusburger/Schmidt, 1996), 롤페스(Rolfes, 1996), 슈미트(Schmidt, 1996) 등의 연구를 들 수 있다. 목적지에서 조사할 경우에는 전통적인 이주문제 이외에도 특별히 어떤 이동경로와 체류지를 거쳐 피설문자가 목적지에 어떻게 도착하였는가를 조사한다. 이러한 연구방법은 예를 들어 교수들의 사회적, 지역적 출신지와 경로구조에 관한 모이스부르거(1986; 1990; 1991)와 바이크(1995)에 의해 적용되었다.

 국내이동은 ─ 독일에서처럼 ─ 신고기록이나 인구센서스의 틀 안에서 설문을 통하여 파악된다. 신고기록(주민신고청의 자료)은 현실적이며 유효한 자료를 이용할 수 있는 상당한 이점을 제공해준다. 그러나 대부분 국가들에서는 그들의 개인자료가 예외적인 경우에만 학술적 목적에 활용될 수 있으며, 전출자와 전입자에 대한 사회경제적 자료는 상대적으로 무엇인가를 그렇게 많이 담고 있지 않다고 하는 결점을 안고 있다. 몇몇 국가에서는 인구센서스에서 특히 5년 전(오스트리아) 또는 1년 전 거주지에 관해 질문하고 있다. 5년 전의 거주지가 현재의 거주지와 편차가 있다면, 피설문자는 그 기간 동안에 이주를 행한 것이 된다.[8]

한 국가의 국내 이주자는 출발지에서는 전출자(AB)로서, 목적지에서는 전입자(ZU)로서 계측된다. 양자의 경우 그에 상응한 전·출입률을 묘사할 수 있다. 이 경우에는 비율이라는 개념이 적당한데, 이주자의 수가 중위적 기반인구인 1,000명과 관련되기 때문이다.

$$ZUW = \frac{ZU}{POP} \times 1000$$

$$ABW = \frac{AB}{POP} \times 1000$$

이를 유추하여 **총이주율**과 **순이주율**을 묘사할 수 있는데, 이때 총이주는 총계로, 순이주(이주의 차감잔고)는 전출입의 차이로 파악할 수 있다.

이주는 언제나 연령에 따른 선별양상을 수반한다고 볼 수 있다. 따라서 연령 특유의 비율은 제한적으로만 비교할 수 있을 따름이다. 전·출입률을 각각의 인구집단에 대해 분리하여 산정하는 것이 좋은 방법인데, 예를 들어 20세에서 30세까지의 1년에 해당하는 전출자를 출발지의 20세에서 30세까지의 인구집단과 관련시켜 계산하는 것이다. 이렇게하여 산정된 연령 특유의 비율은 계속하여 모든 지역에 대해 — 연령구조와는 무관하게 — 비교할 수 있다.

국내 이주흐름의 비율 산정에 유추하여 국외이주율도 산정할 수 있는

---

[8] 5년 전의 거주지에 관한 질문은 부분적으로 상당한 방법론적 결함을 안고 있다고 할 수 있다. 5년 전의 거주지가 설문조사 시점의 거주지와 동일한 모든 사람들은 설문 시점까지의 4년 동안에 매우 빈번히 이주를 할 수 있었음에도 불구하고, 국내 이주자로서 간주되지 않는다. 이와 마찬가지로 0세에서 5세에 이르는 연령층의 국내이동에 관해서는 아무것도 알 수 없는데, 이 연령집단은 고찰시간 동안에 비로소 출생하였기 때문이다.

데, 이때 입국률은 특히 그것을 연령에 의거하여 산정할 경우 외국에 있는 출발국의 인구와, **출국률**은 내국의 목적국 인구와 관련된다. 현실적으로는 상세한 자료의 부족으로 말미암아 보다 단순한 산정방법을 동원하거나 전출입자들의 절대적 차감잔고에 관한 기술에 한정된다. 관청통계가 외국으로부터의 입국을 세분하지 않고 출신 국가별로 제시할 경우에는 비율 산정에 필요한 기반인구를 설정할 수 없는 해결하기 쉽지 않은 문제에 직면할 수 있다. 예를 들어 헝가리와 수단 가운데 어떤 국가 인구의 연령구성을 이용할 것인가에 따라 결과적으로 상당한 편차가 발생할 수 있다.

통근율의 산정은 국내이주의 비율 산정과 같이 유추적인 방식으로 이루어진다. 한 지역의 유출통근자의 수를 그 출발지의 인구와 연관시킬 경우에는, 유출통근율을 얻을 수 있다. 유입통근자를 통근이동의 목적지 인구와 연관시킬 경우에는, 유입통근율을 산정할 수 있다. 이때 권장할 만한 일은 양자 모두 연령과 성별에 의거한 세분화를 행하는 것이다.

통근율은 지역노동시장의 구조를 설명하는 데 매우 적합한 또 다른 지표들, 이를테면 일자리의 결핍과 일자리의 과잉을 파악하는 데에도 전용될 수 있다. 두 지표는 한 번은 거주지 원칙에 따라, 다른 한 번은 취업지 원칙에 따라 산정된, 한 지역의 취업자(실업자가 포함되지 않은 취업자)와의 비교로부터 도출된다. 또한 거주지에서의 취업자(EWT)는 거주적 직업활동자로, 일자리에서의 취업자는 **노동인구**(AB)로 지칭된다. 이들 두 변수의 차이는 사실 통근이동을 통하여 균등화된다.

$$AB_{region} = ETW_{wohnort} + Einpendler(유입통근자) - Auspendler(유출통근자)$$

한 지역에 15만 명이 일하고 또한 이 지역에 거주하고 있는 취업자의 수가 10만 명에 달한다면, 정의 통근자 차감잔고를 통해 균등화된 일자리의 과잉분은 5만이 된다. 한 지역에 15만 명의 취업자가 거주하고 10만 개의 일자리밖에 활용할 수 없다면, 5만 명은 지역 안에서 통근하기보다는 바깥으로 통근해 나가야 한다. 따라서 일자리의 결핍분은 5만 개에 달하고, 거주적 직업활동자의 수에서 비율 값으로 표현될 수 있다. 일자리의 결핍과 일자리의 과잉은 한편으로 농촌공간의 노동시장과 다른 한편으로 중심권의 노동시장을 잘 대변해주는 지표들이다.

노동시장 지리학적 연구는 취업지에서의 근로자와 거주지에서의 근로자, 그리고 소공간과 더불어 중요성을 얻고 있는 통근이동의 이러한 상호작용에 주목하고, 어떤 계측개념이 문제에 적합한 것인지를 비판적으로 고찰해야 할 것이다. 이때 권장할 만한 것은 노동시장 지리학적 문제설정에 거주지가 아니라, 취업지에서 계산된 취업자들을 활용하는 점이다. 특히 지역적 분업, 고숙련 일자리의 공간적 집중, 그리고 취락체계의 계층과 공급 일자리의 숙련구조 사이의 상호 관련성에 관한 소공간적으로 분화시킨 연구에서나 일자리 공급의 다양한 중심-주변간의 격차에 관한 설명을 위해서는 '노동인구'라는 변수의 적용만이 의미가 있고, 이론적으로도 내용이 알찬 결과를 도출할 수 있다. '거주지에서의 취업인구'라는 변수는, 아주 큰 공간단위(예컨대 연방주나 국가)를 비교하거나 실업률과 취업률, 교육행태나 생애주기 지향적 이동과 같은 거주지와 관련된 문제제기를 연구할 때, 노동인구에 대한 '대체물'로서 적용할 수 있을 것이다.

2) 이론적 설명패턴

이주가 왜 발생하느냐는 매우 다양한 설명 방법론의 대상이다. 초기의 이주모델에서는 너무나도 자주 '설명한다'는 것을 경험적인 규칙성의 제시와 동일시하였다. 잘 알려져 있는 라벤스타인(Ravenstein)의 '이주법칙'(Laws of Migration)은 어떤 설명을 위한 구성체가 아니라, 경험적인 관찰을 일반화시킨 것에 불과하다. 중력 및 거리모델도 이와 비슷한 위상을 갖는 것들이다. 이것은 이동의 흐름을 그에 상응하는 추상화를 통하여 기술하고 있으나, 원인에 관한 그 어떤 설명도 제공해주지 않는다. 각각 고유의 인구수를 갖고 있는 두 도시가 일정한 거리로 서로 떨어져 있을 때, 한 도시에서 다른 도시로의 이주를 이론적으로 계산하고 현실과 비교 분석할 수 있다. 따라서 이주가 왜 발생하는가는 설명되지 않고 있음은 자명하다.

국내 및 국외 이주를 이론적으로 정립하는 데 있어 하나의 중요한 진전은 배출-흡입모델의 정형화일 것이다. 이때 핵심적인 것은 목적지의 견인요인뿐만 아니라 출발지에서의 배출요인도 함께 고려한다는 점이다. 이주에 따라 발행할 수 있는 비용과 기대되는 효용이 상호 비교되며, 이주는 기대되는 효용이 비용보다 클 경우에 비로소 행해진다는 것이다. 국내 이주자와 난민, 교포이민자, 노동 이민자와 그 가족구성원 특유의 그리고 개인적 동기는 매우 다를 수 있으나, 이들은 이러한 상위원리에 입각하여 규정될 수 있다. 출발지와 목적지 사이의 불균등한 생활조건이 이주를 야기한다. 불균등한 생활조건은 정치적 압제, 소수 민족집단의 억압, 경제적 불이익 또는 생태적 위협에 의해 주어질 수 있다.

이에 따라 일반적으로 통용되는 배출과 흡입의 접근방법과 결부된 이주론은, 이런 불평등한 생활조건을 평가하고 이주에 따른 가능한 이윤과 기대되는 이주비용을 산정한 후에 의사결정을 내리게 되는, 경제적으로 합리적인 행동을 전개한다는 개인들로부터 출발하고 있다. 긍정적인 이주결정은 이주를 통하여 기대되는 효용이 이주와 결부되는 비용보다 높을 경우에만 비로소 내려지게 된다. 개인적 비용과 효용에 대한 이러한 간단한 계산이 가구의 전략적인 행동까지 고려할 경우에는 훨씬 더 복잡해진다. 이때 비용과 효용에 관한 숙고에서의 변화, 그리고 또한 가구 내에서의 위험분산의 가능성이 포함된다.

이주에 깔려 있는 효용극대화의 개념으로부터 특유의 선택메커니즘이 도출된다. 일차적으로 젊은 사람들이 이주를 하게 된다면, 이들이 고령자들보다 목적지에서 오랫동안 높은 임금수준이나 보다 나은 취업기회로부터 효용을 얻을 수 있는 확률은 높다. 주택과 일자리를 탐색하는 데 도움이 되는 민족적 네트워크가 존재할 경우에는 이를 통해 목적지에서 동화비용을 낮출 수 있는 사람들이 이주하게 된다. 마지막으로 노동력을 출발지에서보다 목적지에서 훨씬 더 비싸게 팔 수 있는 양호한 기회를 가진 노동력들이 이주하게 된다.

우리는 수많은 가구들과 개인들의 종합된 이주결정을 공간차원에서도 분석적으로 논증할 수 있다. 어떤 지역에서 낮은 임금수준과 제한된 취업기회가 관찰되고, 이와는 반대로 타 지역에서는 상황이 보다 양호할 경우, 개개인과 가구들은 그에 상응하는 이주결정을 내리지 않을 수 없다는 것이다. 따라서 종합하여 지역격차에 비례하는, 한 지역에서 다른 지역으로의 이주를 확인할 수 있다. 다시 말해 상당한 지역차는 수적으로도 심대한 이주를 야기하며, 저조한 차이는 무시해도 좋을 정도의 이주를 초래한다는 것이다.

신고전학과 연계되어 있는 이러한 이론에 따라 이주흐름(M_{ij})은 일차적으로 두 지역간의 임금격차(L_{ij})의 함수가 되는데, 이때 그 단위가 도시인가 도(道)인가 아니면 국가인가는 경제적으로 논증할 수 있는 이주결정과는 우선 크게 상관이 없다. 임금격차가 클 경우에는 이주흐름도 그에 상응하여 폭 넓게 발생하게 된다.

지역노동시장인 i와 j에서 형성되는 상이한 취업기회는 임금격차와 밀접히 관련되어 있다. 한 지역의 잠재이주자에게 취업가능성이 초래하고 다른 지역에서는 그렇지 못할 경우 임금격차는 아주 커진다. 따라서 이주흐름도 실업률의 차이($ALQDIF_{ij}$)로 표현되고 계측되는 상이한 취업기회의 함수인 것이다.

이주의 경우 보다 높은 임금수준에 의거하여 기대되는 이윤은 거리(D_{ij})에 바탕을 둔 이주비용과 대립하게 된다. 이주에 있어서 반드시 극복되어야 할 거리가 멀면 멀수록, 비용은 그만큼 많이 들고 수익은 그만큼 더 현저히 떨어진다. 따라서 이주가 이루어지기 위해서는 인접지역일 경우에는 낮은 임금격차로도 충분하지만, 보다 멀리 떨어진 지역일 경우에는 그렇지 않다. 이러한 경우에는 임금격차가 훨씬 더 커야만 할 것이다.

거리(D_{ij})는 지역간 순수 지리적 격리로 해석될 수 있다. 이럴 경우 거리극복은 순수 교통비용의 문제일 뿐이다. 우리는 거리를 문화적 거리로도 이해할 수 있다. 두 지역이 언어와 종교 또는 사회적 발전상태와 관련하여 적잖게 구별된다면 문화적 거리는 큰 반면, 두 지역이 이러한 제시된 표징에 비추어 매우 유사하다고 한다면 그 거리는 아주 미소하다고 할 수 있다. 이렇게 일반적으로 정의된 거리가 크면 클수록, 극복을 위한 사회적 비용도 그만큼 상승한다. 사회적 비용은 특히 옛 취업지에서 획득한 사회적 자본(네트워크와 신뢰)을 새로운 취업지에 전혀 또는 제한적으로밖에 옮겨 놓을 수 없다거나, 부인이 새로운 취업지에서 예전과 비슷한 좋은 노동 분위기를 결코 찾을 수 없으며 저조한 발전가능성과 조우한다거나, 또는 자녀들이 새로운 학교에 적응하는데 적잖은 문제가 발생하는 데서 나타난다. 따라서 i에서 j로의 **국내이주흐름**은 다음과 같은 함수관계로 표현된다.

$$M_{ij} = b_0 + b_1(L_{ij}) + b_2(DIST_{ij}) + b_3(ALQDIF_{ij})$$

이주흐름(M_{ij})은 다른 모든 요인들과 상관없이 작은 이주흐름에서 관찰할 수 있는 기본값(b_0), b_1으로 가중된 임금차 L_{ij}, b_2로 가중된 거리 $DIST_{ij}$, 그리고 마지막으로 다시 b_3로 가중된 실업의 차이 $ALQDIF_{ij}$로 구성된다. 이에 상응하는 자료가 수집된다면, 회귀모델을 이용하여 계수를 추정하고 따라서 개별 요소의 영향력을 판별할 수 있다.

국제적 이주에 대해서는 이상의 모델을 확장할 수 있으며, 해외무역을 통합시킬 수도 있다. 헤크셰르-올린(Heckscher-Ohlin)의 이론에 따르면, 생산요소를 서로 달리 구비하고 있는 지역들은 자본과 노동력의 이동을 통하여 장기적으로 균형에 도달하는 경향이 있다고 한다. 노동력의 공급이 큰 지역과 임금수준이 낮은 지역은 자본을 수입하고 노동력을 '수출'하게 된다. 자본스톡의 제고와 노동력 공급의 저하는 임금수준의 상승을 초래한다. '고임금지역'에서는 정반대로 발전하게 된다. 자본이 수출되고 노동력이 '수입'되며, 임금수준은 균형상태에 도달할 때까지 떨어진다.

올린은 한 걸음 더 나아가 생산요소의 해외무역과 이동이 서로 대체적(代替的)으로 움직인다는 점에서 출발하고 있다. 자본이동과 노동력이동, 그리고 해외교역은 생산요소들의 지역간 균형적인 배치와 가격과 임금의 균등화로 나아가는 경향을 보여준다는 것이다. 하지만 그것이 그렇게 진전될 때까지 그리고 전체 무역 및 이동장벽이 폐기될 때까지는 (Mundell, 1957; Molle/van Mouruk, 1988에 인용), 생산요소의 이동과 해외교역 사이에 부의 상관관계가 성립한다고 한다. 다시 말해 해외교역의 연계가 강하면 강할수록, 생산요소의 이동은 그만큼 미약해지고 그 반대가 된다.

그러나 또 다른 이론적 접근법들은 이동과 해외교역 사이에 정의 상호 관련성을 추정케 한다. 두 지역간의 이동과 이 두 지역의 해외교역과 관련된 연계는 평행적인 증감을 보여주는 경향이 있다는 것이다. 두 지역은 대체적으로 움직이는 것이 아니라, 보완적으로 움직인다고 한다. 노동력의 이동은 노동력에 대한 수요가 성립하는 지역에서 발생한다. 이점은 자신이 구비하고 있는 생산요소를 바탕으로 하여 경쟁력이 있는 제품을 생산하고 그래서 이를 수출하는 지역에서 그러하며, 이주가 일어나는 국가들에서도 이따금씩 그러하다고 한다. 따라서 이동과 해외교역은 정적으로 상호 관련되어 있다는 것이다.

이주를 주변부 또는 반주변부 지역들의 점증하는 경제적, 정치적 통합('세계체제론')의 결과로서 설명하는 사회과학적 접근법은 역시 해외교역의 연계와 노동력의 이동 사이에 정의 상호 관련성을 가정하고 있다. 무역과 이주는 제 지역(또는 제 국가)이 하나의 공통적인 경제정치적 체제에 고정되어 있을 경우에만 부각되는 연계형태이다. 여러 지역들이 이 체제 밖에 머물러 있을 경우에는 노동력도 제품도 그곳으로 수출할 수가 없으며, 그곳으로부터 이끌어 낼 수도 없다. 따라서 해외교역과 이주의 상관관계는 정적인 부호를 기대하게 한다.

이러한 이론적으로 전제한 사고에 입각하여 하나의 확장된 회귀모델을 정식화할 수 있다. 즉, 국가간의 국제적 이동은 다름 아닌 임금격차와 제 국가의 해외교역에의 결속 정도, 지리적 거리, 그리고 노동시장상에서 점증하고 있는 불균등의 표현인 출발국가에서의 실업 등이 상호 작용한 결과인 것이다(Dhima, 1991; Molle/van Mourik, 1988 참조). 그렇다면 신고전학의 제반 요소를 함축하고 있는 위에서 제시한 이동모델의 약점은 어디에 있는 것일까? 몇 가지로 나누어서 다음과 같이 정리할 수 있다.

① 제시된 모델과 이와 유사한 모든 구조적인 접근방법들은 직업지향적 이주만을 파악하고 있을 뿐이다. 임금수준이 전혀 역할을 하지 못하는 교육과 거주, 그리고 가족생애주기와 관련하여 지향하는 이주와 강제이주의 커다란 부문들은 배제되고 있다.

② 이 모델은 목적지와 출발지 사이의 임금격차와 이주비용(지리적 또는 문화적 거리)이 직업지향적 이주에서도 이주를 결정하는 본질적인 요인이라는 점에 근거하고 있다. 이러한 가정이 도대체 맞다고 해도, 그것은 기껏해야 월경자[9]와 만인의 자질을 요구하는 작은 분단체에만 적용될 뿐이다. 이는 보편적으로 제공되는 일자리에서만 그러하며 몇몇 소수의 직업에 대해서만 적절한데, 이 경우에는 임금수준과 이주비용이 중심적인 고려 요인이 될 수 있다.

대다수 숙련직업의 경우에는 국내이동의 강제가 일차적으로 해당 직업에 대한 일자리가 일정한 규모 이상의 중심지에 있다거나 자신들이 이제까지 살아온 거주지의 통근거리 밖에 존재한다는 점에 의해 발생한다. 실제로 가장 낮은 숙련수준의 분단체에 속하지 않는 대다수의 직업지향적 이주자들에게 제기되는 첫번째 질문은 도대체 어떤 입지 내지 어떤 수준의 취락계층에서 이미 습득하였거나 수행한 직업들을 사용자가 제공하느냐 또는 자영업자로서 효과적으로 수행할 수 있느냐는 점이다. 변호사나 증권전문가, 대학교수, 고등학교 교사, 광고도안자, 개인자문가, 기술자, 항공기 파일럿, 화학자, 통역가, 그리고 여타 수많은 직업

---

9) 월경자들은 일반적인 노동력 집단이라기보다는 오히려 예외에 속한다. 월경자들은 신고전학이 기대하는 것처럼 행동한다. 그들은 인접국의 변화에 신속히 대응하며, 좀 더 높은 임금을 위해서는 그들의 교육수준에 크게 미치지 못하는 지위에서도 기꺼이 일할 준비가 되어 있으며, 그들에게는 높은 임금이 사회적 보호보다 더 중요하다.

들은 한 국가의 발전수준과 구조에 따라 적은 수로만 제공됨으로써, 이들 주체의 대부분에게는 이미 특정 수습직이나 특정 학업에 대한 의사결정이 나중의 이주를 결과적으로 초래한다. 임금수준과 이주비용이 두번째나 세번째의 직장교체에서는 중요한 역할을 하지만, 첫번째 경우에는 그렇지 못하다.

③ 더군다나 모델은 수많은 직업(예컨대 공공서비스부문에서)의 경우 특정 직업상의 위치에 대한 임금을 협상할 수 있는 것이 아니라, 전체 국가영역에 걸쳐 유효하다는 사실을 간과하고 있다. 따라서 이 견해에 따르면 지역간 임금격차가 없는 직업들에서는 이주가 전혀 없거나 아주 소수의 (직업지향적) 이주만이 있을 뿐이다. 하지만 실제로 동일한 기능에 어디에서나 동일한 임금을 받는 바로 국가공무원이라는 특정 집단들이 지역간 높은 이동을 보여주고 있다. 물론 이는 스스로 결정하는 것이 아니라, 종종 사용자에 의해 유발되는 것이다.

④ 네번째 비판점은 동일한 회사(기관)에 머물고 있을 때에도 여러 번 자신들의 취업지를 바꾸는 수많은 산업경영자, 외교관, 장교, 중앙공무원, 기술자나 기계조립기사의 직업적 현실로부터 도출된다. 이러한 직업들에서는 지역적 이동이 직업적 커리어의 본질적인 구성요소를 형성한다. 이러한 종류의 지역간 이동성을 크게 규정하는 것은 개별 주체라기보다는 오히려 그들의 상관이나 사용자들이다. 이러한 경우에도 (금전적) 이주비용은 사용자가 떠맡는다. 따라서 이 경우 이주자의 의사결정은 장기적으로 희망하는 커리어 이점에 의해 규정되는 것이지, 출발지와 목적지 사이의 임금격차나 이주비용에 의해 조절되는 것이 아니다.

3) 국내이동의 구조적 표징

이론적인 고찰이 경험적으로도 가치가 있느냐는 질문에 대해 분명한 대답을 하기란 그리 쉽지 않다. 서유럽 국가들에서 이주의 실질적인 조건들은 매우 상이하며, 국제적 이주를 규제하는 조건들도 너무나 정치적이다. 경험적인 기본구도를 서술하는 데에도 가능한 한 포괄적인 이주연구의 실증적인 연구결과를 제시하는 것이 관건이 아니라, 서두에 던진 질문을 해명하는 것이 중요하다. 즉, 이주가 불균등한 노동시장구조의 장기적인 균등을 유도한다는 신고전적 접근방법이 옳은가, 아니면 이주가 오히려 공간적 격차를 심화시킨다고 생각하는 분극론적 접근방법에 더 동의하느냐이다.

답변은 분명 차별화되어야 할 것이다. 즉, 국내이주와 국제이주를 지역적 노동시장사(勞動市場事)라는 틀에서 반드시 분리시켜 고찰해야 한다는 것이다. 국내이주에 관한 대다수의 분석들은 전체 국내 이주량의 일부분만이 노동시장에 의해 유인된 동기상황에 소급될 수 있음을 분명히 제시하고 있다. 일반적으로 가족주기 지향적인 이주와 교육 지향적인 이주, 다시 말해 결혼에 따른 이주, 중심도시에서 도시외곽으로 이사하는 젊은 가정의 이주, 대학입지로 이동하고 학업을 마친 뒤 그곳을 다시 떠나는 고졸자의 이주 또는 작은 주택을 찾거나 다시금 옛 고향으로 귀환하는 퇴직자들의 이주 등이 우세하다.

오스트리아의 행정관구에 의거한 국내 순이동에 관한 지도는 모든 교외 관구들이 높은 정의 값을, 이와 비교하여 중심도시들은 약한 정의 값이나 이미 부의 값을 보여주고 있음을 분명히 해준다. 따라서 국내이동의 대부분은 다음과 같이 기술될 수 있다. 즉, 그것은 거주 및 주거환경과 관련된 이유에서 도시외곽으로 이사하는 대부분 젊은 가정의 이주이다.

노동시장에 의해 유인된 이주 역시 지도에서 나타나고 있지만, 국내이동의 일부분에 대해서만 해답을 줄뿐이다. 이주는 과거 십 수년간 주도(州都)의 세력권 밖에 있는 알프스 내측 관구들, 남동부 오스트리아의 주변적 성격을 띠는 관구들, 그리고 오버슈타이어마크(Oversteiermark)의 공업지대에 집중하였다.

국내이주의 범위와 실업을 겪고 있는 사람들의 수가 서로 현격한 불균형 관계에 있다는 사실도 신고전적 균형가정에 반하는 것이다. 오스트

<그림 48> 1991년 오스트리아의 국내 순이동

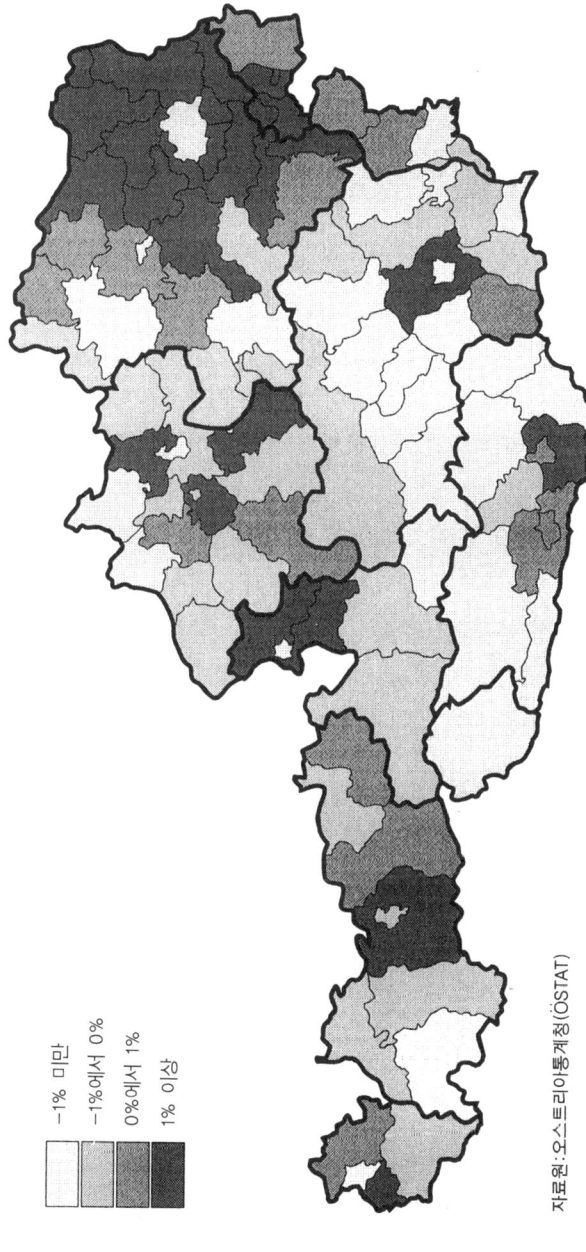

-1% 미만
-1%에서 0%
0%에서 1%
1% 이상

자료원: 오스트리아통계청(ÖSTAT)

출처: 오스트리아 인구센서스, 필자

리아에서는 약 60만 명이 매년 적어도 한 번은 실직을 당하지만, 약 4, 5만 명만이 거주지를 바꾸며 관구의 경계를 넘어 이주를 하는데, 그중 절반 이상은 아마도 거주부문에서 발생하는 이유에서 그렇게 하는 것 같다. 다시 말하자면, 이동량이 실업과 비교하여 너무 낮다는 점이다. 전체 실업자 중 일부분만이 국내이주를 통하여 그들의 취업문제를 해소하고 있다고 볼 수 있다.

비록 지역적 실업과 국내 순이동 사이의 관련성이 원칙상 양립적인 것으로 해석되어야 하지만, 이러한 언술은 공간적으로 종합한 차원에서도 확인되고 있다. 두 표징이 하나의 유의수준에서 서로 관련되고 있으나, 부호는 정의 값이다. 바꿔 말해 국내이동의 차감잔고가 높으면 높을수록, 실업률도 그만큼 높다는 것이다. 이러한 사실은 두 가지 측면에서 그 해석을 가능케 해준다. 그 하나는 높은 실업에도 불구하고 인구집단은 실업이 높은 지역을 떠나지 않고, 오히려 그곳으로 이주해 들어오는 사람들이 있음으로써 신고전적 의미에서 볼 때, '그릇되게' 대처하고 있다는 것이다. 아니면 높은 실업이 이른 시기에 강력한 이출을 야기하였으며, 따라서 지역노동시장의 경감을 가져왔다는 것이다. 취업이 가능한 인구집단은 이출을 통하여 감소하고 잔류 인구집단은 취업노동을 찾은 후에는, 실업도 국내 순이동도 함께 낮다는 것이다.

그 어떤 경우라도 이론과 일치하는 것은 오스트리아나 독일에 있어 국내 이주자들의 인구학적인 구조이다. 여성의 비중이 남성의 그것보다 높은데, 이는 평균적으로 비교적 짧은 이주거리와 관련이 있다. 이주거리가 멀면 멀수록, 남성들이 그러한 이동에 그만큼 더 많이 참여한다는 것이다.

국내이주는 세 부류의 연령집단에게서 특히 중요하다. 우선 15세에서 45세에 이르는 연령집단('노동력의 주된 구성요소')에게 중요한데, 이 집단은 교육과 첫 직업활동, 가정의 형성과 같은 과정에서 또는 가구의 확대로 인하여 공간적 이동성이 매우 높다. 공간적으로 가동적인 인구 중 15세에서 45세에 이르는 연령층이 확실히 평균 이상으로 부각되고 있다. 1986년에서 1991년 사이에 오스트리아의 경우 국내 총이주자의 약 70%가 이 연령집단에 속하였다.

젊은 가정들이 그들의 거주지를 바꾸고 종종 보다 큰 주택으로 이사를 할 경우, 유치원이나 초등학교에 다니는 연령층의 자녀들이 일반적으로 부모와 함께 이주를 하게 된다. 따라서 0세에서 4세에 이르는 연령층과 5세에서 9세에 이르는 연령층이 국내 이주자 가운데 10세에서 14세에 이르는 연령층보다 일반적으로 한층 더 뚜렷이 부각되고 있다. 전체적으로 1986년에서 1991년까지 오스트리아 국내 이주자 가운데 약 12%가 15세 미만의 유소년들이었다.

연령이 높아짐에 따라 이주의 빈도는 확실히 감소한다. 이 점은 여러 가지 이유와 연관되어 있다. 장·노년층은 직업적으로 확고하고 장·노년층의 가구규모는 커지기보다는 오히려 축소되며, 거주와 관련된 욕구는 일반적으로 충족되고 있다. 퇴직연령에 도달한 후에 풍광이 수려한 지역으로 이주를 하거나 가족과 관련된 이유에서, 질병에 따른 또는 점점 병구완의 필요성 때문에 그들의 거주지를 포기하지 않을 수 없는('은퇴이주') 장·노년층의 이주가 오스트리아에서는 대단히 미약하게 나타나고 있다. 1986년에서 1991년까지 국내 이주자의 약 8%만이 60세 이상이었으며, 독일에서는 이보다 약간 더 높게 나타나고 있다.

국내이주가 학교교육적 자질과 맺는 상호 관련성은 매우 큰 의미를 지닌다. 이주는 모든 인구집단에 걸쳐 균등하게 파악되는 것과는 크게 동떨어져 있다. 이주자 가운데 숙련자 그리고 고숙련자들이 차지하는 비율이 전체 인구 가운데 나타나는 평균 비율보다 확실히 높다. 1991년의 오스트리아 인구센서스는 행정관구의 경계를 넘어 이주한 인구집단에서 대졸자들이 차지하는 비율이 정주하고 있는 인구집단에서 대졸자들이 차지하는 비율보다 두 배 정도나 높음을 보여주고 있다. 이는 한편으로 교외화(郊外化)가 중-상류층에 속하는 사람들에 의해 주도되고, 또 한편으로 자질이 높아짐에 따라 잠재적인 일자리에 대한 탐색반경이 확대될 뿐만 아니라 고숙련자를 위한 많은 일자리들이 도시체계의 최상위(와 따

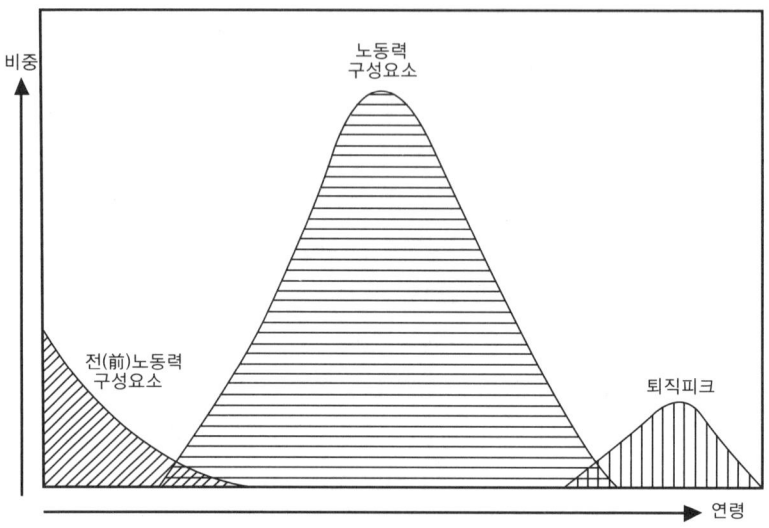

<그림 49> 이주자의 전형적인 연령분포

출처: 필자

라서 보다 먼 거리에 놓여 있는) 계층에서 공급된다는 점과도 결부되어 있다. 그 어떤 경우에도 국내이주가 출발지의 탈숙련화에 기여하며, 그래서 지역정책적 관점에서 항상 전혀 문제가 되지 않는 것은 아니다.

가이펠(Geipel, 1965: 1966: 1971)은 이미 1960년대에 농촌지역에서 고숙련자들의 높은 이출을 '사회적 침식'이라고 지칭하며, 농촌공간에 대한 부정적인 결과에 대해 지적하였다. '사회적 침식'(浸蝕)이라는 개념을 통하여, 그는 세대를 넘어서 고숙련자들을 대도시권이나 외국에 상실하고 경제적, 문화적 발전수준과 인구집단의 교육수준 또는 학생들의 상급학교로의 진학률과 관련하여 그 후진성을 결코 회복할 수 없는 지역에 대해 주의를 환기시키고자 했다.

하지만 가이펠에 의해 도출된, 그 당시로서는 아주 참신했던 연구논제들이 전혀 공감을 얻지 못했다. 이주연구에 관한 거의 대부분의 지리학적 출판물에서 이주자의 교육 및 자질 수준에 관한 시사점을 찾는다면, 이는 부질없는 일이다. 인구지리학에 관한 대다수 교과서에 달린 참고문

<표 7> 1977년 오스트리아에 있어 15세 이상 거주인구의
거주지 교체와 교육수준

교육수준	0~1회 교체	2~3회 교체	4~5회 교체	6회 이상 교체	합계
의무학교	83.1	14.8	1.7	0.4	100.0
직업훈련교육	75.5	21.2	2.7	0.6	100.0
실업계중등학교	71.9	23.9	3.4	0.8	100.0
일반계고등학교	68.2	26.5	4.1	1.2	100.0
실업계고등학교	66.6	26.6	5.4	1.4	100.0
대학/초급대학	53.3	33.5	10.5	2.7	100.0

출처: Meusburger, 1980: 182; 1977년 오스트리아 미시센서스 특별계정

헌들과 지역과학적 이주연구들도 몇몇 소수의 이미 나와 있는 연구들이 갖는 학문적 현실성을 얼마나 미약하게 인식하고 있는지를 깨닫게 해준다. 이주자의 자질 및 교육 수준을 전반적으로 등한시하고 있다는 것은 직업 지향적 이주행동의 거의 모든 측면이 정보수준과 교육수준, 그리고 특히 당사자의 직업경로와 밀접히 관련되어 있다는 점에 비추어 볼 때, 그만큼 더 놀라운 일이다(Meusburger, 1980: 180-207 참조).

교육수준과 지역간 인구이동 사이의 상호 관련성은 인구센서스와 미시평가에 의거하여 서술할 수 있다(<표 7>). 생활근거지가 되는 취락의 경계를 넘어선 거주지 교체의 빈도는 교육수준이 높아짐에 따라 분명히 상승하는데, 이때 가장 높게 상승하는 지역간 이동은 고졸자와 대졸자 사이에서 확인된다. 대졸자는 13.2%가, 의무교육을 마친 사람들은 2.1%만이 취락경계를 넘어선, 적어도 네 차례에 걸친 거주지 교체를 보여주었다. 여성들은 대졸자의 수준을 제외하면 모든 교육수준에 걸쳐 남성보다 높은 거주지 교체 빈도수를 보여주고 있었다(Meusburger, 1980: 182 참조).

대졸자들의 매우 높은 지역간 이동이 교육지향적 이주(고향에서 대학 입지로의 교체)에만 소급될 수 없다는 사실은 <표 8>을 통하여 잘 입증된다. 취락경계를 넘어선 거주지 교체의 빈도수는 가족주기지향적 이주(결혼, 자녀의 출생)뿐만 아니라, 거주지향적(주택의 질 개선), 그리고 직업지향적(전직에 의해 유도된) 이주에서도 교육수준이 높아짐에 비례하여

<표 8> 1977년 오스트리아에 있어 15세 이상 거주인구의 가족주기, 거주, 그리고 직업을 지향한 거주지 교체

교육수준	한번이라도 아래와 같은 교체를 경험한 사람들의 퍼센트(%)		
	가족주기지향적 거주지 교체	거주지향적 거주지 교체	직업지향적 거주지 교체
의무학교	13.5	8.1	3.3
직업훈련	21.3	14.2	17.0
중등학교	22.3	15.6	21.6
고졸(마투라)	19.5	16.3	34.6
대학 등	28.1	23.1	65.3

출처: Meusburger, 1980: 183; 1977년 6월 오스트리아 미시센서스 특별계정

상승하고 있다.

국내이주에서도 이주거리와 교육수준 사이에 독특한 관련성이 성립한다. 저숙련자가 이주할 때에는, 좁은 지역적 주변환경이 규정력을 행사한다. 그러므로 취락경계를 넘어선 거주지 교체는 드문 편이다. 고숙련자들이 이주할 때에는 장거리를 극복할 확률이 매우 높다.

이러한 현상은 다른 자료원을 통해서도 확인된다. 1970년 독일에 거주하고 있는 오스트리아인들 가운데 대졸자가 차지하는 비중은 오스트리아에서 살고 있는 15세 이상의 전체인구(1971년)의 그것(2.1%)보다 세 배 이상(6.9%)이나 높았다. 더욱이 독일에 살았던 40세에서 50세에 이르

<표 9> 오스트리아에 있어 15세 이상 거주인구의 이주거리와 교육수준

	전체 응답자 가운데 아래의 경우에 해당하는 사람들의 퍼센트(%)				
	행정구를 넘은 거주지 교체가 없음	같은 주의 다른 행정구로 거주지 교체	다른 주로의 거주지 교체	외국으로의 거주지 교체*	합계
의무학교	69.2	17.9	12.1	0.8	100
직업훈련	57.2	26.2	15.0	1.6	100
전문학교	51.9	26.5	19.6	2.0	100
고졸(마투라)	50.6	25.6	21.0	2.8	100
대학	30.6	30.4	33.7	5.3	100

* 외국으로의 거주지 교체는 외국에서 체류한 뒤 오스트리아로 귀환한 사람들만을 계산한 것이다.

출처: Meusburger, 1980: 187; 1977년 6월 오스트리아 미시센서스 특별계정

는 오스트리아인들 가운데 대졸자의 비중이 오스트리아의 그에 상응하는 연령집단의 비중보다 네 배 이상이나 높았다(Ping, 1976: 40). 터키와 구유고슬라비아로부터 모집된 외국인 노동자들을 별도로 하면, 오스트리아로 유입된 거의 모든 외국인들도 오스트리아 국민보다 본질적으로 훨씬 높은 교육수준을 갖고 있었다(Meusburger, 1980: 207 참조). 이때 목적지에서는 자질수준의 상승이, 출발지에서는 저하가 발생하게 된다.

인구집단의 평균 교육수준이 오스트리아 연방주 가운데 하나인 잘츠부르크(Salzburg)에서는 국내이동을 통해 가장 현저히 개선되고, 포어알베르크에서는 대부분의 경우 악화되었다. 오스트리아 국내이동의 틀 안에서 잘츠부르크주로 이주해 온 대졸자들은 그곳에서 다른 연방주로 이주해 간 대졸자보다 4.9배나 많았다. 이와 반대로 포어알베르크는 의무교육밖에 받지 못한 사람들을 그곳에서 이출한 사람들보다 다른 연방주로부터 5.9배나 더 많이 받아들였다. 1977년 잘츠부르크주에 거주하고 있는 대졸자의 3분의 1에도 미치지 못하는 사람들(30.9%)이 이 주에서 태어났고, 네 명중 한 명은 외국으로부터 이주해왔으며(난민과 추방자를 포함), 약 44%가 오스트리아의 다른 연방주 출신들이었다. 빈에 거주하고 있는 대졸자들도 절반 정도(50.2%)만이 빈에서 태어났다. 오스트리아의 국내이동이라는 틀 안에서 대졸 여성들이 남성들보다 훨씬 더 뚜렷이 빈에 집중하는 경향을 보여주었다(Meusburger, 1980). 따라서 외부로 이수한 고숙련자들이 대노시의 '창조적 환경'에 결정적으로 공헌하고 있다.

이동거리는 교육수준과 관련이 있을 뿐만 아니라, 이주자들의 출신 취락의 사회경제적 구조와도 깊이 관련되어 있다. 취락의 규모가 점점 작아지고 농업의 비중이 점점 커짐에 따라, 모든 교육수준에 걸쳐 유입의 거리도 그리고 퇴거의 거리도 난축된다. 1966년에서 1971년 사이 오스트리아에서 농업의 비중이 5% 미만인 취락에서 퇴거한 대졸자의 70.1% 정도가 다른 주로 이주하였다. 농업의 비중이 30% 이상이 되는 취락으로부터 퇴거한 대졸자들은 34.9% 정도만이 다른 주로 이주하였다. 농업의 비중이 30% 이상에 달하는 출발취락으로부터 퇴거한 의무교육을 마친 사람들은 거주지 교체에서 48.3%가 같은 행정관구 내에 머물고, 5% 미만의 농업비중을 가진 취락에서 퇴거한 의무교육을 마친 사람들에게서는 그 비중이 이주자의 22.3%에 불과하였다(Meusburger, 1980: 195 참조).

이러한 중심-주변간의 격차에 대해 가능한 설명은 다음과 같이 살펴볼 수 있다. 즉, 도시에서 자라난 상류층 가정 출신이 차지하는 비중이 매우 높으며, 따라서 상이한 전공분야와 직업을 선택한 대졸자들은 부모들의 대부분이 의무교육밖에 마치지 못한 사람들인 농촌지역 출신의 대졸자들보다 더 나은 사회적 접촉을 할 수 있으며, 노동시장에 관한 정보도 양호하게 인식하고 있다는 것이다. 물론 이러한 관련성을 경험적으로 입증하기 위해서는 미시차원에서의 연구가 필요하다(Schmidt, 1996 참조). 이미 언급한 것처럼, 나중의 이주에서 결정적으로 뒤떨어지는 것은 이미 상급학교로의 진학과 전공분야와 학업장소의 선택에서 드러나고 있다(제4장 4절 3항 참조).

그러나 이러한 기능적인 관점뿐만 아니라, 다른 이유들도 이출에 작용한다. 낯선 대학 소재지에서 수년간에 걸친 학업은 새롭고 보다 높은 직업상의 목표를 갖도록 유도할 뿐만 아니라 새로운 개인적 접촉과 네트워크의 형성을 매개해줌으로써, 압도적으로 높은 비중의 대학생들이 대학소재 지역에서 그들의 첫 일자리를 잡거나 개인적 이유(파트너 관계, 혼인)로 인하여 대학 소재지에 잔류하게 된다.

이 가설은 포어알베르크에 대한 경험적 연구결과를 통하여 입증되고 있다(Meusburger/Schmidt, 1996; Schmidt, 1996). 포어알베르크 출신으로 대학을 수료한 전체 조사 고졸자(Maturant) 중 55.7%만이 포어알베르크에서 첫 직장을 찾았다. 이 값은 학업지로부터 거리가 증가함에 따라 감소한다. 인접한 인스브루크(Innsbruck) 대학에서 학업을 마친 대졸자 가운데 약 3분의 2(65.2%)가 학업을 끝마친 후에 포어알베르크로 되돌아왔다. 이에 반해 또 다른 훨씬 멀리 떨어져 있는 오스트리아의 대학입지(빈, 그라츠, 잘츠부르크, 린츠)에서 대학을 수료한 포어알베르크 출신들은 약 38% 정도만 포어알베르크에서 일자리를 얻었고, 외국에서 학업을 마친 사람들의 그것은 31%에 불과하였다.

수료한 학업의 종류와 수준도 첫 직장을 포어알베르크 안에서 얻을 것인가, 아니면 밖에서 얻을 것인가에 영향을 미친다. 교육대학(초등학교 교사의 양성이 목적인 대학)의 졸업자들은 그들의 첫 취업을 포어알베르크에서 약 98% 정도로 하며, 학업을 계속하지 않고 곧바로 취업을 한 고졸자에게는 그 퍼센트포인트가 82.4%에 달하며, 상급학교의 교직자격을 가진 졸업자는 78.0% 정도가 그들의 첫 직장을 포어알베르크에서 찾았으며, 박사학위를 가진 사람들(의학 제외)은 57.3%, 의학을 전공한 사람들은 51.7%, 그리고 공학석사는 47.2%에 이르렀다.

이상과 같이 밝혀진 사실들은 분극론적 모델을 뒷받침한다. 국내이동이 출발지에서 사회적 침식을 초래하지만, 지역의 생산요소의 구비(具備)에 있어서 자동적인 균등화를 가져오지 않는다는 점이다. 이때 출발지는 인적자본을 상실하게 되며, 중심권은 그것을 획득하게 된다. 주변부와 중심부 간의 자질적으로 매우 불균등한 이러한 국내이동은 지역의 경제적 격차를 고착시킨다.

4) 국제적 노동력이동

'비용'과 '이윤', 효용의 극대화, 그리고 인적자본의 투자에 대한 고려가 국제적인 이주를 설명하는 데 열쇠가 되는 것은 적어도 국외이주가 노동시장에 의해 유인되는 부분일 경우이다. 이주는 해결되지 않은 배분 문제에 대한 답변이다; 이동은 불충분한 생활조건에 반대한 표결이다; 자본이 사람에게로 오지 않는다면, 사람이 자본에게로 간다 등과 같은 표어들은 경제적 불균등과 이주 사이에 밀접한 상호 관련성이 성립함을 상정하고 있다. 이 점은 신고전적 모델에서 도출된다. 그렇지만 사실 국제적 이동은 그것을 경제적 불균등의 결과로 볼 경우에는 부분적으로밖에 설명될 수 없다.

불균등을 이주와 연계시키는 것은 통상적인 배출-흡입모델의 핵심이다. 번영하는 경제, 노동력에 대한 왕성한 수요, 그리고 높은 임금수준을 보여주는 국가들은 견인력(흡입요인)을 발휘한다. 그래서 이들 국가는 저취업과 낮은 임금수준, 정체된 경제, 그리고 위기에의 대응능력이 떨어지는 정치체계(배출요인)를 가진 국가들의 이주자들에게 커다란 매력을 끌게 된다.

이 접근방법은 이주과정이 왜 발생하느냐는 설명해주지만, 왜 특정 목적지 국가가 명백히 선호되느냐에 대해서는 그 어떤 설명도 제시하지 않고 있다. 경제적 논리만을 따른다면 포르투갈인들은 프랑스보다는 오히려 독일로 이주해 와야 할 것이다. 그들은 양국 모두에서 유럽연합의 시민권자로서 법적 이주기회를 갖고 있다. 분명히 보다 높은 임금수준에도 불구하고, 외국에 있는 전체 포르투갈인들의 소수만이 독일에 거주하고 있다. 포르투갈 출신 외국인노동자의 대다수는 프랑스로 이주하고 있는데, 그 이유는 양국 사이에 이미 오래 전부터 밀접한 역사적, 문화적 관계가 형성되어 왔기 때문이다. 유럽의 이주패턴은 출발지사회와 목적지사회간의 문화적, 정치적, 역사적 연계에 의해 누적적으로 형성되고 있다. 즉, 기존의 경제적 불균형은 이때 이주흐름의 강도와 방향에 발생적인 계기일 뿐이다.

현재 서유럽에는 약 3억 8,000만 명에 달하는 인구가 거주하고 있다. 그 가운데 누가 입국자이며 누가 출국자인가는 근사치를 통하여 사후적으로만 확인할 수 있을 따름이다. 모든 입국자들이 해당 통계에서 이주자로서 계산되지 않으며, 외국인 국적자들이라고 해서 모두 이민자인 것도 아니다. 특권적 집단들(예컨대 러시아와 카자흐스탄 출신의 독일민족)은 귀화국의 국적, 즉 독일의 국적을 즉시 획득하며 따라서 해당 통계로부터 곧바로 '사라진다'. 반대로 이주자의 자녀들은 유럽의 거의 모든 국가들이 채택하고 있는 '속인주의'(屬人主義 ius sanguinis)로 인하여 부모의 국적을 갖고 있다. 이들의 부모가 외국인이라면 자녀들도 외국인 거주인구로 계산되는데, 이는 그들이 부모의 조국에 가보았는지 그렇지 않은지와는 전혀 상관이 없다. 이에 따라 국적의 기준은 통계적인 문제점을 넘어서 서로 비교가능한 기초를 제공하는 가장 작은 공통분모로 남아 있다(Fassmann/Münz, 1996b). 지난 수십 년 동안 거의 모든 서유럽 국가에서 외국인 거주인구들이 유난히도 강한 증가세를 보여주고 있다.

유럽의 광역적인 영토국가들 중 스위스가 다음 순위와 큰 간격을 두고서 가장 높은 외국인 비중[10]을 보여주고 있으며, 독일과 프랑스, 오스트리아, 네덜란드, 벨기에, 그리고 영국이 그 뒤를 잇고 있다. 이와 반대로 가장 중요한 출발지 국가들은 폴란드, 구소련, 구유고슬라비아, 이탈리아, 그리고 포르투갈 등이다. 일반적으로 서유럽의 '부유한' 국가들이 수용국가들이라면, 남부유럽과 동유럽의 '빈곤한' 국가들이 출발국가가 된다. 복지수준의 지표로서 1인당 평균 구매력으로 비교한 국내 총생산과 외국인비율 사이에 통계적인 상관관계를 산정해보면, 그 계수가 +0.66 (1991)이 된다. 다시 말해 경제적 불균등을 통해 유럽에서 보이는 외국인 비율의 변이를 약 3분의 2 정도 설명할 수 있다. 여기에 거리요인과 기본적인 역사·문화적 연계관계가 부가된다.

배출-흡입모델이 높은 종합수준에서 국제적 이주흐름을 결정적으로 논증할 수 있는 만큼이나, 지역적 수준에서나 개인적 수준에서는 그 오류가 적지 않다. 개인적 차원에서 접근한 분석들은 높은 취업동기를 가진 숙련자들의 비율이 이주하지 않은 사람들보다 이주자들에게서 한층 높음을 보여준다. 이러한 선별성은 이주거리가 늘어남에 따라 상승하는 경향이 있다. 실업자나 비교적 벌이가 낮은 사람이 지역노동시장의 틀에서 다른 취업의 가능성이 존재하지 않을 경우 자신의 거주지를 교체한다고 하는 신고전적 가정은 많은 경우 들어맞지 않는다. 경험적으로 확인할 수 있는 현실에서는 이주와 실업 사이의 관련성이 종종 정반대로

---

10) 스위스와 리히텐슈타인(Lichtenstein)에서의 높은 외국인 비율은 외국인에 대한 서로 다른 정의와 상이한 귀화 방식과 관련이 있다. 스위스에서 귀화는 게마인데(읍·면·동) 주민들의 동의가 있어야 하기 때문에, 그것은 국가 관료의 규범적 행정활동보다 훨씬 더 제약적이며, 또한 일처리가 상당히 지체되고 있다. 따라서 스위스에서 '진정한' 외국인 비율은 양적으로 과대 평가되고 있다.

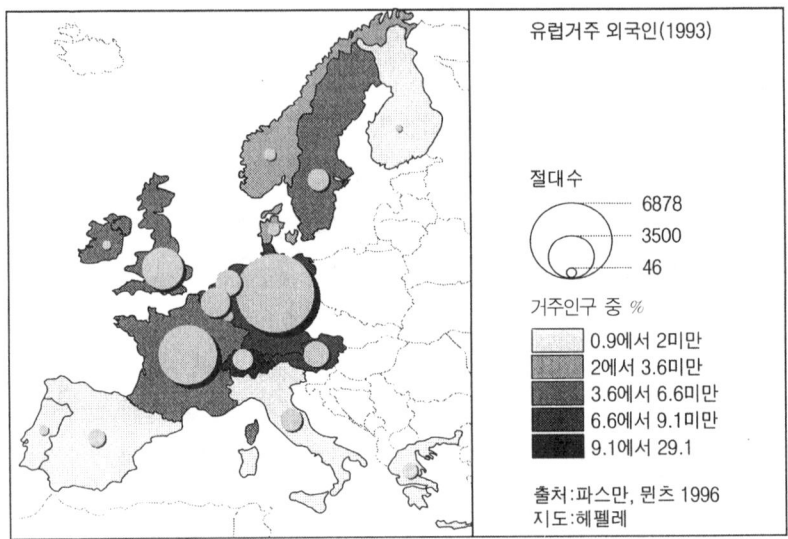

<그림 50> 1993년 유럽에 있어 외국출신 거주자의 비율

출처: Fassmann/Münz, 1996; 필자

나타나고 있다. 다시 말해 실업에 처해 있는 사람들이 거주지에 잔류한다. 이와 반대로 취업하고 있으면서, 소득과 커리어기회나 노동조건과 관련하여 자신의 상황을 개선하고자 하는 사람들이 이주를 행한다. 이점은 국제이주에도 국내이주에도 유효하다.

이주하는 사람들이 종종 잔류 인구집단보다 자질이 뛰어나고 동기도 부여되어 있다. 그래서 그들은 출발지로부터 생산요소(숙련된 인적자원)를 박탈해 가며, 더군다나 이미 매력적인 목적지의 견인력을 한층 제고하게 된다. 따라서 높은 고숙련 노동력의 이주는 아주 일찍부터 학술적 연구와 정책적 관심의 대상이었다. 1962년에 벌써 영국왕립학회의 한 보고서에서는 고숙련자들의 이주가 이출국에 미치는 문제점을 지적하기 위해 '두뇌유출'이라는 개념을 사용하였다. '두뇌유출' 또는 '재능의 이전'이 이출국의 입장에서는 부정적인 것으로 평가되는데, 이는 고숙련자의 교육을 위해 사용된 투자와 경상비용이 투자자에게 더 이상 회수되지 않을 뿐만 아니라, 이들 이출자들이 이출국에 긴요한 지식과 쇄신잠재력까지도 함께 가져가기 때문이다. 이출자들은 목적지 국가, 즉 이입국에서 부분적으로 연구개발부문에 배치되기 때문에 그들은 선진산업국과 개발도상국 간의 발전격차를 더욱더 벌려놓는다. 순환적 인과라는 개념화가 이에 잘 맞는 용어이다. 인구학적으로, 사회적으로, 그리고 자질적으로 선별적인 국내 및 국외 이동은 장기적인 관점에서 분극화의 가정을 뒷받침하며 신고전학과는 반대가 된다.

따라서 이주가 제반 지역적 그리고 국가적 격차의 균등화에 기여할 것인가 하는 지역경제학적 기본질문에 대해서는 단기적 그리고 중기적 전망에서 국내이동뿐만 아니라 국제이주와 관련해서도 부정적으로 답변하지 않을 수 없다. 한 지역에서 다른 지역으로 또는 한 국가에서 다른 국가로의 공급 노동력의 이동이 비록 단기적으로 항상 공급측에 경감효과와 따라서 실업의 축소로 이어질 수 있지만, 장기적으로 볼 때 결코 지역간 균등화와 연결되는 것은 아니다. 오히려 정반대이다. 즉, 고숙련자들이 기동적이라는 사실에서 알 수 있듯이, 벌써 중상주의시대에 수많은 영방군주(領邦君主)들은 경제적인 도약을 위해서 난민과 이민자들(예컨대 휘그노, 유대인, 독일인 등)을 모집하였다. 대부분 전형적인 '이입국가들'(미국, 캐나다, 오스트리아 등)은 오늘날에 이르기까지 특히 고숙련자나 수요가 큰 직업인들의 유입을 진작하고, 국가 자체를 위해 활용하는 선별적인 이민정책을 운용해오고 있다.

3. 공간적 소득격차

임금은 신고전적 노동시장모델에서 해법이 되는 요소이다. 그것은 노동력의 공급과 수요를 제어하고 조절한다. 그것은 희소(稀少)와 잉여(剩餘)의 관계를 표현하며, 장기적으로 균형에 이르도록 하는 노동시장의 제어도구이다.

신고전학의 개념들에 따르면 신고전학의 제반 조건이 충족될 때, 지역간 임금격차는 자유로운 내국시장 안에서 사라지게 되고 마찰적 분화의 성격만을 띨 것이라고 한다. 그렇지만 이와 관련된 경험적인 분석결과들은, 지역간 임금격차는 상당하며, 그리고 장기적으로 그 어떤 수렴양상도 보여주지 않는다고 지적하고 있다. 지역간 소득격차는 결코 단기적 교란이 아닌, 고유한 내재적 지리현상이다.

1) 방법론적 고찰

소득의 지리와 지역적으로 분화된 임금 및 소득 상황에 관한 연구들은 유난히도 드문 실정이다. 몇 가지 문헌들만을 이 절에서 소개할 수 있을 따름이다. 이것은 한편으로 이제까지 제기하지 않은 문제설정과 또 한편으로 유별나게 곤란한 자료상황과 관련되어 있다고 볼 수 있다. 적어도 유럽에서 소득자료를 활용할 수 있는 경우는 드문 편이며, 지역적으로 세분화하여 분석할 수 있는 가능성이란 지극히 제한되어 있다.

지역적 소득자료는 어디에서 나오는가? 미국과 몇몇 다른 국가들을 제외하면, 인구센서스가 국민들의 소득에 관한 자료를 제공하지 않기 때문에 이미 언급한 것처럼 적은 사례수로 말미암아 자료의 어떤 소공간적 분화도 허용하지 않는 표본조사(예컨대 미시센서스)를 끌어들이지 않을 수 없다.

또 다른 자료원은 사회보험과 관련된 기관에 의해 마련되는 임금 및 봉급 통계이다. 이 자료원은 지역적인 세분화에도 적절하며 유용한 정보를 구사할 수 있게 해준다. 하지만 두 가지의 상당한 제약을 안고 있다는 점을 지적할 수 있다. 즉, 사회보험 기여금이 정확히 산정되는 소득의 최상한선(오스트리아에서는 현재 약 38,000실링, 독일에서는 6,100마르크)에 따라 고소득에 관한 정보는 전혀 활용할 수 없다는 점이다. 계측 최상한선 위로는 사회보험에의 고정 기여금만이 지급될 뿐이다.

또한 사회보험에 의거한 소득통계는 사회보험 의무자의 소득에 바탕을 두고 있음을 고려해야 할 것이다. 따라서 공무원, 자영업자, 불안정하게 취업하고 있는 사람들이나 농민들의 소득은 고려되지 않고 있다. 그래서 독일에서는 사회보험의 소득통계가 전체 취업자의 약 85%밖에 포착하지 못하고 있다. 직업 활동자의 소득까지 파악한 독일연방공화국의 첫 전수조사가 1993년 구동독지역에서 실시되었으며, 530여 만 명을 약간 상회하는 수가 포함되고 있다.[11]

독자적인 조사를 실시하는 것이 필요할 경우에는, 우선 국민들의 저축액이나 조부모(祖父母)의 경제적 지출이나 임대차를 통하여 획득한 수입을 포함하는 포괄적인 소득개념을 파악할 것인가, 아니면 다만 자영 및 비자영 취업활동의 경상소득만을 포함시킬 것인가를 설명해야 할 것이다. 따라서 경상소득의 수준, 특히 임금수준(LOHN)[12]을 설문해야 할 경우에는, 더군다나 총임금이냐 아니면 순수임금을 지칭하느냐를 반드시 설명해야 한다. 지역노동시장의 조건을 분석할 경우에는 총임금을 파악하는 것이 선호된다. 왜냐하면 임금수령자의 가족상황과 자신의 일부 소득에 대해 절세(節稅)를 위한 거래와 관련된 교묘한 재주가 연구대상이 될 수 없기 때문이다. 따라서 비교 가능성이라는 관점에서 총임금이 분명 우선시되고 있다. 사람들이 대부분의 경우 실제 지불받는 액수만을 알고 있을 뿐이지, 총소득을 알지 못하는 경험이 이와 상충되고 있다.

소득 조사에서 중요한 것은 경제적 부가급부(SONDERZAHLUNGEN)도 함께 파악하는 것이다. 성과급, 결산배당금, 강연료, 특별수당 등은 비록 월급의 구성요소는 아니지만, 종종 전체 소득에서 상당히 많은 부분을 차지하는 것들이다. 월별 총소득에 관한 진술에 의거하여 연간 총임금을 산정할 수 있을 경우, 이러한 소득의 구성부분을 파악할 수 있다.

이 뿐만 아니라 연간소득에 관한 자료도 선호된다. 많은 업종이나 여러 국가에서 이를테면 14, 15개월 또는 16개월의 봉급을 지불하는 것

---

11) 블리엔과 히르센아우어(1994, 327 이하)는 구동독에서의 지역간 소득격차를 이 자료에 기초하여 분석하였으며, 1인당 1일 소득이 91마르크(동베를린)에서 75마르크(플라우엔 Plauen) 사이에서 오려 내린다는 결론에 도달하였다.

12) 방정식에서 변수로 제시되는 개념은 모두 대문자로 쓴다.

이 보통이다(MONATE). 월 총소득이 16번의 봉급을 지불하는 업종에서는 낮아질 수 있으나, 합계로 하면 연간소득은 모름지기 더 높을 것이다.

끝으로 유효한 소득자료를 얻기 위해서는 또 다른 정보가 필요하다. 즉, 평균 주당 노동시간(AZEIT)이다. 시간제 노동자는 전일제 취업자보다 적게 벌고, 수많은 연장시간을 근무하는 사람들은 전일제 취업자보다도 더 많이 번다는 사실은 명약관화하다. 따라서 노동시간의 효과를 통제하기 위해 노동시간을 다듬고 표준화한 연간소득(JEINK)을 계산하는 것이 필요하다.

$$JEINK = \frac{LOHN}{AZEIT} \times 160 \times MONATE + SONDERZAHLUNGEN$$

부가적으로 비물질적인 소득구성요소까지 파악해야 한다고 할 경우, 그 조사는 보다 포괄적인 것이 되지만, 그와 아울러 훨씬 더 복잡해진다. 구내식당에서의 저렴한 점심식사, 사적으로도 이용할 수 있는 업무용 자동차, 저렴하게 물품을 구매할 수 있는 기회, 무임항공탑승, 기업 소유 숙박시설의 이용, 그리고 기타 많은 것들은 비록 물질적인 복지에 기여하긴 해도, 전체로서 파악하기란 쉽지 않다.

2) 임금함수

임금수준이 무엇에 좌우되느냐는 여러 분석과 정책적 논의의 대상이다. 인적자본론자들은 피고용자의 생산성과 자질을 말하고, 정치경제학의 신봉자들은 개인적, 집합적 협상력('교섭력')을 거론하고 있다. 또는 전적으로 신고전적 입장에서는 모든 것이 불균등한 수요와 공급 관계에 달려 있을 뿐이라고 한다.

임금수준의 결정요인에 관한 연구들은 이른바 임금함수(賃金函數)를 포함하고 있다. 이는 임금수준과 정형적인 숙련도, 그리고 지금까지의 직업활동 연한 사이에 함수적 상관성을 설정하는 것이다. 임금수준은 수료한 학교교육 연한(SCHOOL)과 지금까지의 직업적 경험(EXP)에 따라 상승하는데, 이는 노동력이 인적자본론적 논거가 그러하듯이 숙련이 높으면 높을수록 한층 더 생산적이 되며, 그래서 또한 더 많은 봉급을 받을 수 있기 때문이라고 한다.

$$JEINK = a + b_a SCHOOL + b_s EXP$$

임금함수는 다중회귀모델로 조작화되며 적절한 개인별 자료에 근거하여 검증된다. 사실 인적자본론적 모델은 서로 다른 임금이 갖는 변이의 일부분만을 설명할 수 있다. 그래서 임금격차의 대부분은 다른 표징에 맡겨지고 있다(성, 연령, 산업부문, 기업, 사회법적 집단들).

임금함수는 분단적 노동시장을 입증하는 데에도 활용될 수 있는데, 말하자면 이는 임금함수가 오로지 인적자본 모델을 지향한 고찰방법에서보다 분단적 노동시장을 고려하는 데서 훨씬 뛰어난 설명 가치를 마련하고 있다는 점을 제시할 경우에 그러하다. 디킨스와 랭(Dickens/Lang)은 1985년 이에 상응하는 연구를 발표하였다. <그림 51>은 이러한 관련성을 그래프로 묘사한 것이다. 전통적인 모델에서는 하나의 회귀방정식을 적용하고 있으며, 따라서 숙련수준과 임금수준의 관련성이 모든 사람들에게 동일하게 유효하다고 임묵적으로 상정하고 있다(왼쪽 다이어그램). 그러므로 그 관련성의 비등질성(非等質性)을 무시하고 있다. 디킨스와 랭은 이 회귀모델을 확장하여(오른쪽 다이어그램), 숙련과 소득의 상호의존성이 개별 분단노동시장체에서 상이하다는 점에서 출발하고 있다. 그래서 이론에서 도출할 수 있듯이, 2차노동시장에서는 숙련이 필요하지도, 특별히 더 많은 봉급을 받지도 않는다. 따라서 자질의 제고는 임금상승과 연결되지 않고 있다. 계수는 미미한 높이만을 보여줄 뿐이다. 반대로 1차분단체에서는 자질획득과 직업상의 경험이 보수로 지불되며, 따라서 계수는 높고 유의미한 것이 되며, 어떠한 자질제고(資質提高)도

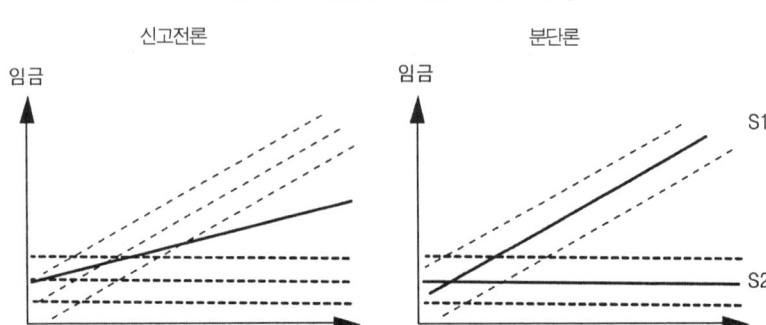

<그림 51> 임금함수와 노동시장의 분단화

출처: 필자

임금상승으로 결과하게 된다는 점을 입증해주고 있다.

디킨스와 랭은 두 가지 임금함수를 갖고서 연구를 진행시키고 있는데, 따라서—노동시장이론의 제반 가정이 적절하다면—소득배분을 보다 잘 설명할 수 있을 것이라고 기대하고 있다. 회귀평가의 결과는 노동시장에 대한 분단적인 가정을 확인시켜주고 있다. 즉, 1차분단체의 임금함수의 표준 회귀계수는 유의미한 결과를 보여주는 반면, 이것이 2차분단체에 대해서는 유의미하지 않다. 따라서 두 가지 분리된 임금함수의 가정이 확실히 보다 높은 설명력을 지니고 있음을 보여주고 있다. 그래서 '단일노동시장모델'의 개념은 기각될 수 있으며, 이중모델의 개념이 참고될 수 있다고 한다.

이와 비슷한 논증을 노이만과 지더만(Neumann/Ziderman, 1986)이 제시하였다. 『이스라엘의 노동력 이동에 관한 조사보고서』에 실린 개인별 자료에 의거하여 저자들은 일련의 독립변수들이 소득에 미치는 영향을 분석하였다. 이들도 세분된 임금함수들이 단일임금함수보다 높은 설명력을 지니고 있다는 결론에 도달하였다.

노이만과 지더만의 연구에서는 1차분단체에 속하는 사람들의 경우 '업체소속 연한'이라는 변수가 +0.011의 유의성을 보여주나(기업소속 연한이 길수록 소득도 상승한다), 2차분단체에 속하는 사람들의 경우에는 그것이 다만 +0.003으로 유의성이 없는 것으로 나타나고 있다. 이는 1차분단체가 선임권의 규정으로 말미암아 안정성을 얻게 된다는 이론적 고찰과 부응하는 반면, 2차분단체에서는 불안정성이 전혀 원하지 않는 것이 아니며 오랫동안 업체에 소속하고 있을지라도 크게 보상을 받지 못한다는 사실을 보여주는 것이다. 여러 분단체로의 배열은 직업상의 명망이라는 스칼라에 의거하여 행해진다.

마이어와 바이스(Maier/Weiss)는 1988년 오스트리아에 관한 한 실증적인 연구에서 디킨스와 랭의 개념을 원용하고, 이를 더우더 확장시켰다. 마이어와 바이스는 자신들의 분석에 바탕이 된 1981년의 미시센서스를 일곱 개의 유형지역으로 세분하고, 따라서 지역적으로 분화시킨 자료를 갖고서 수행한 분단적 임금모델의 평가결과가 오스트리아 전체를 하나의 통합된 자료를 갖고서 연구한 임금모델의 그것을 통계적으로 훨씬 능가한다는 점을 증명할 수 있었다. 따라서 저자들은 지역적으로 분화된 노동시장에서 그 분단된 구성을 고려하는 모델이 최선의 결과를 제공해준다는 지극히 타당한 결론에 도달하고 있다.

3) 중심-주변간의 소득격차

임금함수는 소득수준을 결정하는 요인들을 규정하는 데 도움을 준다. 이에 학교교육, 직업상의 경험, 특정 분단노동시장체에의 소속여부, 개인적 또는 지역적 표징 등이 규정 요인으로서 입증되었다. 지역간 임금격차가 양적으로 얼마나 큰가를 파스만(1996)은 오스트리아를 대상으로 하여 확인하였다. 1985년의 미시센서스는 농촌지역과 중심부 사이의 소득격차(표준화된 연간소득)가 전체적으로 거의 40%에 달하는 것을 보여주고 있다. 1985년 농촌지역에서 취업하고 있는 사람들은 평균 약 10,000실링을, 여러 주도(州都)와 빈(Wien)에서는 약 14,000실링을 벌었다. 지역간 소득격차는 남녀간의 격차만큼이나 현격하였다.

전체 격차의 일부는 구조적으로 조건지어지고 있다. 낮은 임금수준을 보여주는 특정 일자리들이 농촌지역에서 우세하기 때문에, 평균 소득은 내려간다. 총격차로부터 순격차(純隔差)를 도출하기 위해서는 구조적으로 조건지어진 제반 영향력을 감안해야 한다.

보조노동자들은 농촌공간에서도 중심권에 있는 보조노동자들과 거의 비슷한 소득을 얻고 있다. 이는 남성뿐만 아니라 여성에게도 똑같이 적용된다. 중심권에서는 누구든지 수행할 수 있는 직무에 대한 노동력 공급이 충분할 정도로 크기 때문에(외국인 노동자의 유입, 미숙련 노동력의 활성화), '도시적 추가임금'의 지불이 필요한 것 같지 않다. '도시적 추가임금'이 보조노동자들에게도 지불되어야 한다면, 그 어떤 높은 숙련도를 요구하지 않는 기업들은 주변부로 이전할 수 있을 것이다. 다른 한편으로 그곳에서 임금은 더 이상 내려가지 않는데, 이는 한편으로 집단적 계약 장애에 의해 저지를 받고 다른 한편으로 기존 시장이 보조노동자에 대해 공급제한을 통하여 반응하기 때문이라고 볼 수 있다. 노동력 공급의 유연성은 기존의 '대안적 역할'(부업농부, 방의 임대)과 함께 낮은 경상적 생계비용으로 인하여 일반적으로 형성되고 있다.

중심권에서는 정반대로 숙련된 종업원들을 위해서는 특별한 추가임금을 지불하지 않으면 안된다. 한편으로 뛰어나고 숙련된 전문 및 경영인력에 대한 수요의 집중과 다른 한편으로 그에 대한 제한적 공급으로 말미암아, 도시적 노동시장에서는 기업들이 주변적 노동시장에서의 전문 및 경영인력에 대한 통상적인 임금보다 훨씬 많이 지불하지 않을 수 없다. 중심권에서 선도 또는 고숙련 사무직들이 그 어떤 경우에도 농촌지역에서 보다 3분의 1 정도 더 많은 봉급을 받는 것은 현실이다. 중심-주변간의 임금경사의 증가는 특히 남성인 경우에 그러하며, 여성인 경우에는 그 유효성이 다소 떨어진다.

그렇지만 '선도 사무직'과 '숙련 사무직' 또는 '상위 공무원'의 범주는 매우 이질적이고, 중심부에서는 이러한 주변부와는 전혀 다른 직업적 지위와 자질, 그리고 의사결정권으로 조합되어 있음을 고려해야 한다. 중심부에서는 최고의 의사결정권과 봉급등위가 국지적으로 집중되고, 주

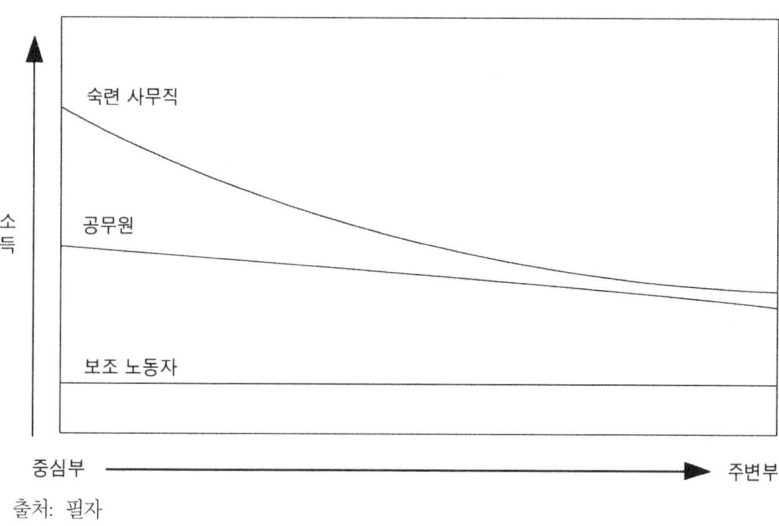

<그림 52> 보조노동자와 숙련 사무직에 관한 중심-주변간의 임금경사

출처: 필자

변부에서는 이른바 '숙련 사무직'이나 '상위 공무원'이라고 할지라도 중간적 지위등급과 봉급계층에 속할 뿐이다. 따라서 '숙련 사무직'에서 중심-주변간에 임금의 경사가 나타나는 원인도 일차적으로 서로 다른 업무와 요구조건, 그리고 능력의 차이에서 찾아볼 수 있다. 다만 상대적으로 몇몇 소수의 직업(예컨대 공공서비스부문의 공무원인 경우)에서 명시적으로 봉급의 한 구성요소가 되는 특유의 '장소적 추가임금'에서 그 원인을 찾을 수 있다면, 이는 2차적인 성격을 띠는 것이다. 이에 반해 '보조노동자들'은 그들의 능력과 자질에 비추어볼 때 훨씬 동질적인 범주라고 할 수 있으므로, 중심-주변간의 임금경사가 형성될 계기는 매우 낮다.

중심-주변간의 임금격차는 결코 단기적인 현상이 아니다. 오히려 그것은 상당한 지속성을 보여주며, 더욱이 자동적으로 약화되기보다는 오히려 심화되는, 중심권과 주변부 사이에 내재적인 구조적 차이에 해당한다. 엔젤과 미첼(Angel/Mitchell, 1991)은 미국의 북동부 중심권에서 제조업이 쇠퇴함에도 불구하고 임금의 지역적 패턴이 본질적으로 크게 변하지 않고 있음을 명시하였다. 아주 작은 미시공간적 수준에서 구조조정의 차질적 시차와 관련된 변동만이 나타나고 있을 뿐이라고 한다. "우리의 분석은 센서스 지역의 척도에서 실질임금의 격차에 침식현상이 발생하고 있다는 것에 대해 그 어떤 증거도 제시하지 않고 있다. 오히려 밖으로 드러나고 있는 경향은 특히 미국의 북중부에서 지역 내의 지리적으로 불균등한 구조조정의 효과를 반영하는 것으로서, 임금의 지역내 편차를 증가시키는 방향으로 나아가는 것이다"(Angel/Mitchell, 1991: 124).

독일에 대해서는 벨만과 블리엔(Bellmann/Blien, 1996)이, 임금은 지역의 실업률에 의거하여 미미하게만 변하고 있다는 결론을 내리고 있다. 그에 상응한 계수는 비록 다른 표징들보다 훨씬 낮기는 하나 유의미하다. 지역의 실업률이 높으면 임금은 내려가는 경향이 있고, 반대로 실업이 줄어들면 임금은 상승한다. 이를 논증하기란 어렵지 않다. 즉, 지역의 높은 실업은 임금체결의 상대적 후퇴를 저지할 수 없도록 노동조합과 개인의 협상력을 약화시킨다. 여기에 ― 가정이 말하는 바와 같이 ― 높은 실업과 높은 임금은 종업원들의 동기부여에 대체적(代替的)으로 작용한다는 사실이 추가된다. 종업원들에게 높은 임금을 통하여 생산적으로 작업하도록 동기를 부여하든지, 아니면 높은 실업으로 그들이 스스로 그렇게 행하도록 강요하는 것이다.

높은 실업은 도시에서, 주변지역에서, 그리고 특별한 지역경제적 문제상황을 보여주는 곳에서 발견된다. 이로부터 중심-주변간의 임금경사는 크게 변하지 않는다는 사실이 도출되는데, 이는 양극에서 높은 실업률을 관찰할 수 있을 때 그러하다. 블리엔은, 임금의 지역적 전개에 영향을 미치는 가장 강력한 효과를 군(郡)을 단위로 한 개개 독일 연방주의 실업률을 조사하면서 찾아냈다. 비로소 연방 차원에서 나타나는 이러한 효과는 비록 중심-주변간의 경사를 미미한 정도밖에 변화시키지 않고 있지만, 거시공간적 차이를 분명히 강조한다.

6 부분노동시장

    부분노동시장의 개념은 통계적 판별요인에 의거하여 세분화된 전체노동시장의 개별 단위체로 파악된다. 따라서 부분노동시장은 다소 차이는 있으나 전체노동시장과 비교하여 동질적인 부분집합으로 해석될 수 있다. 전체노동시장을 특수한 부분노동시장으로 세분화하는 작업은 일자리나 노동력이 보여주는 독특한 표징에 의거하여 진행된다. 이러한 맥락에서 주요 사례로 열거할 수 있는 범주들은 다음과 같다. 즉,

- 성(예컨대 '여성노동시장'),
- 국적(예컨대 '외국인 노동자의 노동시장'),
- 숙련도(예컨대 '비숙달자들의 노동시장'),
- 연령(예컨대 '청소년이나 고령자의 노동시장'),
- 지역(예컨대 '농촌이나 도시의 노동시장'),
- 업종(예컨대 '관광노동시장') 등이다

    부분노동시장에 대한 분석은 노동시장의 단층을 간접적으로밖에 입증해주지 않는다. 특정한, 그리고 선험적으로 선정된 인구집단의 비율이 높은 노동시장의 각 부문들은 특유의 표식을 지니고 있다. 그래서 외국인 노동자가 높은 비율을 차지하는 일부 노동시장은 외국인 노동자의 노동시장으로 지칭된다. 이 부분시장이 변하고 있는가 아니면 안정적으

로 유지되고 있는가 하는 점은 우선 부분노동시장에 대한 통계학적 분석이라는 틀에서 설명될 수 있는 것이 아니다. 이것은 여러 시점에 걸친 분석을 행할 때 비로소 가능하다.

1. 계측개념

부분노동시장을 파악하고 측정하기 위한 방법론적 도구로서 몇 가지 개념이 제시되고 있는데, 이것들은 또 다른 관련성에서 도시지리학적으로도 응용될 수 있는 것들이다. 부분노동시장의 분석이라는 틀에서는 직업이 보여주는 서로 다른 성별 특유의 구성도를 측정하는 격리지수(隔離指數)를 계산할 수 있다. 도시지리학에서 활용되고 있듯이 격리지수는 전체 인구집단과 비교한 특정 소수민족의 공간적인 불균등분포 정도를 표시하는 것이다. 격리지수는 노동시장의 지리학에서도 거의 비슷하게 해석될 수 있다. 즉, 전체 취업인구나 다른 준거집단(예컨대 남성, 내국인, 도시)과 비교한 여성, 지역 또는 민족집단의 개별 직업(또는 산업부문)에서의 불균등분포 정도를 계측한 값이다. 부동화지수(D)는 두 부분집합(예컨대 두 경제계층이나 두 직업에서의 일자리)의 공간적 분포에서의 차이를 계측한다. 격리지수뿐만 아니라 부동화지수(不同化指數)도 동일한 방정식을 갖고 있는데, 다만 투입되는 변수가 다를 뿐이다.

부동화지수의 계산에 관한 예:

$$D = 0.5 \times \Sigma \left| \frac{F_i}{F} - \frac{M_i}{M} \right| \times 100$$

업종	여성	남성	Fi/F	Mi/M
1	100	0	1	0
2	0	100	0	1
	100	100		

$$D = 0.5 \times +(|1 - 0| + |0 - 1|) \times 100 = 100$$

개별 산업부문이나 직업(F_i/F)에서 전체 여성의 비율이 남성(M_i/M)의 그것과 똑같다면, 전체 산업부문(또는 직업집단)에 대한 합계는 0이 되고, 따라서 완벽한 균등분포로 계측된다. 반대로 모든 여성들이 단 한 사람의 남성도 발견되지 않는 부문에서 일하고 있거나, 또는 어떤 여성도 일하지 않는 곳에서 남성들이 그러할 경우에는 부동화지수가 100이 되고 완벽한 불균등을 표시하게 된다. 남성과 여성의 자리에 내국인과 외국인을 넣어 비교할 수도 있고, 도시와 농촌의 인구를 넣어 비교할 수도 있다. 두 경우에서 우리는 균등분포나 불균등분포에 대한 척도를 얻을 수 있다. 크게 표준화된 부동화지수에 대한 해석은 부분적으로 비표준화된 부동화지수의 해석과 조응할 수 있다.

표준화된 부동화지수의 계산에 관한 예:

$$D_{\text{stand}} = 0.5 \times \sum \left| \frac{\frac{F_i}{T_i}}{\sum \frac{F_i}{T_i}} - \frac{\frac{M_i}{T_i}}{\sum \frac{M_i}{T_i}} \right| \times 100$$

업종	여성	남성	Ti	Fi/Ti	Mi/Ti
1	100	0	100	1	0
2	0	100	100	0	1
합계	100	100		1	1

$$D_{\text{stand}} = 0.5 \times \left(\left| \frac{1}{1} - \frac{0}{1} \right| + \left| \frac{0}{1} - \frac{1}{1} \right| \right) \times 100 = 100$$

불균등분포가 각 부문(또는 직업)별로 분리 산정되고 그런 연후에 조합됨으로써 각 부문(또는 직업)이 같은 중요도로 부동화지수에 기여하기 때문에, 보다 정교한 계산을 위해서는 가중치가 부여되어야 할 것이다. 이때 개별 부문(또는 직업)의 상대적인 취업규모가 가중치의 척도로 사용된다. 따라서 표준화된 부동화계수 D_{stand}를 얻게 된다.

균등분포나 불균등분포, 따라서 통계적으로 구획된 부분노동시장을 산정하기 위한 제3의 측정치는 성비지수이다(Kreimer, 1995 참조).

성비지수의 계산에 관한 예:

$$SR = \sum \left(\frac{\frac{F_f}{F} \times 100}{\frac{T_f}{T} \times 100} \right) - \left(\frac{\frac{F_m}{F} \times 100}{\frac{T_m}{T} \times 100} \right)$$

업종	여성	남성	Ti	Tm	Fi/F	Fm/F
1	100	0	100	-	1	0
2	0	100	-	100	0	0
합계	100	100				

$$SR = \left[\left(\frac{1 \times 100}{0.5 \times 100} \right) - \left(\frac{0 \times 100}{0.5 \times 100} \right) \right] + \left[\left(\frac{0 \times 100}{0.5 \times 100} \right) - \left(\frac{0 \times 100}{0.5 \times 100} \right) \right] = 2$$

이는 여성부문(또는 직업; F_f = 평균보다 높은 여성비율을 가진 부문에서의 여성)에서의 여성의 과대표(過代表)와 남성부문(또는 직업; F_m = 평균이상의 남성비율을 가진 부문에서의 여성)에서의 여성의 저대표(低代表) 간의 차이를 묘사함으로써, 부문(또는 직업) 내에서 성별 관계를 모든 취업자의 성별 관계와 비교하는 것이다. 여성부문은 평균 이상의 여성비율을 특징으로 한다. 남성부문에서는 그 반대가 된다. T_f는 여성부문 전체에서의 직업활동자의 수를 말하며, T_m은 남성직업에서의 그것을 말한다. 과대표도 저대표도 아닌, 따라서 어떤 계측할 수 있는 격리가 나타나지 않을 경우에는 그 지수값이 0이 되고 그렇지 않은 경우에는 그것이 0보다 크거나 작게 된다. 위의 예에서는 0이라는 성비지수가 나오고, 따라서 완벽한 균등분포를 보여준다.

남녀를 또 다른 이분적 표징들(내국인과 외국인, 도시와 농촌 등)로 대체한다면, 그에 상응하는 지수들(내-외국인지수, 도-농지수)을 얻을 수 있다. 내용만 다를 뿐, 그 해석은 동일한 것이다. 0이라는 도-농지수치는 모든 '도시'부문에서 취업인구의 도시와 농촌의 관계가 '농촌'부문에서의 그것과 동일하다는 것을 의미한다.

2. 성별 특유의 노동시장

노동시장 연구에서는 성별 특유의 분화가 노동시장이나 일반 사회의 대표적인 표징에 해당한다는 점에 대해 합의하고 있다. 여성 취업활동의 변화는 20세기에 발생한 가장 중요한 발전 동향의 하나에 속하며, 사회경제적, 인구학적, 그리고 노동시장과 관련한 여러 구조변화를 이해하는 데 반드시 필요하다. 따라서 이를 경험적으로 살펴볼 아래 절에서는 노동시장의 성별 특수성이 어디에서 발생하느냐를 탐색해보려고 한다. 이와 동시에 통상적인 그리고 종종 매우 상이하게 논의되고 있는 이론적인 제반 기초도 서술하게 될 것이다.

1) 여성노동시장의 특징

남성과 여성 사이의 독특한 사회적 업무분담은 노동시장의 성별 특유의 특성에 해당한다. 특정 업무는 여성에 의해 평균 이상으로 자주 수용되거나, 오로지 여성만이 그것을 담당할 수 있다. 그런데 다양한 문화권에서 극히 서로 다른 업무들이 전형적으로 여성적인 것으로 또는 남성에게만 적합한 것으로서 인정되고 있다. 이 점은 이른바 여성의 직업이 사회적으로 형성되는 것임을 보여주는 것이다.

부문별 위치

유럽 산업국가들에서는 여성들이 농업과 초등학교, 관광, 상업, 보건 및 다양한 사회 및 공공서비스 부문에서 평균 이상으로 뚜렷이 활동하고 있다. 몇몇 개발도상국에서는 이와는 반대로 여성들이 종종 도로건설 부문에 평균 이상으로 취업하고 있다. 중부와 동부 유럽의 구공산주의 국가들에서조차도 서로 상이한 역사적, 문화적 전통이 마르크스주의의 이데올로기보다 강력해서 모든 공산주의 국가에 있어서 취업생활에 관련하여 상정된 평등에도 불구하고, 비록 서로 상이한 업종과 관련이 되

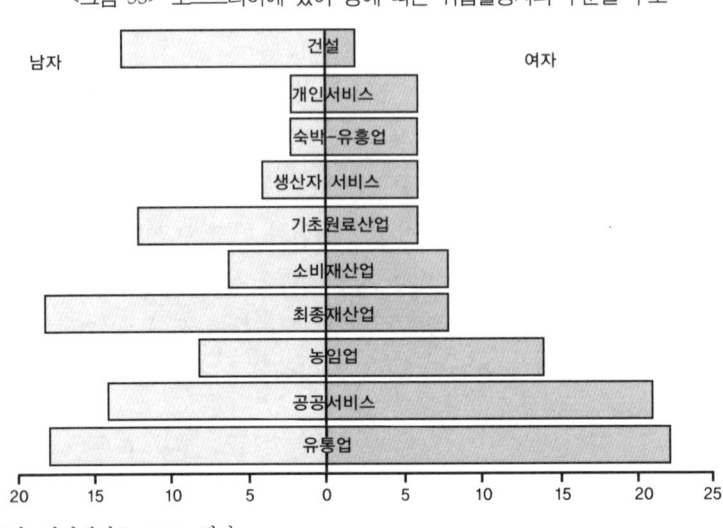

<그림 53> 오스트리아에 있어 성에 따른 취업활동자의 부문별 구조

출처: 미시센서스 1993; 필자

기는 하지만, 강력한 성별 특유의 분단화가 존재하였다.

계층적 직위

여성이 수용하거나 여성에게 개방되어 있는 일자리들은 종종 중간이나 하위의 직무들이며, 고도로 숙련된 또는 선도적 기능들은 극히 드물다. 남성의 경우에는 정반대의 상황을 보여주고 있다. 여성들은 예를 들어 경리, 비서, 판매원, 속기사 또는 전화교환원, 출납회계원, 개찰원 등의 중간직과 단순직 사무활동에 집중되고 있다. 오스트리아에서는 1990년대에 들어 전체 취업여성의 약 3분의 1이 이러한 하위 사무활동에 종사하고 있다. 또 다른 4분의 1 정도는 언급할 만한 숙련을 요구하지 않는 속성으로 익힌 직무 또는 보조노동자 직무에 해당된다.

이와는 반대로 노동내용이 선도적 그리고 배분적 기능에 놓여 있는 곳곳에서는 남성에 비해 여성이 확실히 저대표되고 있음이 나타나고 있다. 노동자들의 부분노동시장에서는 이것이 전문기능직과 직공장의 직무이며, 사무직인 경우에는 고숙련, 선도 기능들이다.

<그림 54> 오스트리아에 있어 직업상의 위치와 성에 따른 취업활동자

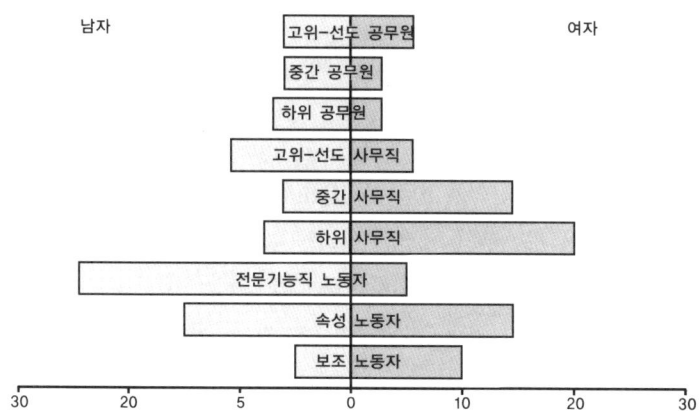

출처: 미시센서스 1993; 필자

민간경제부문보다는 공공서비스부문에서 여성들이 보다 높은 지위로 나아갈 수 있는 기회는 좀더 개방되어 있는 편이다. 이러한 관찰은 특히 관료주의체계에서 보다 강력하게 규제되고 있는 채용조건과 관련이 있다. 특별히 이 점은 여성비율이 남성의 그것보다 높은 상위 공무원 직무에서 그러하다. '상위 공무원'이라는 범주는 전문실무자, 감사자, 그리고 특히—그리고 여기에서 양적인 논거가 있다—초·중등학교 교사를 포함한다. 바로 마지막에 언급한 직업집단에서 적어도 도시지역을 중심으로 여성화 현상이 관철되고 있다(Schmude, 1988 ; Meusburger/Schmude, 1991 참조). 그렇지만 고도로 숙련된, 선도적 공무원인 경우에는 여성들이 여전히 소수를 점하고 있으며, 따라서 어떤 여성이 행정관구장, 국장 또는 도시행정장으로 임명되는 경우에는 이것이 사회적 발상전환에 관한 예시적 증거로서 공공연히 '선전'되기도 한다.

특유의 직업경과

20세기 말에 즈음해서도 젊은 남녀 출생집단의 직업경과는 확연히 구별되고 있다(Mayer/Allmendinger/Huinink, 1991). 그 차이는 서로 다른 직업교육, 전공분야 선택, 직업선정, 직업에의 합류, 직업상의 직위, 수행하는 직무, 평균소득, 그리고 특정 경제계층에의 집중 등에 따라 나타날 수 있다. 같은 직업교육을 받은 경우에도 적어도 지금까지는 이미 취직한 첫 해부터 소득을 비롯하여 수행하는, 그리고 서로 달리 평가되는 직무와 관련하여 수직적 격리가 발생하였다(Engelbrech/Kraft, 1992: 17 이하). 이미 직업경로의 시발부터 설정된 이러한 불이익이 여성의 경우에는 차후의 직업생활을 거치면서도 매우 드물게 균등화될 뿐이다. '산업예비군에서 재능예비군를 거쳐 쇄신잠재력으로'라는 여성과 관련한 슬로건(Dammer, 1988; Hausmann, 1991)에도 불구하고, 지금까지 상대적으로 적은 비율의 여성들만이 경영자 지위의 톱커리어를 이뤄냈다. 취업하고 있는 여성의 3분의 2는 여성이 ― 동일한 조건에서도 ― 남성보다 낮은 승진가능성을 지니고 있다고 생각한다(Engelbrech, 1989: 100 이하).

여성들이 한 기업의 위계 내에서 상위직에 이르렀을 경우에는 그들은 ― 적어도 지금까지 ― 대체로 행정사무와 이른바 '테크노구조'(참모부처, 재교육 분야의 강연자, 문화·사회정책, 고객보호 등)에 집중되었는데, 여기서 제반 의사결정을 준비하고 '지원하는 기능들'을 떠맡으며, 그리고 아주 드문 경우에 의사결정을 내리고 권력을 행사하는 계선구조상(系線構造上)에 서게 되었다. 이러한 규칙성은 특히 구사회주의 국가에서 인상적으로 입증되고 있다. 공산주의체제는 매우 높은 여성취업율과 여성의 동등대우에 관한 법적 규정과 관련하여 그들이 취업생활에서 남녀의 동등대우를 최초로 이룩하였다고 주장하였다. 또한 이 테제는 다양한 대졸자 직업에서 여성의 비중(여의사, 여성공학자, 여성기술자 등)에 대한 인상적인 자료를 통해 뒷받침되는 듯이 보였다. 그렇지만 정치적, 경제적, 문화적, 그리고 사회적으로 모든 중요한 사안들을 결정하고 모든 계층수준에 걸쳐 제한 없는 권력독점을 행사할 수 있었던 통치계급에서 여성의 비중이 얼마나 컸던가 하는 문제를 추적할 경우에는, 공산주의체제에서도 여성들은 아주 작은 의사결정권밖에 갖지 않았음[1]을 알 수 있다.

일반적으로 '위'로 향한 노동시장의 투명성의 결여로 말미암아 여성 직업활동의 전형적인 진행패턴이 확립되고 조장되었음을 확인할 수 있다. 여성의 직업경로는 고용체계의 하위수준이나 중간수준에 변함없는, '항상적(恒常的) 경로'라는 성격을 띠고 있다고 할 수 있다. 여성들은 판매원이나 비서 또는 교사로서 그들의 직무를 시작하고, 직업생활의 경과에서도 그렇게 머물러 있다. 이는 기업에 따라 높은 등락을 여러 면에서 보여줄 수 있으나, 고용체계 내의 직위에서는 거의 변하지 않는 평상적이며 안정된 경로이다. 빈정거리는 투로 굳이 말을 만든다면, 사실 '무(無)커리어'라고 할 수 있을 것이다.

소득상의 불이익

여성들은 직업상의 진입에서 불이익을 당하고 있을 뿐만 아니라, 비슷한 직무에 대해서도 훨씬 낮은 임금을 받고 있다. 전체적으로 지난 십년간 오스트리아에서는 소득격차가 약 30%에 달하였다. 남성의 평균소득이 약 20,000실링(3,000마르크)이었다면, 여성의 그것은 15,000실링(2,000마르크)에 불과하였다. 여타 많은 국가에서도 성별 특유의 소득격차는 30%에서 40%까지 달하고 있는 실정이다.

그러나 이때 구조적으로 조건지어진 소득격차를 '순수한' 성별 특유의 차별화와 구별할 필요가 있다. 디크만, 엥겔하르트, 그리고 하트만 (Diekmann/Engelhardt/Hartmann, 1993)은 1985년의 미시센서스를 바탕으로 하여 후자—말히자면 '순수한' 성별 특유의 차별화—는 오히려 미미하고, 대부분의 소득격차는 구조적 차이에 소급될 수 있음을 보여주었

---

1) 헝가리에서는 예를 들어 1980년대 후반 전체 취업인구 가운데 여성의 비중이 거의 50%에 육박한 반면, 통치계급의 구성원 중에는 여성이 약 16.7%에 불과했다. 권력상의 지위가 높으면 높을수록 그리고 의사결정권이 넓으면 넓을수록, 여성의 비율은 그만큼 낮아진다. 법원과 검찰의 제2의 선도 레벨에서는 통치계급 소속자 가운데 33.1%가 여전히 여성이었으며, 대중매체의 제1의 선도 레벨(예컨대 편집인)에서는 11.2%가, 대학에서는 8.1%가, 거대 국영기업의 최고경영 레벨에서는 4.4%가, 그리고 국가권력의 최고통치 레벨에서는 단지 0.8%만이 여성들이었다(Harcsa, 1995: 274 이하).

다. 그들은, 독일 여성들이 교육수준과 직업상의 경험, 그리고 노동시간에 견주어 남성들과 똑같은 수준의 임금을 받는다면, 25% 정도 더 많은 소득을 얻는 것이 된다(노동시간이라는 한 요소만으로 18%에서 20% 정도가 상쇄됨)는 결론에 이르렀다. 독일 여성들이 남성들과 동등한 취업행동을 보여줄 때, 그 소득은 15% 정도 더 많이 받게 되는 것이라고 지적한다(Diekmann/Engelhardt/Hartmann, 1993: 394).

2) 직업의 여성화

여성들이 고용체계로의 진입에서 그리고 뒤이은 직업생활의 경과에서 받게 되는 불이익에도 불구하고, 여러 직업과 업종에서 여성의 비율은 꾸준히 상승하고 있다. 이러한 여성노동력의 점증하는 노동시장에의 통합과정을 문헌에서는 여성화로 지칭하고 있다. 슈무데(Schmude, 1988)는 명확한 개념정의와 여성화의 다양한 형태에 관한 유형화를 제시하였다. 이때 그는 여성화를 세 가지 기본형태로 구분하였다.

- 유형A : 여성의 수는 늘어나는 반면, 남성의 수는 줄어든다,
- 유형B : 여성의 수가 남성의 수보다 훨씬 빠르게 늘어난다,
- 유형C : 남성의 수가 여성의 수보다 훨씬 빠르게 줄어든다.

유형A와 유형B에서는 남성들이 여성들에 의해 직업 현장에서 밀려나거나 대체되는 것이다. 이와 반대로 C의 경우에는 여성화가 한 직업으로의 여성의 '돌진'이나 '벌충'에 의해서가 아니라, 여성들이 매력이 떨어지거나 더 이상 수요되지 않는 직업으로부터 보다 서서히 후퇴함으로써 발생하기 때문에, 이것은 보통 '수동적 여성화'로 일컬어진다. 반면에 유형A와 유형B는 '실질적 여성화'로 파악되는데, 두 시점인 t_1과 t_2 사이에 여성의 상대적 비중은 상승하고, 남성과 여성의 절대값간의 차이는 감소하기 때문이다.

여성화과정은 교직(敎職)을 예로 자세히 분석되었다. 이에 관한 첫 연

<표 10> 퍼센트로 본 오스트리아 초등학교 교원 중 여성이 차지하는 비중

	1926/27	1934/35	1970/71	1981/82	1987/88	1995/96
부르겐란트	28.2	29.2	45.2	59.8	69.8	75.4
케른텐	34.2	38.2	58.3	70.5	78.6	81.6
니더외스트리아	29.7	31.3	58.8	76.3	81.0	84.1
오버외스트리아	36.8	37.1	62.5	77.0	80.7	82.3
잘츠부르크	30.8	32.9	62.5	78.1	81.3	83.7
슈타이어마크	51.7	50.2	69.4	80.4	83.4	86.0
티롤	47.9	46.9	54.5	62.1	66.2	70.9
포어알베르크	34.5	35.3	45.7	64.7	69.6	74.3
빈	55.5	56.8	85.5	91.3	92.5	92.8
오스트리아 전체	41.5	41.4	63.5	76.6	80.6	83.2

출처: 오스트리아공화국 통계편람, 각 연도

구들이 이미 20세기로의 전환기에 출간되었다. 그런데 그 당시 여성화의 개념은, 특히 교직과 관련해서 늘 가치중립적인 것이 아니라, 종종 반여성적 투쟁개념으로 사용되었다(Zinnecker, 1973b: 87; Schmude, 1988).[2] 관련 연구들이 보여주는 것은 초등학교 교사의 여성화와 관련한 B유형으로의 명확한 배열이다. 즉, 여교사의 수가 남자 교사의 그것보다 훨씬 빠르게 상승하였다는 것이다. 대다수 산업국가에서도 유사한 진행경과를 관찰할 수 있었다. 오스트리아에서는 1926/1927학년도와 1995/1996학년도 사이에 여성의 비율이 두 배 이상이나 높아졌다.

<표 10>은 교사진 가운데 여성비율의 지역적 격차가 수십 년에 걸쳐 주목할 만한 지속성을 보여주고 있음을 입증해준다. 슈무데(1988), 모이스부르거와 슈무데(1991)는 이러한 중심-주변간의 격차에 대한 갖가지 원인들을 자세히 해명하고 있다.

그런데 높은 여성비율이나 점증하는 여성화로부터 보다 양호한 커리어 기회가 보장되고 있다거나 매력적인 직업에서 여성들에 대한 동등대

---

[2] 이렇듯 구 독일제국의 여러 연방주에서 초등학교 교직원 가운데 여교사가 차지하는 비중이 10%에서 20%에 불과하였을 때, 1906년 헴니츠(Chemnitz)의 한 상급교사인 라우베(Laube)는 다음과 같이 경고하였다. "초등학교 교직원의 여성화에는 학교의 발전과 그 독립성, 그리고 우리 민족 전체에 대한 위협이 도사리고 있다"(Zinnecker, 1970: 26에 의거하며 재인용).

우가 이루어지고 있다는 성급한 추론이 도출되어서는 안된다. 여러 학자들은 실질적인 여성화가 특히 남성에게서 매력과 명망을 상실한 직업들(예컨대 초등학교 교사직)에서 진행되고 있음을 지적하였다. 그러한 경향이 뒤바뀔 수 있는 경우는 매우 드문데, 변화가 있는 경우에는 엄청난 외부효과(外部效果)를 바탕으로 하여 이뤄질 수 있다.3)

여성화과정을 해석함에 있어 법적 지위에서의 차이(전일제와 시간제 취업자)와 남성과 여성의 급료 및 여성화과정의 연한과 이유를 고려하지 않으면 안된다. '실질적 여성화'라는 단계 자체도 직업상의 지위개선, 남성의 여성에 의한 대체 또는 여성들의 특정 직업으로의 지속적인 돌진 등과 무조건 동일시되어서는 안된다. 슈무데(1988, 126)는 바덴(Baden) 지방 내지 바덴-뷔르템베르크(Baden-Wrttemberg) 주(州)를 대상으로 하여 1880년에서 1985년까지 세 단계의 '여성화'를 확인하였다. 그중 두 개의 단계는 두 차례에 걸친 세계대전 기간에 해당하였는데, 무엇보다도 남자 교사들의 징집으로 말미암아 야기되고, 따라서 '수동적 여성화'가 발생하였다. 다만 1950년에서 1975년 사이에 교육부문이 팽창하면서 결과적으로 '실질적 여성화'가 진행되는 중요한 시기가 있었는데, 이 기간 동안에 여교사의 수가 남자교사의 수보다 훨씬 뚜렷이 상승하였다. 나머지 시기(1880~1914)에는 '의사여성화'(疑似女性化)가 발생하였거나, 더군다나 여성의 비율이 다시 감소하였다(1918~1936년과 1976~1984년).

여기서 주목할 만한 사실은 초등학교 교사직의 여성화와 관련하여 첫 통계조사가 출간된 이래 상당한 지역차를 늘 확인할 수 있다는 점으로, 그 간격이 지난 수십 년 동안 전혀 좁혀지지 않고 있다는 사실이다. 이 점은 모든 일반화 수준에서 확인할 수 있는 것으로서, 취락체계에 있어 계층과 관련해서 뿐만 아니라 학교의 조직형태 및 규모와 관련해서도

---

3) 예를 들어 공산주의 체제가 권력을 획득한 뒤 계획경제하에서 은행부문은 그 중요성을 상실하게 되었는데, 그것은 1989/90년의 정치적 전환 후 시장경제에서 다시금 견인력과 영향력을 행사할 수 있는 가능성을 획득하였을 때까지 그러하였다. 이러한 견인력 곡선은 은행 분야의 취업자 가운데 차지하는 여성의 비율에도 반영되고 있었다.

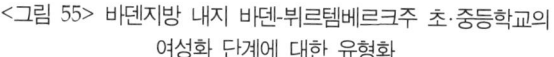

<그림 55> 바덴지방 내지 바덴-뷔르템베르크주 초·중등학교의
여성화 단계에 대한 유형화

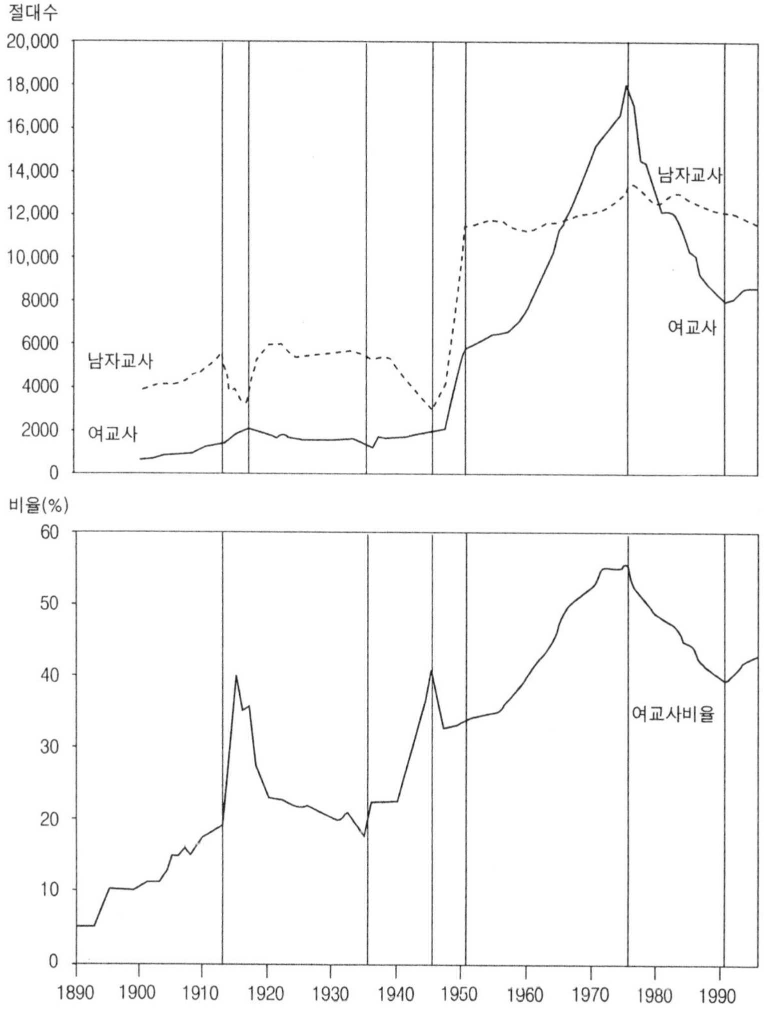

출처: Meusburger/Schmude, 1991

나타나고 있다. 이러한 문제설정을 다양한 기준들(예컨대 보다 큰 취락과의 거리나 교통연계성, 상위입지 등)을 적용하여 개별 학교의 입지를

'중심적인 것', '주변적인 것' 또는 '극히 주변적인 것'으로 분류하는 것이 여전히 가능한 지역적 미시수준에서 분석하느냐, 아니면 이 동일한 주제를 학교 소재 취락의 규모별 등급이나 중심지계층을 고려할 수 있는 지역적 거시수준에서 조사하느냐와는 상관없이, 최초의 상세한 교원통계가 출간된 이후(오스트리아에서는 약 1870년 이후) 오늘날에 이르기까지 초등학교 교사직에서 여성이 차지하는 비율의 중심-주변간에 표출되는 분명한 격차를 입증할 수 있다.

거시분석적 차원(취락규모별 계층등급)과 관련하여 이 규칙성을 최근 오스트리아를 사례로하여 입증할 수 있었다. 이는 교사직에서 여성이 차지하는 비율이 각각의 취락규모별 계층등급과 함께 상승하고 있음을 보여주고 있는데, 이렇듯 여기서 가장 작은 취락규모별 계층등급은 오스트리아 전체 평균으로 이미 1930년대 초반에, 그리고 빈에서는 금세기에 들어오면서 이미 도달하였던 낮은 여성비율을 보여주고 있다. 이 낮은 수치는, 이미 1960년대와 70년대에 여성들이 전혀 가르치지 않았던 수백 개의 '극히 주변부'에 입지한 소규모 초등학교들이 폐교되었으며 이것이 기실 **중심-주변간의 격차**를 현저히 축소시키는 데 기여하였음에 틀림없다고 생각할 때, 그만큼 더 놀라운 사실인 것이다.

<표 11> 퍼센트로 본 학교소재지의 주민수에 따른 오스트리아 초등학교 교원 중 여성이 차지하는 비율

학교소재지의 취락규모별 계층(주민수)	1981년 여성비율
500명까지	47.6
501~1,000명	63.6
1,001~2,000명	70.9
2,001~5,000명	75.8
5,001~10,000명	79.9
10,001~20,000명	81.7
20,001~100,000명	85.5
100,001~1백만 명	87.9
1백만 명 이상 (= 빈)	90.3
오스트리아 전체	80.6

출처: Meusburger/Schmude, 1991

교사직에 있어서 여성비율의 이러한 중심-주변간의 격차는 농촌공간 자체에서도 중심부와 주변부에 있는 학교들에서 입증될 수 있다. 무엇보다도 주변적 또는 극히 주변적 입지에 있는 폐쇄적인 취락(대부분 분산취락들이나 탄광지역) 밖에 위치하고 있는 학교들이 유난히도 낮은 여성비율을 보여주며, 여성화과정에서 보다 큰 중심지에 비해 약 십 수년 정도 뒤지고 있는 편이다.

따라서 '여교사'라는 사회적 쇄신이 일반 의무교육이 시작된 지 200여 년이 지난 후에도 여러 가지 이유로 해서 주변적 농촌지역에서는 아직도 전혀 진전되지 않고 있다. 처음부터 뚜렷이 표출되고 있는 중심부와 주변부 사이의 여교사 비율의 격차는 비록 시간이 경과하면서 한층 더 높은 수준(퍼센트값)으로 옮겨갔지만, 대도시와 주변 농촌지역 사이의 격차는 지난 수십 년 동안 미소하게밖에 변하지 않았다.

3) 성별 특유의 차별화에 관한 설명방법

특정 일자리가 왜 남성보다는 여성에게 배분되는가? 여성들은 왜 저조한 커리어기회를 갖고 있는가? 여성들이 왜 남성보다 적게 버는가? 시간적으로, 그리고 공간적으로 거의 불변하고, 노동시장의 장기적인 구조단위로서 확립되어온 독특한 여성부분시장은 왜 형성되는가? 이에 대한 답변은 대단히 다양하다.

인적자본론적 논증

독특한 여성 부분노동시장의 형성은 서로 다른 교육투자의 결과라고 한다. 인적자본론적 테제가 그렇게 논하고 있다. 일련의 이유에서 여성은 남성보다 자신에 대한 교육자본을 적게 투자하며, 부모들은 아들의 교육보다 딸의 교육에 덜 투자한다. 교육투자가 아들보다 딸에게서 적은 '이윤'이 나는데, 왜냐하면 많은 사람들이 딸은 결혼을 하고, 그후에는 더 이상 취업하지 않을 것이라고 생각하기 때문이다. 아니면 이 점에 대해 전혀 의심을 품지 않았다고 할 수 있는데, 왜냐하면 딸들의 낮은 학교교육이 전통적인 행동방식으로 받아들여지기 때문이다.

미국의 경제학자이자 노벨상 수상자인 베커(Becker, 1964/5)는 자녀를 출산할 의도를 갖고 있는 여성들은 자신들의 교육에 덜 투자하는 것이 합리적이라고 생각하였다. 그는 이 논점을 자녀양육 기간 동안의 휴직을 갖고서 논증하고 있다. 여성들은 그들의 교육투자에 따른 동일한 이자지불에 도달하기 위해서는 전체 취업생활에서 남성들보다 훨씬 높은 임금을 받지 않으면 안되기 때문이라는 것이다. 이 높은 임금을 얻는 일은 관철될 수 없기 때문에, 그는 교육투자를 포기하거나 자녀들을 돌봐야만 할 경우 인적자본의 손실 없이 다시 포기할 수 있는 다만 하위 직무들을 수용하는 것이 합리적이라고 생각한다.

유사한 견해를 민서와 폴라첵(Mincer/Polaceck, 1974)이 주장하고 있다. 이들은, 여성들이 자녀의 양육 때문에 취업하지 못하는 기간 동안 그들의 인적자본을 가능한 한 적게 공제할 수 있는 직업을 잡아야 한다고 보고 있다. 이것은 일반적으로 낮은 소득의, 전문화가 덜 진전된 전통적인 직무들이다.

따라서 특유의 사회정책적 배경이 전이되어 있는 이들의 가정이 맞는 것인지 그리고 기실 여성들이 오늘날 낮은 교육수준을 보여주고 있는지를 여기서 토론할 필요는 없다. 다만 인적자본론적으로 논의되는 점은 여성들이 저조한 교육투자를 행할 때 벌써 직업상의 첫자리에서 낮은 소득과 열악한 커리어기회를 가진 하위직을 수용할 수밖에 없다는 사실이다.

계속되는 직업생활에서 성별 특유의 격리는 지양되는 것이 아니라, 오히려 더욱더 첨예화된다. 결혼이나 자녀들의 출산에 따른 휴직도 이러한 상황에 기여한다. 가족상의 여러 가지 이유로 비취업활동 단계는 직업 특유의 지식과 직업상의 경험, 그리고 그에 의한 인적자본의 손실과 결부되고 있다. 남성과 비교한 상대적인 숙련의 상실은 계속적인 지위 및 소득상의 불이익을 '허용하는 것이다'.

통계적 차별화와 내부 노동시장

분단론의 틀에서 성별 특유의 차별화에 관한 설명은 교육의 인적자본 론적 이윤성(利潤性)이라는 사고에 바탕을 두고 있으며, 이는 기업내부 노동시장의 메커니즘과 연결되어 있다. 기업내부 노동시장에서는 수익이 다시 기업으로 회수된다는 것을 전제할 수 있는 노동력에게만 교육투자를 배분하게 된다. 따라서 이들 노동력은 특유의 조절장치를 통하여 기업에 결속되어 있다. 기업이 여성과 남성 중 누구에게 교육투자를 행할 것인가의 고려는 사실 직업경로의 막바지에서 비로소 결정될 수 있는 문제이다. 사실 이것은 불가능하기 때문에, 의사결정은 불확실성 속에서 내려지게 된다. 이 의사결정에서의 계산이 통계적 차별화인데, 다시 말해 노동력의 채용과 장려, 해고, 임금지불 등에 있어 '선별장치'로서 집단에 따른 특유의 편견패턴을 적용시키는 것이다. 이 편견을 단순히 원용하는 것이 비용이 많이 소요되는 개별 검증보다 훨씬 저렴한 것으로 생각되기 때문이다.

이때 개별 의사결정이 혹시 잘못된, 바꿔 말해 차별적인 것일 수도 있으나 집단과 관련하여 확률론적으로는 올바른 것이다. 그러한 의사결정 규칙은 접근방법에 따라 정보비용도 절감하고 위험성도 줄이는 것이 된다. 이때 평가된 잔여 위험성에 따라 발생하는 비용이 개선된 정보획득 비용보다 작지 않으면 안될 것이다(Priewe, 1984: 87). 이 논지에 비추어 볼 때, 여성들은 벌써 자신들의 직업생활의 시작부터 남성에 비해 불이익을 당하는데, 그 점은 여성에게서 훨씬 높은 취업중단이 기대되기 때문이라는 사정으로부터 연유하는 것이다. 직업상의 첫자리와 그와 결부된 특정 분단노동시장에의 지정으로 말미암아 후속적인 직업경로가 상당부분 앞서 규정된다는 것이다.

'통계적 차별화'의 개념은 펠프스(Phelps, 1972)에 의해 정식화되었다. 즉, 사용자들은 개별 인구집단들(여성, 외국인 노동자, 과거 실업을 겪은 사람들 등)이 그들에게 불리한 직업경로상의 특성을 보여주는 일정한 경험을 하였을 것이며, 그들은 이러한 개별적인 경험을 이들 집단 가운데 한 집단의 모든 사람들에게 전용한다. 집단적 인지들(예컨대 여성들은 좋은 노동력이기는 하지만, 임신과 자녀양육으로 인하여 자주 휴직한다)이 채용시 개인별 사례에 적용되는 것이다.

애로우(Arrow, 1972)도 비슷하게 논의하고 있다. 인지왜곡(認知歪曲)의 테제는 기업이 부담하게 될, 기업적인 숙달비용에 근거하고 있다. 비용이 많이 드는 숙달은 충분한 적성이 있다고 신뢰가 가는 사람에게만 주어진다. 이로부터 일정한 직무에서 특정한 개별 집단의 배제가 발생하게 된다. 반대로 여성들이 '선천적' 적성을 나타내거나 적은 숙달비용을 요구하는 이른바 전형적인 여성직업의 (불문율적) 확정이 나타나게 된다(청소부, 바느질꾼, 판매원, 서기일, 자녀, 양육 및 사회적 직업 등).

여성 노동능력의 개념

여성 특유의 차이성을 설명하기 위한 포괄적인 접근으로서는 여성의 노동능력(勞動能力) 개념이 있다. 이는 두 차원에서 논의되고 있는데, 한편으로 노동능력이 최종적으로 배태되는 사회화의 제반 조건과 목표를, 다른 한편으로 노동시장의 특정한 지위에 이르게 하는 여성 특유의 평가 및 효용과 관련한 이해관계를 자세히 음미하는 것이다. 역사적 전개과정에서 발전해온 성별 특유의 사회화에 의거하여, 여성들은 가사(家事)로 지칭될 수 있고 어떤 개관 가능한 사회적 맥락에서 다면적인 내용을 담고 있는 과제를 통하여 표시되는, 사회적으로 필요 불가결한 일부의 노동을 지향하고 있다. 전형적인 여성직업은 수발과 보육, 양육과 같은, 이러한 여성 노동능력의 요소들을 요구한다는 것이다.

이와 동시에 여성 노동능력의 특수성은 기업적, 경제적 이해관계에 대한 접근점이 된다. 따라서 사회화과정을 통하여 매개된 성별 특유의 능력은 직업세계에서 성별 특유의 격리에 전제가 될 뿐만 아니라, 그러한 격리의 결과이기도 하다(Blossfeld, 1989: 40). 여성들은 그들의 매개된 역량에 가장 잘 부응하는 직업들을 선택한다. 즉, 그러한 직업들은 사람들과 직접적인 접촉을 갖는 가계에 가까운, 보조적 직업들과 직무들인 것이다. 그 반대로 커리어와 연관된 직업들은 전통적으로 사회화된 여성들이 잘 충족시킬 수 없는 경쟁행동과 직업지향성과 같은 '남성적인 그 무엇'을 요구한다는 것이다.

대안역할개념

오페와 힌릭스(Offe/Hinrichs, 1977)의 대안역할개념은 노동시장의 차별화에 대한 사회학적 설명방법의 하나이다. 그 중심테제는 대안적인 역할을 수행할 수 있는 노동자 집단들이 노동시장에서 한층 더 강력히 차별을 받는다고 보는 것이다. 차별화는 사용자측에 의해 대안적 사회역할을 가진 집단들에 대하여 빈번히 행해지며, 더군다나 이들 인구집단에 의해서도 인정되고 있다. 이러한 대안적 역할들은 여성(예컨대 가정주부로)과 청소년(교육체계에 보다 오래 잔류함), 고령자(조기퇴직), 그리고 외국인(모국으로의 귀환)이 주로 갖고 있다. 반면에 그 어떤 대안적 역할도 갖고 있지 못한 사람들은 중년층인데, 즉 취업인구의 '핵심 집단들'이다.

어떤 대안적 역할을 가진 인구집단들은 그들의 생계를 고용체계 밖에서도 보장받을 수 있는 가능성을 지니고 있다. 이 점이 개개인의 경우에도 현실적으로 그러한가는 해명되지 않고 있으며, 또한 그 이상은 중요하지 않다. 그렇지만 결정적인 점은 특수한 경험과 편견패턴을 한 인구집단 전체에 적용한다는 사실이다. 통계적 차별화는 2차분단체 내지 외부노동시장에 크게 의존하는 대안적 역할을 가진 인구집단들에 대한 차별화를 수반하고 있다.

3. 민족적 분단화

1) 유입이주와 직업적 위상

또 다른 표징과 연결된 부분노동시장은 저숙련 외국인 노동자에 대한 시장이다. 여성 부분노동시장의 정의가 사회적 규범과 관습적 가치태도에 기초하고 있다면, 외국인 노동자에 대한 노동시장은 그와 더불어 법적인 규제에 의해서도 한층 더 강력히 구조화되고 있다. 외국인 노동자를 모집하고 채용한다는 것이 이미 정치적 행위였으며, 신고전적 배출-흡입모델과는 거의 무관하다.

외국인 노동자에 대한 모집이 독일과 오스트리아에서는 1960년대 초반에 시작되었다. 양국의 국민경제는 1950년대 말에 이르러 경기를 완전히 회복하고 제2차세계대전 후 몇 해에 걸쳐 발생한 난민들과 강제이주자, 그리고 추방자들까지도 고용체계에 모두 흡수할 수 있었다. 당시의 일반적인 사회조건이라는 틀 안에서 노동력에 대한 그 어떤 수요확대도 공급한계와 충돌할 수밖에 없었다. 1960년대 초 경제계의 대표자들은 원활한 노동력 공급을 위해 그 채용지역을 국경을 넘어 확대시켜 줄 것을 요구하였다.

외국인 노동력들은 대부분 제조업이나 상업, 그리고 서비스업 부문에서 손으로 하는 직무를 맡기기 위해 모집되었다. 따라서 오스트리아와 독일에서는 외국인 노동자의 거의 대다수가 수공노동자로 일하고 있다. 독일에서는 터키 출신의 교육을 받지 못했거나 단기 속성으로 일을 배운 노동자와 전문기능직 노동자가 터키계 전체 노동력의 81%를, 오스트리아에서는 94%를 차지하고 있다. 구유고슬라비아 출신의 노동력의 경우 이 수치가 독일에서는 83%, 오스트리아에서는 90%로 나타나고 있다. 오스트리아와 독일에서는 소수의 외국인 노동력만이 사무직을 얻었으며, 자영업자의 비율 역시 이와 마찬가지로 아주 낮게 나타나고 있다.

직업이 아닌 산업부문별 위치를 고찰할 경우에도 유사한 경험적 분석 결과에 도달할 수 있다. 외국인 노동력은 독일뿐만 아니라 오스트리아에서도 제조업과 건설업, 그리고 ― 특히 오스트리아에서 ― 개인서비스업 부문에 주로 취업하였다. 보다 높은 공업화로 인하여 독일에서는 2차부문에 종사하고 있는 외국인 노동력의 비중이 오스트리아보다 높다. 하지만 3차부문에서는 그 상황이 반대이다. 오스트리아는 이 산업부문에서

<표 12> 독일과 오스트리아에 있어 국적에 따른 노동력의 직위

	독일(1994)			오스트리아(1993)		
	터키	(구)유고	내국인	터키	(구)유고	내국인
무학 노동자	20	10	4	48	40	5
속성교육 노동자	40	41	9	28	35	11
전문직 노동자/마이스터	21	32	16	18	15	20
단순직 사무원	6	9	12	1	4	12
중간 및 상위직 사무원	5	7	39	2	2	20
자영업자	8	2	10	4	4	20
공무원	-	-	10	-	-	12
전체(%)	100	100	100	100	100	100

출처: Fassmann/Seifert, 1997

독일보다 상대적으로 더 많은 외국인 노동력을 취업시키고 있다.

노동시장의 민족적 단절화라는 가정에서 보이는 결정적인 양상은 직업적 위상이 시간적으로 매우 안정적으로 유지되고 있다는 점이다. 부분적으로 경직된 여과메커니즘은 외국인 노동력이 단지 개별 분단체에만 진입하도록 하고 또한 거기에 머물러 있게끔 한다. 서로 상이한 시점을 기준으로 직업상의 자리를 비교해보면, 그 자리가 비교적 안정적으로 유지되고 있음을 확인할 수 있다. 이를테면 1970년대와 1980년대, 그리고 1990년대의 자료들을 나란히 비교해보면, 이러한 기본적인 설명에 아무런 변화가 없음을 알 수 있다. 고숙련화로 나아가는 경향이 존재하기는 하지만, 이를 양적으로 살펴볼 때에는 미미할 뿐이다. 터키와 구유고슬라비아계 노동력의 경우, 전문기능직 노동자로서의 직무만이 유일하게 독일과 오스트리아에서 미소하게 증가하고 있음을 알 수 있다. 그런데 외국인 노동력의 사무직으로의 대량적인 쇄도 양상은 독일에서도 오스트리아에서도 관찰되지 않는다. 이러한 분석결과는 민족에 따른 부분노동시장의 안정성을 매우 명료하게 말해주는 것이다.

외국인 노동력의 통합이 제고됨에 따라 민족적 부분노동시장으로부터 벗어날 수 있는 그들의 기회도 비로소 높아지게 된다. 외국인들이 목적지 국가의 시민권을 취득하고 따라서 진전된 통합을 보여 줄 때, 그들이

<표 13> 독일과 오스트리아에 있어 국적에 따른 노동력의 업종별 분포

	독일(1994)			오스트리아(1993)		
	터키	(구)유고	내국인	터키	(구)유고	내국인
1차산업부문	1	2	4	6	2	9
제조업 부문	51	46	33	53	39	25
건축	8	16	6	14	17	8
상업, 교통	12	12	17	9	14	21
생산자서비스	7	5	8	1	2	8
개인서비스	7	7	3	16	20	8
국가 및 사회서비스	14	12	30	2	6	21
전체(%)	100	100	100	100	100	100

출처: Fassmann/Seifert, 1997

참가하고 활용할 수 있는 노동시장도 확대된다. 이는 국적을 취득한 외국인과 국적을 얻지 못한 외국인의 실업이라는 실례에서, 그리고 외국인 노동력 가운데 자영업자와 사무직의 비율이 현저히 높아지고 있는 데서 입증된다. 스웨덴에서는 내국인 노동력의 실업률이 1991년 2.9%였지만, 외국인 노동력의 실업률은 8.1%에 달하였다. 국적을 획득한 외국인들은 5.2%로 정확히 그 중간에 놓여 있었다. 프랑스에서도 내국인의 경우 10.9%, 외국인의 경우 18.8%, 그리고 국적을 취득한 노동력인 경우에는 13.8%로 위와 비슷하게 진행되고 있었다.

문헌에서 외국인 노동력에 관해 논할 때, 그것은 저숙련 노동력이 관건이라는 점에서 출발하고 있다. 이는 일반적으로도 타당한 말이다. 그렇지만 외국인들이 경제의 최고 지위를 불균등할 정도로 현저히 차지하고 있는 예도 있다. 이러한 유형의 외국인 취업에 관한 교과서적 사례가 리히텐슈타인이나 걸프만(灣) 국가들이다. 리히텐슈타인이 빈곤한 농경국가에서 세계에서 가장 발전하고 부유한 산업국가로 급속도로 이행한 것은 비록 양호한 전제조건(조세 및 재정정책 등)에 의해 시발된 것이지만, 제2차세계대전 후 스위스, 오스트리아, 구서독으로부터 수십 년에 걸쳐 최고 경영과 연구개발의 지위, 공학과 기술직, 그리고 전문 고숙련의 서비스직종에 해당하는 상당 부분의 인력을 받아들였기 때문에 가능했던

<표 14> 1994년 독일에 있어 다양한 국적의 취업자 중 자영업자, 사무직, 그리고 노동자의 비중

국적	동일 국적을 가진 전체 취업자 중 자영업자의 점유비율	동일 국적을 가진 전체 취업자 중 사무직의 점유비율	동일 국적을 가진 전체 취업자 중 노동자의 점유비율
오스트리아	16.6	55.5	26.3
이탈리아	13.0	22.9	63.3
스페인	/	31.8	64.1
그리스	13.0	18.9	65.7
구유고슬라비아	5.1	20.5	73.8
터키	4.0	13.9	81.6
기타 외국인	8.2	27.2	63.8
독일	9.2	48.5	33.5

출처: 미시센서스, 1994; Cornelsen, 1996: 151에 의거하여 인용

것이다. 남부 유럽 출신의 외국인 노동력은 직업의 숙련과 명망에 비추어 위계의 최하위층을 주로 차지하였다면, 인접 국가들로부터 채용된 '외국인들'은 최상위직들을 점유하였다(Meusburger, 1970: 1981 참조).

'내국인들'은 우선 거의 중간 경영층과 정치적으로 민감한 직위들(경찰, 공공서비스 부문)을 차지하였으며, 그후 세대교체라는 틀에서 국민들의 자질이 제고됨에 따라 경제의 상위기능들로 서서히 올라갔다. 걸프만 국가들에서는 경제의 가장 중요한 경영인력과 학자, 기술자, 그리고 공학자는 대부분 미국과 유럽으로부터, 저숙련 노동력은 인도와 파키스탄, 방글라데시, 말레이지아, 그리고 태국으로부터 데려왔다. 따라서 양지의 경우에서 외국인 노동력에 의해 '내국' 주민들의 상층화뿐만 아니라, 하층화 양상도 발생한 것이다.

2) 혼잡, 네트워크, 통계적 차별화

우리는 외국인 이입자들에 의한 독특한 부분노동시장의 형성을 자세히 기술하고, 그것을 보다 추상적인 수준에서 이론적으로 논증할 수 있다. 그런데 여기서 보이는 특징적인 사실은, 보다 거시적이고 포괄적인

이론이 결하고 있다는 점과 다양한 접근방법이 우세하다는 점이다. 민족에 따른 분단화를 논증하는 데에는 다음과 같은 세 가지 설명방법이 적절하다.

혼잡론적 접근법

외국인 고용에 대한 정치적 규제가 외국인 노동자의 수와 산업부문별 분포를 상당히 규정한다. 이때 한편으로 법적으로 제한되는 수요가 나타나고 있다. 즉, 기업주들은 대부분의 경우 상대적으로 저렴한 보다 많은 외국인 노동력을 선호할 것이나, 그에 대응한 조절이나 규제가 이를 방해하며 따라서 권리상으로나 현실적으로나 수요가 제한된다는 것이다. 다른 한편으로 서유럽 노동시장의 견인력과 출발국에서의 종종 궁핍한 생활조건으로 말미암아 외국인 노동력의 공급이 매우 크게 존재한다. 이때 또한 대부분 출발국가에서 인구학적 성장이 노동력 공급을 추가적으로 조장하고 있다.

따라서 서유럽 노동시장에서는 버거만(Bergmann, 1971)이 혼잡론적 접근법의 틀에서 서술된 상황을 잘 관찰할 수 있다. 원래 여성 노동시장과 관련된 혼잡론적 내지 쇄도론적(殺到論的) 접근법(Over-crowding-Ansatz)은, 많은 일자리가 특정 표징을 가진 사람들(예컨대 외국인 국적취득자)에게는 접근될 수 없다는 점에서 출발하고 있다. 따라서 해당 인구집단이 접근할 수 있는 노동시장의 일부분에서는 노동력의 공급과잉(예컨대 건설업, 관광업종, 단순한 개인서비스업에서)이 발생한다. 높은 노동력 공급과 반대로 훨씬 저조하고 제한된 수요가 결합하여 임금은 떨어지고, 따라서 장기적으로 일자리의 차별화가 가능해진다는 것이다.

네트워크 개념

외국인 노동력에 대한 부분시장의 성립을 보다 사회과학적으로 논증한 것은 네트워크 개념의 적용으로부터 도출된 것이다. 이는 민족적 연줄망의 존재와 선택적 정보이전에 기초하고 있다. 정보는 민족적 연줄망

내에서만 전달되며, 따라서 일반적으로 접근할 수 있는 성질의 것이 아니니다. 공석이 된 일자리에 관한 정보들은 예를 들어 네트워크 안에서 개인적인 접촉을 통하여 계속 이전되나, 외부로는 전달되지 않는다. 민족적 네트워크에서 발생하는 이러한 정보흐름의 단점은, 정보상황이 일정 직업과 경제분야에 매우 일방적으로 지향한다는 관찰 결과이다. 따라서 민족에 따른 분단화가 '공급측면으로' 강화되고 있는 것이다.

민족적 귀속감과 다수 인구집단에 대한 차폐(사회적 거리)가 강하면 강할수록, 미충원 일자리에 대한 정보가 이들 집단 내부에 머물게 되며, 같은 성원들이 그 일자리를 차지할 확률은 그만큼 더 높아진다. 따라서 새로운 외국인 노동력의 채용에 자기 강화적인 과정이 성립하게 된다. 그래서 어떤 산업부문(예컨대 보건위생부문)에 한 민족집단이 현저하게 존재할 때, 그 집단은 정보획득에 있어서 유리한 입장을 확보하고 부문적으로 지배적인 위상을 유지하거나 구축할 수 있게 된다.

네트워크 개념은 외국인 노동력에 대한 부분시장이 다시 여러 개로 나누어져 있다는 경험적으로 관찰 가능한 현상을 설명한다. 고용체계의 개별 부문들은 개별 국적별로, 말하자면 '예약'되어 있다. 이를테면 터키계, 구유고슬라비아계, 폴란드계, 헝가리계, 슬로바키아계, 포르투갈계 또는 아시아계 노동력에 대한 특유의 취업패턴이 각기 존재한다는 것이다. 네트워크 개념은 계속하여 '민족사업'(ethnic business), '인클레이브 경제'(enclave economy) 또는 '민족적 틈새'(ethnic niche)와 같은 설명적 모델들과 연결되고 있다.

통계적 차별화

왜 여성들이 남성들보다 1차노동시장에 드물게 도달하느냐의 질문에서와 마찬가지로, 외국인 노동력의 특수한 자리매김을 설명하기 위해서는 통계적 차별화의 개념을 다시금 거론할 수 있다. 이 개념은 기업내부 노동시장에서 수익이 기업으로 다시 회수된다는 것을 가정할 수 있는 노동력에게만 교육투자가 배분된다는 점에 근거하고 있다. 노동력 가운데 누가 배울 준비가 되어 있고, 적은 비용을 들이고서도 오랫동안 기업에 남아 있을 것인가의 질문에 대해서는 회고적으로만 답변될 수 있으므로, '경험치'에 의거하여 선정될 수밖에 없다. 이러한 경험치가 통계적 차별화의 토대가 된다.

외국인 노동력에 대한 편견패턴은 기업 내의 자리를 차지하는 데에도 불리하게 작용한다. 외국인 노동자들은 일할 의사는 있으나 변덕스럽고, 소득이 좀더 많거나 고국에서 일자리를 발견하였을 경우, 또 체류 허가가 만기되었을 때에는 기꺼이 일자리를 바꿀 의향이 있는 사람들로 간주되고 있다. 네덜란드에서 이루어진 한 연구의 설문조사 결과를 보면, 민족적으로 서로 다른 채용행태에 관해 주저하면서 답변하고 있기는 하지만 응답한 인사관리자들 가운데 약 30%가 같은 자질일 경우에는 소수민족의 응모자들보다는 네덜란드 출신의 응모자들을 선호한다고 진술하고 있다(Werner, 1993b: 355에서 인용). 실제로는 이 퍼센트 값이 훨씬 더 높게 나타날 것이다. 베를린의 한 연구에서는 기업의 약 절반 정도가 종업원을 채용할 경우 내국인을 선호하였다고 보고하고 있다. 따라서 이들 기업의 5분의 2는 그렇게 한 이유를 특정 국적자들이 부족한 언어구사능력, 불충분한 자질 또는 결여된 유연성이라는 의미에서 민간경제부문에서 한층 더 부정적인 신호와 연결되어 있다는 사실을 입증하고 있다(Werner, 1993b: 355).

4. '도시적' 노동시장

국가의 전체 노동시장의 공간적 분할도 부분노동시장으로 파악될 수 있는데, 이는 각기 매우 특수한 조건들이 도시 또는 농촌의 노동시장을 특징적으로 표현해주기 때문이다. 분단론적 접근법의 의미에서 본질적인 것은, 이러한 상이성은 그것이 나타난 것과 똑같이 서둘러 사라지는 단기적인 현상이 아니라 전체 노동시장의 어떤 안정적인 구분선에 해당한다는 사실이다.

1) 도시적 입지조건

도시를 어떻게 정의하느냐는 서로 다른 정의방식의 연구대상이다. 역사발생적인 도시개념은 도시의 법적인 특수 지위에, 공간적 폐쇄성과 하나의 중심지, 그리고 도시지구 구획으로 표현되는 독특한 취락형태에 기초하고 있다. 현금의 지리학적 도시개념도 역시 중심화된 취락형태, 건축과 그에 따른 인구밀도, 그리고 그 특유의 취업구조를 강조하고 있다(Lichtenberger, 1991). 도시인구의 취업구조는 1차부문의 전반적인 결여와 2, 3차부문의 과중으로 표현된다. 공업이 중심이 되는 도시에서는 공업과 제조부문에 종사하고 있는 인구의 비율이 서비스부문이 우위를 차지하는 도시보다 확실히 높게 나타난다.

왜 도시에서 아주 독특한 취업구조가 발생하게 되느냐는 많은 경우 수직적 분업과 함께 기업의 입지요인과 관련되어 있다. 알프레트 베버(『공업입지론』, 1914)에 소급되는 이 논제는 한 기업이 어떤 특정 장소에 입지할 때 얻는 비용과 관련된 이점을 지향한다. 다음과 같은 것들이 일반적인 입지요인에 해당한다. 즉,

* 판매시장과 원료산지와의 거리,
* 운송조건,
* 토지공급,
* 집적의 효과,
* 노동력공급 등이다

운송조건은 19세기와 20세기 초반의 공업에 지극히 중요한 결정적인 입지요인이었다. 운송비는 높았고, 구매시장 내지 판매시장에의 도달가능성이 본질적인 입지요인의 하나로서 표현되었다. 하지만 운송비의 상대적인 저렴화와 교통기술의 지속적인 발전으로 인하여 입지요인으로서

그 중요성은 낮아졌다. 그럼에도 불구하고 그것은 교통연계성의 질과 기업의 전체 물류체계에 통합되면서 하나의 입지요인으로 여전히 남아 있다.

 기업체의 입지문제에서는 판매시장과 구매시장까지의 운송비 관계가 중요하였으며, 오늘날에도 여전히 중시되고 있다. 구매시장까지의 운송비가 판매시장까지의 그것보다 클 경우에는, 입지가 원료나 선제품과의 거리가 가능한 한 짧게 되도록 선정된다. 석탄산지 근처에 기초적인 자원산업이 입지하는 것은 이러한 사실을 잘 설명해주는 예다. 반면에 판매시장에 이르는 운송비가 더욱 클 경우에는, 기업은 가능한 한 잠재 고객에 가까이 근접할 수 있도록 입지를 선정한다. 따라서 소비 가능자의 밀도가 높은 도시적 취락이 특수한 공업부문과 전체적으로 특히 모든 서비스부문에 양호한 입지가 된다. 서비스를 산출하기 위해 투입되는 원료는 일반적으로 매우 미소한 반면, 고객이 서비스 제공자에게 이르는 (또는 반대로) 여정을 최소화하는 것은 매우 중요하다. 누군가가 미용사로서 자신의 용역을 제공하고자 한다면, 선제품(先製品)과 용구(用具)는 크게 필요치 않으나 충분한 수의 고객은 반드시 필요하다. 결과적으로 교통비와 교통조건, 그리고 접근성과 관련한 탐색만으로도 대도시적, 소도시적 또는 농촌적 입지에서 제공되는 재화와 서비스의 독특한 선별양상을 도출할 수 있다.

 여기에 여과작용을 하는 또 다른 요인으로서 입지의 부지공급과 기업의 부지수요가 더해진다. 토지의 희소성과 서로 다른 가격으로 인하여, 개별 기업들과 업종 및 산업부문들이 선별된다. '토지라는 입지요인'은 그 상이한 가격수준을 통하여 도시체계 내에서 뿐만 아니라 도시 내 공간에서도 여러 영리적 경제활동들, 특히 부지집약적인 산업이용에 대해 부분적으로 '입주의 울타리'(또는 '이전의 유인') 같이 작용한다. 동시에 높은 지가는, 그것이 어떤 입지중심지의 경제력 내지 경제적 '견입력'의 척도가 되는 한에 있어 또 다른 경제활동에 대해 다름 아닌 '견인력'으로 작용한다(Krätke, 1995: 28).

운송비에 대한 고려를 비롯하여 부지수요에 바탕을 둔 입지비용이 몇몇 기업들과 업종들로 하여금 도시입지를 선정하는 것을 희망토록 한다면, 다른 기업들에게서는 그 반대로 농촌공간을 선호하도록 한다. 도시와 관련하여 '집적효과'의 개념으로 요약되는 또 다른 독특한 입지요인을 언급할 수 있다. 집적의 효과는 '긍정적인' 것과 '부정적인' 것으로 나누어질 수 있다.

부정적인 집적효과로는 높은 교통 및 환경 부담을 들 수 있다. 반면에 다음과 같은 측면들은 긍정적인 효과로 볼 수 있다.

① 동일한 업종에 속하는 경제단위들의 집중으로 인하여 매출증가('국지화경제')와 다양하고 상호 연계된 업종들의 집중에 따른 비용절감('도시화경제')이다. 공간적 근접은—이미 언급한 교통비용과 관련한 장점 이외에도—연계 및 결합이점뿐만 아니라 동일한 업종에 속하는 기업들이 집중하는 경우에는 구매잠재력의 폭발적인 활성화를 제공한다.

② 의사결정자와의 근접에 따른 접촉이점이다. 도시에서 훨씬 집약적으로 진행되는 정보의 유동과 한편으로 기업들 사이에 다른 한편으로 기업과 공공부문의 기관 사이에 형성되는 긴밀한 의사소통의 연계는 지식과 정보의 우위로 연결될 수 있다. 또 경쟁자가 있다는 것이 상황에 따라서는 기업들의 학습 및 적응의 과정을 조장할 수 있다.

③ 공공부문에 의해 활용할 수 있게 설치된 하부구조로 인한 외부절감이다. 이러한 하부구조의 구비는 물적자본이나 인적자본 지향적인 것일 수 있다. 물적자본 지향적인 하부구조는 교통연계나 텔레커뮤니케이션망으로, 인적자본 지향적인 하부구조는 노동력 공급의 양과 질로 파악될 수 있다.

④ 인적자본 지향적 하부구조와 더불어 점점 중요성을 얻고 있는 제4의 입지요인을 들 수 있다. 다양한 자질을 갖춘, 널리 세분화된 노동력의 공급은 어떤 특정 입지가 다른 입지를 앞서 가는지 그렇지 않은지를 결정한다. 운송지향성은 입지선정에서 뒷전으로 밀려나고, 노동지향성이 전면으로 부상하고 있다. 알프레트 베버(Alfred Weber)가 이를 적의적(適

宜的)으로 정식화했을 때에는 여전히 진단적 설명이 중요하였으나, 오늘날에는 그것이 이미 현실화되고 있다.

자세히 살펴보면, 입지요인으로서 '노동력 공급'은 두 가지 의미를 띠고 있음을 알 수 있다. 첫번째는 노동력의 공급이 양적으로 충분해야 한다는 것으로, 왜냐하면 그것을 통해 새로운 노동력을 탐색하는 데서 발생하는 거래비용을 낮은 수준으로 유지할 수 있고, 또한 충분히 많은 노동력의 공급은 임금상승을 저지하는 작용을 하기 때문이다. 기업들은 수요가 상승하는 경우 기존의 프로젝트를 끝내지 못하거나 주문을 따를 수 없는 매우 불리한 상황에 놓이게 되는데, 왜냐하면 기존의 종업원들이 이에 따라 충분하지 않고 새로운 숙련된 인력을 일반적인 임금으로 채용하는 것이 불가능하기 때문이다. 두번째는 노동력공급이 질적으로도 널리 퍼져 있어야 한다는 점이다. 고숙련자와 아주 전문적인 노동력을 만인의 숙련도를 가진 노동력과 마찬가지로 이용할 수 있어야만 한다는 것이다. 여기서도 수요가 확대될 경우 낮은 거래비용으로 종업원을 채용할 수 있는 것은 기업에게 큰 이점이 되는 것으로 여겨진다.

도시의 어떤 입지가 모든 업종에, 그리고 한 조직계층의 모든 층위에 동일하게 매력적이고 또한 경제적으로도 뒷받침될 수 있는 것은 아니다. 도시의 집적지는 자본여력이 있고 경제적인 성장을 보여주며, 연구집약적인 제품을 생산하고 큰 판매시장(많은 고객수)과의 근접에 의존하며, 장기적인 수요제품을 공급하는 동시에 적은 부지를 요구하는 업종들에 의해 선호된다. 업종과 조직기관 또는 직업집단에 따른 이러한 수평적 분화 이외에도 도시적인 일자리 공급은 무엇보다도, 도시가 조정과 계획, 의사결정, 통제, 그리고 정보압축을 주요 과제로 하는 직업상의 지위와 조직계층의 입지라는 점에 의해 특징 지워진다(제3장 2절 3항 참조).

위에서 소개한 입지 논의는 배후에 있는 여러 입지들에 대응하여 중심부에 경쟁이점을 부여해준다. 그런데 특정한 의사결정자, 서비스, 직업, 그리고 기관의 입지가 중심부에 치우친다는 사실을 비용논의와 조직이점만을 갖고서 기능적으로 그리고 합리적으로 모두 다 설명할 수 있는 것은 아니다. 중심부는 또한 엄청난 상징성을 함축하고 있는데, 이것은 지위와 명망, 안전과 권력, 그리고 영향력의 행사를 매개한다. 누군가가 '틀림없는 주소'를 갖고 있다면, 그는 커다란 신뢰를 향유하게 된다. 기능적 이유에서는 '틀림없는 주소'와의 200m라는 거리나 중심지와의 20km라는 거리가 아무런 역할도 하지 못하지만, 한 기업의 명망과 관련해서는 그러한 거리가 온 세상을 의미할 수도 있다. '도시의 중심부'를 둘러싼 경쟁은 동시에 경제적, 사회적 권력을 둘러싼 쟁투를 상징한다. 누군가가 자본력이 가장 크고 따라서 자유로운 시장경제하에서 권력을 쥐고 있다면, 도심 입지를 획득할 수 있다. 은행 본사와 보험사는 신규로 고층 사무빌딩을 짓지 않는 한, 옛 귀족궁과 대저택 또는 주교청으로 입주하여 이를 통해 어디에 경제적, 정치적 권력이 머물고 있는가를 과시한다.

2) 일자리의 과잉과 실업

도시의 견인력은 자본의 대량 유입과 함께 일자리의 성장을 가져왔으며, 현재에도 그러하다. 도시에서 택지가 부족해지고 기존의 공급이 값비싸게 된 후, 도시 외곽에서도 일자리의 확대가 취업가능인구의 확대보다 훨씬 더 뚜렷이 나타나게 되었다. 거주인구와 비교한 일자리의 '초과공급'을 의미하는 일자리의 과잉은 모든 도시적 노동시장의 일반적인 표상으로 간주될 수 있다. 도시적 취업지에서 산정되는 보다 많은 수의 취업자들은 거주적 직업활동자들과 대조를 이룬다. 통근이동은 도시적 노동시장의 내재적 구성요소이며, 주간인구는 야간인구를 몇 배나 초과하고 있다.

대도시(수위도시들) 노동시장에서 나타나는 전형적인 양상은 특별히 고숙련 일자리와 저숙련 일자리 사이의 공급과 관련한 교차와 극히 높은 소득과 열악한 임금을 받고 있는 일용직 노동의 병존, 그리고 일자리의 '초과공급'과 함께 평균 이상으로 높은 실업이 동시에 존재한다는 역설(불일치)이다.[4] 대도시가 점점 국가 전체 실업에 '토대가 되는 짐'을 떠맡고 있다면, 농촌 및 주변부 공간의 주민들은 이와는 정반대로 경기적, 계절적 절정에 해당하는 부분을 분담하고 있다. 실업의 미소한 계절적 등락과 마찬가지로 낮은 공간적 변이도 도시실업의 또 다른 표징이 되고 있다.

이러한 실상은 놀라운 것이며, 또한—표상적으로—풍부한 일자리의 공급과는 모순이 되는 것이다. 더군다나 도시의 노동시장에서 현실적으로 발생하고 있는 실업은, 그 '수출가능성'[5]에 비추어 볼 때 조사할 수 있는 수치보다 훨씬 높을 수 있다. 이때 두서너 가지 측면을 주목해야 할 것이다.

① 우선 포괄적이고 특별히 여성들에게도 매력적인 취업가능성이 공급 노동력을 평균 이상으로 크게 흡수하는 데 작용한다는 점이다. 일반적으로 도시의 여성취업률은 매우 높은 편이다. 여타 취락 단위에서 침묵의 예비군에 해당하는 인구집단까지도 부가적으로 이 노동시장으로 몰려들고 있다. 저숙련 인력과 고령의 직업활동자, 그리고 학교를 갓 마친 젊은이들이 농촌공간보다는 도시에서 훨씬 빈번히 취업한다. 물론 이들은 자주 실직을 당하는 경향도 보여주고 있다.

② 일자리의 과잉은 유출 통근자보다 유입 통근자가 많은 정의 값으로 나타나고 있다. 교외화가 바로 통근자의 이러한 차감잔고를 심화시키는데, 취업을 하고 있는 인구집단들이 도시 주변지역으로 이주를 하고 그곳에서 도시로 규칙적으로 통근을 행하기 때문이다. 교외화에는 도시의 하층보다는 중간층과 상층들이 훨씬 빈번히 참여한다. 이것은 넓은 공간에 걸친 일종의 사회적 탈혼재화(脫混在化)로 표현된다. 중간층과 상

---

4) 이러한 현상은 물론 전혀 새로운 것이 아니다. 이미 고대 그리스와 중세의 도시들은 엘리트 이외에도 언제나 빈곤한 프롤레타리아를 안고 있었다.
5) 수출 가능성이란 실직한 통근자는 거주지를 기준으로 하여 계산하고, 실직한 외국인 노동자는 체류 허가가 만료된 후에 다시 그들의 출신 국가로 귀환하는 것으로 파악하는 것이다.

층은 도시 주변부의 취락들로 옮겨간다면, 사회적 하층은 도시에 잔류하게 된다. 도시에 남아 있는 사회적 계층들은 일반적으로 일자리와 관련하여 보다 높은 위험성을 안고 있으며, 따라서 도시의 높은 실업률에 일익을 담당하고 있다.

도시의 경계를 넘어 진행되는 새로운 형태의 사회적 격리 또한 이른바 '공간불일치가설'(spatial mismatch hypothesis)의 내용이다. 이는 도시 내 공업과 제조업에 있어서의 일자리 손실과 도시 외곽으로의 일자리와 거주인구의 이전에 의한 중심도시에서 점증하고 있는 빈곤과 실업을 설명하는 것이다. 북미 상황을 근거로 개발되어 유럽에 대해서는 제한적으로밖에 적용될 수 없는 공간불일치가설(空間不一致假說)은, 서비스와 정보를 지향한 경제로의 도시경제의 이행이 전통적으로 도시의 노동자 계층과 외국인 노동력이 얻었던 일자리들을 이전시켰다는 사실에 근거하고 있다(Cooke/Shumway, 1991; McLafferty/Preston, 1992 참조). 따라서 특히 남성노동자들이 상대적으로 보수가 좋았던 공업부문 일자리로의 접근을 상실하게 되었다. 이러한 남성노동력이 자질에 꼭 맞는 새로운 일자리를 발견하기란 점점 어려워지고 있다. 긴 통근시간을 기꺼이 감수하기 위해서는 그들이 얻을 수 있는 잠재소득은 너무 낮으며, 민족적으로나 사회적으로 격리된 도시지구에 있는 그들의 거주입지로 말미암아 정보와 새로운 도시성장 중심지에 접근하는 것도 이들에게는 너무 힘들다. 따라서 차별화된 실업과 결부되어 있는 새로운 사회적 구분선은 더 이상 도시 내에서가 아니라, 성장하고 있는 교외지역과 평가절하를 받고 있는 도시 내 거주지역 간에 그어지고 있다.

③ 도시의 높은 실업률을 설명하기 위한 세번째 논의는 일자리의 구조와 관련이 있다. 도시의 노동시장은 1차 분단노동시장과 2차 분단노동시장 간에 명료한 분극화를 보여주고 있다—그리고 이것이 여전히 제시되고 있다. 2차분단체는 임금이 낮고 높은 실업의 위험성을 감수해야 하는 일자리들을 포괄한다. '채용과 해고'가 우선 2차분단체의 노동력에게 유효하다. 2차분단체는 다른 지역적 부분노동시장보다 도시에서

더욱더 뚜렷이 투영되기 때문에, 또한 높은 실업을 당할 수 있음을 추정할 수 있다.

높은 실업은 독일과 오스트리아뿐만 아니라 국제적인 차원에서도 중심도시에 내재된 문제점에 해당한다. 고착화되고 있는 실업의 원인은 그 어느 곳보다도 도시에서 가장 먼저 등장하는 일련의 또 다른 사회적 탈조직화 양상에서 찾아볼 수 있다.

3) 도시적 업종

도시의 제반 입지조건은 일종의 여과기처럼 작용한다. 모든 기업들과 업종이 도시적 입지를 탐색할 수도 없고 반드시 탐색해야 하는 것도 아니다. 몇몇은 '들어올 수 있고', 몇몇은 걸러진다. 도시를 필요로 하는 사람들이 선택을 하게 된다. 도시적 노동시장은 일자리의 산업부문별 분포와 관련하여 의미 있는 서로 다른 구조를 보여주고 있다.

① 1차산업부문의 낮은 취업자 비율과 2, 3차부문의 높은 취업자 비율이 한 도시를 정의하는 기초에 해당한다. 공업도시가 관건일 경우에는 2차부문이 압도하게 된다. 3차부문이 우세하다면, 서비스도시로 지칭될 수 있다.

3차산업부문이란 각 부문에 해당하는 개별 업종들을 아주 조악하게 집약한 것에 불과하다. 원료 지향적인 철광 및 제철산업은 최종 소비재 산업과 비교하여 그 구조와 발전 전망에서 전혀 달리 평가받을 수 있다. 이 점은 3차부문에도 동일하게 적용된다. 3차부문은 개인지향적 서비스, 교통부문, 도소매업, 생산자서비스(은행, 보험, 기타 경제활동에 근접한 서비스) 또는 공공부문에 의해 활용할 수 있게 구축된 서비스(학교, 보건위생부문, 문화, 행정)를 포괄하고 있다. 수위, 유치원보모, 학교장, 증권거래인 또는 오페라가수를 결속하는 공통점은—비록 매우 상이한 것이긴 하지만—하나의 서비스를 산출한다는 사실이다.

② 모든 서비스업종들은 도시적 노동시장에서 각각 최고의 취업률을 나타내고 있다. 전반적으로 파악되는 분명한 상승경향은 이를테면 '이론과 일치하는' 것이지만, 3차부문 내에서도 적잖은 차별성이 나타나고 있다. 도시의 고용체계에 있어서 중요한 것은 생산자서비스 부문이다. 은행, 보험, 법률 및 부동산 중개사무소, 그리고 모든 기타 생산활동에 근접한 서비스들은 여타 지역적인 부분시장과 비교하여 도시에서 상대적으로 최고의 비중을 보여주고 있다. 이런 부문에서는 (대)도시의 입지가 가장 높은 이윤을 가져다준다. 그런데 이들 업종은 중요한 의사결정자와 고객들과 대면접촉에 의존하고 있기 때문에, 도시적 입지를 필요로 한다(제3장 2절 3항 참조). 이와 달리 공공부문에 의해 제공되는 서비스들은 공간적으로 균등하게 분포하고 있다. 공공부문은 일차적으로 수급과 관련한 사회적 위임(委任)을 충족시키지 않으면 안된다. 비용과 상관없이 공공부문은 그 서비스들을 '어디에서나' 제공해야 한다.

③ 도시노동시장에서는 비록 그렇게 중요하지 않지만, 유통부문(상업, 운송 그리고 창고업)에서 일하는 취업자의 비율도 높다. 상업과 운송 및 창고 부문의 일자리는 모든 지역적인 부분노동시장에서 발견되며, 따라서 말하자면 보편적으로 분포하고 있다고 할 수 있다.

④ 지역적 부분노동시장에 따른 매우 유사한 분화는 2차부문의 취업자에게서도 확인할 수 있다. 원료공업과 그 이전의 전통적인 소비재 공업의 취업자들은 모든 도시적 노동시장에서 발견된다. 대도시의 노동시장에서는 최종 공업에서 차지하는 취업자들의 비중이 늘어나고 있다. 최종 공업(예컨대 전자, 역학, 기계)은 원료공업에 비해 토지 집약도에서 떨어지며 매우 독특한 노동력 공급, 말하자면 한편으로 숙련된 전문기능직 노동자와 개발기술자, 다른 한편으로 컨베이어벨트로 뒷받침된 조립을 위한 저렴한 (여성) 노동력을 필요로 한다.

4) 도시에 있어 숙련의 분극화

취업자들의 부문별 분류는 일자리의 '질'에 관해서는 여전히 많은 것을 말해주지 않는다. 고숙련 노동력은 광고대행사에서와 똑같이 원료공업에서도 취업하고 있을 수 있다. 도시노동시장의 '특질'을 규정하는 것은 과연 무엇인가?

도시노동시장을 표현해주는 가능성은 매우 다양하게 존재한다. 이에 도시노동시장의 견인력은 한편으로 기존의 광범위하고 분극화된 일자리의 스펙트럼에 의해 주어진다. 고숙련자와 저숙련자, 이입외국인과 내국인, 남성과 여성, 그리고 고령자와 젊은이를 막론하고 이들은 취업기회를 도시에서 가장 크게 갖고 있다. 다른 한편으로 이 점에 또한 부가되는 것은 직업적인 변화 가능성과 이동 및 사회적 상승의 가능성이다. 도시적 노동시장은 — 간략히 정식화하여 — 커리어 노동시장이다. 노동시장상의 특정 지위에 이르기 위해서는 통근이나 도시중심지로의 이주를 피할 수 없다. 그 '대가'가 상향적으로 개방되어 있는 노동시장이다. '접시닦기로 백만장자가 되었다는 신화'가 여전히 유효하다고 한다면, 그것은 일차적으로 도시노동시장에 적용되는 예일 것이다.

숙련도에 비추어 본 취업자와 일자리의 분극적 구조는 도시규모와 연결되어 있다. 도시가 크면 클수록, 한편으로 고숙련의, 국제적으로 반응하며 보수가 좋은 노동력과 다른 한편으로 미숙련의, 대부분 외국으로부터 유입된, 보수가 형편없는 노동력으로의 노동시장의 분절양상을 그만큼 더 찾아보기 쉽다. 이러한 분극화는 '세계도시'에서 가장 명료하게 포착될 수 있다.

대도시에서 잘 나타나는 직업 활동자들의 분극적인 구조에 동인이 되는 것으로는 한편으로 공업과 관련된 일자리의 이전과 감소를, 또 한편으로는 배분적 그리고 정보처리적 서비스 일자리의 증가를 들 수 있다. 공업도시로부터 정보 및 서비스 도시가 생성되고 있다. 전문기능직 노동자의 수는 후퇴하고, 숙련도가 높고 보수가 좋은 서비스업자의 수가 증

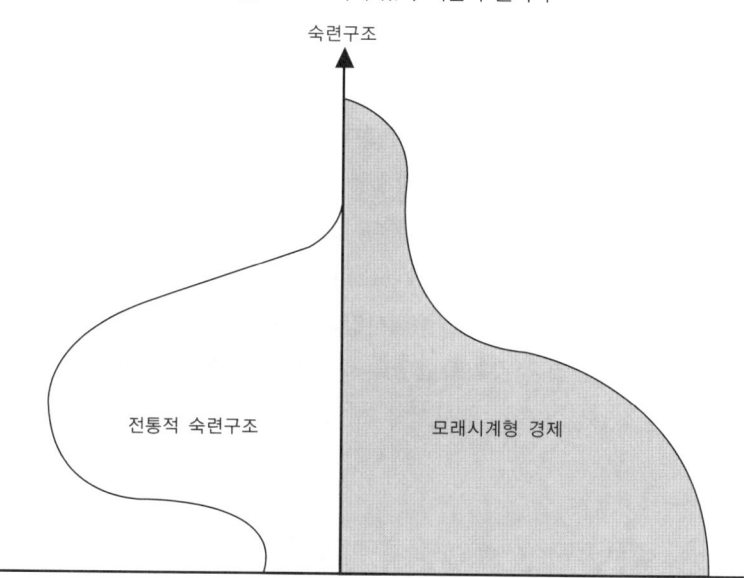

<그림 56> 도시에 있어 숙련의 분극화

출처: 필자

가하고 있다. 이들의 구매력과 소비행태는 미숙련 서비스업 일자리의 성장을 자극하고 있다. 긴 개점시간의 세탁소, 레스토랑, 소매점들이 양적으로도 중요성을 얻고 있는 새로운 생활양식 및 가족구조의 형성을 가능케 하고 있다.

내도시 고용체계의 숙련과 관련된 프로필은 이러한 변동으로 말미암아 점점 모래시계 모양과 비슷해지고 있다. 즉, 외국인 노동력이 얻는 미숙련 노동으로 구성된 기저부가 고도로 숙련된 직무를 가진 정상부와 대조를 이루는 것이다. 사회적 중간층은 점점 축소되고 있는데, 그 이유는 전통적인 전문기능직 노동자의 수가 포드주의적 대량생산의 전지구적 이전의 결과로 후퇴하고 있기 때문이다.

도시적 '모래시계형 경제'(Sanduhr-Ökonomie)의 발달은 고용체계의 기저부에서 비공식부문의 증가에 따라 조장되고 있다. 법적 그리고 국가재정적 테두리 밖에서 일하고 있는 이 부문의 양적 중요성은 선진 세계의 도시들에서보다는 개발도상국의 도시들에서 훨씬 명료하게 나타나고 있다. 그럼에도 불구하고 서유럽 도시들에서도 비공식부문이 그 중요성을 점차 얻어가고 있다.

사회적 분극화는 도시 내부의 분화과정에 강력한 영향력을 행사하고 있다. 고숙련의, 보수가 좋은 서비스업 일자리의 증가는 양질의 잘 조성된 거주공간에 대한 수요를 제고한다. 도심 거주지구의 건축상태에 대한 평가절상('젠트리피케이션' Gentrification)이 추진되거나 가속화된다. 다른 한편으로 사회적 하위계층이 주택시장과 도시의 매력적이지 못한 일부 지역에 집중하는 것은 증가하고 있는 사회적 한계화의 결과이자 표징이다. 변화된 직업상의 층화가 사회적 격리의 증가로 이어지고 있는 것이다.

5. 농촌공간의 노동시장

1) 농촌공간의 입지조건

한 도시를 어떻게 구획하느냐는 그렇게 간단한 정의의 대상이 아니다. 농촌공간 역시 언제나 명료하게 구분될 수 있는 것이 아니다. 디어케(Diercke)의 『일반 지리학사전』은 농촌공간을 "촌락에서 소도시에 이르는 취락구조가 우세하며, 인구밀도가 비교적 낮고 취업활동인구가 대부분에서부터 거의 압도적인 정도까지 농업에 종사하고 있는 지역"(Leser/Haas/Mosimann/Paesler, 1993: 345)으로 정의하고 있다. 이런 종류의 정의는 조작화될 수 없다. '대부분에서부터 거의 압도적인 정도까지'가 과연 무엇을 말하느냐는 촌락적으로 구조화되어 있으며, 그 인구밀도가 낮고 인구집단이 농업으로만 생계를 영위해가는 지역이라는 표현만큼이나 불명료하다(Henkel, 1993 참조).

따라서 농촌공간의 노동시장구조를 기술할 경우 그 공간을, 대개 낮은 인구밀도와 촌락적 취락구조를 특징으로 하며 도시적 노동시장의 세력권 밖에 놓여있는 것으로 파악할 수 있다. 이러한 공간은 예를 들어 주민 2,500명까지의 모든 취락의 총합으로서 조작화된다. 농촌공간은 경제적으로 그리고 지리적으로 주변부일 수도 있지만, 반드시 그러한 것은 아니다. 주변적 공간이 일반적으로 농촌공간과 동일시될 수 없는데, 비록 경험적인 현실에서 양자가 아주 빈번히 합치되기는 해도 그러하다.

농촌공간의 입지조건들은 기본적으로 도시의 그것들과는 다르게 판단될 수 있다. 노동시장으로의 운송비는 낮은 인구밀도로 인하여 높은 편이다. 동일한 크기의 고객권역을 획득하기 위해서는 세력권의 거리가 더욱더 커야 한다. 주민들이 지니고 있는 구매력의 일부분은 운송비로 다시 흡수된다. 더군다나 농촌공간의 주민들에 의해 이루어진 저축까지도 농촌공간에 투자되는 경우는 드문 실정이다.

집적된 대도시에 인접하고 있거나 중요한 교통축을 따라 위치하고 있는 농촌공간을 별도로 하면, (주변적) 농촌공간에 동일한 업종과 특히 가끔 상호 연계된 업종들의 경제 단위들이 집중하는 일은 드물다. 따라서 비용감소나 이윤제고를 위한 가능성들은 서로 엇비슷하게 희소한 편이다. 직접 연관된 분야를 넘어서는 접촉의 이점은 거의 존재하지 않는다. 농촌공간이 제공하는 접촉의 이점은 마을이나 취락 내의 사건에 한정된다. 마지막으로 농촌공간은 아주 드문 경우에만 특별히 뛰어난 인적자본과 물적자본 지향적인 하부구조의 구비에 근거하여 외부절감을 보여줄 수 있다.

농촌공간이 안고 있는 가장 큰 단점은, 고차의 충분한 의사결정권을 가진 일자리가 적고, 있다고 하더라도 이 또한 외부로부터 규정되고, 그 환경은 낮은 혁신성을 보여주며 여러 기술적 혁신은 오랜 지체과정을 겪은 후에 비로소 수용된다는 것이다.

농촌공간의 입지적 장점은 도시와 다른 종류의 것이다. 여기서는 무엇보다도 저렴한 가격에 이용할 수 있고, 농산품의 생산을 위해 피할 수 없는 큰 대지공급을 들 수 있다. 도시의 접촉이점을 포기할 수 있고 인적자본에 대해 특별한 요구가 없는, 넓은 부지에 대한 요구를 갖고 있는 기업들은 그 어떤 경우에도 비용을 절감하는 생산을 위한 좋은 전제조건을 이곳에서 발견할 수 있다. 여기에 값싼 노동력—종종 여성들—과 드물지 않게 농업이나 관광과 결합되는 가내영업이 부가된다.

끝으로 농촌공간의 가장 중요한 입지장점에는 생태적으로 높은 질을 보여주는 환경을 들 수 있다. 이는 환경의 질이 생산에 하나의 전제조건이 되는 관광경제에서 피할 수 없는 기반이다.

2) 일자리의 결핍과 실업

농촌공간이 갖추고 있는 입지조건들은 많은 경제부문에 대해 그렇게 매력적이지 않다. 서비스업체와 또한 배분적 기능에서 벗어나 있거나 오로지 연장된 작업장의 성격을 띠는 현대적인 제조업체들도 교통연결, 집적이익, 그리고 숙련적 노동시장을 필요로 한다. 그러므로 농촌공간이라는 노동시장이 안고 있는 주된 문제점 가운데 하나는 일자리의 부족이다. 거주취락에서 일자리를 갖고 있거나 하나의 취락경계를 넘어 통근을 행할 수밖에 없는, 취업가능 연령에 속하는 주민들의 비중이 낮은 편이다.

농촌공간의 일자리 결핍은 주목할 만한 현상인데, 예를 들어 오스트리아에서는 이것이 40%에 육박하고 있다. 이 점은 농촌공간에 거주하고 있는 인구집단의 3분의 1 이상에 대해 취업가능성이 통근이동을 통해서만 이루어질 수 있음을 의미한다. 통근은 또한 종종 아주 상당한 정도의 시간과 비용과 노력과 관련한 소요와 결부된다. 통근이동은 대부분 개인 승용차로 이루어지고 있는데, 그 이유는 낮은 인구밀도로 인하여 대중교통수단이 이윤을 남길 수 없기 때문이다. 따라서 상당한 경제적, 시간적 소요에 높은 교통사고의 위험성까지 부가되고 있는 것이다.

노동력의 수요와 공급은 동태적인 현상이다. 그것은 정태적으로 앞서 주어지는 것이 아니라, 상호 적응하는 것이다. 농촌공간의 노동시장은 이 쌍방적인 영향을 매우 인상 깊게 확인시켜 준다. 일자리의 결핍은 이론적으로 기대할 수 있는 것같이 대개 높은 실업과 연결되는 것이 아니라, 전혀 반대로 평균적인, 많은 지역에서는 더군다나 평균 이하의 실업률과 연결되고 있다. 잠재적으로 공급 가능한 노동력의 일부는 노동시장으로부터 후퇴하여, 취업노동을 찾는 일을 전혀 시도하지 않는다. 어린이 양육시설이 없거나 부족한 상황에서 먼 통근도정이나 혹은 그 어떤 통근도 전혀 감수할 수 없는 여성들은 구직을 아예 포기한다. 이들은 임금수준이 낮고 통근소요와 가족보호의 소요 사이에서 불리한 관계에 놓이게 될 경우에는, 통근을 그만큼 더 쉽게 단념할 수 있다. 이에 따라 통근거리 내에서 활용할 수 있는 노동가능성은 노동내용으로 보아 그저 그러한 정도밖에 매력적이지 않다는 관찰이 덧붙여진다. 그 결과가 소규모 농업이나 겸업 농업을 실질적으로 인수하거나 보수가 없는 가사노동으로 물러서는 것이다.

실업률을 분석함에 있어 늘 고려해야 할 점은 실직한 것으로 여기고 노동관청에 알리는 사람들만이 실업자로서 산정된다는 사실이다. 이 경우 한편으로 작은 취락 내지 도시에서 서로 상이한 사회적 통제 정도가 일정한 역할을 하기도 하며, 또 한편으로 어떤 사람을 비취업활동에서 취업활동으로 전환하도록 자극하는 지역노동시장의 제반 가능성도 중요하다. 이러한 가능성이 충분하지 않다면, '실망노동자들'(discouraged workers)의 수가 아주 클 수 있지만, 그럼에도 불구하고 기대한 것보다 적은 사람들이 적극적으로 일자리를 찾아 나서게 될 것이다. 부가적으로 농업도 대안적인 취업가능성을 제공하는데, 이 때문에 농촌공간의 실업자수만 보아 저취업이라는 농촌의 진정한 문제점을 과소 평가하는 경향이 있음을 추정할 수 있다.

농촌공간에서 계측할 수 있는 실업의 표상은 실업수준과 함께 그 시간적 주기성이다. 산업부문과 관련된 특유의 구조로 인하여 농촌공간은 계절과 경기에 따라 유난히 뚜렷이 부각되는 실업의 절정 부분을 떠맡고 있다. 동계 반년에는 실업으로 보고된 건설노동자들에 의해, 하계 반년에는 동계 관광업에 일이 없는 취업자들에 의해 실업이 상승한다. 경기가 침체하는 경우에는 분리된 생산부문과 분사, 그리고 '연장된 작업장'이 맨 먼저 폐쇄된다. 그래서 농촌공간에서의 실업은 중심부에서의 그것보다 경기변동에 훨씬 민감한 편이다. 거주지를 바탕으로 한 실업자의 산정방식은 이러한 '수출가능성'[6]을 뒷받침한다. 도시와 농촌 간의 불균등한 부담 배분과 관련하여 농촌공간이 상품수요의 불안정한 일부분을 떠맡게 됨으로써, 도시적 노동시장의 안정성에 결정적으로 기여하고 있다는 사실을 알 수 있다.

3) 일자리의 산업부문별 제약

일자리의 결핍은 양적인 문제일 뿐만 아니라, 질적인 문제이기도 하다. 일자리의 구조에 대해 살펴보면, 일자리가 농업분야에 크게 집중되고 있음을 한 눈에 알 수 있다. 이때 농촌공간에 대한 농업의 중요성을 강조하는 것이 덜 동어반복적으로 보일 수 있는데, 왜냐하면 농업이 농촌공간의 가장 중요한 핵심적인 고용이라는 점은 당연한 것으로 여길 수 있기 때문이다.

더욱 주목할 점은 역시 성별 특유의 분화이다. 오스트리아에서는 전체 농업 일자리 가운데 절반 이상이 이미 여성에 의해 점유되고 있다. 따라서 여성들이 점점 더 남성의 농업적 (겸업)생계를 대신 수행하고 있다. 여성들은 전래의 '여성적인' 자급자족경제의 수행자이며, 농업과 관광의 생업적 결합을 통하여 가구의 경제적 기초를 결정적으로 뒷받침하고 있는 반면, 남성들은 계절적 실업과 보조노동자로서 그들의 직업적 위상으로 인하여 점차 위협을 받고 있다. 그리고 또한 우리는 농업이 이곳의

---

[6] 실업자의 '수출가능성'은 기본적으로 대칭적인데, 다시 말해 통근자들이 실업을 당하게 되면, 그들이 거주지를 근거로 해서 계산되므로 통근 이동의 출발지에 '짐을 지우게' 된다. 그렇지만 그들의 거주지를 보다 적실하게 구분할 수 있는 지역으로 이전시킨다면, 그들은 통근 이동의 목적지를 근거로 하여 계산된다. 하지만 첫번째 가능성이 양적인 측면에서 한층 더 중요하다는 점을 추정해 볼 수 있다.

잔여분야에서 일자리를 여전히 찾고 있는 여성들에게 '보호기능'을 행사한다는 점에서 출발할 수 있다.

농촌공간에서 취업과 관련된 제2의 중심부문은 건설업이다. 건설업은 남성에게 가장 중요한 취업부문이다. 따라서 취업의 계절성이 농촌지역에 평균 이상으로 높게 전이되고, 취업과 실업의 정기적인 교대는 부문별 구조에 따라 앞서 주어져 있다고 할 수 있다. 여성들은 요식 및 숙박업 부문에 크게 참여함으로써 이러한 운명을 부분적으로 헤쳐나가고 있다.

농촌공간은 두말할 나위 없이 공업생산에도 참여하고 있다. 오스트리아에서는 전체적으로 모든 남성의 3분의 1, 모든 여성의 5분의 1이 공산품의 생산 내지 가공에 관여하고 있다. 여성들은 특히 전통적인 소비재(식료와 섬유) 생산부문에, 남성들은 원료공업부문에서 일하고 있다. 현대적인 기업체는 드문 실정이다.

농촌지역에서 서비스부문에 취업할 가능성은 낮다. 고도로 발달한 관광업을 가진 지역들을 별도로 하면, 농촌공간에 존재하는 서비스업은 상업, 교통, 창고, 그리고—특히 여성의 경우—공공서비스 등으로 구성된다. 농촌공간의 작은 촌락을 알고 있는 사람은 이 점을 이러한 통계적 수치로 관찰할 수 있는 현실과 즉각 일치시킬 수 있다. 말하자면 생필품 상점, 주유소, 그리고 아마도 작은 운송회사가 촌락의 표준적인 업종목록에 속한다고 할 수 있다. 여기에나 여성의 경우 마을사무소의 비서직, 유치원 또는 교회에서의 직무들이 부가된다.

따라서 농촌공간의 노동시장에 내재하는 세번째 문제점을 거론할 수 있다. 일자리가 농업과 2차부문, 그리고 소비자 지향성을 뚜렷이 띠고 있는 서비스업에 편중됨으로써, 일반적 사회발전—서비스 및 정보사회라는 표제어의—은 일차적으로 인구가 밀집한 도시공간에 유효하며, 농촌공간과는 부차적으로밖에 연계되지 않고 있다. 그렇지만 반대로 경기침체는 이 공간 유형에—생산 및 농업부문에의 높은 집중으로 인하여—훨씬 강력하게 작용한다. 더군다나 이러한 사정은 농촌공간의 기업

구조가 소기업적 구조를 보여준다는 점에 의해 심화되고 있다. 따라서 기업내부 노동시장도 큰 의미를 갖지 못한다.

4) 질적 수요결핍과 직업경로

농촌공간의 일자리가 몇몇 부문에 집중되어 있다는 점은 하위의, 종종 외부로부터 통제되는 직무들의 할당과 결부되어 있기 때문이다. 농촌의 노동시장에서는 노동자, 농부, 그리고 하위 사무직이 우세하다. 중간 그리고 상위의 사무직과 공무원에서 분명한 결핍양상이 나타나고 있다.

'커리어'를 쌓고자 하며, 상급학교에 진학하거나 대학 교육을 마친 후 적당한 일자리를 찾는 사람은 통근통학을 하거나 거주지를 교체하지 않으면 안된다. 왜냐하면 농촌공간에서는 숙련 일자리가 일반적으로 부족재에 해당하기 때문이다. 농촌공간에 학교의 입지를 구축하는 것이 이러한 상황을 제한적으로밖에 변화시킬 수 없었으며, 더군다나 그것이 부분적으로는 역기능으로 작용하였다. 자신이 졸업한 학교에서 교사로 일자리를 얻지 못한 졸업생들은 거주지를 떠나거나 학업과 일치하지 않은 일자리에 만족하지 않을 수 없었다. 따라서 여타 새로운 노동가능성을 창출하는 지원책이 없이 학교입지를 구축한다는 것은 종종 농촌공간의 자질과 관련한 침식양상과 연결되며, 따라서 지역정책적 조치로서는 부정적이라고밖에 평가할 수 없다.

주민들이 이러한 질적, 양적 결핍에 매우 독특하게 반응하고 있으며, 독자의 직업적 생활형태를 발전시켜왔다는 사실은 주목할 만하다. 위협적인 실업에 대응하여 위험을 회피하고 소득을 누적시키는 직업상의 다중존재(多重存在)를 창안한 것이 이에 해당한다. 농업과 건설업, 농업과 남는 방의 임대는 농촌공간 주민들의 전형적인 이중적 생존형태이다.

또 다른 형태의 적응은 2차적 일자리에서의 안정된 취업행동이다. 농촌공간에서의 직업경로는 취업자들이 이론적인 고찰을 바탕으로 하여 2차적이라고 지칭되고 높은 등락이 기대되는 일자리를 얻은 경우에도 종종 매우 안정적이다. 반년마다 업체를 바꾸는 건설노동자, 낮은 임금 유인으로 예전의 일자리를 포기하는 보조노동자는 (이론적으로) 기대할 수 있는 일이다. 그러나 현실은 정반대의 면모를 보여주고 있다. 즉 개별 직업단계의 연한이 농촌공간에서 전체 평균보다 길게 나타난다는 사실이다. 이로부터 1차의 안정된 분단체와 2차의 불안정한 분단체라는 이중노동시장 모델을 중심부와 주변부 내지 도시와 농촌의 이중적, 양극적 공간구조에 단순히 전용하는 것은 적절치 못하다는 결론이 도출된다.

  사업장과 일자리(농업 이외의)의 스펙트럼이 제한되어 있고 일자리가 노동시장의 하위 미숙련 분단체에 집중되고 있다는 것은 분명히 정확한 지적이다. 하지만 직업에 종사하고 있는 인구, 즉 주민들의 반응은 이론이 기대하는 바와 같지 않다. 다시 말해 미미한 임금개선이 기대될 경우에도 전직이 이루어진다고 하는데, 그 이유는 전직이 기업 특유의 인적자본의 손실과 전혀 결부되지 않거나 제한적으로만 결부되고 있기 때문이라는 것이다. 하지만 경험적으로 입증할 수 있는 것은 농촌공간에서 전직이 오히려 훨씬 드물게 발생한다는 사실이다. 긴 직업구간이란 같은 통근거리 안에서 대안적인 취업가능성이 존재하지 않는다는 점을 의미한다. 동시에 농촌공간에 있는 기업들은 그 의사독점적 위치로 말미암아 적은 임금차만을 제시할 것이다. 아마도 농촌공간에서의 기업들의 짧은 생애기간에 대한 공통적인 인식도 개인적으로 안전한 것으로 생각되는 일자리를 쉽게 떠나지 못하게 하는 요인이 될지 모른다. 뿐만 아니라 농촌공간에서 전직은 높은 자가주택 비율과 낮은 생계비용(생필품의 독자생산)에 의해서도 제한된다. 위에서 언급한 요인들을 종합해보면, 결국 통상적인 이론적 제반 가정을 수정할 필요성이 생긴다고 할 수 있다. 농촌공간의 노동시장은 비록 하층적인 일자리 구조라는 의미에서 2차적인 것으로 지칭되지만, 2차노동시장의 높은 등락은 나타나지 않는다는 것이다.

7 노동시장정책과 연구관점

1. 노동시장정책의 접근방법

노동시장의 지리학은, 예를 들어 도시계획을 그 대화 파트너로 삼고 있는 도시지리학처럼 직접적인 정책적 버팀목을 갖고 있지 않다. 이것은 한 학문의 효용성과 사회적 적실성이라는 견지에서 볼 때 커다란 단점이 아닐 수 없다. 그렇지만 암묵적으로 노동시장 지리학의 논제들은 생활조건의 등가치성(等價値性 Gleichwertigkeit)을 자신의 목표로 선택한 지역정책 분야의 핵심에 해당한다. 왜냐하면 생활조건의 등가치성은 완전고용의 유지와 특수한 문제지역에서 구조적으로 발생하는 실업의 해소를 모두 포함하고 있기 때문이다.

따라서 두 가지 정책영역, 즉 노동시장정책과 지역정책은 노동시장의 지리학을 통하여 성취될 수 있다. 노동시장정책은 일반적으로 국가 전체를 지향하며, 대개의 경우 지역차원을 등한시한다. 반대로 지역정책은 본질이 그러하듯이 지역을 지향하지만, 암묵적으로는 노동시장정책적 수단들을 활용하고 있다.

1) 협의의 노동시장정책적 접근방법

여러 노동시장정책적 전략들은 노동시장의 신고전적 모델에 기초하고 있다. 실업은 시장과 배분의 교란으로서 파악되고 있다. 다양한 이유로 해서 실업자들은 공석을 발견하지 못한다는 것이다. 즉, 그들이 지나치게 비싸거나 어디에 어떤 일자리가 공석으로 나와 있는지에 관해 정보를 갖고 있지 않기 때문이거나, 또는 그들이 그릇된 자질 내지 숙련을 보여주기 때문이라고 한다.

따라서 전통적인, 신고전적으로 영감을 받은 모든 노동시장정책은 일차적으로 노동시장과 관련한 더 많은 시장을 요구한다. 이때 더 많은 시장이란 이를테면 더 큰 임금의 유연성을 뜻한다. 최저임금은 기업가측의 노동력에 대한 수요를 제한하기 때문에, 이는 완화되거나 완전히 폐기되어야 한다는 것이다. 노동력은 저렴해져야 하는 것이지 비싸져서는 안되기 때문에 임금상승이 없거나 있다고 하더라도 아주 미소하게만 이루어져야 한다는 고용자측의 요구 또한 해마다 더 큰 목소리를 내고 있다. 이것이 수요를 자극하는 동기를 부여하고 완전고용을 보장하는 길이라고 한다.

더 많은 시장이란 많은 경우 규제의 축소를 의미하기도 한다. 고정된 개점시간이나 자영을 일정한 자질과 종종 꽤 복잡한 권한의 부여와 결부시키는 영업규칙은 새로운 일자리를 창출하는 것을 방해한다는 것이다. 따라서 이것들은 — 여론이 그러하듯이 — 자율화되고, 관료화로부터 벗어나거나 완전히 폐기되어야 할 것에 속한다.

이러한 요구의 이면에는 시장이 행정적, 법제적 구속에서 벗어날 때 그 불균형과 관련한 문제점들을 더군다나 홀로 해결하게 될 것이라는 믿음이 숨어 있다. 때때로 배분적 기능을 다시 회복시키기 위해서는 아주 작은 기술적인 도움만이 필요하다고 한다. 그래서 공석이 된 일자리에 대한 자료와 실업자에 관한 진술을 전산정보처리기법의 지원을 받아 파악하고, 따라서 자동화에 뒷받침된 자료수집을 추진하는 노동시장행

<그림 57> 노동시장정책적 제반 조치에 대한 개관

제반 조치들	효용성과 권고
노동시장의 적응역량 제고	
노동이동성의 촉진	일자리보호를 위한 제한적 제반 규정의 완화 내지 유연화, 주택시장의 개혁, 사회급부의 경감적 '적용'
임금의 유연성	산업부문별 고용적응을 위한 임금유연성의 상대적 제고
노동자 관련 지원	
재교육	광범위하고 유효한 교육 및 계속교육을 위한 공급의 보장
일자리탐색에 있어 지원	정보거래소, 전산처리방식에 기반한 정보중개
창업을 촉진하기 위한 재정보조	지원금, 신용대출, 조세감면, 보조지원, 창업센터
불리한 청소년에 대한 국가 고용프로그램과 직업훈련직에 대한 국가차원의 진흥	한계집단 내지 소수인들의 욕구와 생활상황에 배분적으로 보장하는 프로그램, 현장훈련과의 연계
사용자 관련 지원	
임금보조	한정된 그리고 정확히 정의된 목적하에서만 유의미함(채용경감)
단기노동	경기변동에서 단기적으로 작용하는 흡수기능부여
전환 내지 이행과 관련한 제 급부	
실업자지원	무엇보다도 사회보험을 위한 지원, 장기적인 지원지불 효과에 있어 문제점이 존재
고령 및 근로불능자 연금	종종 실업자 지원처에서 이루어짐, 사회보험의 재정문제가 발생
사회부조 및 자립에 대한 지원	빈곤을 완화함, 소득검증이 어려울 수도 있음

출처: 세계은행, 1995: 132에 의거하여 수정, 보완

정의 노력들은 실업의 일부분이 정보의 부족에 따른 것이라는 확신에 입각하여 수행되는 것이다. 실업자들은 공석이 된 직장에 대해 전혀 모른다고 한다. 그에 대한 정보상황이 개선된다면, 실업의 일부는 두말할 나위도 없이 사라지게 된다는 것이다. 그러나 실업은 일차적으로 정보상황의 문제도 아니며, 약으로 처방할 수 있는 질병도 아니다. 실업은 오히

려 ― 열병과 비슷하게 ― 감추어진 질병을 암시하는 하나의 지표이다. 노동시장정책은 열병이 아니라 질병을 다스려야 한다.

인적자본론은 자질을 바꾸거나 계속하여 심화시키는 처방들의 긍정적인 효과를 강조한다. 실업이 일차적으로 숙련문제에 다름 아니라는 견해가 우세하다. 이러한 견해는 숙련이 떨어짐에 따라 실업의 위험성도 높아진다는 것을 분명히 보여주는 경험적 현실에 의해 뒷받침되고 있다. 모든 실업자들이 사용자가 요구하는 숙련도를 보여 줄 때, 실업의 일부는 마침내 사라질 것이라고 한다. 따라서 노동시장행정은 실업자를 위한 강좌, 자질을 심화시키는 각종 조치, 그리고 재교육 등을 지원한다.

마지막으로 신고전학에 영감을 받은 것으로서는 보다 큰 공간적 이동성을 도모하는 노동시장정책적 조치들이다. 이들 전략은 실업이 유럽에서 지배하고 있는 저조한 공간적 이동성의 결과라고 하는 견해에서 출발하고 있다. 일자리는 노동력 공급이 이미 소진된 지역에서 창출된다는 것이다. 경제적으로 취약한 지역의 실업자들이 이와 반대로 번성하고 있는 여러 중심지로 이주를 하거나 통근할 의향을 별로 보여주지 않는다고 한다. 이 점은 그와 결부된 비용과 관련되어 있으나, 또한 낮은 이동성이라는 지배적인 멘탈리티와도 관련이 있다고 한다. 따라서 이주비용을 재정적으로 지원하거나 이출할 준비가 되어 있는 실업자들을 위해 초기에 거주숙소의 이용편의를 노동시장행정이 마련해주고 있다.

자질부족의 해소, 노동시장 현상에 관한 정보싱횡의 개선, 기업을 보다 쉽게 설립할 수 있도록 하기 위한 접근방법, 지난 수십 년간 늘어만 온 규제를 뒤로 한 노동시장의 탈규제화 등은 노동시장에 대한 긍정적인 효과를 마무리짓고 높은 실업자수를 감소시키는 데 큰 도움을 준다고 한다. 그러나 약간 증가하는 노동력 공급과 정체하는 수요 사이에 발생하는 근본적인 불균형을 저지하기 위해서는 이것만으로는 전체적으로 충분하지 않다. 생산성의 진보는 최근 경제성장보다 한층 더 빨랐으며, 따라서 노동 수요의 제고를 위한 그 어떤 행동여지도 보장되지 않고 있다.

구체적이고 신고전학으로부터 영감을 받은 노동시장정책적 조치들이 성공적이냐 그렇지 않느냐의 질문은, 기존 노동시장의 불균형이 어떤 방해받지 않은 시장에 의해 기실 다시 균형상황에 도달하게 되느냐 하는 근본적인 질문과 연계되어 있다. 신고전적 노동시장 이론의 가장 저명한 반대론자 중 한 사람인 케인스(M. Keynes)는 이 점을 단호히 부정하였다. 그의 관찰에 따르면, 노동시장은 완전고용이라는 상태로부터 분명한 편차를 보여주는 경우에도 새로운 균형의 회복으로 나아가는 자동적인 경향을 보여주지 않는다고 한다. 케인스에 의하면, 완전고용은 그에 상응한 수요가 우세하게 될 경우에만 비로소 다시 성취될 수 있다고 한다. 따라서 완전고용에 열쇠가 되는 요인은 전체적인 경제적 수요이지, 탈규제화나 노동시장의 신고전적 르네상스가 아니라는 것이다. 그렇듯 전체적인 경제적 수요가 너무 미약할 경우에는 국가가 영향력을 행사(각종 투자조치, 조세를 통한 진흥, 경기부양)함으로써 이를 진작할 수 있다고 한다. 완전고용을 가장 중요한 경제정책적 목표로 인정하는 잘 알려져 있는 초과지출정책(超過支出政策)은 케인스의 생각에 소급되며, 오늘날 여전히—비록 그 영향력은 크게 줄어들고 있기는 하지만—많은 국가에서 공식적인 고용정책의 토대가 되고 있다.

신고전학에 영감을 받은 제반 조치에 대한 비판은 분단론의 대표자들에게서도 나오고 있다. 누구보다도 다양한 노동시장정책적 도구들의 수취자들을 비판하고 있다. 공급측면에 초점을 맞춤으로써, 서로 다른 노동시장의 구조들을 간과하고 있다는 것이다. 이렇듯 실업자들이 직업교육과 계속교육이라는 조치들과 재교육 또는 기타 자질을 제고하는 조치들을 경험할 경우에도, 2차노동시장이 우세한 주변지역에 있는 실업자들에게는 이것들이 그다지 큰 도움이 되지 않는다는 것이다. 간단히 말해 한 지역에 너무 적은 일자리가 존재할 경우에 그러하다는 것이다. 역시 또한 1차노동시장에서의 노동력에 대한 진입장벽은 이를테면 '불리한' 노동력을 채용하도록 하는 사용자들에 대한 지원을 통해 축소되어야 한다는 점을 주목해야 한다고 지적한다. 또 다른 가능성으로는 예를 들어 쿼터규제라는 형식의 반차별법(反差別法)을 들고있다.

  중요한 수요지향적 조치는 위기에 빠진 2차노동시장의 노동조건을 개선하는 것과 관련된다. 그래서 이들 일자리에서 직업교육과 관련된 조치들을 장려하거나 이들 일자리의 질을 최저임금의 설정을 통해 제고하는 것을 생각할 수 있다.

  수요지향적 조치들은 일자리의 생성을 촉진하는 처방일 수 있다. 자립하려는 실업자들이 재정보조와 전문적인 자문, 그리고 동행지원을 받을 수 있어야 한다. 일자리를 창출하기 위해 투자를 행하려는 기업들이 지원을 받아야 하는데, 이때 새롭게 생겨나는 일자리는 결코 2차적이고 불안정하며 높은 실업의 위험성을 안고 있는 일자리이어서는 안된다는 점에 주목해야 할 것이다. 기업 및 생계 창업을 용이하게 하기 위해서는 역시 또한 위험자본(危險資本)이 마련되어야 할 것이다.[1] 그런데 수많은 기업 설립자들은 이 정도까지도 욕심을 내지 않는다. 다시 말해 그들은 그 어떤 지원도 요구하지 않으며, 오히려 그들은 시대에 뒤떨어진 제반 규제에 의해 방해받지 않는다면 벌써 만족할 것이다.

2) 지역정책과 노동시장정책

  여러 일자리의 서로 다른 '특질'을 충분히 고려하지 못한 점은 전래의 지역정책이 안고있는 분명한 결점이다. 이 점은 국가차원의 지역정책뿐만 아니라, 유럽연합에 의해 지원되고 있는 지역정책에도 매한가지로 적용된다. 실업은 단서지표(端緖指標)이자 성공지표(成功指標)로 간주되고 있다. 새로운 일자리의 창출은 어떤 일자리가 창출되느냐 와는 무관한, 지역정책의 최고목표이다. 일차적으로 일자리의 수가 조장된다. 대부분의 일자리가 단지 분공장의 연장된 작업장에 불과하며, 기업의 구조조정

---

[1] 위험자본을 마련하고 설치하는데 있어, 유럽 국가들은 미국이나 일본과 같은 세계적 경쟁자들에게 크게 뒤지고 있다. 의심할 여지없이 이에 상응하는 제반 수단을 강구하는 것은 노동시장정책의 중요한 과제에 해당한다.

과정이나 수요가 위축되는 시기에는 재빨리 소멸한다는 점을 쟁점화하는 경우는 드물다.

실업률은 유럽 지역정책의 다섯 가지 유형의 목표지역을 설정, 구획함에 있어 그 가운데 세 가지 유형의 지역을 구획하는데 판별적 지표가 되고 있다. 실업률이 국가 평균보다 높을 때, 그에 상응하는 지역들은 더 많은 진흥기금을 요구할 수 있는 좋은 기회를 얻게 된다. 이러한 진흥과 아울러 전통적인, 때때로 또한 혁신적인 지역정책적 조치들이 시행된다. 국민국가가 역시 매한가지로 그에 부응하는 진흥을 시도할 경우, 도로나 철도, 그리고 공항과 같은 하부구조의 건설을 장려한다. 이에 특별 사업 프로젝트에 대한 지원이 더해진다. 이뿐만 아니라 온천욕장이나 향토박물관의 설치도 자동차 공장의 설립 진흥과 똑같을 수 있다. 특별 진흥프로그램들은 일자리를 지속적으로 창출하는 것을 목표로 한 혁신적인 프로젝트를 겨냥하고 있다(유럽지역발전기금 제10조).

지역정책의 목표는 일반적으로 노동시장정책적 목표를 내포하고 있다. 새로운 일자리의 창출, 기존 일자리의 유지와 보장, 그리고 주변지역에서의 완전고용의 달성 등이 예시할 수 있는 목표들이다. 그렇지만 지역정책은 환경과 자연자원의 보전이나 공적, 사적 교통의 규제와 같은 또 다른 과제들을 걸머지고 있다. 그런데 이러한 서로 다른 목표설정의 병존은 종종 갈등과 상호 방해로 이어진다. 노동시장정책에 비추어 희망할 만한 것이 환경보호적 관점에서는 불리한 것으로 상정될 수 있다. 이러한 내재적 딜레마가 지역화된 노동시장정책의 대체물로서 지역정책의 상대적인 실패에 대해 적어도 부분적으로 책임이 있다.

2. 유럽의 노동시장정책적 문제상황

노동시장 지리학적 비교연구는 거시차원의 제 과정과 정치체계의 영향에 대해 중요한 인식의 틀을 제공해준다. 국가적 규제는 조세체계, 경제 및 사회정책, 그리고 지역정책적 조치들을 통하여 고용체계, 실업, 그리고 지역격차의 정도에 지속적으로 영향을 미친다.

비교 분석을 위해서는 유럽 제 국가의 거시차원에서 세 가지 서로 다른 국가군(群)의 유형구성, 즉 신보수적, 조합주의적, 그리고 평등적-스칸디나비아적 국가모델이 제시된다. 여기에 근대화에 서로 상이하게 뒤쳐진 국가들과 전환과정에 있는 동부 및 중동부 유럽의 구공산주의 국가들이 부가된다.

유럽의 신보수적 국가에 해당하는 것은 우선 정치적 자유주의의 모국인 영국이다. 국가가 노동시장과 사회영역의 규제에 대해서는 매우 미미

<그림 58> 유럽에 있어 노동시장정책적 문제상황의 유형

유형	국가 (대표적 사례)	실업	여성고용	노동시장, 사회 및 지역 정책
신보수형	영국	경제발전에 좌우됨	높으나 매우 많은 시간제 노동	덜 발달함, 시장 메커니즘에 개입으로 인식됨, 사회정책은 가족 및 지방 차원에 위임되어 있음.
조합주의형	프랑스, 독일, 오스트리아	상대적으로 낮고 보다 안정적임	상대적으로 높음	국가보호의 보장이라는 전통 아래 계속 발전함
평등-스칸디나비아형	노르웨이, 스웨덴	낮음	매우 높음	시민권의 일부로서 고도로 발달한 체계
근대화 과정과 관련된 후발형	스페인, 포르투갈, 이탈리아	구조변동에 따라 아주 높거나(스페인) 낮은 편임(포르투갈)	평균 이하임	발전이 미약하고, 사회정책적 보호기능은 가족이나 지방 차원에 머물고 있음.
전환형	헝가리, 폴란드, 체코, 슬로바키아	매우 높음 (체코까지 포함하여)	현저히 후퇴함	뚜렷이 쇠퇴하고 낮은 수준에서의 안정화, 가족 및 지방 기관에 기능이 부여됨

출처: 필자

한 영향력만을 행사할 뿐이다. 다른 유럽 국가들에서 상위 기관들이 떠맡았던 수많은 기능들이 가족과 지방관청에 전가되고 있다. 가족모델은 가부장적인 것이다. 그럼에도 불구하고 여성들의 높은 취업률은 놀랄만한 사실이다. 여성의 취업참가가 유럽에서 가장 높은 편에 속한다. 이는 본질적으로 낮은 사회급부와 동요하고 있는 사회보장제도와 아울러 시간제취업의 증가에 따른 결과이다. 노동시장의 분절화가 크게 진전되고 있다.

광업과 철광 및 제철산업에서 발생한 근본적인 구조변동의 결과로 영국에서는 오래된 제조업체들과 폐업한 탄광들이 입지한 지역에서 실업률이 아직도 매우 높은 실정이다. 이와 비슷한 높은 실업률이 소수민족에게서도 나타나고 있다. 그럼에도 불구하고 국가적인 노동시장정책의 강조는 매우 미약한 실정이다. 지방관청, 민간 직업소개업자, 시장의 기능적 효용이 국가의 자리를 대신 차지하고 있다. 시장이 고용문제를 국가의 개입 없이도 잘 해결할 수 있다는 신념이 강력히 자리잡고 있다. 그리고 사실 국가 전체의 실업을 줄이는 일에 최근 들어 성공하고 있다. 이때 통계적 '현혹'이 사용되었다는 점과 일반적인 임금수준이 독일의 그것 이하로 분명히 떨어지고 있다는 사실은 영국의 경제기적과 관련하여 보기 드물게 보도되는 논제들이다.

프랑스와 독일, 그리고 오스트리아는 또 다른 국가유형에 속한다. 그 핵심적 표상은 여러 사회영역에 걸쳐 **조합주의적 관철**과 국가에 대한 온정주의적(溫情主義的) 태도이다. 조합주의적(組合主義的) 관철은 수많은 역사적 뿌리와 연결되어 있다. 그것은 수공업과 영리업에 대한 길드적 이해, 노동운동과 노동조합, 협의주의의 제도화된 형태(예컨대 사회적 파트너십) 등에 기초하고 있다. 경제 및 사회정책은 조합주의적 기구에 의해 공동으로 규정된다. 노동조합과 산업 단체들은 종종 어렵고 힘든 협상과정을 거친 후에 비로소 임금수준을 결정하고 자율적인 단체협약을 맺는다.

위에서 언급한 국가들에서는 **온정주의** 역시 오랜 역사적 전통을 갖고 있다. 기업주, 고용주, 그리고 또한 귀족과 지주들은 '그들의' 수하들, 그들의 노동자 가족들, 그들의 호종들과 그들의 종자들에 책임감을 느껴왔다. 종업원들을 위한 주택단지를 마련하고 어린이 보육시설들을 이용할 수 있도록 하며, 제반 사회급부가 제공되었다. 사회정책적 책임을 20세기 동안에는 국가가 떠맡았다. 오늘날 국가는 지난 19세기에 기업과 관헌국가가 수행하였던 기능들까지 받아들이고 있다. 주택건설정책, 가족정책과 사회정책은 공공부문의 기본적인 임무가 되었다.

조합주의적-온정주의적 국가모델에서의 노동시장은 고도로 규제된 체계에 다름 아니다. 복지국가적 발전은 비교적 높은 여성의 취업활동을 가져왔다. 프랑스에서의 상승은 독일과 오스트리아에서 보다 훨씬 현저하였다. 한편으로 직업활동의 수용은 가족보호의 시설망에 의해 가능하였으며, 또 한편으로 보건 및 교육분야에서 수많은 일자리가 창출된 것은 복지국가의 확립과 연결된 것이었다.

노동시장상의 지역적 격차가 조합주의적-온정주의적 국가들에서는 적잖게 순화되어 왔다. 신보수적 국가에서는 지역격차의 균등화가 정치적 조치의 전면으로 부각되는 일이 없지만, 독일과 오스트리아에서는 국가가 공공부문에 속한 일자리들을 이전시킴으로써 그리고 숙련 일자리의 광역적인 확산을 통하여 중심-주변간의 경사를 완화시키려고 꾀하였다. 전통적으로 서열과 명망이 있는 것이라면 모두 파리에 집중하는 프랑스에서도 중심-주변간의 격차가 약화되고 있음이 확인되고 있다.

그러나 지나치게 높은 규제로 인하여 경제여건의 변화에 신속하게 적응하지 못하고 있다. 독일과 오스트리아, 그리고 프랑스는 역사적으로도 유래 없는 높은 실업자수를 눈앞에 두고 있으며, 수요를 부양하는 전래의 노동시장 정책적 조치들(케인스식의)을 높은 공공적자와 국제적 연계에 비추어 더 이상 적극적으로 실시할 수 없게 되었다. 따라서 실업을 줄이기 위한 새로운 정책적 구상이 제시되지 않은 상태에서, 실업이 내정의 주된 쟁점으로 자리잡아가고 있다.

마지막으로 북유럽 국가들의 평등적-스칸디나비아적 국가모델을 언급할 수 있다. 이들 국가는 시민권으로서 요구되는 광범위한 하부구조와 관련된 급부를 마련하는 제도적이고, 보편주의적인 복지체계를 확립하였다. 조합주의적인 제도적 장치들은 일찍부터 시민적 국가체계에 통합되어 왔다. 특히 여성들의 동등대우와 평등권이 사회정책의 본질적인 목표였으며, 이는 여성들의 높은 취업률을 가져왔다.

유럽의 모든 국가들이 위와 같은 유형화에 아무런 문제없이 배열될 수 있는 것은 아니다. 남부 유럽의 국가들에서는 가부장적 가족이해가 우세하기는 하지만, 여성의 취업률은 영국과 달리 아주 낮은 편이며, 여성들의 연령 특유의 취업활동률과 관련하여 자녀들이 출생한 후에 분명히 떨어지고 있음을 보여주고 있다. 부족한 어린이 보육시설과 여성들에게 확실하게 부여되어 있는 양육기능으로 인하여, 여성들이 직업활동을 재개하는 것은 여러 면에서 방해받고 있다.

역시 또한 신보수적 국가군에 배열할 수 없는 국가가 스페인이다. 그러므로 높은 실업상황을 설명하는 데에는 또 다른 논거가 필요하다. 국제적으로 비교해 볼 때, 1980년대 초반이래 스페인의 실업률은 유럽공동체 국가들 가운데서도 거의 변함없이 최고 수준을 견지해왔다. 실업률이 1980년 이후 두 자리 숫자이며 몇 해 동안 계속하여 약 20%를 오르내리고 있다. 그래서 스페인의 노동시장구조는 하나의 국가 복지모델에 속한다고 하기보다는 인구학적 공급구조와 산업부문간의 심대한 구조변동을 수반하고 있는 독특한 근대화과정을 시현한다고 볼 수 있다(Guerrero, 1996 참조).

이와 다른 근대화의 발전양상을 스페인과 포르투갈의 노동시장구조의 상호 비교에서도 고려할 수 있다. 포르투갈은 매우 낮은 실업과 스페인보다 확실히 높은 여성취업률과 높은 고용비중을 보여주는 유럽 국가에 속한다. 하지만 포르투갈에서 얻을 수 있는 소득은 분명히 낮은 수준의 것이며, 산업간 구조변동은 스페인의 그것을 뒤따라가고 있으며, 실업보험으로부터 받는 배상급부도 대단히 낮은 실정이다. 따라서 포르투갈과 스페인의 두 인접국가에서 보이는 놀라울 정도로 커다란 차이점은 특유의 지역지리학적 논술을 통해서만 설명될 수 있는 것이지, 일반적인 규칙성에 의거하여 설명될 수 있는 것은 그리 많지 않다(Mikus, 1991 참조).

끝으로 중동부 및 동유럽 국가들의 노동시장구조도 신보수적, 조합주의적-온정주의적 또는 사회민주주의적-평등적 국가모델에의 배열과는 크게 관련성이 없으며, 오히려 계획에서 시장으로의 전환이라는 독특한 여건에 소급될 수 있음은 분명하다(Lichtenberger, 1991b; Meusburger/Klinger, 1995; Cséfalvay, 1997 참조). 그 전환의 귀결은 심도 깊은 것이며, 다양한 사회부문에서 걸쳐 관찰되고 있다. 이와 관련하여 노동시장의 자유화가 가장 중요한 사회적 귀결에 해당한다고 볼 수 있다. 이것은 중동부 및 동유럽의 모든 국가에서 상승하고 있는 엄청난 실업과 연결되고 있다. 이러한 실업은 경제적 의사결정권의 기업으로의 이전, 자유로운 임금형성, 종업원의 채용과 해고를 행할 수 있는 가능성이라는 근본적인 변동 결과로부터 발생한 것이며, 그리고 결국에는 기업 해체의 산물이었다. 여기에―국가 공기업(RGW)의 해체 결과로―노동력에 대한 격심한 수요후퇴가 더해졌다. 교육을 마치고 취업을 막 시작하려는 젊은이에 대한 노동시장의 폐쇄적 경향과 여성과 고령 노동력의 고용체계로부터의 배제는 이러한 실업의 심화와 결부되어 있다.

옛 사회주의 국가들에서 여성들의 노동시장 기회의 악화를 둘러싼 논의는, 이론적으로 논증된 기대나 선전선동으로 구축된 고정관념이 노동시장 연구에서도 그 안성성을 얼마나 공고히할 수 있는가를 잘 보여준다. 여성들이 체제전환과정의 희생자에 속한다는 널리 알려진 견해와는 달리, 헝가리에서는 여성들은 1990년대 중반까지 남성들보다 낮은 실업률을 보여주었으며, 전체적으로 1980년에서 1995년 사이에 남성들보다 훨씬 적게 일자리를 잃었다는 점을 확인하지 않을 수 없다. 헤링과 슈뢰더(Heering/Schroeder, 1996)는 구동독과 관련하여 노동시장에서 여성들의 객관적인 상황과 주관적으로 느끼는 상황 사이에 큰 차이가 존재함을 지적하였다. "내국(內國) 개념에 입각하여 동독의 취업활동을 고찰해보면, 1989년에서 1994년 사이에 여성의 비중은 1% 포인트밖에 떨어지지 않았다. ……모든 지표들은 여성 취업률의 미소한 후퇴가 여성에게 부담을 주는 동독 기업들의 가혹한 해고정책의 결과가 아니며, 오히려 문제는 여성들의 열악한 채용기회에 있다는 점을 말해준다. 그런데 이 점과 관련하여 동독의 고용체계에서 여성에 대한 본질적인 차별화가 표출되고 있다"(Heering/Schroeder, 1996: 394).

참고문헌

축약어

- AER   American Economic Review
- AJS   American Journal of Sociology
- ASR   American Sociological Review
- MittAB   Mitteilungen aus der Arbeitsmarkt- und Berufsforschung
- NBER   National Bureau of Economic Research
- SFB   Sonderforschungsbereich
- VASMA   Vergleichende Analyse sozialstatistischer Massendaten
- VWGÖ   Verband der wissenschaftlichen Gesellschaften Österreichs
- WIFO   Wirtschaftsforschungsinstitut
- WSI   Wirtschafts- und sozialwissenschaftliches Institut

Abbott, L. F.: Theories of the Labour Market and Industrial Employment: A Review of the Social Science Literature. Manchester Industrial System Research. 1980

Abrahamsen, Y.; Kaplanek, H.; Schips, B.: Arbeitsmarkttheorie, Arbeitsmarktpolitik und Beschäftigung in der Schweiz. Grüsch. 1986

Adams, K. H.; Eckey, H. F.: Regionale Beschäftigungskrisen in der Bundesrepublik Deutschland. Ursachen und Erscheinungsformen. WSI-Mitteilungen 8 (1984), 474-481

Aeppli, R.: Methodische Probleme der Arbeitslosigkeit. Die Ansätze der walrasianischen Gleichgewichts- und Ungleichgewichtsmodelle und der Mikroökonomie. Wirtschaftswissenschaftliche Beiträge 13. Freiburg (Schweiz) 1979

Ahner, D.: Arbeitsmarkt und Lohnstruktur. Zum Einfluß von Aufbau und Funktionsweise des Arbeitsmarktes auf die Lohnstruktur. Tübingen 1978

Altermatt, K.: Räumliche Lohndisparitäten in der Schweiz. Arbeits- und

Sozialwissenschaft 5. Diessenhofen 1981
Alterhauser, R.; Kalleberg, A.: Firms, Occupations and the Structure of Labor Markets: A Conceptual Analysis. In: Berg. I. (Ed.): Sociological Perspectives on Labor Markets. New York 1981, 119-149
Andrisan, P.J.: An Empirical Analysis of the Dual Labor Market Theory. Center for Human Resource Research. Columbus 1973
Angel, D.; Mitchell, J.: Intermetropolitan Wage Disparities and Industrial Change. Economic Geography 67 (1991), 124-135
Arrow, K. J.: Models of Job Discrimination. In: Pascal, A. (Ed.): Racial Discrimination in Economic Life. Lexington 1972
Arrow, K. J.: The Limits of Organizations. New York-London 1974
Ashenfelter, O.; Layard, R. (Eds.): Handbook of Labor Economics. 2nd vol. Amsterdam 1986
Averitt, R. T.: The Dual Economy: The Dynamics of American Industry Structure. New York 1968
Azariadis, C. Implicit Contracts and Unemployment Equilibria. Journal of Political Economy 83 (1975), 1118-1202

Bach, H.-U.; Kohler, H.; Leikeb, H.; Magvas, E.; Spetznagel, E.: Der Arbeitsmarkt 1994 und 1995 in der Bundesrepublik Deutschland. MittAB 4 (1994), 260-299
Bade, F.-J.: Der Beitrag von Standortveränderungen zum Abbau regionaler Unterschiede. Informationen zur Raumentwicklung 7 (1978), 555-568
Bade, F.-J.: Funktionale Arbeitsteilung und regionale Beschäftigungsentwicklung. Informationen zur Raumentwicklung 9/10 (1986), 695-713
Bade, F.-J.: Regionale Beschäftigungsprognose 1995. Forschungen zur Raumentwicklung 21. Bonn 1991
Baden, Chr.; Kober, Th.; Schmid, A.: Technischer Wandel und Arbeitssegmentation. Ein ausgewählter Literaturüberblick. MittAB 1 (1992), 61-72
Baethge, M.; Oberbeck, H.: Zukunft des Angestellten. Frankfurt-New York 1986
Bahrenberg, G.; Giese, E.; Nipper, J.: Statistische Methoden in der Geographie. Stuttgart 1990

Baily, M.: Wages and Employment under Uncertain Demand. Review of Economics Studies 41 (1974), 37-50

Baldwin, G.: Brain Drain or Overflow? Foreign Affairs 48, No. 2 (1970), 358-372

Balog, A.; Cyba, E.: Geschlecht als Ursache von Ungleichheiten. Fraunendiskriminierung und soziale Schließung. Forschungsbericht 266 des Instituts für Höhere Studien. Wien 1990

Baron, J.; Bielby, W.: The Organization of Work in a Segmented Economy. ASP 49 (1984), 454-474

Beck, E.; Horan, P.; Tolbert, C.: Stratification in a Dual Economy: A Sectoral Model of Earnings Determination. ASR 43 (1978), 704-720

Becker, G. S.: Human Capital: A Theoretical and Empirical Analysis, with Special Reference to Education. NBER, General Series 80. New York 1964

Becker, G. S.: The Economics of Discrimination. Economics Research Center Studies in Economics. Chicago 1971

Becker, W.: Bedeutung des universitären Wissenschaftstransfers als regionaler Standortfaktor. Das Beispiel der Universität Augsburg. Beiträge zur Hochschulforschung 3 (1994), 489-501

Beckmann, P.; Bender, St.: Arbeitslosigkeit in ostdeutschen Familien. Der Einfluß des Familienkontexts auf das individuelle Arbeitslosigkeitsrisiko. MittAB 2 (1993), 222-231

Bell, D.: Die nachindustrielle Gesellschaft. Frankfurt-New York 1973

Bender, St.; Karr, W.: Arbeitslosigkeit von ausländischen Arbeitnehmern. Ein Versuch, nationalitätenspezifische Arbeitslosenquoten zu erkälren. MittAB 2 (1993), 192-203

Benterbusch, U.: Neuabgrenzung des Fördergebiets der Gemeinschaftsaufgabe Verbesserung der regionalen Wirtschaftsstruktur. MittAB 2 (1994), 130-136

Berger, S.; Piore, M.: Dualism and Discontinuity in Industrial Societies. Cambridge-New York 1980

Bergmann, B.: The Effect of White Incomes on Discrimination in Employment. Journal of Political Economy 79 (1971), 102-147

Biehler, H.; Brandes, W.: Arbeitsmarktsegmentation in der BRD. Theorie und Empirie des dreigeteilten Arbeitsmarktes. Frankfurt/Main-New York 1981

Biehler, H.; Brandes, W.; Buttler, F.: Gerlach, K.: Interne und externe Arbeitsmärkte - Theorie und Empirie zur Kritik eines neoklassischen Paradigmas. Beiträge zur Arbeitsmarkt- und Berufsforschung 33 (1979), 102-147

Biehler, H.; Brandes, W.; Buttler, F.; Gerlach, K.; Liepmann, P.: Arbeitsmarktstrukturen und -prozesse. Zur Funktionsweise ausgewählter Arbeitsmärkte. Schriftenreihe zur angewandten Wirtschaftsforschung 41. Tübingen 1981

Biffl, G.: Der Wandel im Erwerbsverhalten in Österreich und im Ausland. WIFO-Monatsbereichte 1 (1988), 32-53

Biller, M.: Arbeitsmarktsegmentation und Ausländerbeschäftigung. Ein Beitrag zur Soziologie des Arbeitsmarktes mit einer Fallstudie aus der Automobilindustrie. Frankfurt-New York 1989

Birg, H.; Flöthmann, J.; Reiter, I.: Biographische Theorie der demographischen Reproduktion. Demographische Verhaltensweisen regionaler Arbeitsmarktkohorten im biographischen Kontext. Institut für Bevölkerungsforschung und Sozialpolitik. Bielefeld 1990

Blaschke, D.; Plath, H.-E.: 'Beruf' und 'berufliche Verweisbarkeit'. Kritische Reflektionen zu einer Herausforderung an die Arbeitsmarkt- und Berufsforschung. MittAB 4 (1994), 300-322

Balug, M.: The Empirical Status of Human Capital Theory: A Slightly Jaundiced Survey. Journal of Economic Literature 14 (1976), 827-855

Blien, U.: Konvergenz oder dauerhafter Entwicklungsrückstand? Einige theoretische Überlegungen zur empirischen Regionalentwicklung in den neuen Bundeslndern. Informationen zur Raumentwicklung 20 (1994), 273-285

Blien. U.; Hirschenauer, F.: Die Entwicklung regionaler Disparitäten in Ostdeutschland. MittAB 4 (1989), 553-567

Blien, U.; Rudolph, H.; Einkommeneffekte bei Betriebswechsel und Betriebsverbleib im Vergleich. MittAB 4 (1989), 553-567

Blossfeld, H.-P.: Karriereprozesse im Wandel der Arbeitsmarktstruktur - Ein dynamischer Ansatz zur Erklärung intragenerationaler Mobilität. MittAB 1 (1987), 74-88

Blossfeld, H.-P.: Kohortendifferenzierung und Karriereprozeß. Eine Längsschnittstudie ber die Veränderung der Bildungs- und Berufschancen im

Lebenslauf. Frankfurt/Main-New York 1989
Blotevogel, H.: Zentrale Orte: Zur Karriere und Krise eines Konzepts in Geographie und Raumplanung. Erdkunde 50 (1996), 9-25
Bodenhöfer, H. J. (Hrsg.): Bildung, Beruf, Arbeitsmarkt. Schriften des Vereins für Sozialpolitik 174, Berlin 1988
Bolle, M. (Hrsg.): Arbeitsmarkttheorie und Arbeitsmarktpolitik. Opladen 1976
Bolle, M.: Keynesianische Beschäftigungstheorie und Segmentierungskonzepte. Beiträge zur Arbeitsmarkt- und Berufsforschung 33 (1979), 285-314
Bolte, K. M.: Sozialer Aufstieg und Abstieg. Eine Untersuchung über Berufsprestige und Berufsmobilität. Stuttgart 1959
Bolte, K. M.: Leistung und Leistungsprinzip. Zur Konzeption, Wirklichkeit und Möglichkeit eines gesellschaftlichen Gestaltungsprinzips. Opladen 1979
Bolte, K. M.; Recker, H.: Vertikale Mobilität. In: Knig, R. (Hrsg.): Handbuch der empirischen Sozialforschung, Band 5, Stuttgart 1976, 40-103
Bombach, G.; Gahlen, B.; Ott, A. E. (Hrsg.): Arbeitsmärkte und Beschäftigung - Fakten, Analysen, Perspektiven. Schriftreihe des wirtschaftswissenschaftlichen Seminars Ottobeuren 16. Tübingen 1987
Bosanquet, N.; Doeringer, P.: Is There a Dual Labour Market in Great Britain. Economic Journal 83 (1973), 412-435
Boss, A.: Die Erwerbstätigkeit verheirateter Frauen in der Bundesrepublik Deutschland. Erklärung und Prognose. Beiträge zur Arbeitsmarkt- und Berufsforschung 56 (1981), 69-81
Bottomore, T.: Soziale Schichtung. In: Knig, R. (Hrsg.): Handbuch der empirischen Sozialforschung, Band 5. Stuttgart 1976, 1-39
Bottomore, T.: Communism. In: Bottomore, T. (Ed.): A Dictionary of Marxist Thought. Cambridge Ma.. 1983, 87-90
Bourdieu, P.: Die Intellektuellen und die Macht. Hamburg 1991
Bowring, W.: Arbeitsmarktsegmentation und regionale Arbeitsmarktpolitik. In: Garlicht, D.; Maier, F.; Semlinger, K. (Hrsg.): Regionalisierte Arbeitsmarkt- und Beschäftigungspolitik. Arbeitsberichte des Wissenschaftszentrums Berlin - Internationales Institut für Management und Verwaltung/Arbeitsmarktpolitik. Frankfurt/Main-New York 1983, 73-82
Braverman, H.: Labor und Monopoly Capital. New York 1974
Braverman, H.: Die Arbeit im modernen Produktionsprozeß. Frankfurt/

Main-New York 1980

Brinkmann, C.: Segmentierung, Strukturalisierung, Flexibilität - Zur Relevanz einiger segmentationstheoretischer Aussagen für den Gesamtarbeitsmarkt. Beiträge zur Arbeitsmarkt- und Berufsforschung 33 (1979), 205-252

Brinkmann, C.: Arbeitspräferenzen: Ein Hinweis auf neue Repräsentativ-Befragungen. MittAB 3 (1983), 106-109

Brinkmann, C.: Arbeitszeitpräferenzen und Partnerarbeitsvolumen. In: Peters, W. (Hrsg.): Frauenerwerbstätigkeit - Berichte aus der laufenden Forschung - Arbeitspapier des Arbeitskreises Sozialwissenschaftliche Arbeitsmarktforschung 7. Paderborn 1989, 113-141

Brinkmann, G.: Ökonomik der Arbeit. Band 1: Grundlagen; Band 2: Die Allokation der Arbeit; Band 3: Die Entlohnung der Arbeit. Stuttgart 1981

Brinkmann, M.: Die regionale Verteilung der Problemgruppen bei den Arbeitslosen. Informationen zur Raumentwicklung 3/4 (1980), 119-134

Bröcker, J.: Regionale Arbeitsmarktbilanzen 1978 bis 1984. Methoden und Ergebnisse. Raumforschung und Raumordnung 3 (1988), 87-97

Brugger, E. (Hrsg.): Arbeitsmarktentwicklung: Schicksalsfrage der Regionalpolitik? NEP Regionalprobleme des Schweizerischen Nationalfonds. Bern 1984

Buchegger, R.; Rothschild, K.; Tichy, G. (Hrsg.): Arbeitslosigkeit. Ökonomische und soziologische Perspektiven. Studies in Contemporary Economics. Berlin 1990

Büchel, F.: Die Einkommensentwicklung nach unterbrochener und nach klassischer Langzeitarbeitslosigkeit. In: Rendtel, U.; Wagner, W. (Hrsg.): Lebenslagen im Wandel. Zur Einkommensdynamik in Deutschland seit 1984. Frankfurt/Main-New York 1991, 297-327

Büchel, F.: Die Einkommensstruktur der Perforations-Jobs bei perforierter Langzeitarbeitslosigkeit. Eine Überprüfung der Leistungsfähigkeit mikroö - konomischer Arbeitsmarkttheorien in einem peripheren Job-Segment. MittAB 3 (1993a), 366-347

Büchel, F.; Pannenberg, M.: Erwerbsbiographische Folgerisiken von Kurzarbeit und Arbeitslosigkeit. MittAB 2 (1992), 158-167

Büchtemann, Chr. F.; Schupp, J.; Soloff, D. J.: Übergänge von der Schule in den Beruf - Deutschland und USA im Vergleich. MittAB 4 (1993), 507-520

Budde, R.; Echey, H.-F.; Klemmer, P.: Vorschlag für die Abgrenzung von Arbeitsmarktregionen in den neuen Bundesländern. Gutachten im Auftrag des Unterausschusses der Gemeinschaftsaufgabe Verbesserung der regionalen Wirtschaftsstruktur. Essen 1993

Bundesanstalt für Arbeit (Hrsg.): Situation und Tendenz der Beschäftigung und des Erwerbsverhaltens von Frauen. Amtliche Nachrichten der Bundesanstalt für Arbeit. 1989, 938-951

Butschek, F.: Historische Arbeitsmarktdaten für Österreich. Österreichische Zeitschrift für Statistik und Informatik 3 (1987), 213-227

Buttler, F.; Gerlach, K.: Die regionalwirtschaftliche Bedeutung interner Arbeitsmärkte in der Bundesrepublik Deutschland. Raumforschung und Raumordnung 5 (1978), 219-225

Buttler, F.; Gerlach, K.; Liepmann, P.: Funktionsfähige regionale Arbeitsmärkte als Bestandteil ausgewogener Funktionsrume. In: Marx, D. (Hrsg.): Ausgeglichene Funktionsrume. Grundlagen für eine Regionalpolitik des mittleren Weges. Veröffentlichungen der Akademie für Raumforschung und Landesplanung, Forschungs- und Sitzungsberichte 94, Hannover 1975, 63-91

Buttler, F.; Gerlach, K.; Liepmann, P.: Grundlagen der Regionalökonomie. Hamburg 1977

Buttler, F.; Gerlach, K.; Schmiede, R. (Hrsg.): Arbeitsmarkt und Beschäftigung: neuere Beiträge zur institutionalistischen Arbeitsmarktanalyse. Sozialwissenschaftliche Arbeitsmarktforschung, Band 14. New York-Frankfurt/Main 1987

Buttler, F.; Tessaring, M.: Humankapital als Standortfaktor. Argumente zur Bildungsdiskussion aus arbeitsmarktpolitischer Sicht. MittAB 4 (1993), 467-476

Butzin, B.: Zur These eines regionalen Lebenszyklus im Ruhrgebiet. In: Mayr, A.; Weber, P. (Hrsg.): 100 Jahr Geographie an der westfälischen Wilhelms-Universität Münster. Münstersche Geographische Arbeiten 26. Paderborn 1987, 191-210

Cain, G. G.: The Challenge of Dual and Radical Theories of the Labor Market to Orthodox Theory. Institute for Research on Poverty, University of Wisconsin. Madison 1975

Cain, P.; Treiman, D.: The Dictionary of Occupational Titles as a Source of Occupational Data. ASR 46 (1981), 253-278

Carlberg, M.: Theorie der Arbeitslosigkeit: Angebotspolitik versus Nachfragepolitik. München 1988

Carroll, G. R.; Mayer, K.-U.: Job Mobility in the Federal Republic of Germany: The Effects of Social Class, Industrial Sector, and Organizational Size. Berlin 1984

Carroll, G. R.; Mayer, K.-U.: Job-Shift Patterns in the Federal Republic of Germany: The Effects of Social Class, Industrial Sector, and Organizational Size. ASR 51 (1986), 323-341

Christaller, W.: Die Zentralen Orte in Süddeutschland. Eine ökonomisch-geographische Untersuchung ber die Gesetzmäßigkeit der Verbreitung und Entwicklung der Siedlungen mit städtischen Funktionen. Jena 1933

Clark, G.: Spatial Search Theory and Indeterminant Information. In: Fischer, M.; Nijkamp, P. (Eds.): Regional Labour Markets. Contribution to Economic Analysis. Amsterdam-New York-Oxford-Tokyo 1987, 169-185

Clark, T.; Summers, L.: Labor Market Dynamics and Unemployment: A Reconsideration. Brookings Papers on Economic Activity 1 (1979), 13-67

Cooke, T.: Shumway, M.: Developing the Spatial Mismatch Hypothesis: Problems of Accesibility to Employment for Low-Wage Central City Labor. Urban Geography 12 (1991), 310-323

Cornelsen, C.: Erwerbstätigkeit der ausländischen Bevölkerung. Wirtschaft und Statistik 3 (1996), 147-155

Cornetz, W.: Theorie und Empirie des Arbeitskräfteangebots. Über die Bestimmungsgründe und den Wandel des geschlechtsspezifischen Erwerbsverhaltens. MittAB 3(1986), 422-438

Cramer, U.: Zur regionalen Entwicklung der Arbeitslosigkeit seit 1970 - Eine Regressionsanalyse für Arbeitsamtsbezirke. MittAB 11 (1978), 15-18

Cramer, U.: Probleme der Genauigkeit der Beschäftigtenstatistik. Allgemeines Statistisches Archiv 69 (1986), 56-68

Cséfalvay, Z.: Die Transition des ungarischen Arbeitsmarktes - ein Fünf-Stufen-Modell. In: Lichtenberger, E. (Hrsg.): Die Zukunft von Ostmitteleuropa. ISR-Forschungsberichte 2, Institut für Stadt- und Regionalforschung der Öst. Akad. Wiss. Wien 1991, 21-26

참고문헌 325

Cséfalvay, Z.: Die Transition des Arbeitsmarktes in Ungarn - Konsequenzen für die sozialräumliche Entwicklung. Petermanns Geographische Mitteilungen 137, 1(1993), 33-44

Cséfalvay, Z.: The Regional Differentiation of the Hungarian Economy in Transition. Geojournal 32 (1994a), 351-361

Cséfalvay, Z.: Mit und ohne Förderung. Finanzielle, sektorale, soziale und regionale Probleme der Mittelstandsförderung in Ungarn. In: Schmude, J. (Hrsg.): Neue Unternehmen. Interdisziplinäre Beiträge zur Gründungsforschung. Wirtschaftswissenschaftliche Beiträge 108. Heidelberg 1994b, 230-241

Cséfalvay, Z.: Modernisierung durch Auslandkapital - Beispiel Ungarn. In: Bayreuth, Lehrstuhl für Wirtschaftsgeographie und Regionalplanung (Hrsg.): Forschungsnetze als Beitrag zum kreativen Milieu von Regionen in einem Europa im Umbruch. Arbeitsmaterialien zur Raumordnung und Raumplanung 139, Bayreuth 1994c, 209-227

Cséfalvay, Z.: Fünf Jahre Transformation des ungarischen Arbeits- und Wohnungsmarktes. In: Fassmann, H. (Hrsg.): Immobilien-, Wohnungs- und Kapitalmärkte in Ostmitteleuropa 'Ostmitteleuropa'. Beiträge zur regionalen Transformationsforschung. ISR-Forschungsberichte 14, Institut für Stadt- und Regionalforschung der Öst. Akad. Wiss. Wien 1995a, 87-103

Cséfalvay, Z.: Ostmitteleuropa im Umbruch. In: Meusburger, P.; Klinger, A. (Hrsg.): Vom Plan zum Markt. Eine Untersuchung am Beispiel Ungarn. Heidelberg 1995b, 19-28

Cséfalvay, Z.: Raum und Gesellschaft Ungarns in der Übergangsphase zur Marktwirtschaft. In: Meusburger, P; Klinger, A. (Hrsg.): Vom Paln zum Markt. Eine Untersuchung am Beispiel Ungarns. Heidelberg 1995c, 80-98

Cséfalvay, Z.: Die Dualität des ungarischen Arbeitsmarktes. In: Fassmann, H.; Lichtenberger, E. (Hrsg.): Märkte in Bewegung. Metropolen und Regionen in Ostmitteleuropa. Blau Verlag. Wien 1995d, 113-129

Cséfalvay, Z.: Aufholen durch regionale Differenzierung? Von der Plan- zur Marktwirtschafts - Ostdeutschland und Ungarn im Vergleich. Erdkundliches Wissen 122, Stuttgart 1997

Dammar, Ch.: Von der Reservearmee zur Begabungsreserve. Frauen ins

Management. Wiesbaden 1988

Danson. M.: The Industrial Structures and Labour Market Segmentation: Urban and Regional Implications. In: Regional Studies 16, 1982, 255-265

Deiters, J.: Zur empirischen Überprüfbarkeit der Theorie Zentraler Orte. Fallstudie Westerwald. Arbeiten zur rheinischen Landeskunde 44. Bonn 1978

Dickens, W.; Lang, K.: A Test of Dual Labor Markt Theory. AER 75 (1985), 792-805

Dickens, W.; Lang, K.: A Goodness of Fit Test of Dual Labor Markt Theory. NBER Working Paper 2350. Cambridge 1987

Dickens, W.; Lang, K.: The Re-emergence of Segmented Labor Markt Theory. ABER 78 (1988), 129-134

Diekmann, A.; Mitter, P.: Methoden zur Analyse von Zeitverläufen. Teubner Studienskripten zur Soziologie. Stuttgart 1984

Diekmann, A.; Engelhardt, H.; Hartmann, P. Einkommensungleichheit in der Bundesrepublik Deutschland: Diskriminierung von Frauen und Ausländern? MittAB 3 (1993), 386-397

Dhima, G.: Politische Ökonomie der schweizerischen Ausländerregelung, WWZ-Beitrge 6, Chur-Zrich 1991

Doeringer, P.; Piore, M.: Internal Labor Markets, Technological Change, and Labor Force Adjustment. Cambridge, Mass. 1966

Doeringer, P.; Piore, M.: Internal Labor Markets and Manpower Analysis. Lexington, Mass. 1971

Drucker, P.F.: The New Society of Organization. Harvard Business Review (Sep./Oct. 1992), 95-104

Dunlop, J.: Wage Determination Under Trade Unions, New York 1944

Ebmer, R.: Stigma Dauerarbeitslosigkeit: Heterogenität oder Statusabhängigkeit im Abgangsprozeß? In: Buchegger, R.; Rothschild, K.; Tichy, G. (Hrsg.): Arbeitslosigkeit. Ökonomische und soziologische Perspektiven. Studien in Contemporary Economics. Berlin 1990, 167-177

Eckey, H.-F.; Horn, K.; Klemmer, P.: Abgrenzung von regionalen Diagnoseeinheiten für die Zwecke der regionalen Wirtschaftspolitik. Gutachten im Auftrag des Untersuchungsausschusses der Gemeinschaftsaufgabe 'Verbesserung der regionalen Wirtschaftsstruktur'. Bochum- Kassel 1975

Edwards, R.; Reich, M.; Gordon, D. (Eds.): Labor Market Segmentation. Lexington-Toronto-London 1975

Egle, F.: Beziehungen zwischen Berufsbeziehungen und Tätigkeitsinhalten. MittAB 1 (1977), 112-124

Ellger, Chr.: Informationssektor und räumliche Entwicklung - dargestellt am Beispiel Baden-Württenbergs, Tübinger Geographische Studien 99. Tübingen 1988

Engelbrech, G.: Erwerbsverhalten und Berufsverlauf von Frauen: Ergebnisse neuerer Untersuchungen im Überblick. MittAB 2 (1987), 181-196

Engelbrech, G.: Erfahrungen von Frauen an der dritten Schwelle. MittAB 1 (1989), 100-113

Engelbrech, G.; Kraft, H.: Sind Frauen das zukünftige Innovationspotential? Gegenwärtige Hemmnisse und berufliche Möglichkeiten von Frauen. MittAB 1 (1992), 13-26

Engelen-Kefer, U.: Arbeitsmarkt und regionaler Aktionsräume der Arbeitskräftepolitik. Göttigen 1976, 1-176

Engelen-Kefer, U.: Klemmer, P.: Abgrenzung regionaler Aktionsräume der Arbeitskräftepolitik, Göttingen 1976

Farley, J. (Ed.): Women Workers in Fifteen Countries. Cambridge 1985

Fassmann, H: Die Struktur der Arbeitskräfte im historischen Wandel. Ein sektoraler Vergleich Wien 1857-1971. In: Haller, M. (Hrsg.): Beschäftigungssystem im Wandel: Historische Entwicklungen und Internationale Strukturdifferenzen. Frankfurt/Main 1983, 76-95

Fassmann, H: Aspekte beruflicher Chancen im ländlichen Raum. Wissenschaftliche Mitteilungen des Instituts für Geographie und Geoökologie der Akademie der Wissenschaften der DDR 19 (1986), 87-100

Fassmann, H: Zur Geographie des städtischen Arbeitsmarktes. Verhandlungen des Deutschen Geographentages 45. Stuttgart 1987, 298-305

Fassmann, H.: Prognose des Arbeitskräftenangebots - Wien und sein Umland. Wirtschaft und Gesellschaft 3 (1989), 389-406

Fassmann, H.: Was macht die Peripherie peripher? Arbeitsmarktbezogene

Kennzeichen der Peripherie. In: Fassmann, H.: Prll, U. (Hrsg.): Standort Burgenland. Probleme und Entwicklungschancen der Peripherie. Eisenstadt 1990, 6-22

Fassmann, H.: Warum ist eine räumlich differenzierte Betrachtungsweise des Arbeitsmarktes notwendig? In: Aufhauser, E.; Giffinger, R.; Hatz, G. (Hrsg.): Regionalwissenschaftliche Forschung: Fragestellungen einer Disziplin. Beiträge zur 3. Tagung für Regionalforschung und Geographie. Wien 1989/1990, 143-154

Fassmann, H.: Die Entwicklung des Arbeitskräfteangebots in Österreich 1961-1990. Eine Komponentenzerlegung. In: Fassmann, H. et al.: Erhörhte Mobilität. Die Struktur des österreichischen Arbeitsmarktes 1990. Textband. Regensburg 1991, 35-50

Fassmann, H.: Räumliche Arbeitsmarktsegmentierung - Ein Beitrag zu einem geographischen Forschungsdesiderat. Klagenfurter Geographische Schriften 10. Klagenfurt 1992a, 9-18

Fassmann, H.: Funktion und Bedeutung der Arbeitsmigration nach Österreich seit 1964. In: Althaler, K.; Hohenwarter, A. (Hrsg.): Torschluß. Wanderungsbewegungen und Politik in Europa. Wien 1993a, 100-110

Fassmann, H.: Arbeitsmarktsegmentation und Berufslaufbahn. Ein Beitrag zur Arbeitsmarktsgeographie Österreichs. Beiträge zur Stadt- und Regionalforschung 11, Institut für Stadt - und Regionalforschung. Wien 1993b

Fassmann, H.: Der österreichische Arbeitsmarkt. Wirtschaftspolitischer Paradigmenwechsel und räumliche Dispritäten. Geographische Rundschau 1 (1995a), 18-24

Fassmann, H.: Inseratenanalyse. Arbeitsmarktanalysen anhand von Zeitungsannoncen. Methodische Hinweise zu einem alternativen Erhebungsinstrument. In: Matis, H. (Hrsg.): Pressedokumentation - Presseauswertung/Teil 2, Relation 2/1 (1995b), 151-162

Fassmann, H.: Unterschied und Ausgleich - Regionalpolitik in Österreich. In: Bmuk (Hrsg.): Politik und Ökonomie. Wirtschaftspolitische Handlungsräume Österreichs. Informationen zur Politischen Bildung 11 (1996), 83-96

Fassmann, H.: Kohlbacher, J.; Reeger, U.: Wie suchen Ausländer einen Arbeitsplatz? Eine Analyse von Stellengesuchen in Österreich. In:

Morokvasic, M.: Rudolph, H. (Hrsg.): Wanderungsraum Europa. Menschen und Grenzen in Bewegung. Berlin 1994, 203-225

Fassmann, H.; Kohlbacher, J.; Reeger, U.: Forgetting Skills at Borderline: Foreign Job Seekers on the Viennese Labour Market. In: Paganono, T.; Todisco, E. (eds.): Skilled Migrations. Studio Emigrazione 117. Roma 1995, 78-89

Fassmann, H.; Münz, R. (Hrsg.): Migration in Europa. Frankfurt/Main-New York 1996

Fassmann, H.: Seifert, W.: Beschäftigungsstrukturen ausländischer Arbeitskräfte in Österreich und Deutschland - Unterschiede und Gemeinsamkeiten. Erdkunde 1997, (in Druck)

Feldman, M.: The Geography of Innovation. Dordrecht-Boston-London 1994

Fenger, H.: Arbeitsmarktforschung, Berufsforschung, Bildungsforschung: Versuch zur Bestimmung von Schwerpunkten, Abgrenzungen und Überschneidungsbereichen. MittAB 5 (1968), 325-335

Fesl. M.; Bobek, H.: Zentrale Orte Österreichs II. Ergänzungen zur Unteren Stufe; Neuerhebung alle Zentralen Orte Österreichs 1980/81 und deren Dynamik in den letzten zwei Dezennien. Beiträge zur Regionalforschung, Band 4. Kommission für Raumforschung der österreichischen Akademie der Wissenschaften. Wien 1983

Findlay, A.: Skilled International Migration: A Research Agenda. Area 21 (1989), 3-11

Fischer, C.; Heier, D.: Entwicklung der Arbeitsmarkttheorien. Frankfurt/Main 1983

Fischer, M.; Nijkamp, P.: Spatial Labour Market Analysis: Relevance and Scope. In: Fischer, M.; Nijkamp, P. (Eds.): Regional Labour Markets. Contribution to Economic Analysis. Amsterdam-New York-Oxford-Tokyo 1987, 1-26

Flore, K.: Zur Frage der Qualität regionaler Arbeitsmärkte. Informationen zur Raumentwicklung 7 (1977), 499-514

Fogarty, M. P.; Rapoport, R.; Rapoport, R. N.: Sex, Career and Family. Including an International Review of Women's Roles. Beverly Hills 1971

Forsythe, F. P.: Male Joblessness and Job Search: Regional Perspectives in the UK, 1981-1993. Regional Studies 5 (1995), 453-463

Fourastié, J.: Die große Hoffnung des 20. Jahrhunderts. 3. Aufl. Köln-Deutz
Franz, W.: Arbeitslosigkeit: Ein makrotheoretischer Analyserahmen. In: Franz, W. (Hrsg.): Mikro- und makroökonomische Aspekte der Arbeitslosigkeit. Beiträge zur Arbeitsmarkt- und Berufsforschung 165. Nürnberg 1992a, 9-24
Franz, W. (Hrsg.): Structural Unemployment. Heidelberg 1992b
Franz, W.: Arbeitsmarktökonomie. 2. Aufl. Heidelberg etc. 1994
Franz, W.; Siebeck, K.: A Theoretical and Econometric Analysis of Structural Unemployment in Germany: Reflections on the Beveridge Curve. In: Franz. W. (Ed.): Structural Unemployment. Heidelberg 1992, 1-58
Franzen, D.: Altersspezifische Frauenerwerbsquoten im europäischen Vergleich. In: Kaluder, W.; Khlewind, G. (Hrsg.): Probleme der Messung und Vorausschätzung des Frauenerwerbspotentials. Beiträge zur Arbeitsmarkt- und Berufsforschung 56 (1981), 206-215
Freiburghaus, D.: Arbeitsmarktsegmentation - Wissenschaftliche Modeerscheinung oder arbeitsmarkttheoretische Revolution? Beiträge zur Arbeitsmarkt- und Berufsforschung 33 (1977), 159-183
Freiburghaus, D.; Schmid, G.: Theorie der Segmentierung. Darstellung und Kritik neuerer Ansätze mit besonderer Berücksichtigung arbeitsmarktpolitischer Konsequenzen. Leviathan 3 (1975), 417-448
Friedman, A. L.: De-skilling. The New Palgrave. A Dictionary of Economics, vol. 1. 1987, 814-816
Friedman, M.: The Role of Monetary Policy. AER, review 58 (1968), 1-17
Friedmann, J.: A General Theory of Polarized Development. In: Handen, N. (Eds.): Growth Centers in regional Economic Development. New York 1972
Friedmann, J.: The Word City Hypothesis. In: Knox, P.: Taylor, P. (Eds.): World Cities in a World System. Cambridge 1995, 317-331

Gaebe, W.: Neue räumliche Organisationsstrukturen in der Automobilindustrie. Geographische Rundschau 45 (1993), 493-497
Gale, D.: What have we Learned from Social Learning? European Economic Review 40 (1996), 617-628
Galbraith, J.K.: Capital and Power. In: Olsen, M.E. (Ed.): Power in Societies. London 1970, 386-393

Ganser, K.: Die Arbeitslosenquote als Indikator erwerbsstruktureller Benachteiligungen. Informationen zur Raumentwicklung 3/4 (1980), 135-144

Garlichs, D.; Maier, F.; Semlinger, K. (Hrsg.): Regionalisierte Arbeitsmarkt- und Beschäftigungspolitik. Arbeitsberichte des Wissenschaftszentrums Berlin - Internationales Institut für Management und Verwaltung/ Arbeitsmarktpolitik. Frankfurt/Main-New York 1989

Gatzweiler, H.-P.: Regionalisierte Arbeitsmarktpolitik und Raumordnung. In: Hurler, P.; Pfaff, M. (Hrsg.): Gestaltungsspielräume der Arbeitsmarktpolitik auf regionalen Arbeitsmärkten. Berlin 1984, 25-44

Gebhardt, H.: Industrie im Alpenraum: alpine Wirtschaftsentwicklung zwischen Außenorientierung und endogenen Potential. Erdkundliches Wissen 99. Stuttgart 1990

Gebhardt, H.: Zentralitätsforschung - ein alter Hut für die Regionalforschung und Raumordnung heute? Erdkunde 50 (1996), 1-8

Geipel, R.: Sozialräumliche Strukturen des Bildungswesens. Studien zur Bildungsökonomie und zur Frage der gymnasialen Standorte in Hessen. Frankfurt 1965

Geipel, R.: Angewandte Geographie auf dem Feld der Bildungsplanung. Tagungsberichte des Deutschen Geographentages in Bochum. Wiesbaden 1966, 448-457

Geipel, R.: Die räumliche Differenzierung des Bildungsverhaltens. Forschungs- u. Sitzungsberichte d. Akademie für Raumforschung und Landesplanung 61. Hannover 1971, 47-61

Gerfin, H.: Informationsprobleme des Arbeitsmarktes. Kyklos 35 (1982), 398-429

Gersbach, H.; Schmutzler, A.: The Consequences of Intrafirm Knowledge Spillovers for Industry Localization. Discussion Papers Nr. 233, Wirtschaftswissenschaftliche Fakultt, Universitt Heidelberg. Heidelberg 1995

Gersbach, H.; Schmutzler, A.: External Spillovers, Internal Spillovers and the Geography of Production and Innovation. Discussion Papers Nr. 238, Wirtschaftswissenschaftliche Fakultt, Universitt Heidelberg. Heidelberg 1996

Gersbach, H.; Schmutzler, A.: Endogeneous Spillovers, the Market for Human

Capital, and Incentives for Innovation. Discussion Papers Nr. 248, Wirtschaftswissenschaftliche Fakultt, Universitt Heidelberg. Heidelberg 1997

Gershuny, J.: Die Ökonomie der nachindustriellen Gesellschaft. Frankfurt/Main 1981

Geser, H.: Strukturformen und Funktionsleistungen sozialer Systeme. Ein soziologisches Paradigma. Opladen 1983

Gilpatrick, E.: Structural Unemployment and Aggregate Demand. A Study of Employment and Unemployment in the United States 1948-1964. Baltimore 1966

Gleave, D.: Dynamics in Spatial Variations in Unemployment. In: Fischer, M.; Nijkamp, P. (Eds.): Regional Labour Markets. Contribution to Economic Analysis. Amsterdam-New York-Oxford-Tokyo 1987, 269-288

Goddard, J. B.: Office Communications and Office Location: A Review of Current Research. Regional Studies 5 (1971), 263-280

Goddard, J.B.: Office Linkages and Location. A Study of Communication and Spatial Patterns in Central London. Progress in Planning, vol. 1, part2 (1973)

Goldberg, C.: Weibliche Erwerbsverlufe im Wandel. SWS-Rundschau 2 (1990), 187-206

Gordon, D.: Theories of Poverty and Unemployment. Orthodox, Radical and Dual Labor Market Perspectives. Lexington 1972

Gordon, D.; Edwards, R.; Reich, M.: Segmented Work, Divided Workers: The Historical Transformation of Labor in the United States. Cambridge-New York 1982

Gottmann, J.: Office Work and the Evolution of Cities. Ekistics 46, No. 247 (1979), 4-7

Gottmann, J.: Organization and Reorganizing Space. In: Gottmann, J. (Ed.): Centre and Periphery. Spatial Variation in Politics. Beverly Hills-London 1980, 217-224

Gottmann, J.: The Coming of the Transactional City. Institute of Urban Studies, University of Maryland, Monograph Series No.2 College Park, 1983

Gould, W.: Skilled International Labour Migration: An Introduction. Geoforum 19/4 (1988), 381-385

Guerrero, T.-J.: Legitimation durch Sozialpolitik? Die spanische Beschäftigungskrise und die Theorie des Wohlfahrtsstaates. Kölner Zeitschrift für Soziologie und Sozialpsychologie 4 (1995), 727-752

Habbel, W.: Innerbetriebliche Mobilität und Aufstiegschancen. In: Papalekas, J. (Hrsg.): Strukturfragen der Ausländerbeschäftigung. Herford 1969, 64-68

Habermas, J.: Strukturprobleme im Spätkapitalismus. Frankfurt/Main 1973

Hacker, W. (Hrsg.): Spezielle Arbeits- und Ingenieurpsychologie, Bd. 3. Berlin (Ost) 1983

Hacker, W.; Iwanowa, A.; Richter, A.: Tätigkeitsbewertungssystem (TSB). Psychodiagnostisches Zentrum der Humboldt-Universität Berlin (Ost). Göttingen 1983/1994

Haggett, P.: Geographie. Eine moderne Synthesis. Nach der dritten, revidierten Originalausgabe aus dem Englischen übertragen und mit Adaptionen versehen von R. Hartmann, U. Meyer-Neumann, M. Preyssinger, H. Stöckl und mit einer Einleitung von R. Geipel, New York 1983

Hakim, C.: Segregated and Integrated Occupations - A New Framework for Analyzing Social Change. European Sociological Review 9 (1993), 289-314

Haller, M.; Hodge, R.W.: Class and Status as Dimensions of Career Mobility. VASMA-Arbeitspapier 15. 1980

Hanson, S.; Pratt, G.: Dynamic Dependencies: A Geographic Investigation of Local Labor Markets. Economic Geography 4 (1992), 373-405

Harcsa, I.: Ungarische Kader in den achtziger Jahren. In: Meusburger P.; Klinger, A. (Hrsg.): Vom Plan zum Markt. Eine Untersuchung am Beispiel Ungarns. Heidelberg 1995, 270-284

Hardes, H.-D.: Arbeitsmarktstrukturen und Beschäftigungsprobleme im internationalen Vergleich: theoretische und empirische Analyse am Beispielen von USA, Großbritannien und der Bundesrepublik Deutschland. Tübingen 1981

Harrison, B.; Sum, A.: The Theory of Dual or Segmented Labor Markets. Journal of Economic Issues 13 (1979), 687-706

Hartog-Niemann, E.: Der Frauenarbeitsmarkt als geographisches Forschungsfeld. Geographische Rundschau 13 (1979), 246-248

Häussermann, H.: Die Konsequenzen neuer regionalökonomischer Strukturen für die Großstadtentwicklung. Informationen zur Raumentwicklung 11-12 (1986), 839-844

Haussmann, H.: Frauen - Personalressource und Innovationspotential für Wirtschaft und Gesellschaft. Frauen im Beruf. Nürtinger Hochschulschriften 11. 1991

Hayek, F. A: Vorwort. In: Soltwedel, R. (Hrsg.): Mehr Markt am Arbeitsmarkt. Ein Pldoyer für weniger Arbeitsmarktpolitik. München-Wien 1984, 9-10

Heering, W.; Schroeder, K.: Zur Entwicklung der Frauenbeschäftigung in Ostdeutschland. Empirische Trends und subjektive Wahrnehmungen im deutschen Vereinigungsprozeß. Deutschland Archiv. Zeitschrift für das vereinigte Deutschland 29 (1996), 391-407

Heinritz, G.: Der „tertiäre Sektor" als Forschungsobjekt der Geographie. Praxis Geographie 1 (1990), 6-13

Helberger, Chr.: Frauenerwerbstätigkeit und die Entwicklung der sozialen Sicherungssysteme im internationalen Vergleich. Zeitschrift für Sozialreform 39 (1988), 735-749

Henkel, G.: Der ländliche Raum: Gegenwart und Wandlungsprozesse in Deutschland seit dem 19. Jahrhundert. Stuttgart 1993

Henninges, v. H.: Auf dem Wege zu homogenen, tätigkeitsorientierten Berufseinheiten. MittAB 3 (1976), 285-301

Henninges, v. H.; Stooss, F.; Troll, L.: Berufsforschung im IAB - Versuch einer Standortbestimmung. MittAB 1 (1976), 1-18

Herlyn, U.: Zur Aneignung von Raum im Lebensverlauf. In: Bertels, L.; Herlyn, U. (Hrsg.): Lebenslauf und Raumerfahrung. Opladen 1990, 7-34

Hickel, R. (Hrsg.): Radikale Neoklassik. Ein neues Paradigma zur Erklärung der Massenarbeitslosigkeit? - Die Vogt-Kontroverse. Opladen 1986

Hicks, J. R.: The Theory of Wages. London 1963

Hill, W.; Fehlbaum, R.; Ulrich, P.: Organisationslehre 1 und 2, 3. Auflage. Stuttgart 1981

Hirsch, S.: Location of Industry and International Competition. Oxford 1967

Hirschmann, A.: The Strategy of Economic Development. New Haven 1958

Hirschenauer, F.: Indikatoren zur Neuabgrenzung des regionalpolitischen Fördergebietes 1993, MittAB 2 (1993), 108-129

Hodge, R.; Neyer, G.: Social Stratification, the Division of Labor and the Urban System. In: Hawley, A. E. (Hrsg.): Societal Growth. New York 1979, 114-140

Hof, B.: Regionale Arbeitsmarktanalyse für die Bundesrepublik Deutschland 1960/78. Beiträge zur Wirtschafts- und Sozialpolitik des Instituts der Deutschen Wirtschaft II. Kln 1979

Hofbauer, H.: Die Untersuchung des IAB über Berufsverläufe bei Frauen. Bericht über Methode und erste Ergebnisse. MittAB 1I (1978), 131-147

Hofbauer, H.; Bintig, U.; Dadzio, W.: Die Rückkehr von Frauen in das Erwerbsleben. MittAB 2 91969), 713-733

Hoffmann, K.; Schmitt, R.: Arbeitsmarktsegmentation. Die Karriere eines Konzepts. WSI-Mitteilungen 1 (1980), 33-43

Hoffmann, W.; Reyher, I.: Ziele und Möglichkeiten regionaler Arbeitsmarktforschung im IAB. MittAB 3 (1970), 212-219

Hoffmann-Nowotny, H.J.: Weibliche Erwerbstätigkeit und Kinderzahl. In: Gerhardt, U.; Schütz, Y. (Hrsg.): Frauensituationen. Veränderungen in den letzten zwanzig Jahren. Frankfurt/Main 1988, 219-250

Höfle, K.: Bildungsgeographie und Raumgliederung. Das Beispiel Tirol. Innsbrucker Geographische Studien 10. Innsbruck 1984

Höhn, Ch.: Frauenerwerbstätigkeit und soziale Sicherheit. Zeitschrift für Bevölkerungswissenschaft 9 (1983), 475-486

Holler, M.: Ökonomische Theorie des Arbeitsmarktes. Darmstadt 1986

Hönekopp, E. (Hrsg.): Aspekte der Ausländerbeschäftigung in der Bundesrepublik Deutschland. Beiträge zur Arbeitsmarkt- und Berufsforschung 114 (1987)

Hurler, P.: Regionale Arbeitslosigkeit in der Bundesrepublik Deutschland. Eine empirische Analyse ihrer Entwicklung, ihrer Erscheinungsformen und ihrer Ursachen. Beiträge zur Arbeitsamarkt- und Berufsforschung 84 (1984)

Hurler, P.; Pfaff, M. (Hrsg.): Gestaltungsspielräume der Arbeitsmarktpolitik auf regionalen Arbeitsmärkten. Schriftenreihe des Internationalen Instituts für Empirische Sozialökonomie 8. Berlin 1984

Hutchens, R. M.: Seniority, Wages and Productivity: A Turbulent Debates. The Journal of Economic Perspectives 3/4 (1989), 49-64

Irmen, E.: Maretzke, Sr.: Frauen und ihre Erwerbsmöglichkeiten. Informationen

zur Raumentwicklung 1 (1995), 15-35
Isard, W.: The General Theory of Location and Space-Economy. Quarterly Journal of Economics 63 (1949), 476-506
Isard, W.: Location and Space-Economy. A General Theory Relating to Industrial Location, Market Areas, Land Use, Trade, and Urban Structure. Cambridge. Mass. 1956
Isard, W. et .al.: Methods of Regional Analysis: An Introduction to Regional Science. Cambridge, Mass.-London 1969

Jenson, J.; Hagenand, E.; Reddy, C. (Eds.): Feminization of the Labour Forces. Cambridge 1988

Kallerberg, A.: Work and Industry: Structure, Markets, and Processes. Plenum Studies in Work and Industry. New York 1987
Keller, B.: Zur Soziologie von Arbeitsmärkten. Segmentationstheorien und die Arbeitsmärkte des öffentlichen Sektors. Kölner Zeitschrift für Soziologie und Sozialpsychologie 4 (1985), 648-675
Keller, B.; Klein, T.: Berufseinstig und Mobilität von Akademikern zwischen öffentlichem Dienst und Privatwirtschaft. Evidenz aus der Konstanzer Absolventenbefragung bei Diplom-Verwaltungswissenschaftlern. MittAB 2 (1994), 152-160
Kerr, C.: Labour Markets: Their Character and Consequences. AER, Papers and Proceedings 40 (1950), 278-291
Kerr, C.: The Balkanization of Labor Markets. In: Bakke, E. et al. (Eds.): Labor Mobility and Economic Opportunity. Cambridge, Mass. 1954, 92-110
Kerr, C.: The Neoclassical Revisionists in Labor Economics (1940-1960) - R.I.P. In: Kaufmann, B. (Ed.): How the Labor Markets Work. Reflections on Theory and Practice by John Dunlop, Clark Kerr, Richard Lester, and Lloyd Reynolds. Lexington-Toronto 1988
Klauder, W.: Wirtschaftliche und gesellschaftliche Bedeutung der Frauenerwerbstätigkeit heute und morgen. Zeitschrift für Bevölkerungswissenschaft 18 (1992), 435-463
Klein, Th.: Sozialstrukturveränderung und Kohortenschicksal. Mikrozensusergebnisse zu den Einflüssen von Bildungs- und Altersstrukturver-

schiebungen auf kohortenspezifische Einkommenskarrieren. MittAB 4 (1988), 512-529

Klein, Th.: Arbeitslosigkeit und Wiederbeschäftigung im Erwerbsverlauf. Kölner Zeitschrift für Soziologie und Sozialpsychologie 44 (1990), 688-705

Klein, Th.: Die Einkommenskarriere von Hochschulabsolventen. Ein empirischer Beitrag zur Kontroverse zwischen Humankapitaltheorie und Senioritätsentlohnung. MittAB 3 (1994), 205-211

Klemmer, P.: Auswirkungen der Bevölkerungsimplosion auf die Entwicklung des Arbeitsmarktes im ländlichen Raum,. In: Akademie für Raumforschung und Landesplanung (Hrsg.): Geburtenrückgang - Konsequenzen für den ländlichen Raum. Schriftenreihe für ländliche Sozialfragen 73. Hannover 1975, 73-86

Klemmer, P.: Probleme einer arbeitskräfterelevanten Typisierung von Regionen. In: Engelen-Kefer, U.; Klemmer, P.: Abgrenzung regionaler Aktionsräume der Arbeitskräftepolitik - Zwei Gutachten. Göttingen 1976

Klemmer, P.: Zur qualitativen Differenzierung regionaler Arbeitsmärkte. Raumforschung und Raumordnung 5 (1978), 225-229

Klemmer, P.; Krämer, D.: Regionale Arbeitsmärkte - Ein Abgrenzungsvorschlag für die Bundesrepublik Deutschland. Bochum 1975

Knauth, B.: Frauenerwerbsbeteiligung in den Staaten der Europäischen Gemeinschaft. Acta Demographia (1992), 7-25

Knepel, H.; Hujer, R.: Mobilitätsprozesse auf dem Arbeitsmarkt. Schriftenreihe SFB 3 der Universitäten Frankfurt und Mannheim Mikroanalytische Grundlagen der Gesellschaftspolitik 13. Frankfurt/New York 1985

Knight, F.H.: Risk, Uncertainty and Profit. Chicago 1921

Knox, P.; Taylor, P. (Eds.): World Cities in a World System. Cambridge 1995

Köhler, C.: Betrieblicher Arbeitsmarkt und Gewerkschaftspolitik. Innerbetriebliche Mobilität und Arbeitsplatzrechte in der amerikanischen Automobilindustrie. Frankfurt/Main-New York 1981

Köhler, C.; Grüner, H.: Stamm- und Randbelegschaften - Ein überlebtes Konzept? In: Köhler, C.; Preisendörfer, P. (Hrsg.): Betrieblicher Arbeitsmarkt im Umbruch. Frankfurt-New York 1989, 175-206

Köhler, C.; Preisendörfer, P.: Innerbetriebliche Arbeitsmarktsegmentation in Form von Stamm- und Ranfbelegschaft. MittAB 2 (1988), 268-277

Köhler, C.; Schultz-Wild, R.: Technischer Wandel und innerbetriebliche Mobilität - Mechanismen der Verdeckung von Rationalisierungserfolgen. In: Knepel, H.; Hujer, R. (Hrsg.): Mobilitätsprozesse auf dem Arbeitsmarkt. Frankfurt-New York 1985, 329-350

Kohler, H.; Reyther, L.: Zu den Auswirkungen von Förderungsmaßnahmen auf regionale Arbeitsmärkte. Ein Beitrag zur Erfolgskontrolle in der Regionalpolitik. MittAB 8 (1975), 1-48

Kohli, M. (Hrsg.): Soziologie des Lebenslaufs. Darmstadt 1978

Kohli, M.: Die Institutionalisierung des Lebenslaufs. Kölner Zeitschrift für Soziologie und Sozialpsychologie 37 (1985), 1-29

Koller, M.: Segmentationstheorien - eine heuristische Herausforderung. Beiträge zur Arbeitsmarkt- und Berufsforschung 33 (1979), 253-284

Konau, E.: Raum und soziales Handeln. Stuttgart 1977

König, H.: Job-Search-Theorien. In: Bombach, G.; Gahlen, B.; Ott, A. (Hrsg.): Neuere Entwicklungen in der Beschäftigungstheorie und -politik. Tübingen 1979, 63-115

König, R.: Handbuch der empirischen Sozialforschung. Band 5: Soziale Schichtung und Mobilität. Stuttgart 1976

Körner, H.: Internationale Mobilität der Arbeit. Darmstadt 1990

Krätke, S.: Stadt-Raum-Ökonomie: Einführung in aktuelle Problemfelder der Stadtökonomie und Wirtschaftsgeographie. Basel 1995

Kreimer, M.: Arbeitsmarktsegregation nach dem Geschlecht in Österreich. Wirtschaft und Gesellschaft 4 (1995), 579-608

Kromphardt, J.: Zur Erklärung der Persistenz nicht natürlicher Arbeitslosigkeit. In: Franz, W. (Hrsg.): Mikro- und Makroökonomie Aspekte der Arbeitslosigkeit. Beiträge zur Arbeitsmarkt- und Berufsforschung 165. Nürnberg 1992, 212-222

Krugman, P.: History versus Expectations. Quarterly Journal of Economics 56 (1991a), 651-667

Krugman, P. Geography and Trade. Cambridge Ma. 1991b

Kubin, I.; Steiner, M.: Dauer der Arbeitslosigkeit - ein regional differenziertes Problem. Wirtschaft und Gesellschaft 13/1 (1987), 55-70

Kuhn, A.; Beam, R. D.: The Logic of Organization. San Francisco-Washington-London 1982

Kuhn, T.: Die Strukur wissenschaftlicher Revolution. Frankfurt/M. 1967

Lang, K.; Dickens, W. T.: Neoclassical and sociological Perspectives on Segmented Labor Markets. NBER Working Paper 2127. Cambridge, Mass. 1987

Lappe, L.: Die Arbeitssituation erwerbstätiger Frauen. Geschlechtsspezifische Arbeitsmarktsegmentation und ihre Folgen. Frankfurt/Main-New York 1981

Läpple, D.: Trendbruch in der Raumentwicklung. Auf dem Weg zu einem neuen industriellen Entwicklungstyp. Informationen zur Raumentwicklung 11-12 (1986), 909-920

Lärm, T.: Arbeitsmarkttheorien und Arbeitslosigkeit: Systematik und Kritik arbeitsmarkttheoretische Ansätze. Frankfurt/Main 1982

Latack, J.; D'amico, R.: Career Mobility among Young Men: A Search for Patterns. In: Hills, S. (Ed.): The Changing Labor Markt. A Longitudinal Study of Young Men. Lexington, Mass.-Toronto 1986, 91-112

Lawrence, P. R.; Lorsch, J.W.: Organization and Environment. Managing Differentiation and Integration. Boston 1967

Lehr, U.: Berufstätigkeit. Anteil der Frauen am Erwerbsleben. In: Wisniewski, R.; Kunst, H. (Hrsg.): Handbuch für Frauenfragen. Zur Stellung der Frau in der Gegenwart. Informationen - Analysen - Anregungen. Stuttgart 1988, 54-62

Leigh, D.: Occupational Advancement in the Late 1960s: An Indirect Test of the Dual Labor Markt Hypothesis. The Journal of Human Resources 11 (1976), 155-171

Lepsius, M. R.: Handlungsräume und Rationalitätskriterien der Wirtschaftsfunktionäre in der Ära Honecker. In: Pirker, Th.; Lepsius, M. R.; Weinert, R.; Hertle, H. H. (Hrsg.): Der Plan als Befehl und Fiktion. Wirtschaftsführung in der DDR. Gespräche und Analysen. Opladen 1995, 347-362

Leser, H.; Haas, H.-D.; Mosimann, T.; Peasler, R.: Diercke Wörterbuch der Allgemeinen Geographie. München-Braunschweig 1993

Lewin, R.: Arbeitsmarktsegmentierung und Lohnstruktur. Theoretische Ansätze und Hauptergebnisse einer Überprüfungam Beispiel der Schweiz. Basler soziökonomische Studien 17, 1982

Lichtenberger, E.: Der ländliche Raum im Wandel. In: Österreichische Gesellschaft für Land- und Forstwirtschaftspolitik (Hrsg.): Das Dorf als

Leben- und Wirtschaftsraum. o.O. 1981, 16-37

Lichtenberger, E.: Stadtgeographie 1. Begriffe, Konzepte, Modelle, Prozesse. 2. Aufl. Teubner Studienbücher Geographie. Stuttgart 1991a

Lichtenberger, E. (Hrsg.): Die Zukunft von Ostmitteleuropa. Vom Plan zum Markt. ISR-Forschungsberichte 2. Wien 1991b

Liebrecht, C. H.: Die Frau als Chef 1985

Lindbeck, A.; Snower, D.: The Insider-Outsider Theory of Employment and Unemployment. Cambridge Ma. 1988

Lipset, S. M.; Bendix, R.: Social Mobility in Industrial Society. Berkeley 1959

Lipsey, R.; Steiner, P.; Purvis, D.: Economics. New York 1987

Loveridge, R.; Mok, A.L.; Theories of Labour Market Segmentation: A Critique. Boston 1979

Ludeke, R. (Hrsg.): Bildung, Bildungsfinanzierung und Einkommensverteilung. Schriften des Vereins für Sozialpolitik 221/II. Berlin 1994

Luhmann, N.: Soziale Systeme. Grundriß einer allgemeinen Theories. Frankfurt/Main 1984

Lutz, B.: Qualifikation und Arbeitsmarktsegmentation. Beiträge zur Arbeitsmarkt- und Berufsforschung 33 (1979), 45-73

Lutz, B.: Der kurze Traum immerwährender Prosperität. Eine Neuinteptation der industriell-kapitalistischen Entwicklung in Europa des 20. Jahrhunderts. Frankfurt-New York 1984

Lutz, B.; Sengenberger, W.: Segmentationsanalyse und Beschäftigungspolitik. WSI-Mitteilungen 5 (1980), 291-299

Maier, F.: The Labour Market for Women and Employment Perspectives in the Aftermath of German Unification. Cambridge Journal of Economics 3 (1993), 267-280

Maier, C.; Weiss, W.: Die regionale Dimension der Arbeitsmarktsegmentierung. Eine empirische Untersuchung für Österreich. Arbeitskreis sozialwissenschaftliche Arbeitsmarktforschung (SAMF), Arbeitspapier 10. 1988

Malinsky, A. H.: Entwicklungsschwerpunkt in strukturschwachen Räumen. Berichte zur Raumforschung und Raumordnung 1 (1980), 257-274

Malinsky, A. H.: Regionale und umweltpolitische Komponenten der Arbeitsmarkt- und Beschäftigungspolitik. Arbeitsmarktpolitik 31 (1986), 7-92

Marfels, Chr.: Absolute and Relative Measures of Concentration Reconsidered. Kyklos 24 (1971), 753-766

Maruani, M.: Erwerbstätigkeit von Frauen in Europa. Informationen zur Raumentwicklung 1 (1995), 37-47

Mark, D.: Zur regionalpolitischen Konzeption ausgeglichener Funktionsräume. Berichte zur Raumforschung und Raumplanung 16 (1972), 34-38

Mark, D. (Hrsg.): Ausgeglichene Funktionsräume. Grundlagen für eine Regionalpolitik des mittleren Weges. Veröffentlichungen der Akademie für Raumforschung und Landesplanung, Forschungs- und Sitzungsberichte 94. Hannover 1975

Massey, D.: Spatial Division of Labor. Social Structures and the Geography of Production. London 1984

Massey, D.; Meegan, R.: The Anatomy of Job Loss: The How, Why and Where of Employment Decline. London 1982

Mayer, K.-U.: Lebensverläufe und Wohlfahrtsentwicklung. Projektantrag im Rahmen des Sonderforschungsberichts 3. Universitäten Frankfurt und Mannheim 1978

Mayer, K.-U. (Hrsg.): Lebensverläufe und sozialer Wandel. Kölner Zeitschrift f ür Soziologie und Sozialpsychologie, Sonderheft 31. Opladen 1990

Mayer, K.-U.; Allmendinger, J.; Huinink, J.: Vom Regen in die Traufe: Frauen zwischen Beruf und Familie. Frankfurt-New York 1991

Mayntz, R. (Hrsg.): Bürokratische Organisationen. 2. Aufl. Kln-Berlin 1971

Mayntz, R. Bürokratie. In: Grochla, E.; Wittmann, W. (Hrsg.): Handwörterbuch der Betriebswirtschaft. I Bd., 4. Aufl. Stuttgart 1974

Mayntz, R.; Ziegler, R.: Soziologie der Organisation. In: König, R. (Hrsg.): Handbuch der empirischen Sozialforschung II. Stuttgart 1969, 444-513

McDowell, L.: Women, Gender and the Organization of Space. In: Gregory, D.; Walford, R. (Eds.): Horizons in Human Geography. London 1991, 136-151

McLafferty, S.; Preston, V.: Spatial Mismatch and Labor Market Segmentation for African-American and Latin Women. Economic Geography 68 (1992), 406-431

Mertens, D.: Der unscharfe Arbeitsmarkt. Eine Zwischenbilanz der Flexibilitätforschung. MittAB 4 (1973), 314-325

Mertens, D.: Der Arbeitsmarkt als System von Angebot und Nachfrage. In:

Mertens, D. (Hrsg.): Konzepte der Arbeitsmarkt- und Berufsforschung. Eine Forschungsinventur des IAB. Beiträge zur Arbeitsmarkt- und Berufsforschung 70. 1984, 13-30

Mertens, D. (Hrsg.): Konzepte der Arbitsmarkt- und Berufsforschung. Beiträge zur Arbeitsmarkt- und Berufsforschung 70, 3. Aufl. Nrnberg 1988

Meusburger, P. Die Vorarlberger Grenzgänger. Alpenkundliche Studien 3. Innsbruck 1969

Meusburger, P.: Die Ausländer in Liechtenstein. Eine wirtschafts- und sozialgeographische Studie. Innsbruck-München 1970

Meusburger, P.: Landes-Schulentwicklungsplan von Vorarlberg. Bildungsplanung in Österreich 3. Wien 1974

Meusburger, P.: Die Auswirkungen der österreichisch-schweizerischen Staatsgrenze auf die Wirtschafts- und Bevölkerungsstruktur der beiden Rheintalhälften. Mitteilungen der Österreichen Geographischen Gesellschaft 117 (1975), 303-333

Meusburger, P.: Beiträge zur Geographie des Bildungs- und Qualifikationswesens. Regionale und soziale Unterschiede des Ausbildungsniveaus der österreichischen Bevölkerung. Innsbrucker Geographische Studien, Bd. 7. Innsbruck 1980

Meusburger, P.: Bevölkerung und Wirtschaft. Ausländeranteil und Qualifikationsstruktur. In: Müller, W. (Hrsg.): Das Fürstentum Liechtenstein. Ein landeskundliches Portrait. Veröffentlichung des Alemannischen Instituts Freiburg i.Br. Nr. 50. Bühl/Baden 1981, 147-174

Meusburger, P.: Die Heidelberger Professoren im Jahre 1984 mit besonderer Berücksichtigung ihrer regionalen und sozialen Herkunft. Beiträge zur Hochschulforschung 1/2. Mnchen 1986, 63-106

Meusburger, P.: Das Ausbildungsniveau der österreichischen Arbeitsbevölkerung im Jahre 1981 nach der Gemeindegröße des Arbeitsortes. Ein organisationstheoretischer Erklärungsansatz. Österreich in Geschichte und Literatur mit Geographie (1988), 31-54

Meusburger, P.: Die regionale und soziale Herkunft der Heidelberger Professoren zwischen 1850 und 1932. In: Meusburger, P.; Schmude. J. (Hrsg.): Bildungsgeographische Arbeiten ber Baden-Württemberg. Heidelberger Geographische Arbeiten 88. 1990, 187-239

Meusburger, P.: Die frühe Alphapetisierung als Einflußfaktor für die

Industrialisierung Vorarlberg? In: Jahrbuch des Vorarlberger Landesmuseumsvereins 1991 (Festschrift f. E. Vonbank). Bregenz 1991, 95-100

Meusburger, P.: Wissenschaftliche Fragestellungen und theoretische Grundlagen der Geographie des Bildungs- und Qualifikationswesens. Münchener Geographische Hefte 72 (1995a), 53-95

Meusburger, P.: Zur Veränderung der Frauenerwerbstätigkeit in Ungarn beim Übergang von der sozialistischen Planwirtschaft zur Marktwirtschaft. In: Meusberger, P.; Klinger, A. (Hrsg,): Vom Plan zum Markt. Eine Untersuchung am Beispiel Ungarns. Heidelberg 1995b, 130-181

Meusburger, P.: Spatial Disparities of Labour Markets in Centrally Planned and Free Markt Economics - A Comparison between Austria and Hungary in the Early 1980's. In: Flüchter, W. (Ed.): Japan and Central Europa Restructuring. Geographical Aspects of Socioeconomics, Urban and Regional Development. Wiesbaden 1995c, 67-82

Meusburger, P.: Regionale und soziale Ungleichheit in der sozialistischen Planwirtschaft und beim Übergang zur Marktwirtschaft. Das Beispiel Ungarn. In: Glatzer, W. (Hrsg.): Lebensverhältnisse in Osteuropa. Prekäre Entwicklungen und neue Konturen. Frankfurt-New York 1996a, 177-210

Meusburger, P.: Zur räumlichen Konzentration von Wissen und Macht im realen Sozialismus. In: 100 Jahre Geographie an der Ruprecht-Karls-Universität Heidelberg (1895-1995). Heidelberger Geographische Arbeiten 100 (1996b), 216-236

Meusburger, P.: Geographie des Bildungs- und Qualifikationswesen. Wissen, Qualifikation, Informationsverarbeitung und Bildungsverhalten in der räumlichen Dimension. Heidelberg 1998 (im Druck)

Meusburger, P.; Schmidt, A.: Ausbildungsniveau und regionale Mobilität. Zur Abwanderungs von Hochqualifizierten aus Vorarlberg. In: Horvath, T.; Neyer, G. (Hrsg.): Auswanderungen aus Österreich. Von der Mitte des 19. Jahrhunderts bis zur Gegenwart. Wien-Köln-Weimar 1996, 411-431

Meusburger, P.; Schmude, J.: Regionale Disparitäten in der Feminisierung des Lehrerberufes an Grundschulen (Volksschulen). Dargestellt an Beispielen aus Österreich, Baden-Württemberg und Ungarn. Geographische

Zeitschrift 79 (1991), 75-93
MEW (Abkürzung für Marx-Engels-Werke), 42 Bände. Berlin 1956-1983
Michael, R. T.: Consequences of the Rise in Female Labor Force Participation Rates: Questions and Probes. Journal of Labor Economics 3 (Supplement 1985), 117-146
Mieth, W.: Zur Bedeutung regionaler Arbeitsmärkte für Die Raumordnungspolitik. Raumforschung und Raumordnung 5 (1978), 215-219
Mieth, W,: Die Qualität des Arbeitsmarktes in Abhängigkeit von seiner Größe. In: Akademie für Raumordnung und Landesplanung (Hrsg.): Industrie und Zentrale Orte. Veröffentlichungen der Akademie für Raumordnung und Landesplanung, Forschung und Sitzungsberichte 49. Hannover 1996
Mikus, W.: Regionale Differenzierungen von Arbeitsmärkten. Geographische Rundschau 33 (1981), 444-457
Mikus, W.: Tendenzen der Arbeitsmarktentwicklung im Mittelmeerraum. Geographische Rundschau 43 (1991), 461-465
Mincer, J.: On-The-Job-Training - Costs, Returns and Some Implications. Journal of Political Economy 70 (1962), 50-79
Mincer, J.: Schooling, Experience and Earnings. New York 1974
Mincer, J.; Polachek, S.: Family Investment in Human Capital: Earnings of Women. Journal of Political Economy 82 (1974), 576-581
Mintzberg, H.: The Structuring of Organizations. A Synthesis of the Research. Englewood Cliffs 1979
Mohr, B.: Deutsche Grenzgänger in der Nordwestschweiz. Pendlerverflechtungen am Hochrhein. Schriften der Region 9.1. Basel-Frankfurt/Main 1986
Molle, W.; van Mourik, A.: International Movements of Labour under Conditions of Economic Integration: The Case of Western Europa. Journal of Common Market Studies 26 (1988), 318-342
Möller, C.: Flexibilisierung - Eine Talfahrt in die Armut. WSI-Mitteilungen 8 (1988), 466-475
Möller, H. C.: Regionale Arbeitsmarktprobleme. München 1983
Möller, W.; Willms, A.; Handl, J.: Strukturwandel der Frauenarbeit 1880-1890. Frankfurt/Main-New York 1983
Mundell, R.: International Trade and Factors Mobility. AER 47 (1957), 321-335

Muske, G.: Theoretische Arbeitsmarktforschung in der Entwicklung: Ein forschungsstrategisches Angebot aus einer sozialgeographischen Perspektive. Raumforschung und Raumordnung 3 (1980), 115-125

Mydral, G.: Economic Theory and Under-developed Regions. London 1957

Mydral, A.; Klein, V.: Die Doppelrolle der Frauen in Familie und Beruf. Köln-Berlin 1960

Nefiodow, L. A.: Der fünfte Kondratieff: Strategien zum Strukturwandel in Wirtschaft und Gesellschaft. Frankfurt/Main 1990

Neumann, S.; Ziderman, A.: Testing the Dual Labor Markt Hypothesis. Evidence from the Israel Labor Mobility Survey. The Journal of Human Resources 21 (1986), 230-237

Niedzwetzki, K.: Soziale Herkunft und regionale Mobilität. Dargestellt am Beispiel von Abiturienten aus einem großstadtfernen, stark traditionell geprägten Raum (Mittelbereich Ellwangen). Mitteilungen der Geographischen Gesellschaft München 62 (1977), 113-134

Nishiyama, Ch.; Neube, K.-R. (Eds.): The Essence of Hayek. Stanford 1984

Nuhn, H.: Industriegeographie - Neue Entwicklungen und Perspektiven für die Zukunft. Geographische Rundschau 37 (1985), 187-193

Nuhn, H.; Sinz, M.: Industriestrukturelle Wandel und Beschäftigungsentwicklung in der Bundesrepublik. Geographische Rundschau 40 (1988), 42-53

OECD (Ed.): The Role of Women in Employment. Paris 1975

OECD (Ed.): Part-Time Employment in OECD Countries. In: OECD (Ed.). Employment Outlook 1883. Paris, 43-52

OECD (Ed.): The Integration of Women into Economy. Paris 1985

OECD (Ed.): Women's Economic Activity, Employment and Earnings. A Review of Recent Developments In: OECD (Ed.): Employment Outlook 1988. Paris 1988, 129-172

Ofer, G.; Vinokur, A.: Work and Family Roles of Soviet Women: Historical Trends and Cross-Section Analysis. Journal of Labor Economics 3 (Supplement 1985), 328-354

Offe, C.: Strukturprobleme des kapitalistischen Staates. Aufsätze zur Politischen Soziologie. Frankfurt/Main 1972

Offe, C.; Hinrichs, K.: Sozialökonomie des Arbeitsmarktes und die Lage benachteiligter Gruppen von Arbeitsnehmern. In: Offe, C. (Hrsg.): Opfer des Arbeitsmarktes. Zur Theorie der strukturierten Arbeitslosigkeit. Darmstadt 1977, 3-61

Oppenheimer, V. K.: Work and the Family. A Study I Social Demography. New York-London 1982

Osterman, P.: An Empirical Study of Labour Market Segmentation. Industrial and Labour Relation Review 28 (1974), 508-521

Osterman, P.: Internal Labour Markets. Cambridge, Mass. 1984

Pearce, D. (Ed.): The MIT-Dictionary of Modern Economics. Cambridge., Mass. 1986, 233-234, 248

Perroux, F.: Note sur la notion de pole de croissance. Economique Applique 7 (1955), 307-320

Peters, W. (Hrsg.): Frauenwerwerbstätigkeit. Paderborn 1989

Pfaffe, M.; Hurler, P.: Employment Policy for Regional Labor Market. Environment and Planning: Government and Policy 1 (1983), 163-178

Pfaffe, M.; Hurler, P.; Kohler, R.: Regionale Arbeitslosigkeit. Zwischenbericht im Rahmen des DFG-Schwerpunktes Regionalforschung und Regionalpolitik. Augsburg 1978

Prau-Effinger, B.: Erwerbsbeteiligung von Frauen im europäischen Vergleich. Am Beispiel von Finnland, den Niederlanden und Westdeutschland. Informationen zur Raumentwicklung 1 (1995), 49-59

Prau-Effinger, B.; Geissler, B.: Entscheidung verheirateter Frauen für Teilzeitarbeit. Ein Beitrag zu einer Soziologie des Erwerbsverhaltens. MittAB 3 (1992), 358-370

Pfriem, H.: Die Grundstruktur der neoklassischen Arbeitsmarkttheorie. In: Sengenberger, W. (Hrsg.): Der gespaltene Arbeitsmarkt. Probleme der Arbeitsmarktsegmentation. Frankfurt/Main-New York 1979

Piore, M.: Labor Markt Segmentation: To What Paradigma Does it Belong? AER 73 (1983), 249-253

Piore, M.; Sabel, C.: The Second Industrial Divide: Possibilities for Prosperity. New York 1984

Plicht, H.; Schrober, K.; Schreyer, F.: Zur Ausbildungsadäquanz der Beschäftigung von Hochschulabsolventinnen und -absolventen. Versuch einer Quantifizierung anhand der Mikrozensen 1985 bis 1991. MittAB 3 (1994), 177-204

Pohle, H.: Arbeitslosigkeit und ihre räumliche Transmission. Schriften zu Regional- und Verkehrsproblemen in Industrie- und Entwicklungsländern 35. Berlin 1982

Pries, L.: Abhängige und selbständige Erwerbsarbeit in Lateinamerika. Eine empirische Überprüfung des Konzepts vom ‚Informellen Urbanen Sektor'. Kölner Zeitschrift für Soziologie und Sozialpsychologie 4 (1992), 655-676

Priewe, J.: Zur Kritik konkurrierender Arbeitsmarkt- und Beschäftigungstheorien und ihrer politischen Implikationen: Ansatzpunkte für eine Neuorientierung einer Theorie der Arbeitslosigkeit. Europäische Hochschulschriften, Reihe 5, Volks- und Betriebswirtschaft 501. 1984

Prognose AG: Arbeitslandschaft bis 2010 nach Umfang und Tätigkeitsprofilen. Beiträge zur Arbeitsmarkt- und Berufsforschung 131.1 und 131.2. Nürnberg 1989

Rabe-Kleberg, U.: Frauenberufe - Zur Segmentierung der Berufswelt. Bielefeld 1987

Reich, M.; Gordon, D.; Edwards, R.: A Theory of Labor Market Segmentation. AER 63 (1973), 359-365

Reyher, L.; Bach, H.-U.: Arbeitskräfte-Gesamtrechnung. Bestände und Bewegungen am Arbeitsmarkt. In: Mertens, D. (Hrsg.): Konzepte der Arbeitsmarkt- und Berufsforschung. Eine Forschungsinventur des IAB. Beiträge zur Arbeitsmarkt- und Berufsforschung 70 (1984), 120-144

Rhein, T.: Europäische Währungsunion: Mögliche Konsequenzen und Lohn. Ein Literaturbericht. MittAB 4 (1994), 372-378

Richardson, H.: Regional Growth Theory. New York 1973

Richter, U,: Geographie der Arbeitslosigkeit in Österreich. Theoretische Grundlagen - Empirische Befunde. Beiträge zur Stadt- und Regionalforschung 13. Wien 1994

Riese, M.: Die Meinung der Arbeitslosigkeit. Berlin 1986

Rima, I.: Labor Markets, Wages, and Employment. New York 1981

Rolfes, M.: Regionale Mobilität und akademischer Arbeitsmarkt. Hochschulabsolventen beim Übergang vom Bildungs- in das Beschäftigungssystem und ihre potentielle und realisierte Mobilität. Osnabrücker Studien zur Geographie 17. Osnabrück 1996

Romer, P. M.: Increasing Returns and Long-Run Growth. Journal of political Economy 94 (1986), 1002-1034

Romer, P. M.: Endogeneous Technological Change. Journal of Political Economy 98 (1990). 71-102

Roos, P. A.: Gender and Work: A Comparative Analysis of Industrial Societies. Albany 1985

Ross, A.: Do We have a New Industrial Feudalism? AER 48 91958), 903-920

Ross, A. (Ed.): Employment Policy and the Labor Market. Berkeley-Los Angels 1995

Rothschild, K.: Zyklisches Verhalten und Niveau der österreichischen Arbeitslosigkeit. Zwei hypothetische Betrachtungen. Zeitschrift für Nationalökonomie 37 (1977), 183-196

Rothschild, K.: Arbeitslose: Gibt's die? Kyklos 31 (1978), 21-35

Rothschild, K.: Kritische Darstellung der theoretischen Grundlagen der Vollbeschäftigungspolitik. Deutsches Institut für Wirtschaftsforschung, Vierteljahreshefte zur Wirtschaftsforschung 1. 1980, 10-17

Rothschild, K: Der Wechsel vom keynesianischen zum neoklassischen Paradigma in der neueren Wirtschaftspolitik. Versuch einer soziologisch-historischen Einordnung. In: Krupp, H.-J.; Rohwer, B.; Rothschild, K. (Hrsg.): Wege zur Vollbeschäftigung. Freiburg 1987, 107-123

Rothschild, K. W.: Theorien der Arbeitslosigkeit. München-Wien 1988

Rottenberg, S.: Occupational Licensing. In: International Encyclopedia of the Social Sciences, Vol. 9. 1968, 283-285

Ruberry, J.: Structured Labour Markets, Worker Organisation and Low Pay. Cambridge Journal of Economics 2 (1978), 17-36

Rudolph, H.: Beschäftigungsstrukturen in der DDR vor der Wende. Eine Typisierung von Kreisen und Arbeitsämtern. MittAB 4 (1990), 474-503

Rudolph, H.: Struktur und Dynamik der Langzeitarbeitslosigkeit in der Bundesrepublik Deutschland 1980-1990. Beiträge zur Arbeitsmarkt- und Berufsforschung 163 (1992), 147-188

Rumberger, R.; Carnoy, M.: Segmentation in the US Labour Market: Its Effect on the Mobility and Earnings of Whites and Blacks. Cambridge Journal of Economics 4 (1980), 117-132

Sassen, S.: The Global City. New York-London-Tokyo-Princeton 1991
Sassen, S.: Metropolen des Weltmarkts. Die Neue Rolle der Global Cities. Frankfurt/Main 1994
Saunders, M.; Flowerdew, R.: Spatial Aspects of the Provision of Job Information. In: Fischer, M.; Nijkamp, P. (Eds.): Regional Labour Markets. Contribution to Economic Analysis. Amsterdam-New York-Oxford-Tokyo 1987, 205-228
Schettkat, R.: Die Erwerbsquote, ein geeigneter Indikator zur Analyse der Erwerbsbeteiligung? Zur internationalen und intertemporären Vergleichbarkeit der Erwerbsbeteilgung. Berlin, Wissenschaftszentrum Berlin, Discussion Papers 1987a
Schettkat, R.: Dynamik der Erwerbsbeteiligung in Schweden und der Bundesrepublik Deutschland. Internationale Chronik zur Arbeitsmarktpolitik 29 (1987b), 1-4
Schettkat, R.: The Impact of Taxes on Female Labour Supply. International Review of Applied Economics 3 (1987c), 1-24
Schettkat, R.: Innovation und Arbeitsmarktdynamik. Berlin-New York 1989
Schettkat, R.: Mobilität im Arbeitsmarkt - eine Funktion der Makroökonomie. In: Franz, W. (Hrsg.): Mikro- und makroökonomische Aspekte der Arbeitslosigkeit. Beiträge zur Arbeitsmarkt- und Berufsforschung 165. Nürnberg 1992, 25-35
Schettkat, R.: Beschäftigtenmobilität in den Ländern der Europäischen Gemeinschaft: MittAB 3 (1993), 362-374
Schmid, G.: Zur Konzeption einer aktiven Arbeitsmarktpolitik. In: Bolle, M. (Hrsg.): Arbeitsmarkttheorie und Arbeitsmarktpolitik. Opladen 1976, 165-185
Schmid, G.: Strukturelle Arbeitslosigkeit in der BRD II; Bedingungsfaktoren der Arbeitslosigkeit. Multivariate Analysen von Merkmalen der Unterbeschäftigung, der Wirtschafts- und Erwerbsstruktur sowie der örtlichen Arbeitsmarktbedingungen für 139 Arbeitsmarktbezirke 1971-1975, 1975, 1975-1977. IIM Papers 78. Berlin 1878
Schmidt, A.: Abwanderung von Hochqualifizierten aus Vorarlberg. Österreich in Geschichte und Literatur mit Geographie 40 (1996), 371-383
Schmidt, M. G.: Erwerbsbeteiligung von Frauen und Männern im Industrieländervergleich. Opladen 1993

Schmidtberg, U.: Chancenverteilung auf dem Arbeitsmarkt: Zugangs- und Verbleibsrisiken der Arbeitslosigkeit. Frankfurt-New York 1981

Schmude, J.: Die Feminisierung des Lehrberufs an öffentlichen, allgemeinbildenden Schulen in Baden-Württemberg. Heidelberger Geographische Arbeiten 87. Heidelberg 1988

Schui, H.: Arbeitslosigkeit: Erklärung durch die Segmentationsthese oder durch ökonomische Analyse. Beiträge zur Arbeitsmarkt- und Berufsforschung 33 (1979), 148-158

Schultz, Th. W.: The Economic Value of Education. New York-London 1963

Schumpeter, J.: Theorie der wirtschaftlichen Entwicklung. Leipzig 1912

Schwarz, K.: Erwerbstätigkeit von Frauen und Kinderzahl. Zeitschrift für Bevölkerungswissenschaft 7 (1981), 59-86

Schwarz, K.: Umfang der Frauenerwerbstätigkeit nach dem Zweiten Weltkrieg. Zeitschrift für Bevölkerungswissenschaft 11 (1985), 241-260

Schwarz, K.: Die Bildungsabschlsse der Frauen und ihre Bedeutung für den Arbeitsmarkt, die Eheschließung und die Familienbildung. Zeitschrift für Bevölkerungswissenschaft 15 (1989), 361-382

Schwarz, K.: Erwerbstätigkeit im Lebenslauf. Erwerbslebensgeschichte der Geburtjahrgänge 1893/97-1968/72. In: Akademie für Raumforschung und Landesplanung (Hrsg,): Regionale und biographische Mobilität im Lebenslauf. Forschung- und Sitzungsberichte 189. Hannover 1992, 105-124

Schwarz, K.: Frauenerwerbstätigkeit im Lebenslauf gestern und heute. Zeitschrift für Bevölkerungswissenschaft 19 (1994), 541-575

Scott, A.; Storper, M. (Eds.): Production, Work, Territory. The Geographical Anatomy of Industrial Capitalism. Boston-London-Sydney 1986

Sengenberger, W.: Arbeitsmarktstruktur. Ansätze zu einem Modell des segmentierten Arbeitsmarktes. Frankfurt/Main-New York 1978

Sengenberger, W.: Zur Dynamik der Arbeitsmarktsegmentierung - mit Thesen zur Struktur und Entwicklung des Arbeitsmarktes in der Bundesrepublik Deutschland. Beiträge zur Arbeitsmarkt- und Berufsforschung 33 (1979), 1-44

Sengenberger, W.: Arbeitsmarktsegmentation und Macht. In: Buttler, F.; Gerlach, K.; Schmiede, R. (Hrsg.): Arbeitsmarkt und Beschäftigung: neuere Beiträge zur institutionalistischen Arbeitsmarktanalyse. Sozialwissenschaftliche Arbeitsmarktforschung 14. New York-Frankfurt/Main 1987, 95-120

Siebert, H.: Zur Theorie des regionalen Wirtschaftswachstums. Tübingen 1967

Singer, O.: Lohnarbeit und Arbeitsmarkt. Umrisse zu einer sozialökonomischen Theorie der Allokation von Arbeitsmarkt. Frankfurt/Main-New York 1986

Singlemann, J.; Browning, L. H; Industrial Transformation and Occupational Change in the U.S., 1960-1970. Social Forces 53, 1 (1980), 246-261

Smith, A.: The Wealth of Nations. Reprint 1976. Chicago 1976

Solow, R.: The Labor Markt als s Social Institution. Cambridge 1990

Soltwedel, R.: Mehr Markt am Arbeitsmarkt. Ein Ployer für weniger Arbeitsmarktpolitik. München-Wien 1984

Srensen, A.; Tuma, N. N.: Labor Market Structure, and Socioeconomic Achievement. AJS 83 (1977), 551-593

Stark, O.: The Migration of Labor. Cambridge Ma. 1991

Statistisches Bundesamt (Hrsg.): Frauen in Familie, Beruf und Gesellschaft. Stuttgart-Berlin-Köln-Mainz 1987

Steiger, H. H.: Zum Verlauf des Erwerbslebens der Frauen. Wirtschaft und Statistik 10 (1968), 498-501

Steiger, H. H.: Unterbrechung und Wiederaufnahme der Erwerbstätigkeit von Frauen. Wirtschaft und Statistik 4 (1976), 236-239

Steiner, M.: Regionale Ungleichheit, Habilitationsschrift. Universität Graz 1988

Steiner, M.; Wendner, R.: Alte Industriegebiet: Wo bleiben die Arbeitslosen? Untersuchung am Beispiel der Obersteiermarkt. Wirtschaft und Gesellschaft 1 (1993), 11-27

Steiner, V.: Kumulative Arbeitslosigkeit. Forschungsbericht 19 des Forschungsschwerpunkts S. 44 Dynamik der Arbeitslosigkeit und Beschäftigung. 1987

Steinle, W. J.: Regionale Arbeitsmarktprobleme in Europa. Seminar, Symposien, Arbeitspapiere der Bundesforschungsanstalt für Landeskunde und Raumordnung 8. Bonn 1983

Stigler, G.: Information in the Labor Market. Journal of Political Economy 70 (1962), 172-204

Storper, M.; Walker, R.: The Theory of Labour and The Theory of Location. International Journal of Urban and Regional Research 7 (1983), 1-43

Strasser, J.: Trennung von Hand- und Kopfarbeit. In: Meyer, Th.; Klär, K. H.; Miller, S.; Novy, K.; Timmermann, H. (Hrsg.): Lexikon des Sozialismus. Köln 1986, 682-683

Talos, E.; Wiederschwinger, M. (Hrsg.): Arbeitslosigkeit Österreichs - Vollbeschäftigung am Ende? Wien 1987

Tegtmeier, W.: Was sollte und was kann regionale Arbeitsmarktpolitik leisten? —Erfahrungen mit einem regional differenzierten Einsatz von arbeitsmarktpolitischen Maßnahmen. In: Hurler, P.; Pfaff, M. (Hrsg.): Gestaltungsspielräume der Arbeitsmarktpolitik auf regionalen Arbeitsmärkten. Berlin 1984, 45-56

Teichler, U.; Buttgereit, M. (Hrsg.): Hochschulabsolventen im Beruf. Ergebnisse der dritten Befragung bei Absolventen der Kasseler Verlaufsstudie. Schriftenreihe Studien zur Bildung und Wissenschaft des Bundesministeriums für Bildung und Wissenschaft 102. Bonn 1992

Teltscher, S.: Small Trade and the World Economy: Informal Vendors in Quito, Ecuador. Economic Geography 70 (1994), 167-187

Tessaring, M.: Qualifikation und Frauenerwerbstätigkeit. In: Klauder, W.; Kühlewind, G. (Hrsg.): Probleme der Messung und Voraussschätzung des Frauenerwerbspotentials. Beiträge zur Arbeitsmarkt- und Berufsforschung 56 (1981), 82-106

Tessaring, M.: Langfristige Tendenzen des Arbeitskräftebedarfs nach Tätigkeiten und Qualifikationen in den alten Bundesländern bis zum Jahre 2010. Eine erste Aktualisierung der IAB/Prognos-Projektionen 1989/91. MittAB 1 (1994), 5-19

Thompson, J. D.: Organizations in Action. New York 1967

Thorngren, B.: How do Contact Systems Affect Regional Development? Environment and Planning 2 (1970), 409-427

Thörnqvist, G.: Contact Systems and Regional Development. Lund Studie in Geography, Ser. B., vol. 35. 1970

Thurow, L.: Die Arbeitskräfteschlange und das Modell des Arbeitsplatzwettbewerbs. In: Sengenberger, W. (Hrsg.); Der gespaltene Arbeitsmarkt; Probleme der Arbeitsmarktsegmentation. Frankfurt/Main-New York 1978

Tichy, G.: Das Altern von Industrieregionen. Unabwendbares Schicksal oder

Herausforderung für die Wirtschaftspolitik? Berichte zur Raumforschung und Raumordnung 31, 1 (1987), 3-10

Tichy, G.: The Product-Cycle Revisited. Some Extensions and Clarifications. Zeitschrift fr Wirtschafts- und Sozialwissenschaften 110 (1990)

Tichy, G.: Das Problem der langdauernden hohen Arbeitslosigkeit. Ursachen und Lösungsansätze. Wirtschaft und Gesellschaften (1994), 489-505

Todd, E,: The Explanation of Ideology. Family Structures and Social Systems. Oxford-New York 1985

Tödtling, F.: Organisatorische Status von Betrieben und Arbeitsplatzqualität in peripheren und entwicklungsschwachen Gebieten Österreichs. Dissertationen der Wirtschaftsuniversität Wien, VWGO 37/1 und II. 1983

Tolbert, C.: Industrial Segmentation and Men's Career Mobility. ASR 47 (1982), 457-477

Tolbert, C; Horan, P.; Beck, E.: The Structures of Economic Segmentation: A Dual Economy Approach. AJS 85 (1980), 1095-1116

Treiman, D.: Occupational Prestige in Comparative Perspective. New York 1977

Troll, L: Unschärfen bei der Erfassung des ausgeübten Berufs und Ansätze zur Verbesserung statistischer Nachweise. MittAB 2 (1981), 163-179

Tuchtfeldt, E.: Mobilitätsprobleme auf dem Arbeitsmarkt. In: Bethlen, S.; Miller-Armack, A, (Hrsg.): Vollbeschäftigung - eine Utopie?. Beiträge zur Wirtschaftspolitik 43. Bern-Stuttgart 1986, 151-166

United Nations (Ed.): Labour Supply and Migration in Europe. Demographic Dimensions 1950-1975. Economic Survey of Europe in 1977, Part II. 1979

Valkenburg, F.; Vissers, A.: Segmentation of the Labour Market: The Theory of the Dual Labour Market - The Case of the Netherlands. The Netherlands Journal of Sociology 16, 2 (1980), 155-170

Vernon. R.: International Investment and International Trade in the Product Cycle. Quarterly Journal of Economics 80 (1966), 190-207

Vietorisz, T.; Harrison, B.: Labor Market Segmentation: Positive Feedback and Divergent Development. AER 63 (1973), 366-376

Von Böventer, E.: Theorie des räumlichen Gleichgewichts. Tübingen 1962

Wachter, M.: Primary and Secondary Labor Markets: A Critique of the Dual Approach. Brookings Papers on Economic Activity 3 (1974), 637-680

Waljer, R.; Ellis, M.; Barff, R.: Linked Migration Systems: Immigration and Internal Labor Flow in the United States. Economic Geography 3 (1992), 234-248

Walterskirchen, E.: Der hierarchische Arbeitsmarkt. Theoretische Ansätze zur Erklärung von Arbeitslosigkeit, Beschäftigungs- und Lohnhierarchie. Dissertation. Universität Wien 1980

Walterskirchen, E.: Wirtschaftswachstum und Arbeitslosigkeit in Westeuropa. Wirtschaft und Gesellschaft 3 (1994), 377-388

Weber, A.: Über den Standort der Industrie. Tübingen 1914

Weber, M.: Wirtschaft und Gesellschaft. Tübingen 1922

Weick, C.: Räumliche Mobilität und Karriere. Eine Individualstatistische Analyse der baden-württembergischen Universitätsprofessoren unter besonderer Berücksichtigung demographischer Strukturen. Heidelberger Geographische Arbeiten 101. Heidelberg 1995

Weltbank (Hrsg.): Weltentwicklungsbericht 1995. Arbeitsnehmer im weltweiten Integrationsproze. Washington D. C. 1995

Werner, H.: Beschäftigung von Grenzarbeitnehmern in der Bundesrepublik Deutschland. MittAB 1 (1993a), 28-35

Werner, H.: Integration ausländischer Arbeitsnehmer in den Arbeitsmarkt. Vergleich von Frankreich, Deutschland, Niederlande und Schweden. MittAB 3 (1993b), 348-361

Wiessner, R.: Die Abwanderung aus Nordost-Bayern. Mitteilungen der Fränkischen Geographischen Gesellschaft 25/26 (1978/9), 263-349

Williamson, O.; Wachter, M.; Harris, J.: Understanding the Employment Relation: The Analysis of Idiosyncratic Exchange. The Bell Journal of Economics 6/1 (1975), 250-278

Willms, A.: Die Entwicklung der Frauenerwerbstätigkeit im Deutschen Reich. Beiträge zur Arbeitsmarkt- und Berufsforschung. Nürnberg 1980

Winter-Ebmer, R.: Arbeitslosigkeit, Hysterese und Wirtschaftspolitik. Wirtschafts und Gesellschaft 3 (1991), 353-363

Young, M.: The Rise of Meritocracy, 1870-2033. London 1958

Ziegler, R.; Brüderl, J.; Diekmann, A.: Stellensuchdauer und Anfangseinkommen bei Hochschulabsolventen. Ein empirischer Beitrag zur Job-Search-Theorie. Zeitschrift für Wirtschafts- und Sozialwissenschaften 108 (1988), 247-270

Zinnecker, J.: Lehrerin '70. Betrifft Erziehung, 1970/3, 11-21; 1970/6, 25-30; 1970/7, 30-33

Zinnecker, J.: Die Arbeit der Lehrerinnen in der Schule. In: Lüdtke, H. (Hrsg.): Erzieher ohne Status? Heidelberg 1973a, 77-88

Zinnecker, J.: Sozialgeschichte der Mädchenbildung. Weinheim-Basel 1973b

Zweimüller, J.: Development and Determinants of Females Labour Forces Participation in Austria. Forschungsbericht 17 des Forschungsschwerpunkts S 44. Dynamik der Arbeitslosigkeit und Beschäftigung. 1987

찾아보기

ㄱ

가격의 유연성 60
가격형성 26, 44, 46
가사 114
가사(노동) 299
가외분 100
가족단계 117, 118, 119, 123, 125, 130
가족상황 124, 125, 128, 130, 224
가족정책 47, 313
가족정책적 조치 48
가족조세 136
거래도시 105
거주적 직업활동자 228
격차 88, 136, 141, 164, 166, 196, 217, 218, 272, 313
결원율 193, 194
경기적 실업 204, 205, 209
경쟁 59, 72, 74, 93, 99, 100, 148, 170, 289
경쟁이점 98, 142
경제계층 151, 172, 176, 260
경제부문체계 161
경제인 67, 69, 169
경합시장 57, 69
계급대립 83
계몽 40, 146
계약론 68
계절노동자 80
계절적 실업 203, 204, 205

계층 100, 102, 103, 120, 147, 229
계획경제 148, 152
고등학교 153, 155
고용의 안정도 172
고용의 안정성 76, 80, 172, 173
고임금지역 87
고졸자비율 143
공간발전 221
공간적 격차 55, 92, 97, 138, 165
공간적 모델 86
공간적 분업 54, 89
공간적 분포 98
공간적 이동 42, 50, 52, 54, 67, 185, 204, 222
공간적 집중 35, 106, 147, 151, 229
공공행정 39, 42, 152, 163, 197
공급 26, 27, 34, 44, 46, 48, 61, 86, 112, 129, 130, 197, 201, 206, 208, 221, 256, 282, 289
공무원 31, 80, 156, 161, 163, 168, 169, 183, 250, 257
공석 193, 306
공업 29, 163, 164, 217, 285, 291, 294
공업화 29, 41, 146, 278
공장제기업 26
과점 84
관료화 27, 40, 42, 152
광산취락 180
교수 52, 179
교육 41, 42, 47, 68, 100, 153, 238,

248, 274, 302, 315
교육비용 76
교육수준 39, 66, 117, 120, 124, 128, 129, 130, 143, 145, 152, 179, 182, 224, 240, 241, 242, 268, 274
교육적합성 155
교육체계 41, 152
교육팽창 155
교육행동 47, 117, 182
교환과정 26
교환이론 67
구서독 140, 142
구조변동 145, 163, 164, 169, 170, 204, 210, 215, 312, 314
구조적 실업 204, 205
구조화 208
구직 66, 186, 299
구축효과 155
국내교역과 광업 151
국내이동 226, 234, 236, 243, 245, 249
국내이주흐름 232
국제노동기구 159, 186, 190
국제적 이동 233
국제표준 직업분류 159
귀속사회 40
귀족 25, 313
균형임금 57, 60, 87
근대화과정 138, 140, 141, 314
기간구성원 77, 82, 208
기간노동자 81
기술우위 142
기술적 하부구조 144
기업간 이동 170
기업과의 결속 63

기업내 이동 170, 176
기업본사 166
기업소속 156, 254
기업적 적응 46
기업적 지식 76
기업주 25, 44, 62, 70, 95, 136, 198, 201, 313
기업체조사 197
기업특수적 자질 74

ㄴ

난민 224, 230, 243, 249, 278
내-외부자론 201
내부노동시장 72
네덜란드 140, 247, 284
네트워크 104, 148, 180, 182, 230, 232, 244, 282
노동관구 217
노동내용 299
노동량 48, 49
노동력개념 188
노동력이동 88, 233
노동력조사 190, 195
노동수단 158
노동시간 48, 114, 188, 208, 252, 268
노동시장 및 직업연구소 177
노동시장모델 44, 70, 84, 92, 95, 249
노동시장의 분절화 84, 93, 169
노동시장의 탈규제화 61, 307
노동인구 50, 83, 147, 151, 228, 229
노동조직 33, 39, 75, 82
노동조합 59, 72, 80, 82, 141, 198, 202, 258, 312

노동직능　158
노동직무　158
노동청관구　55
농경사회　25, 28, 29, 140
농경적 가족 및 성별 모델　138
농업인구　36
농임업　151, 197
능력　257
능력주의사회　40, 41
능력주의화　27, 40, 41, 70

ㄷ

다공장기업　162
단위임금비용　163
단체협약　59, 312
대량생산　35, 38, 39, 103, 295
대안역할개념　277
대졸자　148, 153, 176, 241, 244
대학교수　160, 178, 234
도시인구　67
독일　225, 238
독자판단　157
독점　83, 84, 105, 142
독점적 산업부문　83
동업조합　25, 29
두뇌노동　31, 35, 37
등록실업자　192, 195
등록연한　193
등질적 노동시장　54

ㄹ

루틴한 직무　104

ㅁ

마르크스주의　37, 212
마르크스주의적　83
마찰적 실업　204
만인의 노동시장　74, 108
만인의 숙련도　164
목표위치　170, 171
무기력　100
무능　41, 100
무변수기법　160
문맹률　141, 146
문자　33
문화적 상부구조　138
물적 자본　82, 83
미국　69, 72, 77, 107, 127, 128, 153, 155, 175, 249, 257, 274
미시센서스　116, 157, 175, 250, 255, 267
민족적 귀속성　124
민족집단　131, 283

ㅂ

박탈 또는 소용돌이효과　91
발칸 반도　146
배분과정　70
배출-흡입모델　246
범주도식　159, 161
법적 위치　224
법적 최저임금　59
벨기에　140, 247
보건위생부문　151, 163, 283, 292
보호된 정보　98
복합성　42, 46, 82, 99, 101, 181
봉건적 농경사회　27

봉급정지대체금 118
부다페스트 133, 146, 151
부문간 이동 170
부양자부부 137
분극론 90, 222
분극화 32, 38, 91, 92, 291, 294, 296
분단론적 접근법 71, 202
분업 28, 32, 35, 91, 98, 100, 140, 166, 205, 229
분포 91, 96, 107, 117, 179, 260, 282
불균등 245, 247
불균형 88, 185, 197, 202, 222, 307, 308
불안정적 수요 93
불안정적 일자리 93
불확실성 100, 101, 102, 105, 157, 180
불확정성 100
불황기 200, 206, 209
비공식부문 133, 296
비숙달 노동자 160
비용 38, 54, 62, 66, 98, 104, 153, 196, 230, 232, 245, 275, 285, 298
비취업인구 114, 188
비취업자 188

ㅅ

사무직 31, 80, 161, 167, 257, 302
4차부문 32
사회경제적 격차 146, 196
사회경제적 지위 160, 170
사회경제적 패널 175
사회부조 136

사회적 규범 120, 138
사회적 불균등 37, 45, 97
사회적 이동 170, 182
사회적 지위 44, 47, 67, 141
사회적 층화 40, 41, 45, 100, 160
사회적 통제 138
사회주의 37, 120
사회주의체제 123, 151
사회체제 99
사회화 179, 183, 276
산모보호 137
산업부문간 구조변동 26, 32, 33
산업혁명 36
3차부문 163, 212
상호작용행렬 173
생계유지개념 188
생산 및 교역의 독점 142
생산수단 26, 84
생산자서비스 166, 293
서비스사회 32, 161
선도적 공무원 265
선별방식 48
선임권 80, 255
설문지 157
성 116, 124, 253, 259
성별 모델 138
성별간 계약 128, 129, 138
성비지수 262
성숙단계 108, 109, 110, 167
성장단계 108
성장부족적 실업 205
세계화 163, 164
세대간 이동 171
소득 44, 53, 62, 65, 67, 69, 114, 120, 129, 152, 153, 165, 188, 248, 250, 251

수공업자 25, 26, 36, 37
수요 26, 27, 44, 46, 49, 57, 60, 65, 68, 86, 94, 112, 169, 184, 197, 198, 199, 204, 208, 252, 282, 288, 298, 307
수요곡선 58
수요지향적 노동시장정책 48
수직적 분업 34, 35, 37, 38
수평적 분업 34, 35
순이주율 227
시간제노동 137, 141
시간제취업 48, 137, 312
시민적 가족 및 성별 모델 139
시장경제적 경쟁 98
시장권 142
시장메커니즘 44, 60, 88, 202
시장현상의 투명성 88
신고기록 226
신고전적 노동시장모델 86
신고전적 모델 58, 60, 66, 67, 74, 79, 86, 97, 198, 305
신고전학 57, 61, 89, 90, 112, 146, 197, 222, 231, 249, 307, 308
신호 65
실업 48, 55, 57, 60, 73, 77, 114, 152, 156, 169, 185, 187, 189, 191, 192, 194, 197, 198, 199, 202, 204, 205, 206, 207, 208, 210, 212, 213, 214, 217, 218, 221, 222, 232, 233, 236, 249, 258, 280, 290, 291, 298, 299, 301, 302, 305, 307, 309, 313, 315
실업률 55, 146, 185, 187, 188, 189, 191, 192, 195, 206, 210, 214, 217, 220, 221, 231, 238, 258, 280, 291, 299, 310, 312, 314, 315

실업에피소드 192

ㅇ

안정적 수요 93
안정적 일자리 93
야간노동금지 137
에피소드 114, 192, 209, 210
에피소드 연한 193
엘리트 31
여성취업률 126
여성취업활동률 136
역류효과 91
연관도 173
연구수단 67
연령 28, 47, 63, 102, 107, 113, 117, 124, 125, 127, 128, 130, 173, 239, 253, 259, 298
연방노동청의 고용통계 157, 225
연방직업교육연구소 177
연속적 완성 36
영국 218, 247, 311, 312
영토국가 28, 29
오스트리아 52, 75, 110, 116, 120, 133, 153, 161, 183, 188, 189, 191, 193, 195, 197, 206, 210, 212, 214, 215, 218, 225, 236, 238, 239, 243, 244, 249, 255, 264, 269, 278, 279, 292, 300, 312
완전고용 57, 304, 308, 310
외국인등록처 226
외부노동시장 72, 75, 203
외부의존성 103
운송비 89, 104, 285, 297
원리 33, 77
위험험오론적 접근법 68

유가파동　206
유연적 특화　38
유입률　173
유자녀단계　118, 121, 125, 134, 136
유출률　172
유효임금론　201
은폐적 실업　206
은행 및 금융기관　147, 151
의무교육　41, 117, 129, 130, 203, 273
의무학교　143, 153
의사결정　26, 35, 39, 88, 99, 100, 104, 105, 130, 166, 266, 275
의사결정권　67, 100, 103, 256, 297
의사결정자　99, 104, 105, 107, 288
의사독점적 위치　303
의사소통관계　100
이동　60, 72, 74, 169, 170
이동과정　70, 172, 175
이동성　40, 74
이동의 연쇄고리　79
이력　181
이주　47, 52, 54, 57, 91, 146, 198, 201, 221, 222, 224, 227, 229, 230, 231, 232, 233, 235, 239, 247, 249
이주유형　224
이주흐름　227, 231, 232, 246
이중모델　79, 84
2차노동시장　78, 80
2차부문　29, 158, 166, 212
이탈리아　146, 154, 247
인사결정　77
인쇄술　34
인적자본　62, 81, 95, 143, 199, 201, 208, 245, 287, 297, 303

인적자본론　63, 64, 65, 66, 68, 77, 82, 153, 199, 200
일본　39, 81, 83, 125, 154
일상정보　97, 99
일자리의 결핍　228
일자리의 과잉　228
1차노동시장　78, 79
1차부문　28, 165, 285
1차일자리　82
임금덤핑　42, 201
임금수준　45, 60, 68, 88, 110, 152, 198, 230, 231, 234, 246, 299
임금의 경직성　68
임금의 유연성　74, 198, 201, 305
임금의 탄력성　60
임금차　87, 232, 303
임대료　104
입국률　228
입직문　79, 82

ㅈ

자녀보육금　118, 119
자녀수　124, 130
자녀양육　274
자리쇄도지수　193
자본　36, 41, 86, 88, 232, 245, 289
자본주의체제　30, 84
자본투여　82, 94
자연적 실업　205
자영업자　80, 115, 158, 161, 176, 225, 250, 278
자유로운 정착　61
자유주의　29, 311
자율성　44, 73, 95, 103, 105
잠재취업인구율　115

장기실업자 192, 206, 209
저임금국가 88
저임금지역 87
저취업자 114
적응 45, 86, 200, 302, 313
전기 174
전기연구 174
전문기능직 노동자 74, 77, 80, 183, 278, 293, 294, 295
전문적 능력 40, 102
전문화 27, 34, 36, 40, 42, 48, 52, 70, 100, 152
전수조사 195, 197
전일제일자리 141
전체노동시장 50, 69, 72, 74, 78, 259
전화 34
접촉잠재력 104, 105, 181, 182
정보수준 145, 241
정보의 불완전성 65
정주취락규모 134, 136
정책자문 60, 77
제조부문 285
제품수요 48
제품주기 38, 39, 108, 109, 110, 142
제품주기모델 107
조사결행일개념 189
조정 35, 99
조직론 166
조직론적 접근법 96, 97
주변부 66, 83, 91, 92, 93, 95, 104, 133, 142, 165, 166, 167, 169, 179, 184, 221, 256, 273
주변화과정 90
중개가능성 186, 200
중동부 유럽 146

중심권 166, 167, 183, 217, 229
중심부 50, 91, 92, 95, 105, 133, 142, 148, 165, 168, 179, 221, 256, 288, 303
중심-주변간의 격차 43, 229, 244, 269, 273
중심-주변간의 경사 169, 183, 258
중심-주변론 92
중심적 위치 41
중심지체계 37, 43
증기기관 34
증명서 74
지가 104
지리학적 이력연구 179
지리학적 직업경로연구 179
지속연한 193
지식 34, 35, 39, 40, 43, 63, 65, 74, 76, 89, 97, 98, 100, 102, 105, 107, 142, 145, 147, 248, 274
지식사회 142
지식센터 26
지식의 집중 107
지역간 격차 217
지역간 불균등 109, 217
지역간 이동 241
지역경제학 145
지역노동시장 46, 49, 52, 221
지역유형 54, 226
지역적 실업 238
지역적 실업률 195
지역적 이동 235
지역주기가설 110
지위 26, 40
직면도 190, 191, 192, 210
직면률 191
직무내용 157

직무법상의 신분　156
직업경로규정　48
직업계통　157
직업교육　62, 142, 143, 152, 155, 169, 180
직업구조　162
직업명망 스칼라　160
직업사다리　82
직업상의 위치　25, 165, 171, 173, 174, 183, 235
직업상의 이동　112, 169, 170, 176
직업상의 직위　158, 161, 179, 266
직업상의 첫자리　170, 171, 173, 177, 179, 183, 274
직업선정　129, 171, 266
직업이동　170
직업적 자질　40, 145
직업진술　156, 160
직업탐색론　65, 68
직업활동　41, 120, 130, 138, 152, 156, 157, 163, 207, 267, 313, 314
직업활동 연한　63
진입규제　48
집산권　142
집시　133
집적이익　91, 92, 298

ㅊ

창조성　40, 92, 101, 145
채용과 해고　94, 291
철도　34
총이주율　227
출국률　228
출발위치　170
출산력 수준　47

출산양육휴가　137
출생집단　143, 171
취락규모별 계층등급　54, 136, 272
취락유형　180
취업가능인구　26, 47, 113, 289
취업률　47, 114, 115, 117, 119, 121, 123, 128, 133, 229
취업원　26, 28, 29
취업인구　188
취업자　115, 131, 137, 146, 155, 162, 168, 175, 177, 186, 188, 189, 195, 197, 203, 206, 208, 225, 228, 229, 251, 289
취업전기　78, 182, 209
취업참가　48, 112, 114, 116, 125, 128, 133, 134, 136, 198
취업활동개념　188
취업활동률　115, 116, 130, 133, 138
취업활동인구　25, 47, 113, 296
침묵의 예비군　114, 115, 290

ㅋ

커리어 단계　52
커리어노동시장　183
컨베이어벨트　36, 293
코드화된 정보　97, 99

ㅌ

타인의 판단　157
탈산업사회　27, 30, 41
탈숙련화　32, 35, 143
탐색비용　51, 66
탐색행동　66
텔레커뮤니케이션　34

토지 28, 286
통계적 차별화 77, 275, 283
통근율 228
통근세력권 50, 52, 53
통근이동 48, 53, 221, 223, 228, 229, 289, 298
통치계급 148, 266
퇴직연금 120
퇴직연령 117, 120, 136, 239
퇴출량 193
특권 40, 84, 100, 142
특화 33

ㅍ

평균 에피소드연한 192
평등-개인주의적 가족 및 성별 모델 139
포드주의 39
포드주의적 36
  대량생산 37
포드주의적 대량생산 42
포스트포드주의 38, 39
프랑스 107, 116, 140, 146, 225, 246, 247, 280, 312, 313
프롤레타리아 26, 163
핀란드 140

ㅎ

하청 79
한계기업 95
한계집단 131, 208
한계효용 59
합리적인 의사결정 60
합리화를 위한 투자 48, 209
해고제한제 77
핵심기업 93, 94
헝가리 128, 130, 133, 146, 195, 212, 220, 228, 315
헤크셰르-올린(Heckscher-Ohlin)의 이론 232
혁신 26, 88, 89, 108, 109, 142, 145, 146, 164, 182, 297
혁신단계 107, 108
현물교역 33
현황통계 189
화폐경제 33
화폐주조권 142
확산효과 91
획일성 42
효율성 42
후기산업사회 30
후기자본주의 30
후작용 200

역자 후기

이 책은 1997년 말 독일 뮌헨공과대학(현 오스트리아 빈대학)의 하인츠 파스만 교수와 하이델베르크대학의 페터 모이스부르거 교수가 공동으로 저술하고, 독일의 대표적 지리학 출판사의 하나인 토이버너사에 의해 출간된 『노동시장의 지리학—공간적 맥락에서 살펴 본 취업과 실업』 (Fassmann, H. & Meusburger, P., 1997, *Arbeitsmarktgeographie—Erwerbstätigkeit und Arbeitslosigkeit im räumlichen Kontext*, B. G. Teubner, Stuttgart)을 우리말로 옮긴 것이다. 저자들이 서문에서 밝히고 있듯이 노동은 (독일) 인문/사회지리학이 설정하고 있는 존재기본기능의 하나이지만, 지금까지 그다지 체계적으로 연구되지 않았다. 따라서 노동이 지닌 사회적 그리고 정책적 중요성에도 불구하고 인문지리학에서는 오랫동안 이에 대해 특별한 관심을 쏟지 않았으며, 이론적 논의는 물론이고 실증적인 연구도 그다지 축적되지 않은 미개척 분야로 남아 있다. 물론 근래에 와서 특히 공간적 노동분업과 국지적 노동시장과 관련하여 고용의 성격과 취업구조의 변동에 대한 지리학적 연구가 다양하고 활발하게 진행되고 있으나, 여전히 제한된 개별 주제를 분석하는 데 그치고 있는 실정이다.

노동 내지 노동시장에 대한 분석은 전통적으로 노동경제학과 산업사회학 분야에서 많이 행해져 왔다. 하지만 이들 분야에서는 노동시장이 지닌 공간적 측면 내지 지역적 전개과정을 거의 무시하거나, 아니면 매우 피상적으로 다루고 있다. 다른 시각에서 보면 노동시장은 공간적 성격을 깊이 내포하고 있음을 알 수 있다. 공간은 노동시장의 작동과정에 때로는 제약 내지 마찰 요인으로서, 때로는 매개적 조절인자로서 지대한 영향력을 행사하고 있으며, 그래서 노동시장의 구조와 특성을 해명하는 데 본질적인 차원의 하나라고 할 수 있다. 노동시장을 분석함에 있어 공간적 측면은 기존 학문들이 간과하고 있는 몇 가지 중요한 차원을 보여주고 있다. 먼저 노동시장은 신고전파 경제학이 말하듯이 동질적인 것이 아니라 산업과 직무, 그리고 기업과 같은 여러 표징에 따라 분화되어 있을 뿐만 아니라, 공간적 입지에 따라서도 크게 분절화되어 있다는 점이다. 둘째로 이를테면 실업의 지역적 차별성에서 잘 알 수 있듯이, 노동시장에 작용하는 공간적 차원은 노동시장의 작동과정에서 종종 중대한 마찰요인으로 작용하며, 노동력의 수급과 (경제적인) 효율적 배분을 교란하는 요인으로 평가할 수 있다. 노동은 자본이나 기술과 같은 생산요소와 달리 지리적 이동성, 특히 장거리 이동을 제약하는 성격을 강하게 띠고 있다는 점을 생각해 볼 수 있다. 셋째로, 노동시장의 기능과 역할, 그리고 각종 조절 및 적응과정에서 공간적 차원은 노동력과 일자리의 일반적인 시장에 따른 적응 및 기업 내부의 이동을 통한 기업적 적응과 함께, 노동의 공간적 분업과 지역간 임금격차에 따른 일자리의 공간적 이전 가능성과 노동력의 전출입을 통한 지역적 균형메커니즘으로 작용한다는 점이다.

주지하다시피 노동문제는 최근 세계적 경제구조 및 산업체계의 재편과 함께 오늘날 우리 사회가 겪고 있는 구조조정 과정에서 중심적인 이슈로 부각되고 있다. 특히 취업과 실업의 고용문제를 심도 있게 이해하고 이를 바탕으로 노동시장정책을 입안하는 데에는 공간적 측면과 관련한 정책방안도 모색되어야 한다는 목소리가 높아지고 있다.

이 책은 영어권을 포함하여 지리학적 관점에서 노동시장의 일반적인 논제들을 단행본의 형태로 정리한 첫 개설서가 아닌가 생각된다. 노동시장을 공간적으로 어떻게 이해할 수 있으며, 그 내용적 스펙트럼을 어떻게 구성할 것인가를 나름대로 제시하고 있다. 일종의 대학강의용 학습서로 쓰여진 것이기 때문에, 기존의 연구성과를 모두 수용하는데 한계가 있으며 내용적으로도 심도 있게 제시하고 있지 않지만, 노동과 노동시장의 문제를 전체적으로 균형 있게 다루고 있으며, 노동시장에 관한 기초이론과 제반 논점을 체계적으로 기술하고 있다고 생각된다. 또한 이 책은 기존 사회과학이나 경제학에서 축적된 연구성과와 논지를 수용하여 지리학적 관점과 접목시키고 다양한 이론적 개념들을 간략하면서도 명료하게 서술하고 있기 때문에, 공간적 측면과 그 논리체계에 관심이 있는 인접 분야의 전공자들에게도 큰 도움이 될 것이다.

다만 이 책의 내용에서 독일과 오스트리아, 그리고 동구 전환국가의 하나인 헝가리의 사례가 많이 인용되고 있어, 우리에게 다소 생소한 면이 없지 않다. 하지만 우리가 자주 접하지 못하는 세계에 대한 일종의 '지역연구'라는 측면에서 또 다른 의의가 있을 것으로 보인다. 한 가지 아쉬운 점은 번역작업이 우리나라의 외환위기가 있었던 1998년 말에 이미 완료되었으나, 여러 가지 사정으로 곧바로 출간되지 못하고 많은 시간이 흘렀다는 점이다. 내용적으로 오역이나 그릇된 이해에 대해 독자 여러분의 많은 지적과 편달을 부탁드리며, 어려운 여건에도 불구하고 기꺼이 출판을 맡아 주신 도서출판 한울의 여러분께 진심으로 감사를 드리는 바이다.

2001년 10월 빛고을(光州)
역자를 대표해서 안영진

저자 소개

하인츠 파스만(Heinz Fassmann)
1955년 독일 뒤셀도르프 출생. 오스트리아 빈대학에서 지리학, 역사학, 사회학 전공. 1980년 박사학위 취득, 1992년 빈대학에서 인문지리학 및 공간정책 연구로 교수자격 획득. 1980년부터 1992년까지 오스트리아 과학원 산하 도시 및 지역연구소, 인구학연구소에서 연구원, 1992년부터 1996년까지 도시 및 지역연구소 실행소장 역임. 1996년 독일 뮌헨공과대학교 응용지리학 및 지리정보론 정교수로 초빙. 카밀로 지테賞(Camillo-Sitte-Preis), 한스 보벡賞(Hans-Bobek-Preis), 샤더재단賞(Preis der Schaderstiftung) 수상. 주요 연구분야는 노동시장의 지리학, 도시지리학, 인구이동 및 지리정보론.

페터 모이스부르거(Peter Meusburger)
1942년 오스트리아 루스텐아우 출생. 오스트리아 인스부르크대학에서 지리학과 영문학 전공. 1969년 인스부르크대학에서 박사학위 취득, 1980년 교수자격 획득. 1983년 이래 독일 하이델베르크대학 지리학과 경제 및 사회지리학 정교수이며 학과장. 주요 연구분야는 교육의 지리학, 노동시장의 지리학, 동구전환국가. Http://asterix.geog.uni-heidelberg.de

역자 소개

박영한(Young-Han Park)
서울대학교 문리과대학 지리학과 및 동대학원 졸업
독일 뮌스터 및 뉴질랜드 오클랜드대학교 연구 및 객원교수
현재 서울대학교 사회과학대학 지리학과 교수

이정록(Joeng-Rok Lee)
전남대학교 사범대학 지리교육과 및 동대학원 졸업(문학박사)
미국 클라크대학 및 일본 동경대학 객원교수
현재 전남대학교 사회과학대학 지리학과 교수

안영진(Young-Jin Ahn)
서울대학교 사회과학대학 지리학과 및 동대학원 박사과정 수료
독일 뮌헨공과대학교 경제사회과학대학 지리학박사
현재 전남대학교 사회과학대학 지리학과 교수

한울아카데미 448
노동시장의 지리학

ⓒ 박영한·이정록·안영진, 2002

옮긴이 | 박영한·이정록·안영진
펴낸이 | 김종수
펴낸곳 | 도서출판 한울

편집 | 백은정

초판 1쇄 인쇄 | 2002년 2월 25일
초판 1쇄 발행 | 2002년 3월 10일

주소 | 120-180 서울시 서대문구 창천동 503-24 휴암빌딩 3층
전화 | 영업 326-0095(대표) 편집 336-6183(대표)
팩스 | 333-7543
전자우편 | newhanul@nuri.net
등록 | 1980년 3월 13일, 제14-19호

Printed in Korea.
ISBN 89-460-2949-8 93330

* 책값은 겉표지에 표시되어 있습니다.